W0070703

Bergmann

Die Biologie des Vogels

Für Gisela

1937–1985

Hans-Heiner Bergmann

Die Biologie des Vogels

Eine exemplarische Einführung in Bau, Funktion und Lebensweise

Mit 171 Abbildungen
und 2 Farbtafeln

AULA-Verlag Wiesbaden

Prof. Dr. Hans-Heiner Bergmann
Fachbereich Biologie/Chemie
Barbarastraße 11
Postfach 4469
4500 Osnabrück

CIP-Kurztitelaufnahme der Deutschen Bibliothek

Bergmann, Hans-Heiner
Die Biologie des Vogels : E. exemplar. Einf. in
Bau, Funktion u. Lebensweise / Hans-Heiner Bergmann. –
Wiesbaden : Aula-Verlag, 1987.
ISBN 3-89104-447-X

Printed in Germany/Imprimé en Allemagne

Gesamtherstellung: Pilger Druckerei GmbH, Speyer

ISBN 3-89104-447-X

Vorwort

Vögel sind faszinierende Lebewesen. Sie sprechen uns durch ihre bunten Farben, ihre wohlklingende Stimme, ihre Beweglichkeit und ihre sichtbare Formenvielfalt mehr an als Angehörige anderer Tiergruppen. Daher ist die Wissenschaft von den Vögeln schon immer eine scientia amabilis, eine auch das Herz bewegende Disziplin gewesen – für viele Menschen ein Steckenpferd, für wenige auch ein Beruf.

Wer sich heute verläßlich und rasch über bestimmte Aspekte der Ornithologie informieren will, wird Probleme haben. Die meisterhafte Zusammenfassung, die E. STRESEMANN in den dreißiger Jahren dieses Jahrhunderts geliefert hat, ist in vieler Hinsicht noch gültig, in anderer überholt. Neuere Werke können entweder nur kleine Teilgebiete aufarbeiten und sind dann oft zu spezialisiert, um rasch eine Antwort zu gewähren, oder aber sie haben es schwer, aus der Datenfülle, die sich von Jahr zu Jahr mehr ansammelt, das Repräsentative herauszugreifen. Außerdem sind solche Bücher oft äußerst kompakt geschrieben und stellen hohe Anforderungen an den Leser.

In diesem Buch habe ich einen anderen Weg eingeschlagen. Ich habe mich darum bemüht, in die einzelnen Teilgebiete der Ornithologie anhand sorgfältig ausgewählter, konkreter und detailliert beschriebener Einzelbeispiele einzuführen. Schnabelgebrauch und Nahrungserwerb der Vögel bis hin zu den Beziehungen zwischen dem Räuber und seinen Beutetierpopulationen lernen wir am Beispiel des Austernfischers kennen. Wanderungen und Zugorientierungen lassen sich einschließlich der populationsgenetischen Grundlagen am Beispiel der Mönchsgrasmücke deutlich machen. Auf diese Weise sind die Einzelkapitel einerseits spezialisiert, weisen aber andererseits über sich selbst hinaus bis in Bereiche der allgemeinen Biologie. Auf die Vielzahl der abweichenden Möglichkeiten wird am Rande hingewiesen. In manchen Teilgebieten – etwa bei der Behandlung der Vogelfeder oder der Körpertemperatur – läßt sich dieses exemplarische Prinzip allerdings nur ein Stück weit durchhalten. Insgesamt jedoch bietet der Text dem Leser die Möglichkeit, sich ein umfassendes exemplarisches Bild von der Biologie des Vogels zu machen.

Dies bedeutet nicht, daß hier allgemeine Biologie am zufälligen Beispiel einer Wirbeltiergruppe betrieben wird. Ob es sich um Anatomie, Ethologie oder Physiologie handelt, immer steht das Bemühen im Vordergrund, die besonderen Anpassungen der Vögel hervorzuheben. Das ist oft gar nicht einfach, denn wer weiß schon ohne weiteres zu sagen, was vogeltypisches Verhalten ist, Verhalten also, das allen Vögeln, aber keinem anderen Wirbeltier zu eigen ist? Je weiter wir in der Betrachtung eines Organismus in Richtung des molekularen Niveaus hinabsteigen, desto weniger spezifisch werden die Befunde. Daher wurde hier auf biologische Sachgebiete wie Cytologie, Histologie und Genetik verzichtet. Die Themenauswahl findet ihren Schwerpunkt in den ohne komplizierte Geräte und Methoden zugänglichen Arbeitsbereichen. Unter den physiologischen Aspekten werden solche hervorgehoben, die für den Vogelbeobachter von besonderem Interesse sind und ihn Verhaltenseigentümlichkeiten, die er wahrnimmt, besser verstehen lehren.

In seinem Gesamtkonzept ist dieses Buch weniger ein Nachschlagewerk, das viele Daten in geordneter Fülle präsentiert, sondern ein Lesebuch, das den Leser sozusagen bei der Hand nimmt, ihn mit einer Vogelart vertraut macht und deren Probleme in einer zusammenhängenden Geschichte illustriert. Ich bin überdies, auch von den Erfahrungen in einer einführenden Ornithologievorlesung her, der Überzeugung, daß sich solche Geschichten viel besser ins Gedächtnis einprägen als eine Sammlung von Einzeldaten. Hierbei ist sicher auch die reichhaltige Illustration vonnutzen, die zugleich dem Lehrenden ein wichtiges Hilfsmittel in die Hand gibt.

Wer eingehende Information über einzelne europäische Vogelarten nachschlagen möchte, der sei auf die Bände der Handbücher (GLUTZ & BAUER, ab 1966; CRAMP & SIMMONS, ab 1977) bzw. das Kompendium von BEZZEL (1985) hingewiesen, die allerdings sämtlich z. Zt. noch nicht vollständig vorliegen.

Als handliche Nachschlagewerke zur Ornithologie empfehlen sich die Taschenbücher von BEZZEL (1977) und SCHILDMACHER (1982). Ein brauchbares Lexikon der Ornithologie fehlt derzeit im deutschsprachigen Bereich, doch liegt als mögliches Vorbild das englische Werk von CAMPBELL & LACK (1985) vor. Auf die zahlreichen Bestimmungsbücher möchte ich an dieser Stelle nicht eingehen. Eine nach modernen systematischen Gesichtspunkten geordnete Liste der Vögel der Welt bietet WOLTERS (1975–1982). – Das vorliegende Buch fordert zur aktiven Auseinandersetzung auf. Die Darstellung, die an vielen Stellen versucht, den neuesten Forschungsstand wiederzugeben, soll auch dazu anreizen, weitere neue Erkenntnisse, die uns zugänglich werden, dem Bekannten zuzuordnen oder auch das Geschriebene zu korrigieren.

Vielleicht darf ich mich in diesem Sinne abschließend – mit einem Wort des Zoologen W. KÜKENTHAL – der Hoffnung hingeben, daß auch die Damen und Herren Fachgenossen mir ihre Ausstellungen und Vorschläge zu Verbesserungen zukommen lassen.

Osnabrück, im Dezember 1986 Der Verfasser

Danksagung

Für die Durchsicht einzelner Kapitel oder des ganzen Manuskriptes in seinen Stadien der Entstehung danke ich Dr. G. Bergmann (†), Prof. Dr. P. Berthold, Dr. E. Bezzel, stud. rer. nat. H. Düttmann, Dr. H.-W. Helb, Dr. I. Meißl, Prof. Dr. R. Prinzinger, Prof. Dr. E. Pröve, Dipl.-Biol. M. Ratermann, Prof. Dr. S. Rietschel, Prof. Dr. R. Schröpfer und Dipl.-Ing. M. Stock. Die Zeichnungen fertigte vorwiegend E. Naumer an, einige auch Dr. F. Müller und M. Ratermann. Dr. A. V. Andreev, Dr. H. Aschenbrenner, K. Hinrichs, Dr. S. Klaus, Dr. F. Köster, Dr. F. Müller, Prof. Dr. G. Rüppell, K. Wothe, Dr. G. Zink und Dr. H. Zucchi stellten Abbildungsvorlagen zur Verfügung. Prof. Dr. P. Berthold, Dr. P. Bühler, Dr. C. Swennen, Prof. Dr. I. Würdinger und Dr. H. Zucchi überließen mir unveröffentlichte Manuskripte. M. Stock stellte das Literaturverzeichnis zusammen. Bei den Schreibarbeiten halfen U. Brück und J. Petzold, bei den Fotoarbeiten A. Schwegmann.
Ihnen allen sei herzlich gedankt.

Inhaltsverzeichnis

Die Vögel

... Leicht sei der Vogel, meint zwar jeder,
Zu kennen an Gesang und Feder,
Und dennoch bangt man, ob mans trifft,
Als Vogelsteller wie als Schrift-,
Auch wenn man sich, auf daß es glückt,
Mit fremden Federn manchmal
schmückt...

Eugen Roth, Tierleben

1 Ein Vogel, was ist das?

„Was bist du denn für ein Vogel, daß du nicht fliegen kannst?"
aus: „Peter und der Wolf", v. S. Prokofjew

Nicht alles, was fliegt, ist ein Vogel. Sowohl bei Wirbellosen als auch bei vielen Wirbeltiergruppen außerhalb der Vögel gibt es Formen, die durch den Flug den Luftraum erobert haben. Andererseits findet man unter den Vögeln eine Reihe von Arten, die ihr Flugvermögen sekundär wieder eingebüßt haben. Aus beiden Gründen genügt das Kriterium des Fliegens nicht, um Vögel zu definieren. Suchen wir nach verläßlicheren Merkmalen.

- **Vögel sind befiederte Wirbeltiere.** Jeden Vogel kann man als solchen an seinen Federn erkennen. Dieses Merkmal ist exklusiv: Es gibt in anderen Tierklassen kein einziges Tier, das Federn besitzt. – Wenn wir nach weiteren Definitionskriterien für Vögel fragen, tun wir uns allerdings schwer. Die sonstigen äußerlich faßbaren Merkmale teilen sich die Vögel immer mit anderen Wirbeltieren:
- **Warmblütigkeit:** auch bei Säugetieren; vielleicht bei den ausgestorbenen Flugsauriern; in Andeutung bei einigen Fischen (s. S. 104);
- **Aktiver Flug im Medium Luft:** auch bei Knochenfischen (Beilbauchfische der Gattungen *Carnegiella* und *Gasteropelecus*), Reptilien (Flugsaurier) und Säugern (Fledertiere);
- **Zweibeinigkeit:** z. T. gekoppelt mit aktivem Flug; auch sonst bei lauf- und springaktiven Wirbeltieren wie dem ausgestorbenen Ornithopoden-Saurier *Tyrannosaurus,* bei Känguruhs und schließlich bei *Homo sapiens;*
- **Eiablage:** Unter den höheren Wirbeltieren auch bei Reptilien und eierlegenden Säugetieren, aber Eier dort mit weicherer pergamentartiger Schale, nicht mit harter Kalkschale;
- **Hornschnabel:** Auch bei Schnabeltier und Schnabeligel (eierlegende Säugetiere!), aber dort relativ weichhäutige Hornumkleidung der Schnauze, hier hart, auf Knochenunterlage, vielseitig an Nahrungserwerb angepaßt.
- **Doppelter Blutkreislauf mit vierkammerigem Herz:** auch bei Säugern und Krokodilen.

Jedoch gibt es im inneren Bau der Vögel eine große Zahl von speziellen Merkmalen, die bei anderen Wirbeltieren in dieser Form nicht vorkommen: Pneumatisierte Knochen zur Verringerung des Fluggewichts; ein an die Lungen angeschlossenes Luftsacksystem für eine hocheffektive äußere Atmung; Rippe mit Intercostalgelenk für Ein- und Ausatmung sowie Processus uncinatus zur Stabilisierung; Pygostyl aus verwachsenen Schwanzwirbeln als Ansatzfläche für die Steuerfedern und deren Muskulatur; die Furcula, das gabelförmig verwachsene Schlüsselbein, das zur Stabilisierung des Flugapparates beiträgt und zusätzliche Ansatzflächen für die Flugmuskulatur liefert; die Syrinx, ein unterer Kehlkopf an der Verzweigung der Luftröhre in die Bronchien: hier wird die Vogelstimme erzeugt; Erhaltung des rechten, Reduktion des linken Aortenbogens (bei Säugetieren umgekehrt). Die Aufzählung könnte noch beinahe beliebig fortgeführt werden.

Zusammenfassend lassen sich Vögel kurz als befiederte, gleichwarme Reptilienverwandte mit einer Reihe von anatomischen Sondermerkmalen kennzeichnen.

2 *Archaeopteryx* oder die Geschichte der Vögel

2.1 Ein Vogel aus Stein spricht für Darwin

Die Mitte des vorigen Jahrhunderts war eine für die Zukunft der biologischen Wissenschaften entscheidende Zeit. Im Jahre 1859 erschien CHARLES DARWINS Buch „On the origin of species by means of natural selection". Es enthält die Basis für unser heutiges Verständnis der Evolution. 1865 veröffentlichte GREGOR MENDEL seine beiden Abhandlungen zum Thema „Versuche über Pflanzenhybriden" und begründete damit die klassische Genetik.

In diese revolutionäre Zeit neuer biologischer Erkenntnisse fallen auch die folgenden Ereignisse, die uns hier besonders interessieren:

1860 wurde in den „lithografischen Schiefern" (so genannt nach ihrer Verwendung im Steindruck) des oberen Jura der Fränkischen Alb eine einzelne versteinerte Vogelfeder entdeckt. Sie ist von schwärzlicher Farbe, 60 cm lang und 11 mm breit. Die Außenfahne ist nur halb so breit wie die Innenfahne, was nur bei flugfähigen Vögeln vorkommt. Nach der Fundschicht zu urteilen hat sie ein Alter von ca. 140 Mill. Jahren. Der Fund erregte einiges Aufsehen. Der Paläontologe H. VON MEYER nannte das vogelartige Tier, von dem die Feder stammte, *„Archaeopteryx lithographica"*[1]. Noch mehr horchte die Fachwelt auf, als ein Jahr später im Ottmannschen Steinbruch auf der Langenaltheimer Haardt bei Pappenheim nahe Solnhofen in den gleichen Schichten (Malm) des oberen Jura ein weitgehend vollständiges Skelett mit Resten einer Befiederung entdeckt wurde (Abb. 1). Nach langwierigen Kaufverhandlungen gelangte dieses Exemplar am 1. Oktober 1862 in das Britische Museum nach London, wo es noch heute besichtigt werden kann. Ein zweites, 1877 bei Eichstätt etwa 20 km entfernt aufgefundenes Fossil ähnlicher Art, später *Archaeopteryx siemensi* genannt, ging an das Berliner Museum für Naturkunde. In neuerer Zeit sind drei weitere Funde gemacht worden. Das unvollständige Skelett eines schon 1855 gefundenen Exemplars (Museum Haarlem) wurde erst 1970 richtig gedeutet.

---

1 Der Name *Archaeopteryx* (von griech. archaios-alt und pteryx-Feder, Flügel) sollte nach griechischen Sprachregeln mit weiblichem Geschlecht gebraucht und auf der zweitletzten Silbe betont werden. Heute wird er üblicherweise männlich verwendet und trägt die Betonung auf der drittletzten Silbe. Im Englischen ist *Archaeopteryx* nach wie vor weiblich (‚she').

Abb. 1: *Archaeopteryx lithographica,* versteinertes Skelett des Urvogels mit Federabdrücken. Berliner Exemplar. Schädel rekonstruiert (Nach DE BEER 1954).

E. STRESEMANN (1927–1934) würdigt den Urvogel folgendermaßen: „*Archaeopteryx* ist ein so vollkommenes Bindeglied zwischen Reptilien und Vögeln, daß sich die Phantasie des Paläontologen kaum ein lehrreicheres hätte ersinnen können" (S. 730). Der Amerikaner FEDUCCIA (1984) gelangt zu folgender Wertung: „Das Berliner *Archaeopteryx*-Skelett ist wohl der bedeutendste naturhistorische Beleg überhaupt. Sein Wert kommt vielleicht dem Stein von Rosette gleich“ (Übers. E. Kreihe).

Eine der reizvollsten Aufgaben der Paläontologie ist es, „missing links“, fehlende Bindeglieder zwischen den verschiedenen Verwandtschaftsgruppen der Organismen, in fossiler Form aufzuspüren. *Archaeopteryx* stellt das klassische Beispiel dafür dar. Er verkörpert die Zwischenform zwischen Vögeln und Reptilien. Durch diesen Fund ist an die Stelle des „missing link“ ein „connecting link“ (verbindendes Zwischenglied) getreten. Die Paläontologen und Anatomen haben immer schon Reptilien und Vögel für eine Einheit gehalten. Sie fassen sie wegen vieler Übereinstimmungen in der Anatomie als eine Wirbeltierklasse, die „Sauropsida“, zusammen (s. u.); die Vögel sehen sie als „glorifizierte Reptilien“ an. Die Vogelkundler haben dagegen den Vögeln den Rang einer eigenen Klasse zugestehen wollen. Auch die Säugetiere sind abgeleitete Reptilien und werden dennoch als eigene Klasse anerkannt. Dabei spielt sicher auch die unterschiedliche Lebensweise der einzelnen Gruppen eine wichtige Rolle. Um so erstaunlicher will es uns anmuten, daß es tatsächlich ein Mischtier zwischen Reptilien und Vögeln gegeben hat. Vogel- und Reptilienmerkmale von *Archaeopteryx* sind in Tab. 1 zusammengestellt (vgl. Abb. 2). Eine genaue Analyse der Urvogelfunde hat DE BEER (1954) durchgeführt (vgl. FEDUCCIA 1984). Stellen wir uns nun die Frage: Ist *Archaeopteryx* mehr ein Reptil oder schon eher ein Vogel? Wenn wir Tab. 1 betrachten, so überwiegen zahlenmäßig die Reptilienmerkmale. Es wäre aber kurzsichtig, einfach die Merkmale abzuzählen und daraus ein Ergebnis abzuleiten. Genauso falsch wäre es, nur eines oder wenige der Merkmale zu bewerten.

Professor J.-A. WAGNER, ehemals Leiter der Münchener Staatssammlung, hielt im November 1861 vor der Akademie der Wissenschaften in München den Vortrag „Ein neues, angeblich mit Vogelfedern versehenes Reptil“, allerdings ohne den Fund selbst in Augenschein genommen zu haben. Nach seiner Meinung existierten Vögel zur Zeit des Oberjura noch nicht. Demnach ordnete er *Archaeopteryx,* den er als *Griphosaurus* („Rätselsaurier“) bezeichnete, vor allem wegen des langen Schwanzes den Sauriern zu. Er lehnte es ab, den Fund als „connecting link“ zwischen Reptilien und Vögeln anzuerkennen.

Könnte es nicht wirklich so sein, daß *Archaeopteryx* gar kein Bindeglied zu den Vögeln darstellt, sondern eine völlig unabhängige Entwicklungslinie der Reptilien vertritt? Der folgende Grund spricht dagegen: Bau und Anordnung der Federn stellen so hochspezifische Merkmale dar, daß sie zusammen mit den anderen vogelartigen Eigenschaften der Urvögel eine enge Verbindung zu den Vögeln sicher machen. Es ist äußerst unwahrscheinlich, daß Federn in der vorliegenden Form und Anordnung zweimal

Tabelle 1: Vergleich von *Archaeopteryx* mit Reptilien und Vögeln (nach de BEER 1954 u. a.)

Merkmal	Reptilien	*Archaeopteryx*	Vögel
Schwanzwirbel	zahlreich frei	zahlreich frei	wenige, verwachsen (Pygostyl)
Wirbelgelenke	bikonkav	bikonkav	sattelförmig
Wirbelanzahl im Sakralbereich	ca. 6	6	11–23 (Synsacrum)
Bauchrippen (Hautverknöch.)	vorhanden	vorhanden	fehlen
Rippen	frei	frei	m. Brustbein verwachsen
Hakenforts. an Rippen (Proc. uncin.)	fehlen	vielleicht knorpelig	vorhanden
Mittelhandknochen	frei	frei (nur 3, m. Handwurzel verwachsen)	zum Carpometacarpus verwachsen
Mittelfußknochen	frei	z.T. frei	verwachsen mit Fußwurzelknochen
Wadenbein (Fibula)	wie Schienbein (Tibia)	wie Schienbein	zu Spange reduziert
Pneumatisierung der Knochen	fehlt	vorhanden	vorhanden
Finger mit Krallen	ja	ja	nein (nur bei jungen Hoatzins u. Straußen)
Hinterzehe opponiert	nein	ja	ja
Brustbein	fehlt	fehlt	vorh. m. Crista
Schlüsselbeine	getrennt	verwachsen (Furcula)	verwachsen (Furcula)
Schambein (Pubis)	meist kurz, nach vorn	lang, nach hinten	lang, nach hinten
Zähne	vorhanden	vorhanden	fehlen (außer bei Kreidevögeln)
Federn	fehlen	vorhanden	vorhanden
Kleinhirn	klein	klein	groß

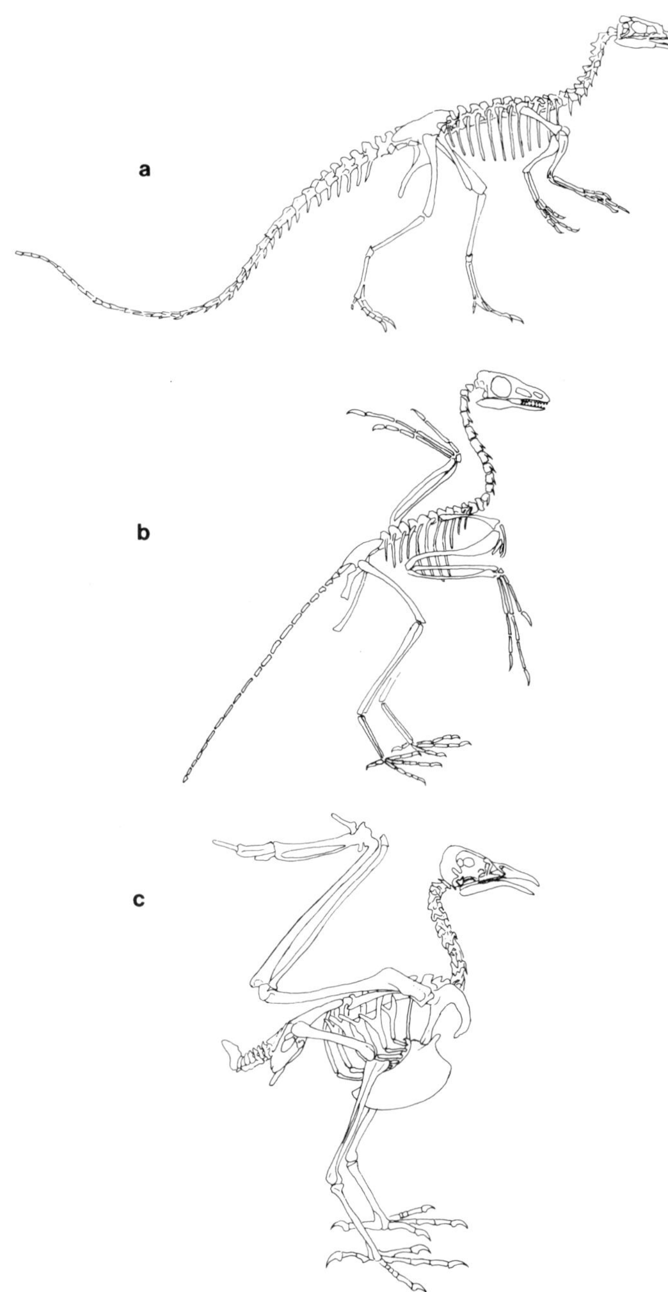

Abb. 2: Skelette eines Sauriers **(a),** von *Archaeopteryx* **(b)** und eines rezenten Vogels **(c),** zum Vergleich auf gleiche Größe gebracht.

unabhängig voneinander entstanden sind. Die Federn der Urvögel und der rezenten Vögel sind nach den Homologiekriterien REMANES (1956) mit größtmöglicher Sicherheit auf einen gemeinsamen Ursprung zurückzuführen. Wir rechnen heute den Urvogel *Archaeopteryx* und die auf das Berliner Exemplar bezogene nah verwandte Art *A.* (oder *Archaeornis*) *siemensi* zu einer eigenen Unterklasse der Vögel (Saururae) (STEPHAN 1974). Allerdings wissen wir nicht, ob die aufgefundenen Unterschiede zwischen den beschriebenen Funden vielleicht nur Geschlechter- oder Altersunterschiede darstellen und alle Individuen letzten Endes einer einzigen Art angehören.

Leider fehlen uns weitere Bindeglieder zwischen *Archaeopteryx* und Reptilien bzw. Vögeln. Wenn *Archaeopteryx* selbst die Merkmale beider Klassen vereint, gestattet gerade diese Tatsache uns einen Einblick in die „Arbeitsweise" der Evolution. Die Urvögel scheinen mit ihrem Mosaik von Vogel- und Reptilienmerkmalen – wahrscheinlich sogar in größerer Artenzahl – erfolgreich gelebt zu haben. Unter den gegebenen Konkurrenzbedingungen konnten sie offenbar lange Zeit existieren. Erst später in der Stammesgeschichte sind die verbliebenen Reptilienmerkmale, soweit nötig, nach und nach umgewandelt worden, so daß die modernen Vögel entstanden. Ordnet man die wichtigsten rezenten Reptiliengruppen und die Vögel heute nach natürlicher Verwandtschaft an, so kommt man zu folgendem Ergebnis:

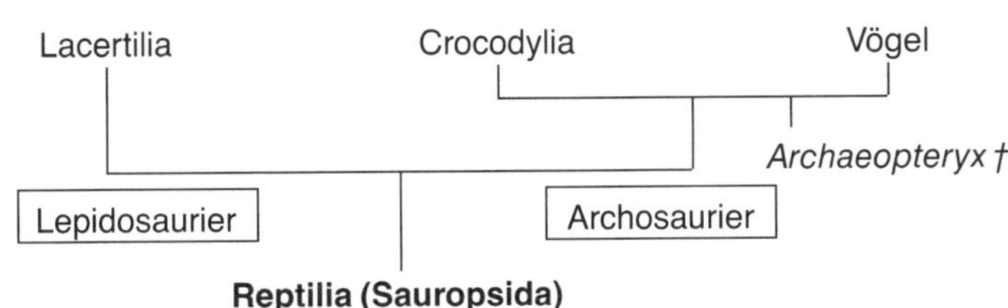

Krokodile und Vögel stehen einander sehr nahe. Beide rechnen zu den Archosauriern. Sie sind miteinander näher verwandt als mit den Lepidosauriern, zu denen die Lacertilia (Eidechsen und Schlangen) gehören.

Daß die Krokodile Reptilien sind, wird niemand bezweifeln. Demnach stellen die Reptilien nur dann eine geschlossene Klasse dar, wenn man die Vögel dazurechnet. Die Vögel selbst sind glücklicherweise eine in sich sehr einheitliche Gruppe. Für unsere Betrachtung ist es nicht so wichtig, ob sie den Rang einer eigenen Klasse einnehmen oder nicht.

2.2 Bevor die Vögel in die Luft gingen: Die Entstehung des Fliegens

Alle heute lebenden Vögel leiten sich von Vorfahren ab, die fliegen konnten. Selbst bei Straußenvögeln und anderen nicht flugfähigen Formen sehen wir dem Skelettbau an, daß ihre Vorfahren geflogen sind. Sie verfügen wie Archaeopteryx über die Furcula, das aus den Schlüsselbeinen entstandene Gabelbein. Dieses stabilisiert das Brustskelett und dient auch als Ansatzfläche für einen Teil der Flugmuskulatur. Nur den Brustbeinkamm haben sie zurückgebildet. Um die Entwicklung des Fliegens in der Stammesgeschichte der Vögel hat sich am Beispiel von *Archaeopteryx* eine umfangreiche Kontroverse entwickelt. Wir nehmen uns zwei wichtige Hypothesen vor:

2.2.1 Laufflieger

Diese vor allem von F. von Nopcsa (1907) vorgetragene Hypothese leitet *Archaeopteryx* nicht von vierbeinigen eidechsenartigen Vorfahren, sondern von „zweibeinigen" Sauriern ab (Abb. 3). Nopcsa ging von der Beobachtung aus, daß rezente Vögel oft vor dem Start zum Flug ein paar Schritte laufen oder hüpfen. Manche Wasservögel wie Tauchenten, Rallen und Schwäne benötigen sogar eine lange Anlaufstrecke. Nach Nopcsa haben die zweibeinigen Saurier ihren schnellen Lauf durch flatternde Bewegungen der Vorderextremitäten unterstützt (Abb. 3). Hieraus hat sich nach seiner Vorstellung der aktive Flug entwickelt. Der Gleitflug sei später hinzugekommen. Allerdings steht diese Hypothese mit vielen anatomischen Daten im Widerspruch. Spezialisierte Lauftiere reduzieren im allgemeinen nicht nur ihre Vorderextremität, sondern auch die Zehenzahl ihrer Hinterextremität. Auch geht das Schlüsselbein verloren, das die Vorderextremität am Brustbein befestigt. Bei den Urvögeln sind jedoch sowohl die Schlüsselbeine als auch 4 Zehen am Fuß vorhanden. Auch hat *Archaeopteryx* ein zu instabiles Skelett, um sich schon einen vollgültigen aktiven Flug leisten zu können, obwohl wir damit rechnen müssen, daß in der Brustregion bindegewebige Hilfsstrukturen entwickelt waren, an denen die Flugmuskulatur inserierte.

Wir kennen das Prinzip der schnellen Fortbewegung auf dem Boden mit anschließendem Flug zwar vor allem von unseren Propeller- und Düsenflugzeugen, doch kaum von Wirbeltieren. Basilisken sind schnelle mittelamerikanische Leguane, die sogar mit großer Geschwindigkeit auf der Wasseroberfläche laufen können, ohne jedoch einen Ansatz zum Fliegen zu zeigen. Die fliegenden Fische des Mittelmeers und der tropischen

Abb. 3: So etwa sollte nach NOPCSA (1907) *Proavis* ausgesehen haben: ein schnell laufendes Reptil, das beginnt, Flügel auszubilden (Laufflieger).

Ozeane beschleunigen mit Hilfe der Schwanzflosse ihre Schwimmgeschwindigkeit und können über der Wasseroberfläche mit den vergrößerten Brustflossen segeln. Allein die südamerikanischen Beilbauchfische haben es anscheinend wirklich zu aktivem Flug in der Luft gebracht. Sie können mit ihren ebenfalls vergrößerten Brustflossen unter brummendem Geräusch von der Wasseroberfläche auffliegen und sogar Wendungen ausführen. Näheres siehe LORENZ (1965) u. S. 16. Doch kann man derartige Leistungen der Fische kaum von *Archaeopteryx* erwarten. Dieser hätte schon aus energetischen Gründen scheitern müssen. Er hätte zwei völlig unterschiedliche Hochleistungs-Antriebssysteme benötigt: die Beine für den Startlauf, die Flügel für den Flug. Zudem fehlen entsprechende Modellbeispiele von heutigen landlebenden Tieren. OSTROM (1974) hat in jüngerer Zeit die NOPCSA-Hypothese in abgewandelter Form präsentiert. Er glaubt, die Flügel hätten primär als „Insektennetz“ gedient: Der Urvogel habe in raschem Lauf damit Insekten aufgegriffen, indem er die befiederten Vorderextremitäten vor sich zusammengeschlagen habe. Abgesehen von den dabei auftretenden mechanischen Problemen ist auch hier entsprechendes Verhalten von Landtieren nicht bekannt. Bedeutend besser sieht es in dieser Hinsicht mit der zweiten Hypothese aus:

2.2.2 Kletterflieger

Diese von vielen verschiedenen Autoren vorgebrachte Hypothese leitet *Archaeopteryx* von baumkletternden vierfüßigen Reptilien ab. Die Gestalt des Fußes mit der opponierbaren Hinterzehe scheint dem nicht zu widersprechen. Auch die kletternden Reptilien benötigen eine kräftige Hinterextremität, um damit von Ast zu Ast springen zu können. Sie wird zugleich bei Landung und Start benötigt. Basierend auf der kletternden und springenden Bewegungsweise hat sich nach dieser Vorstellung allmählich eine frühe Form des Fliegens entwickelt, zunächst als fallschirmartiger Bremsflug, dann als Gleitflug (Abb. 4). Diese Flugformen stellen noch nicht so hohe Ansprüche an die Stabilität des Skeletts wie der aktive Flug. Vor allem mußte *Archaeopteryx* noch ohne das stabile Brustbein mit Brustbeinkamm auskommen. Furcula und Coracoide waren dafür sehr kräftig entwickelt und konnten zusätzliche Ansatzflächen für die Flugmuskulatur bieten. – Unter den sonstigen landlebenden Wirbeltieren finden wir zudem mehrfach Formen, die in der beschriebenen Weise als Fallschirm- oder Gleitflieger den Luftraum für ihre Fortbewegung erobert haben: der javanische Flugfrosch *Rhacophorus*, der Flugdrache *Draco volitans,* sogar eine „fliegende" Schlange, und unter den Säugern Flughörnchen, Flugbeutler und Flattermaki (Zusammenstellung und Abbildungen bei LORENZ 1965). Nur Vögel, Fledermäuse und Flugsaurier haben als größere Gruppen den echten aktiven Flug entwickelt. *Archaeopteryx* selbst hat wohl nur einen kleineren Teil dieses Weges zurückgelegt. Für die Kletterflieger-Hypothese hat sich in neuerer Zeit auch U. NORBERG (1985) ausgesprochen. Sie vermag rechnerisch zu zeigen, wie über den energiesparenden Gleitflug als nächste Stufe ein schwacher Flatterflug entsteht, aus dem sich schließlich der aktive Flug entwickelt haben mag.

Bleibt das Problem, wie *Archaeopteryx* vom Boden auf die Bäume oder eine andere zum Start geeignete Warte gelangt ist. Sein Vogelfuß ist nicht ohne weiteres als spezialisierter Kletterfuß anzusehen. Der Urvogel ist sicher nicht wie ein Specht oder ein Baumläufer auf die Bäume geklettert, sondern eher springend und flügelschlagend. Dabei können ihm aber auch die freien Krallen der Vorderextremitäten geholfen haben. Waren auch die beiden inneren Zehen schon durch die daran inserierenden Handschwingen teilweise besetzt, so daß vor allem die Krallen aus dem Flügel herausschauten, so stand doch der äußerste Finger ganz frei. RIET-

Abb. 4: *Archaeopteryx* als Kletterflieger, oben kletternd (umstritten), unten im Gleitflug. Nach BURIAN in GRZIMEK (1973)

SCHEL (in HECHT et al. 1985) nimmt an, daß die Krallen vorübergehend einmal als Putzwerkzeuge gedient haben, da das Gefieder von dem wenig beweglichen Kopf noch nicht perfekt erreicht werden konnte. Bei genauer Untersuchung, wie sie YALDEN (in HECHT et al. 1985) vorgenommen und BÜHLER (1986) noch einmal ausgewertet hat, ergibt sich jedoch folgender Befund: Die Krallen sowohl an den Zehen wie an den Fingern waren sichelartig gekrümmt, nadelspitz und an der Außenrundung verstärkt. Solche Krallen gibt es bei heute lebenden Vögeln nur an den Zehen. Man findet sie jedoch nicht bei Greifvögeln und Eulen, auch nicht bei Bodenläufern oder Felskletterern, sondern ausschließlich bei Spechten, Baumseglern der Gattung *Hemiprocne,* aber auch bei baumbewohnenden Säugetieren wie Fledermäusen, Flughunden und Eichhörnchen. Dagegen sind Putzkrallen, wie sie bei verschiedenen Vogelarten auftreten, eher abgeflacht, gestreckt und kammförmig. Schaut man *Archaeopteryx* genau auf die „Finger", so kann man also annehmen, daß er unter Zuhilfenahme der Vorderextremität auf Bäumen geklettert, vielleicht auch gelandet ist, u.U. auch sich dort ruhend angeklammert hat (Abb. 4). Die Krallenform deutet auf ständiges Wachstum und ständige Benutzung und Abnutzung hin (BÜHLER 1986).

Heute kennen wir das Flügelklettern nur noch in Ausnahmefällen. Junge Hoatzins *(Opisthocomus hoazin)* klettern vom Nest aus mit Hilfe ihrer spornbewehrten Flügel im Geäst der Bäume umher, noch bevor sie fliegen können. Mit fortschreitender Spezialisierung zum Flugwerkzeug müssen die sekundären Funktionen der Vorderextremität allerdings allmählich mehr und mehr verlorengehen. Unsere heute lebenden Vögel können den fertigen Flügel nur in unbedeutendem Maße noch für funktionsfremde Bereiche verwenden, jedenfalls nicht, um damit zu klettern oder sich zu putzen. Je höher ein Organ spezialisiert wird und je höhere Leistungen es dementsprechend auf einem Gebiet erbringt, desto weniger eignet es sich noch für andere Zwecke. Spezialisierungen stellen daher meist auch Sackgassen der Evolution dar.

2.3 Fossile Vögel nach *Archaeopteryx*

Die Urvögel der Gattung *Archaeopteryx* sind die einzigen vogelartigen Wirbeltiere, die wir aus dem Jura kennen. Schon 10 Millionen Jahre später, in der unteren Kreide, tauchen wieder Vögel auf (z. B. Flamingo-Vorfahren der Gattung *Gallornis*), die aber nun weitgehend die Merkmale moderner Vögel aufweisen. Man kann sich kaum vorstellen, daß in diesem vergleichsweise kurzen Zeitraum von den Urvögeln her eine so schnelle Evolution stattgefunden hat. Demnach müßte es zur Zeit von *Archaeopte-*

ryx bereits „modernere" Vögel gegeben haben. Wenn das so ist, dann stellen die Urvögel einen konservativen Seitenzweig einer frühen Vogelentwicklung dar. Daß sich in dieser Weise einzelne ursprüngliche Merkmalskomplexe noch lange Zeit halten können, zeigt ein weiteres, späteres Beispiel: In der Oberkreide von Kansas fand man die sogenannten Zahntaucher *(Hesperornis regalis),* große fischfressende Wasservögel ohne Flügel. Sie müssen ihre Flugfähigkeit sekundär schon wieder eingebüßt haben, aber sie verfügten im Ober- wie im Unterkiefer noch über echte Zähne! Erst gegen Ende der Kreide (vor 70 Millionen Jahren) entstand ziemlich rasch eine große Formenvielfalt von Vögeln, die sich von unseren heutigen Vogelarten kaum noch unterscheiden. Nähere und illustrierte Information über fossile Vögel findet man in dem Buch von SWINTON (1965). Eine Zusammenstellung über die erst in jüngster Vergangenheit ausgestorbenen Vögel liefert LUTHER (1970).

3 Die Evolution geht weiter: Darwin und die Darwinfinken

3.1 Die Vorgeschichte

Als CHARLES DARWIN (1809–1892) vor mehr als 150 Jahren am 27. Dezember 1831 im Alter von 22 Jahren zu seiner 5jährigen Weltreise an Bord der Beagle ging, war er naturwissenschaftlich noch ein ziemlich unbeschriebenes Blatt. Nach einem gescheiterten Medizinstudium und einem mit einiger Überzeugung durchgestandenen Theologiestudium war sein Weltbild wohl noch nicht sehr differenziert und in einer Hinsicht entscheidend altmodisch: er kannte den Darwinismus noch nicht. Als Schüler im Internat von Shrewsbury hatte er sich nicht besonders hervorgetan; vor allem seine sprachliche Begabung war mäßig. Doch hatte er eine beachtliche Sammelleidenschaft entwickelt. Insbesondere im Jagen von Vögeln engagierte er sich: „Ich glaube, niemand hätte für die heiligste Sache der Welt mehr Eifer wagen können, als ich für das Schießen von Vögeln hatte." Das trug ihm u. a. bittere Vorwürfe von seinem Vater ein.

Im übrigen hielt er wie viele seiner Zeitgenossen die Konstanz der Arten für eine Tatsache. In seinem Hauptwerk heißt der zweite Satz: „Bis in die nahe Vergangenheit war die große Mehrzahl der Naturforscher davon überzeugt, daß Arten unveränderlich und jede für sich aus einem Schöpfungsvorgang entstanden seien" (DARWIN 1859). Diese Überzeugung sollte sich bei ihm und auch bei seinen Zeitgenossen bald gründlich ändern.

Drei Jahre später, nach vielen Abenteuern und verschiedenartigsten Eindrücken, liegt die Beagle im Galapagos-Archipel, genauer gesagt vor der Insel James vor Anker, die spanisch Santiago genannt wird. Darwin geht mit seinen Genossen an Land und verbringt hier zunächst eine Woche, die erfüllt ist von Beobachtungen und bemerkenswerten Funden. In seinem später als Buch veröffentlichen Reisebericht (2. Aufl. 1845, Übers. von V. CARUS 1875: „Reise eines Naturforschers um die Welt") geht er besonders auf das Problem der Variation der Arten ein. Es stellte 26 Landvogelarten fest, von denen die meisten typisch für die Inselgruppe waren, darunter allein 13 Arten von Finken. Diese schienen alle nah miteinander verwandt zu sein, wiesen aber dennoch deutliche und konstante Verschiedenheiten auf. Darwins wichtigste Beobachtung bezieht sich auf die unter-

Abb. 5: Diese Darwinfinken sind trotz der Verschiedenheit der Schnäbel nahe miteinander verwandt. 1 *Geospiza magnirostris,* 2 *G. fortis,* 3 *Camarhynchus parvulus,* 4 *Certhidea olivacea.* Originalabb. aus DARWINS Reisebericht (1875)

schiedliche Ausbildung ihrer Schnäbel (Abb. 5 und s. u.). Verschiedene Gegner haben Darwin bis in die jüngste Zeit vorgeworfen, er habe die Bedeutung dieser Vogelgruppe völlig verkannt. Daß dieser Vorwurf falsch ist, zeigt sich in seinem Reisebericht, wo er unter dem 8. Oktober 1835 u. a. den folgenden gewichtigen Satz notiert: „Wenn man diese Abstufung und Verschiedenartigkeit der Structur in einer kleinen, nahe unter einander verwandten Gruppe von Vögeln sieht, so kann man sich wirklich vorstellen, daß in Folge einer ursprünglichen Armuth an Vögeln auf diesem Archipel die eine Species hergenommen und zu verschiedenen Zwecken modificirt worden sei." Darwin nennt hier in aller Klarheit das Prinzip der „adaptiven Radiation": aus einer ursprünglichen Art sind durch Anpassung an unterschiedliche Lebensbedingungen mehrere neue Arten entstanden. Als Beleg fügt er eine Abbildung bei (Abb. 5). Damit rückt er auch in aller Deutlichkeit vom Schöpfungsglauben in der alten Form ab, selbst wenn er es hier noch nicht so klar ausspricht. An die Stelle des eigentlich biblischen Schöpfungsglaubens mußte eine andere Theorie treten, die in der Lage war, die Vielfalt der Organismen und die unterschiedlichen Grade ihrer Verwandtschaft aus ihrer Stammesgeschichte nach den Mechanismen der Evolution zu erklären. Hierzu haben letzten Endes auch die Beobachtungen an den Darwinfinken beigetragen.

3.2 Die Darwinfinken

3.2.1 Der Lebensraum

Natürlich war es nicht Charles Darwin, der die Darwinfinken[1] mit diesem Namen bedacht hat, sondern der Engländer P. R. LOWE (1936). Heute nennt man sie z. T. Galapagosfinken, z. T. Darwinfinken. Allgemein werden sie als Unterfamilie Geospizinae („Inselammern") entweder den Finkenvögeln (Fringillidae) oder den Ammertangaren (Thraupidae) der neuen Welt zugeordnet (WOLTERS 1975–1982). Leider kennen wir nicht ihren gemeinsamen Vorfahren, der in erdgeschichtlich früherer Zeit, wahrscheinlich vor ca. 1 Mill. Jahren, die Inselgruppe besiedelt hat.

Die Galapagosinseln sind im Besitz von Ekuador. Sie liegen auf dem Äquator etwa 1 000 km westlich der südamerikanischen Küste im Pazifik (Abb. 6) und stellen die höchsten Spitzen eines untermeerischen Gebirges dar, das sich am Rand einer tektonischen Platte aufgestaucht hat. Alle sind vulkanischen Ursprungs und bestehen noch nicht sehr lange: die ältesten sind die östlichen, die nach Ergebnissen der Kalium-Argon-Methodik und Untersuchungen am Paläomagnetismus ein Alter von 3–5 Mill. Jahren aufweisen, also ungefähr soviel wie die ältesten Hominiden der Gattung *Australopithecus.* Die jüngeren, weiter westlich liegenden Inseln sind erst vor ca. 1 Mill. Jahren aus dem Meer emporgestiegen. Bei ihrem ersten Auftauchen lagen sie sämtlich ca. 200 km westlicher, also weiter von Südamerika entfernt. Auch heute wandern sie noch etwa 60 mm jährlich auf das Festland zu. Die Geologen haben ihnen eine begrenzte Lebensdauer vorhergesagt. Doch ist die Eile nicht sehr groß. In etwa 20 Mill. Jahren werden sie wieder im Meer versinken. Abb. 6 zeigt die einzelnen Inseln und ihre Lage im Verhältnis zum südamerikanischen Kontinent. Von Interesse ist noch, daß etwa 700 km weit nord-östlich von den Galapagos-Inseln eine weitere Insel im Pazifik liegt, die als einzige ebenfalls von einem Darwinfinken besiedelt worden ist: die Kokosinsel. Auf den ersten Blick sind die Galapagosinseln, die die Spanier einst „Islas encantadas", die verwunschenen Inseln, nannten, keineswegs sehr einladende Ziele für einen Bade- oder Wanderurlaub. Nur an wenigen Stellen der Küste gedeihen dichte Mangrovewälder; auf dem felsigen, oft ungangbaren Lavagestein wachsen sonst in der Küstenzone als Charakterpflanzen einige Opuntienarten im Verein mit anderen trockenheitsliebenden Gehölzen. Nach einer Serie von Übergangszonen schließt sich auf den höheren Inseln in den

1 Feldornithologische Übersicht bei HARRIS (1982).

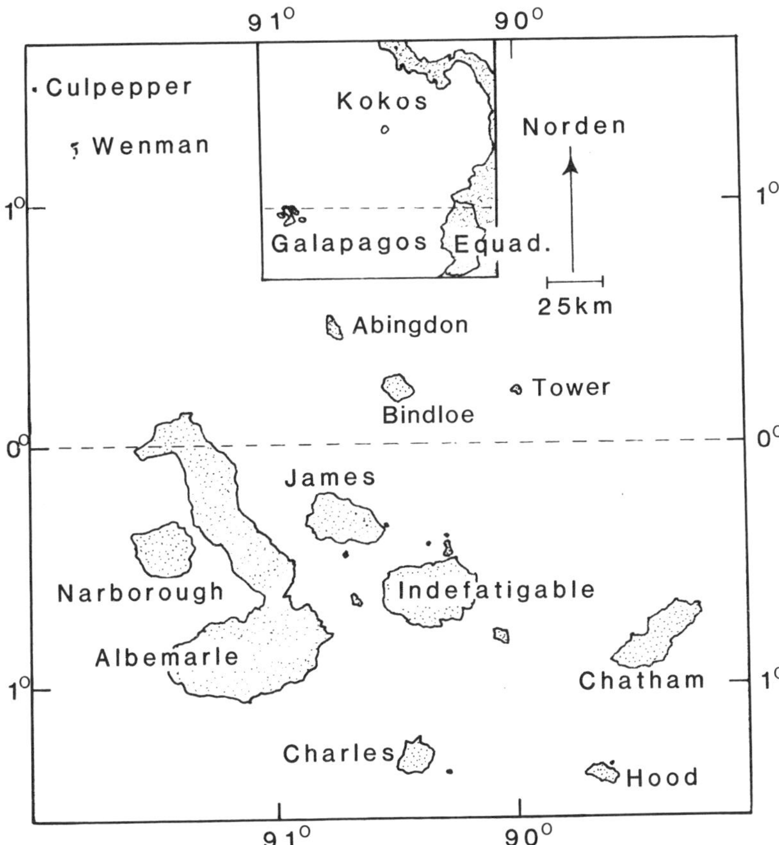

Abb. 6: Karte der Galapagos-Inseln im Pazifischen Ozean. Gestrichelt: Äquator. Die Inseln tragen auch spanische Namen (zweisprachige Karte z.B. bei EIBL-EIBESFELDT 1977)

Hochlagen Regenwald an. Es gibt also eine Reihe von unterschiedlichen Lebensräumen, die von den Darwinfinken genutzt werden. Für Touristen ist der Zugang zu den Inseln heute streng reglementiert. Freien Zugang haben nur in wenigen Fällen Wissenschaftler mit genehmigtem Forschungsprogramm (SCHERZINGER 1986).

Für die Kleinvögel sind außer den Pflanzen und den Insekten auch die Beutegreifer, vor allem Greifvögel und Eulen wichtig. Früher war der Galapagosbussard *(Buteo galapagoensis)* sehr häufig. Er hat durch die Verfolgung von seiten der Siedler stark abgenommen, ist aber heute regional noch anzutreffen. Wie viele andere Arten auf den Inseln zeichnet er sich durch geringe Scheu vor dem Menschen aus, ja er verfolgt geradezu neugierig den Besucher auf seinem Weg. Während die nächtliche Schleiereule *(Tyto (alba) punctatissima)* sich vor allem von Kleinsäugern ernährt, kommt als Feind der Darwinfinken die nicht seltene und tagaktive Sumpfohreule *(Asio flammeus galapagoensis)* in Frage, die sich allerdings teilweise auch vorwiegend von den bodenbrütenden Sturmschwalben ernährt. Alle diese Arten scheinen die Inseln noch nicht so lange wie die Darwinfinken zu besiedeln. Jedenfalls haben sie bislang nur den Differenzierungsgrad von Arten oder Unterarten erreicht, sich aber keineswegs in verschiedene Formen aufgespalten.

Dennoch wirkt sich das Vorhandensein der Beutegreifer auch auf das Verhalten der Darwinfinken aus. CURIO (1969) zeigte in langwierigen Versuchsreihen, die er mit Hilfe von Attrappen auf verschiedenen Inseln durchführte, daß je nach der Anwesenheit von Flugfeinden auch das Feindverhalten der Finken unterschiedlich ausgebildet ist. Auf der Insel Wenman gibt es weder Eulen noch den Bussard. Hier reagieren die Darwinfinken weniger spezifisch auf ruhende Flugfeindattrappen, sie verfügen grundsätzlich über eine geringere Fluchtbereitschaft und bemerkenswerterweise über eine geringere Ausdauer beim Flüchten im Vergleich zu ihren Verwandten auf Inseln, wo es Flugfeinde gibt.

Alle Darwinfinken sind relativ kleine, kurzschwänzige Finkenvögel mit wenig auffälligen Gefiederfarben. Während die adulten Männchen bei vielen Arten schwärzlich gefärbt sind, weisen die Weibchen und die jungen Männchen ein grau-braunes oder oliv getöntes Körpergefieder auf. Wir können nicht recht ermessen, ob diese Kleider der Tarnung dienen oder aus anderen Gründen so schlicht sind, gibt es doch sonst in den Tropen viele prächtig gefärbte Vogelarten und auch auf Galapagos den sehr bunten Rubintyrann und den Goldwaldsänger. Die ganze Gruppe der Darwinfinken zeichnet sich zudem durch einen relativ einheitlichen Nestbau aus: Wahrscheinlich in Anpassung an die tropischen Klimabedingungen sind die Nester überdacht und tragen einen seitlichen Eingang.

3.2.2 Inselunterschiede

Auf den Galapagosinseln leben 13 verschiedene Darwinfinkenarten (s. Tab. 2). Sechs von ihnen *(G. fuliginosa, G. fortis, G. magnirostris, G. scandens, G. conirostris, G. difficilis)* gehören zur Gattung der Grundfinken *(Geospiza)*. Die Gattung *Cactospiza* ist mit zwei Arten (*C. pallida,* dem Spechtfinken, und *C. heliobates,* dem Mangrovefinken) vertreten. Von der Gattung *Camarhynchus* sind drei Arten bekannt *(C. parvulus, C. pauper und C. psittacula)*, schließlich sind noch die monotypischen *Platyspiza crassirostris* und *Certhidea olivacea* zu nennen. Die schlank-

Tabelle 2: Liste der auf Galapagos und der Kokosinsel vorkommenden Darwinfinken (nach WOLTERS 1975–1982, verändert)

Deutscher Name	*Wissenschaftlicher Name*	Verbreitung	Sonstiges
1. Kokosfink	*Pinaroloxias inornata*	nur Kokos-Insel, dort einzige Art	
2. Waldsängerfink	*Certhidea olivacea*	Galapagos, verbreitet, mehrere Unterarten	
3. Mangrovefink	*Cactospiza heliobates*	Albemarle, Narborough	Mangrove-Bewohner
4. Spechtfink	*Cactospiza pallida*	mehrere Inseln	Werkzeuggebrauch
5. Zweigdarwinfink	*Camarhynchus parvulus*	mehrere Inseln	nur 1 Unterart
6. Kleinschnabel-Darwinfink	*Camarhynchus pauper*	nur Charles	
7. Papageischnabel-Darwinf.	*Camarhynchus psittacula*	mehrere Inseln	
8. Dickschnabel-Darwinfink	*C. (Platyspiza) crassirostris*	mehrere Inseln	lebt vegetarisch
9. Opuntien-Grundfink	*Geospiza conirostris*	auf 3 Inseln	
10. Kaktusgrundfink	*Geospiza scandens*	mehrere Inseln	
11. Spitzschnabelgrundfink	*Geospiza difficilis*	mehrere Inseln	
12. Kleingrundfink	*Geospiza fuliginosa*	13 Inseln	
13. Mittelgrundfink	*Geospiza fortis*	12 Inseln	
14. Großgrundfink	*Geospiza magnirostris*	ca. 12 Inseln	

schnäblige Art der Kokosinsel heißt *Pinaroloxias inornata.* Die Galapagosinseln sind von den Finken nicht gleichmäßig besiedelt. Auf der kleinen, abseits gelegenen Insel Hood gibt es nur drei Arten, auf den größeren und einander benachbart liegenden Inseln Albemarle und Narborough kommen 11 verschiedene vor. Dabei spielen sowohl die Inselfläche als auch die Verschiedenheit ihrer Lebensräume und die Distanzen voneinander eine Rolle (vgl. zur Inselbiologie allgemein MACARTHUR & WILSON 1967).

Entsprechendes gilt für die einzelnen Arten. Alle von ihnen mit einer einzigen Ausnahme besiedeln mehrere Inseln. Nur *Camarhynchus pauper* ist merkwürdigerweise allein auf die Insel Charles beschränkt. Die mit nur 9g Körpergewicht kleinste Art, der Waldsängerfink *(Certhidea olivacea),* ist sogar auf allen Inseln anzutreffen.

Manche Arten sind von Insel zu Insel identisch, andere bilden jedoch Lokalformen, die in der Systematik den Rang von Rassen annehmen. Doch gibt es auch auf einer Insel zuweilen Unterschiede. Die Art *Geospiza fortis* tritt auf Indefatigable in mindestens drei unterschiedlichen Formen auf, die sich sowohl in der Schnabelmorphologie als auch in ihrer Vorzugsnahrung voneinander unterscheiden (BOWMAN 1963).

3.2.3 Die adaptive Radiation der Schnäbel

Das auffälligste Unterscheidungsmerkmal der Darwinfinken findet sich nicht in Gefiedermerkmalen, sondern in der Größe und Form der Schnäbel. Alle gehen letzten Endes wohl auf einen kegelförmigen Körnerfresserschnabel zurück, wie wir ihn von unseren mitteleuropäischen Finkenvögeln her kennen. Aber dieses Grundmodell ist durch Änderung von Größe und Proportionen in vielfältiger Weise abgewandelt worden (Abb. 7). Dem entspricht jeweils eine bevorzugte Ernährungsweise, wobei die Schnäbel beim Nahrungserwerb bzw. der Nahrungsbearbeitung ihre Funktion erfüllen müssen. In der Gattung *Geospiza* gibt es Körnerfresserschnäbel in allen Varianten. Den imposantesten Schnabel hat *Geospiza magnirostris* (Abb. 7). Er erinnert an den Schnabel eines Kernbeißers *(Coccothraustes coccothraustes).* Andere *Geospiza*-Arten haben schlankere Schnäbel. Obwohl der Schnabel nach außen hin ein Merkmal darstellt, das wahrscheinlich auch dem Arterkennen dient, also Signalfunktion hat (BOWMAN 1983), funktioniert er primär als körpereigenes Organ im Funktionskreis der Ernährung. Man erkennt dies auch an den Muskeln, die den Schnabel bewegen (Abb. 8). Der Unterschnabel wird durch mehrere Muskeln, vor allem aber durch den großen M u s c u l u s a d d u c t o r m a n d i b u l a e e x t e r n u s s u p e r f i c i a l i s an den Oberschnabel herangezogen. Dieser Muskel breitet sich bei *G. magnirostris* nahezu über die ganze Schädelseite aus (Abb. 8 oben). Bei der schlankschnäbligen *G. fortis* (Abb. 8 Mitte)

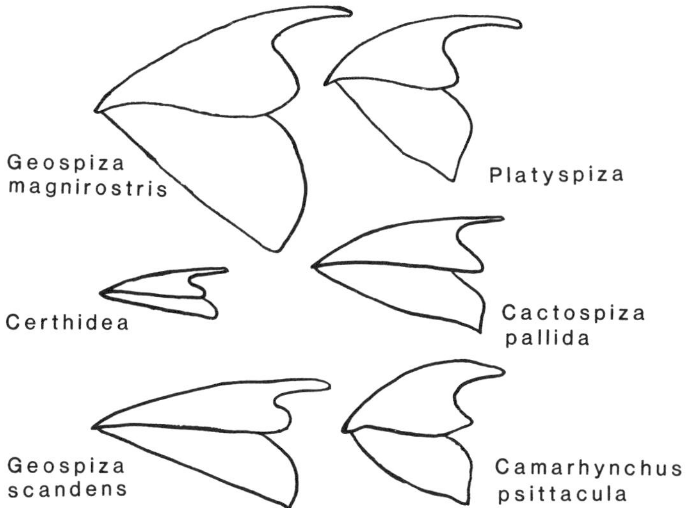

Abb. 7: Schnäbel von 6 Darwinfinkenarten in Seitenansicht und natürlichen Größenrelationen. Sie vertreten unterschiedliche Anpassungsrichtungen. Nach BOWMAN (1963)

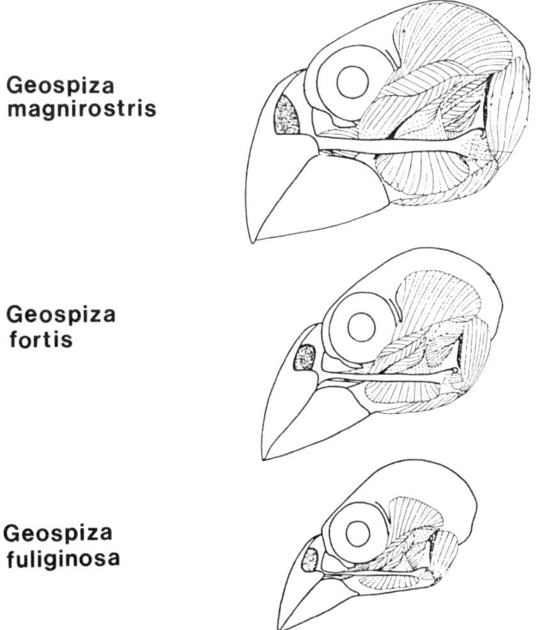

Abb. 8: Der unterschiedlichen Ausbildung des Schnabels entsprechend ist auch die Kaumuskulatur verschieden stark ausgeprägt (aus BOWMAN 1963, verändert)

nimmt er relativ weniger Fläche ein, bei *G. fuliginosa* (Abb. 8 unten) ist er schon beinahe unauffällig. Dem entspricht, daß *Geospiza magnirostris* vor allem große und sehr harte Samen, *Geospiza fuliginosa* weiche und kleine Samen knackt (Abb. 9). Von *Geospiza* über die Gattungen *Platyspiza, Camarhynchus, Cactospiza* bis hin zu *Certhidea* nimmt das Samenfressen ab und das Insektenfressen zu (Abb. 10). Die Art *Certhidea olivacea* ist reiner Insektenfresser. Zugleich ist sie die kleinste Art von allen Geospizinen, sie hat einen schlanken Insektenfresserschnabel wie ein Laubsänger oder auch ein Fliegenschnäpper. Sie ist ein sehr lebhafter Kleinvogel, flattert viel in der Luft und hat das relativ größte Herz (BOWMAN 1963).

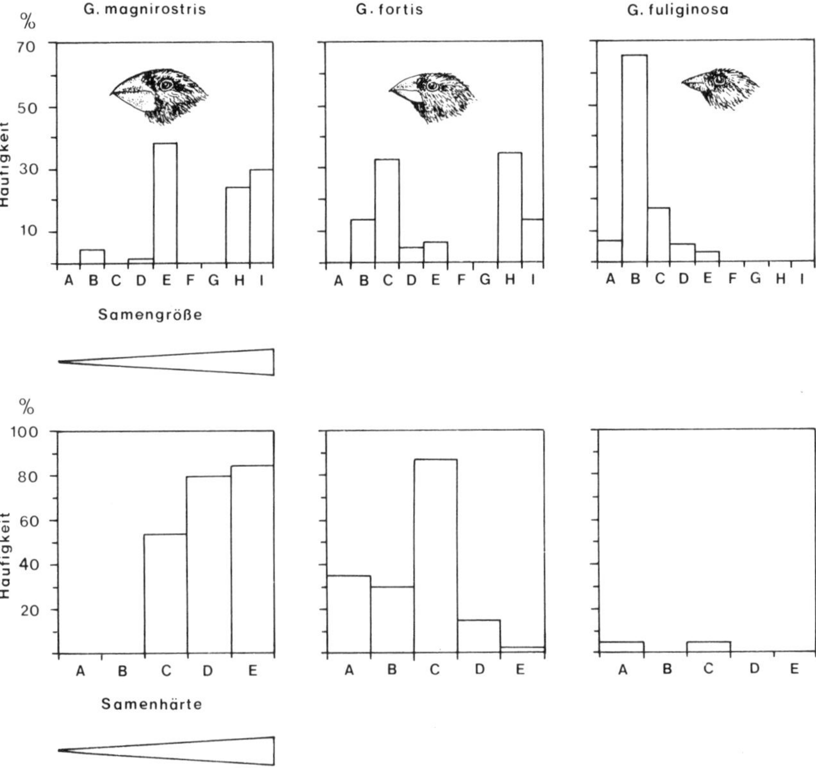

Abb. 9: Daten zur Nahrungswahl bei drei körnerfressenden Darwinfinkenarten. Die dickschnäblige *Geospiza magnirostris* nimmt die durchschnittlich größten (oben) und härtesten (unten) Samen. *G. fuliginosa* mit dem viel schlankeren Schnabel bevorzugt kleinere und weichere Samen. Nach BOWMAN (1963)

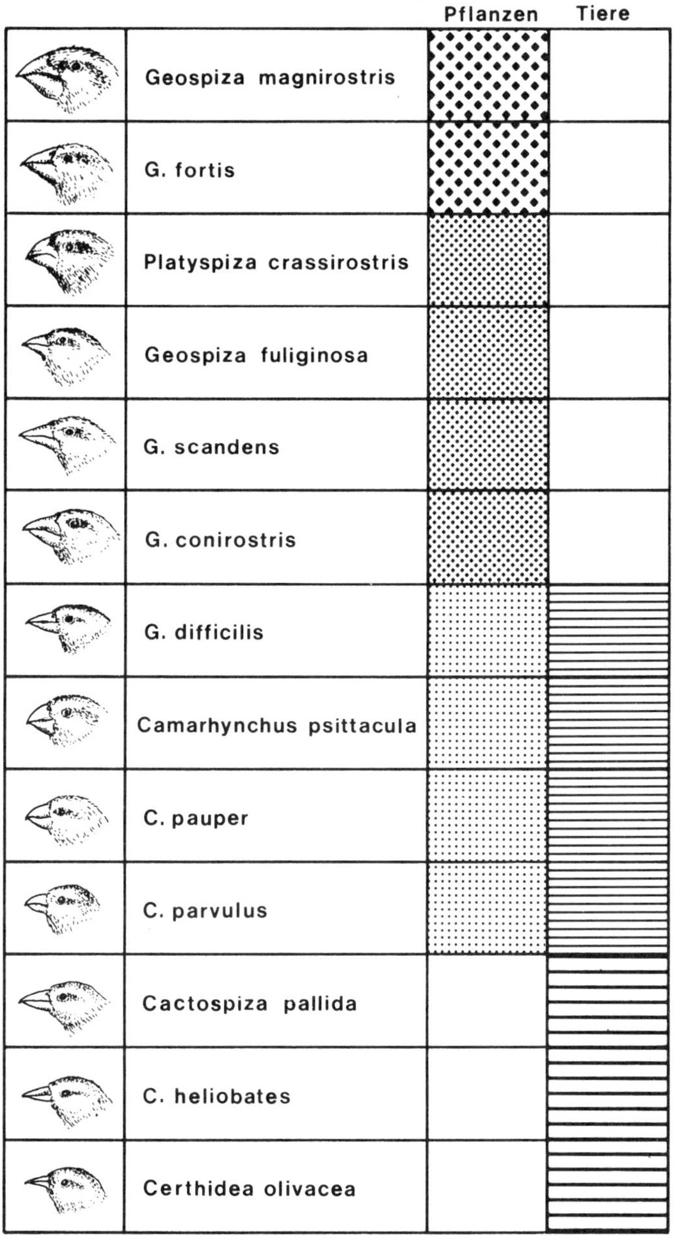

	Pflanzen	Tiere
Geospiza magnirostris		
G. fortis		
Platyspiza crassirostris		
Geospiza fuliginosa		
G. scandens		
G. conirostris		
G. difficilis		
Camarhynchus psittacula		
C. pauper		
C. parvulus		
Cactospiza pallida		
C. heliobates		
Certhidea olivacea		

Abb. 10: Nahrungsökologie der 13 Darwinfinkenarten von Galapagos. Grobes Raster: harte Samen, mittleres Raster: weiche Samen, feines Raster: andere Pflanzennahrung; grobe Schraffur: reine Insektennahrung, feine Schraffur: Gemischtköstler. Nach Daten von BOWMAN (1963)

3.2.4 Faunenanalogie

Die große *Geospiza magnirostris* haben wir auf den ersten Blick mit einem Kernbeißer verglichen, die kleine *Certhidea olivacea* mit einem Laubsänger. Die Schnäbel der Gattung *Camarhynchus* erinnern an den des Gimpels *(Pyrrhula pyrrhula).* Man hat den Eindruck, daß die verschiedenen Typen auf den Galapagosinseln analog zu nicht näher verwandten Arten in anderen Teilen der Welt nachkonstruiert worden sind (s. u.). Man nennt diese Erscheinung F a u n e n a n a l o g i e. Entsprechend gibt es auf den Hawaiinseln unter den Kleidervögeln ebenfalls ganz unterschiedliche Schnabeltypen, darunter wiederum eine Art mit einem typischen Kernbeißerschnabel (Näheres bei LACK 1971).

3.2.5 Die Bedeutung der Konkurrenz

Bisher hat es den Anschein gehabt, als sei allein das primär unterschiedliche Nahrungsangebot auf den verschiedenen Inseln dafür verantwortlich, daß sich verschiedene Formen entwickelt und erhalten haben. Daß dies nicht so ist, hat LACK (1947) festgestellt. Er verglich die Schnäbel von *Geospiza*-Arten auf verschiedenen Inseln miteinander, auf denen die Arten in unterschiedlicher Zahl vorkommen. Auf den nördlichen Inseln Abingdon, Bindloe, James und Jervis sind die drei Arten *G. fuliginosa, fortis und magnirostris* häufig. Ihre Schnäbel wie auch ihre Nahrung sind klar unterschieden. Sie machen sich gegenseitig keine Konkurrenz (Abb. 11 a). Auf einigen weiteren Inseln wie Albermarle und Indefatigable ist *G. magnirostris* entweder sehr selten oder ungewöhnlich großschnäblig. Hier hat *G. fortis* teilweise ihre Schnabelhöhe vergrößert (Abb. 11 b, c). Noch interessanter sind die Verhältnisse auf Daphne, wo *fortis* allein vorkommt. Dort liegt sie in der Schnabelhöhe zwischen *fuliginosa* und *fortis* der bisher genannten Inseln (Abb. 11 d). Sie braucht die Konkurrenz der anderen Arten nicht zu meiden und kann ihre optimale Nahrung nutzen. Auf Crossman fehlt *fortis* ebenso wie *magnirostris,* dafür tritt *fuliginosa* in vollem Umfang an die Stelle von *fortis,* wie sie sich auf Daphne ausgebildet hat (Abb. 11 e). Dort, wo mehrere Arten nebeneinander existieren müssen, weichen die unterlegenen nach dem Prinzip der Konkurrenzvermeidung aus, wodurch in der Gestalt die Kontraste betont werden.

3.2.6 Endemiten

Schon bei seiner ersten Begegnung mit den Galapagos-Inseln, als die Besatzung der Beagle am 17. September 1835 die Insel Chatham (San Cristobal) betrat, bemerkt Darwin Besonderheiten: „The natural history of this archipelago is very remarkable: it seems to be a little world within itself;

the greater number of inhabitants, both vegetable and animal, being found nowhere else" (DARWIN 1839, 454–455).

Unter endemischen Tieren oder Pflanzen versteht man jene Formen, die in ihrer Verbreitung auf ein bestimmtes Gebiet beschränkt sind. Meist verwendet man den Begriff nur dann, wenn das Verbreitungsgebiet relativ klein ist, z. B. bei ozeanischen Inseln. Je kleiner eine Insel und je

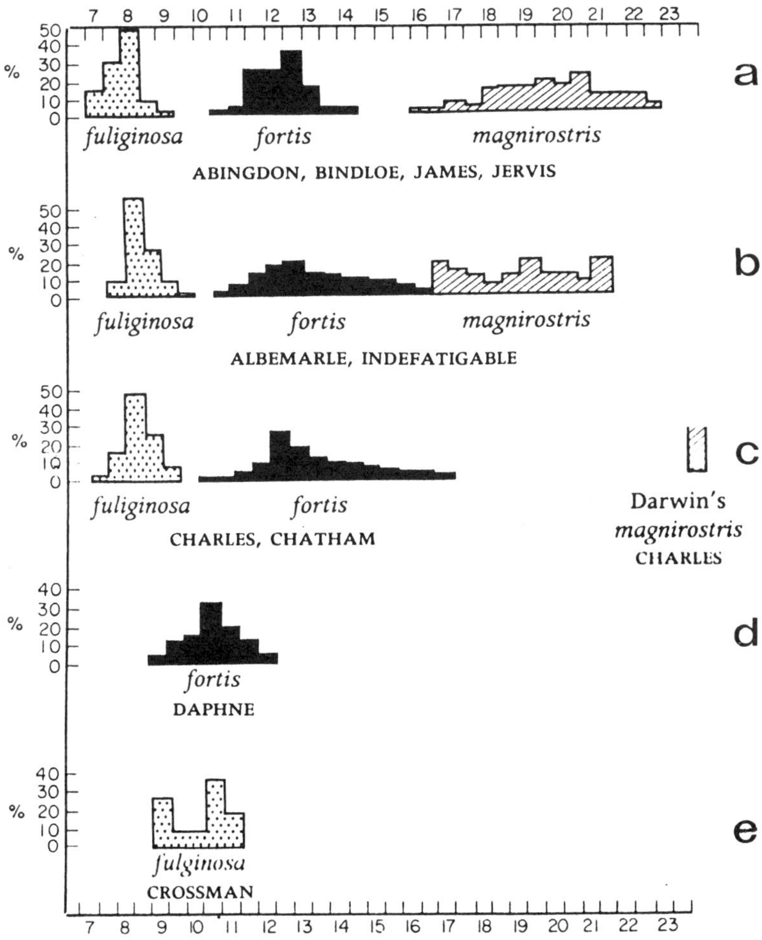

Abb. 11: Schnabelgrößen in der Werkstatt der Evolution. Vergleich von Populationen auf Inseln mit mehreren und wenigen Arten von Darwinfinken. Abszisse: Schnabelhöhe in mm, Ordinate: prozentuale Häufigkeit der Größenklassen. Nähere Erläuterung siehe Text. Aus LACK (1947)

weiter vom Festland entfernt, desto größer ihr Anteil an Endemiten. Die Zahl der Endemiten ist auf den Galapagos-Inseln besonders hoch. Das hängt mit ihrer isolierten Lage zusammen.

Alle Darwinfinken stellen typische Beispiele für Inselendemiten auf dem Gattungs- oder Unterfamilienniveau dar. Das bedeutet einen hohen Ausprägungsgrad des Endemismus.

3.2.7 Entwicklung der Artenvielfalt

Vergleichen wir die Verhältnisse auf den Galapagosinseln mit anderen Inselgruppen und ihren Kleinvögeln (LACK 1971). Auf den Kanarischen Inseln gibt es eine Reihe von Finkenvögeln, die aber meist nicht einmal Artstatus errungen haben, sondern klar als Unterarten ihrer nächsten europäischen Verwandten zu erkennen sind. Sie haben ihre Einwanderung vor noch nicht langer Zeit hinter sich gebracht. Das gilt auch für den Buchfinken *(Fringilla coelebs),* der allerdings auf den einzelnen Inseln schon recht unterschiedliche Rassen ausgebildet hat (Abb. bei HEINZEL, FITTER & PARSLOW 1971). Anders der Teydefink *(Fringilla teydea).* Diese Art ist für die Kanarischen Inseln endemisch. Sie tritt im wesentlichen nur noch auf Teneriffa auf. Der Teydefink ist klar als abgewandelter Buchfink erkennbar, unterscheidet sich aber schon durch seine Größe so stark, daß er als weit differenzierte Art aufgefaßt werden muß. Er ist sicher sehr viel früher als Abkömmling von Buchfinkenvorfahren auf den Kanarischen Inseln aufgetaucht und hat hier eine völlig eigene Entwicklung genommen. Daß bei den kanarischen Vögeln nicht ein so großer Schwarm verschiedener Arten unter den Finken entstanden ist wie auf Galapagos oder unter den Kleidervögeln auf den Hawai-Inseln, hat seine Ursache zweifelsohne in der Geschichte der Inseln. Die Galapagos-Inseln sind relativ jung. Als sie erst einmal mit Vegetation bedeckt waren, hatte eine hier eintreffende Gründerpopulation von Finken sicher ein völlig freies Feld ohne artfremde Konkurrenz vor sich. Wie aber konnten sich unter diesen Bedingungen verschiedene Arten bilden? Mußten nicht die auf einer Insel siedelnden Finken sich ständig miteinander vermischen und dabei jeden Versuch eines Teils der Population, sich zu spezialisieren, sogleich vereiteln? Unter der Bedingung der Sympatrie können sich bei solchen Vögeln keine Arten bilden. Wir müssen wohl annehmen, daß die einzelnen Inseln nacheinander von den Vögeln kolonisiert worden sind. Diese Inseln bieten sehr verschiedene Ernährungsbedingungen, so daß die voneinander separierten Finken sich in unterschiedliche Richtungen spezialisierten. Wir benötigen also bei diesen beweglichen Tieren geographische Schranken, damit sie sich unabhängig voneinander evoluieren können. Ist dies bis zu gewissem Grad geschehen, so daß auch Fortpflanzungs-

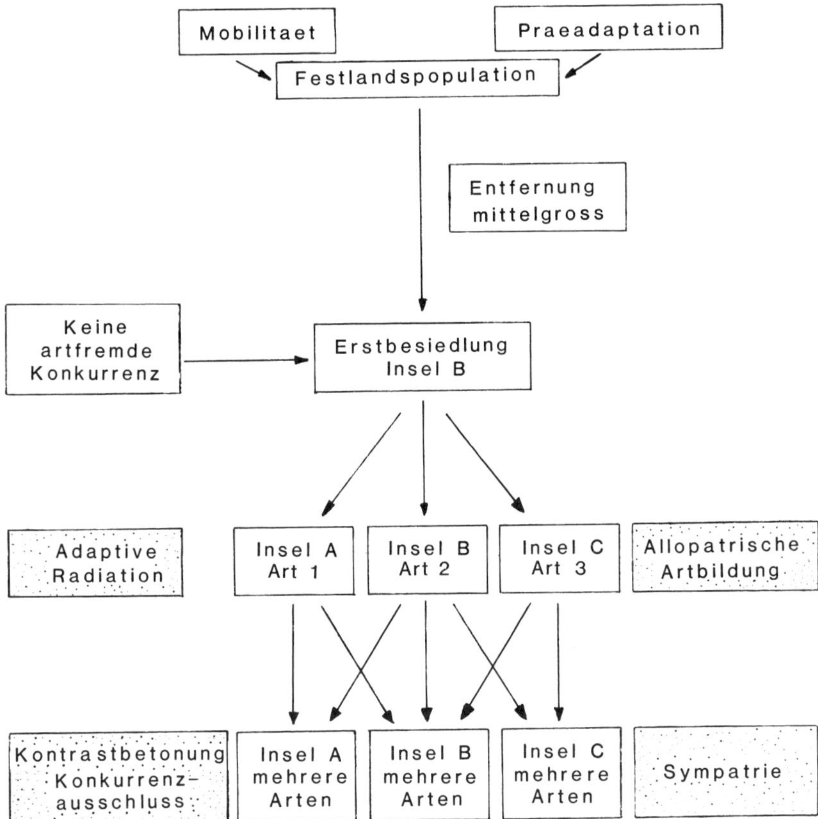

Abb. 12: Schema der adaptiven Radiation der Darwinfinken auf der Inselgruppe Galapagos. Die Festlandspopulation besiedelt in einer kleinen Gruppe die noch vogelleere Insel B. Die Entfernung ist groß genug, daß diese Besiedlung ein Einzelereignis bleibt. Von hier aus werden andere Inseln mit unterschiedlichen Lebensräumen besiedelt, so daß es zu divergenten Anpassungen kommt. Finden sich Vertreter dieser verschiedenen Populationen wieder auf einer Insel sympatrisch zusammen, so können sie u. U. die bestehenden Kontraste weiterbetonen und dann ohne Konkurrenz zusammenleben.

schranken bestehen, dann können die Vögel auch wieder andere Inseln besiedeln, auf denen ihre Nische[1] noch frei ist. Sie können sich unter dem Konkurrenzdruck der schon vorhandenen Population weiter spezialisie-

1 Unter „ökologischer Nische" versteht man das Wirkungsfeld oder den „Beruf" einer Art in einer Lebensgemeinschaft. Der Begriff wird oft als rein räumlich mißverstanden, bezieht sich aber auch auf zeitliche und viele andere Ansprüche der Art (vgl. BERNDT & WINKEL 1983).

ren und auch die Fortpflanzungsschranken verstärken. Wenn man dieses Spiel weitertreibt, so kann man durch allopatrische Speziation (Artbildung in unterschiedlichen geographischen Räumen) schließlich das Entstehen des Artenschwarms von Geospizinae auf Galapagos erklären.

Bedingungen für die Bildung des Artenschwarms sind also: Genügende Entfernung vom Festland, Mangel an Konkurrenten, eine Gruppe von Inseln, die voneinander genügend getrennt sind, eine gewisse Vielfalt von Lebensräumen. Diese Situation muß von einer Vogelart genutzt werden, die eine bestimmte Mobilität und eine evolutive Anpassungsfähigkeit mitbringt (Abb. 12).

3.2.8 Der Schnabel – Werkzeug oder Signal?

Bisher sind wir davon ausgegangen, daß es vorwiegend oder ausschließlich die Nahrungsbearbeitung ist, die die unterschiedlichen Schnäbel der verschiedenen Darwinfinkenarten und -unterarten hervorgebracht hat und auch weiter erhält. Wie wir sehen werden, gibt es aber bei den verschiedenen Arten durchaus Ernährungsweisen, die nicht zu dem einfachen Muster der Anpassung an unterschiedlich große und harte Sämereien passen. Können die Schnäbel auch der Verständigung dienen? Primär sollten dies die Gesänge und andere Signale tun. Bemerkenswerterweise scheinen gegenüber den sehr verschiedenartigen Schnäbeln (BOWMAN 1983) die Gesänge der Darwinfinken von Art zu Art erstaunlich ähnlich. Ob der Gesang überhaupt noch dazu geeignet ist, die Arten voneinander zu trennen?

RATCLIFFE & GRANT (1985) haben das geprüft, indem sie den Männchen von 6 verschiedenen Arten auf mehreren Inseln arteigene und artfremde Gesänge vorgespielt und ihre Reaktionen untersucht haben. Trotz ihrer Ähnlichkeit konnten die Vögel die Gesänge gut unterscheiden. Dennoch ist es durchaus möglich, daß zusätzlich auch die Form und Größe der Schnäbel als Artunterscheidungsmerkmale von den Vögeln herangezogen werden. Damit bekämen die Schnäbel über ihre mechanische Funktion beim Nahrungserwerb hinaus eine Bedeutung als optische Signale. Hierdurch werden sie auch neuen Selektionskräften unterworfen.

3.3 Neue Verhaltensleistungen bei Darwinfinken

3.3.1 Vampire und Eierräuber

Man könnte meinen, die Darwinfinken hätten als lebende Denkmäler der Evolution und des Darwinismus genug geleistet. Daß dem nicht so ist, zeigen Beobachtungen und Filmdokumente aus neuerer Zeit, die eine unerhörte Verhaltensplastizität wenigstens bei bestimmten Arten bzw. Inselpopulationen der Geospizinae belegen. Schon vor etwa 25 Jahren trauten BOWMANN & BILLEB (1965) ihren Augen kaum, als sie beobachteten, daß Darwinfinken auf lebenden Maskentölpeln herumkletterten und ihnen nicht nur Ektoparasiten absammelten, sondern sogar Blut abzapften. Ein Fernsehfilm von KÖSTER und KÖSTER–STOEWESAND (1986) zeigt, daß diese Beobachtungen richtig waren, und läßt weitere Details erkennen. Auf der kleinen Insel Wenman oder Wolf scheint zur Brutzeit das Blutzapfen beim Wenmanfinken *(Geospiza difficilis septentrionalis),* einer nicht sehr spezialisierten Form mit schlankem Kegelschnabel, verbreitet zu sein. Dabei picken die Finken die Blutkiele der wachsenden Federn im Flügel, am Schwanz oder auch am Körper der Tölpel an. Das austretende Blut nehmen sie mit dem Schnabel auf, indem sie die blutverschmierten Federn immer wieder durch den Schnabel ziehen (Abb. 13). Obwohl die im

Abb. 13: Der kleine Wenmanfink *(Geospiza difficilis septentrionalis)* zapft Blut beim Maskentölpel *(Sula dactylatra),* ohne daß dieser den „Vampirfinken" beachtet. Zeichnung E. NAUMER nach Foto von Dr. F. KÖSTER.

weißen Gefieder der Tölpel auffallenden Blutflecke weitere Wenmanfinken anziehen, scheinen die Opfer ihre Peiniger kaum abzuwehren.

Wahrscheinlich beruht das auf einer Putzsymbiose, von der beide Partner profitieren. Die Tölpel werden die lästigen Lausfliegen los, die Finken finden Insektennahrung (EIBL-EIBESFELDT 1977). Von dieser Symbiose dürfte sich das parasitische Verhalten ableiten. Putzsymbiosen zwischen Darwinfinken und verschiedenen Reptilienarten sind auch auf anderen Inseln gefunden worden (MACFARLAND & REEDER 1974, EIBL-EIBESFELDT 1977).

Nestjunge Tölpel müssen z. T. mehr als die Altvögel leiden. Sie versuchen zuweilen vergeblich, sich der „Vampirfinken" zu erwehren, und können durch ständiges Blutzapfen zu Tode kommen. Sogar Menschen mit kleinen Verletzungen werden, wenn sie stillhalten, von den Vögeln aufgesucht, die Wunden erweitert und Blut aufgenommen (KÖSTER & KÖSTER-STOEWESAND, Fernsehfilm 1986).

Ebenfalls im Dienste der Beschaffung nahrhafter Flüssigkeit scheint der Eierraub zu stehen, der gleichfalls bei Wenmanfinken entdeckt wurde. Den Vögeln gelingt es, mit Hilfe einer höchst spezialisierten Verhaltensweise („Schnabelstützen"), das viel zu große Ei aus dem Nest zu rollen, wenn gerade kein alter Maskentölpel in der Nähe ist. Dabei bohren sie den Schnabel in den Untergrund, wie sie es gelegentlich bei der Nahrungssuche tun, vollführen eine Art Kopfstand oder Schnabelstand und drücken nun mit beiden Beinen das Ei nach hinten weg (Abb. 14). Ist es einmal genügend weit vom Nest entfernt, so kümmern sich die alten Tölpel nicht mehr darum. Zwergmungos (*Helogale undulata*) verstehen sich darauf, große Vogeleier dadurch zu öffnen, daß sie sie unter sich hindurch mit den beiden Vorderpfoten nach hinten schleudern, so daß sie am nächsten harten Gegenstand anschlagen und möglicherweise angeknickt werden. Schmutzgeier (*Neophron percnopterus*) öffnen Straußeneier durch Steinwurf, ein berühmtes Beispiel für Werkzeuggebrauch (s. u.). Darwinfinken mit ihren spitzen und stabilen Schnäbeln picken so lange auf feinen Haarrissen der Eier herum, bis ein kleines Loch entsteht, das sie dann rasch erweitern. Nun fressen und trinken sie den Eiinhalt, auch wenn das Ei angebrütet war. Dabei kommt es zu Streitereien von Artgenossen um die wertvolle Nahrungsquelle.

Man kann sich leicht vorstellen, wie dieses Verhalten sich durch Tradierung (s. S. 248 ff.) in der Population durchgesetzt hat, ebenso wie das Blutzapfen. Wenmanfinken sind auch sonst bemerkenswert findig und vielseitig in ihrer Nahrungswahl und verschmähen weder Fischreste an den Seevogelnestern noch Opuntienfrüchte oder Euphorbienblüten.

Das oben beschriebene Schnabelstützen erinnert übrigens in verblüffender Weise an das Verhalten einer spezialisierten, ebenfalls auf Inseln

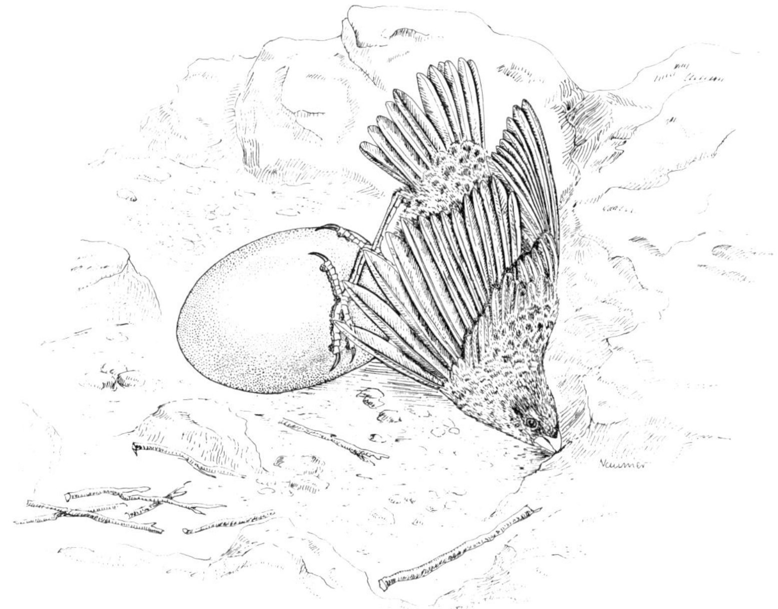

Abb. 14: Ein Wenmanfink ist im Begriff, unter „Schnabelstützen" ein Ei aus dem Nest eines Maskentölpels zu rollen – eine hochspezialisierte Verhaltensweise, die anderswo bei Vögeln noch nicht bekanntgeworden ist. Zeichnung E. NAUMER nach Foto von Dr. F. KÖSTER.

beschränkten und äußerst skurrilen Säugergruppe: Gemeint sind die Naslinge oder Rhinogradentier, die durch das unglückliche Zusammenwirken tektonischer und anthropogener Faktoren in jüngerer Zeit mitsamt der Südsee-Inselgruppe, auf der sie lebten, untergegangen sind. Glücklicherweise ist ihnen in einer von G. STEINER herausgegebenen Monographie (STÜMPKE 1964) ein unvergängliches Denkmal gesetzt worden. Bei diesen Tieren ist die Nase hochdifferenziert und für alle möglichen Zwecke abgewandelt worden. Man denke nur an *Tyrannonasus imperator,* eine auf vier Nasen gehende Form, die sich allerdings im Gegensatz zum Wenmanfinken räuberisch von anderen Rhinogradentiern ernährte.

Schnabelstützen beim Eierraub und das Blutzapfen sind hier als neue Verhaltensleistungen aufgefaßt worden. Daß diese Verhaltensweisen tatsächlich in relativ junger Zeit entstanden sind, dafür spricht die Tatsache, daß sie anscheinend nur auf eine Insel und eine Teilpopulation beschränkt geblieben sind. Warum aber gerade die Finken auf Wenman solches Verhalten entwickelt haben und zu welcher Zeit das wirklich geschah, entzieht sich ebenso unserer Kenntnis wie das, was sie künftig noch entwickeln werden. Allerdings: Das Vergangene kann man erforschen, das Zukünftige muß man abwarten.

3.3.2 Werkzeuggebrauch

Als die Vorfahren der Darwinfinken die Inseln besiedelten, gab es dort allem Anschein nach weder andere Singvögel nach Spechte. Wie wir oben gesehen haben, führte das dazu, daß sich die Nachkommen der Erstbesiedler in ganz verschiedener Weise spezialisierten und dabei die verschiedensten „Berufe“ wählten, also Pflanzenfresser, Körnerfresser, ja sogar Insektenfresser wurden. Blieb noch unter vielleicht vielen anderen Lebensmöglichkeiten diejenige für den Specht. Wenn man den Spechtfinken (*Castospiza pallida*) beobachtet, bemerkt man in vieler Hinsicht spechtartiges Verhalten (EIBL-EIBESFELDT 1961). Der Vogel ist allerdings weder ökologisch noch in seinem Verhalten so stark spezialisiert wie unsere Spechte. Er durchstreift weite Gebiete und bleibt oft nur kurze Zeit an einem Baum oder Strauch. Dort tut er seine Anwesenheit durch Klopfen kund. Zusammengerollte Blätter zieht er zu seinem Sitzast heran, hält sie mit dem Fuß fest, öffnet sie mit dem Schnabel und frißt die darin gefundenen Insekten oder Larven auf. Er reißt auch die Rinde von dürren Zweigen herunter. Er klettert wie ein Specht an Stämmen oder Ästen aufwärts, kann aber auch kleiberartig kopfunter abwärtsklettern. Oft horcht er mit schräggelegtem Kopf an einem morschen Ast und versteht es auf diese Weise, Insekten oder Larven zu lokalisieren. Doch wenn sein Beutetier in einem relativ tiefen Bohrgang sitzt, stößt er recht schnell an die Grenzen seiner Fertigkeiten. Weder sein gestreckter Kegelschnabel (siehe Abb. 10, S. 39) noch die relativ kurze Zunge (Spechte haben extrem lange Zungen) gestattet es ihm, in das Bohrloch vorzudringen. Diesen Mangel an geeigneten Organen macht er durch Werkzeuggebrauch wett. Werkzeuge sind körperfremde Objekte, die zur Verbesserung des Wirkungsgrades eigener Organe verwendet werden. Während einfacher Werkzeuggebrauch zwar eine seltene Leistung im Tierreich ist, aber dennoch offenbar angeborenermaßen sogar bei manchen Insekten vorkommt (Grabwespen verwenden ein Steinchen als Ramme, um die Erde über dem Eingang ihrer Larvenkammer festzuklopfen; HAESELER 1985), sind Herstellung und Wiederverwendung von Werkzeugen hochentwickelte Fertigkeiten, die fast nur von Primaten bekannt sind.

Der Spechtfink fliegt zu einem benachbarten Feigenkaktus und pflückt einen sorgfältig ausgesuchten Stachel ab. Manchmal läßt er ihn wieder fallen und sucht sich einen anderen. Er kann auch ein trockenes Hölzchen von einem Ast abbrechen oder ein Werkzeug am Boden aufsuchen. Damit

Abb. 15: Spechtfink *(Cactospiza pallida)* beim Werkzeuggebrauch: Er stochert mit einem Kaktusstachel in einem Bohrloch im Holz, worin er ein Beutetier geortet hat (nach Foto in EIBL-EIBESFELDT, 1977)

fliegt er nun zu dem Bohrloch zurück, in dem er die Beute wahrgenommen hat. Er spießt das Beutetier mit dem Stachel auf (Abb. 15) und zieht es heraus. Er kann es aber auch einfach damit heraushebeln oder aufstöbern, so daß es von selbst herausläuft oder -kriecht und dann erbeutet werden kann.

Daß manche Werkzeuge verworfen, andere aber noch auf die richtige Länge zurechtgestutzt werden, zeigt, daß der Spechtfink einen bestimmten Sollwert mit seinem Werkzeug verbindet und dieses dementsprechend herrichtet. Er verfügt also über die Fertigkeit zur Werkzeugherstellung.

Manchmal klemmt er das Werkzeug nach getaner Arbeit unter den Fuß oder legt es seitlich ab, um es dann wieder aufzunehmen und erneut zu verwenden. Auch diese Werkzeugwiederverwendung läßt an Einsichtsverhalten denken.

Leider wissen wir immer noch nicht genau, wie sich das Werkzeugverhalten beim Jungvogel entwickelt und welche Anteile davon angeboren sind. Der verwandte Mangrovefink *(Cactospiza heliobates)* beherrscht nach Beobachtungen von CURIO & KRAMER (1964) ebenfalls den Werkzeuggebrauch, scheint ihn aber relativ selten einzusetzen. Vielleicht tun es auch nicht alle Individuen der Population. Beim Spechtfinken hat EIBL-EIBESFELDT (1963) einen offenbar unerfahrenen Jungvogel im Käfig gehalten und beobachtet. Dieser nahm herumliegende Stachel und Hölzchen häufig in den Schnabel, ließ sie aber sogleich wieder fallen. Erst nach einiger Zeit des Erfahrungsammelns begann er, damit spielerisch in Löchern oder Spalten zu stochern, wenn er ein Insekt darin wahrgenommen hatte. Doch hielt er das Werkzeug nicht fest genug, so daß es ihm oft entfiel. Er verwendete auch untaugliche Objekte wie Blattrippen oder Grashalme. Eine Tendenz zur Beschäftigung mit Stocherwerkzeugen scheint demnach vorgegeben zu sein. Sie muß aber offenbar durch Lernen am Erfolg erst vervollständigt werden.

Bemerkenswert ist, daß sowohl junge als auch erwachsene Spechtfinken mit Werkzeugen und Beutetieren spielen, wenn sie gesättigt sind. Das von EIBL-EIBESFELDT (1963) beobachtete Spechtfinkenmännchen holte sich Mehlwürmer aus dem Futternapf und versteckte sie in geeigneten Höhlen oder Spalten im Käfig. Dann stocherte es sie mit einem Hölzchen hervor, um sie sogleich erneut zu verstecken. Spiel tritt bei Tieren nur in entspannten Situationen auf und ist vor allem durch häufige Wiederholung von Verhaltensabläufen gekennzeichnet. Über Spielen bei Vögeln gibt es nur wenige Beobachtungen (FICKEN 1977). Es tritt vorzugsweise bei Arten auf, die als besonders intelligent gelten, wie z. B. beim Kolkraben oder bei Papageien.

Alle beschriebenen Verhaltensleistungen bei Darwinfinken, das Blutzapfen wie das Eirollen und -öffnen, das Verwenden und Herstellen von Werkzeugen und das Spielen mit Werkzeug und Beute zeigen, daß in dieser Vogelgruppe Potenzen vorhanden sind, wie wir sie anderswo nicht ohne weiteres finden. Ob diese Verhaltensleistungen durch die rasche Artaufspaltung und den hohen Selektionsdruck, dem die Populationen offenbar unterliegen, besonders gefördert worden sind, steht dahin. Verhalten wird oft als Schrittmacher der Evolution angesehen. Zuerst tritt eine Verhaltensweise auf, dann vermögen sich die Morphologie und die übrigen Merkmale anzupassen. Wahrscheinlich haben die Ur-Darwinfinken zuallererst ein bestimmtes Verhalten der Nahrungssuche ausgebildet und weitertradiert. Erst in der Folge davon ist es zu den Festlegungen im morphologischen Bereich gekommen, haben sich die Schnäbel in der beschriebenen Weise differenziert. Die oben geschilderten Beobachtungen über spezialisierte Verhaltensleistungen zeigen, daß Darwinfinken in mancher Hinsicht noch am Anfang neuer Entwicklungsrichtungen stehen mögen.

Vogel- und andere Tierarten sind anscheinend nicht dazu verdammt, sich an bestimmte bestehende Umweltbedingungen anzupassen, sondern können zunächst einmal über ihr Verhalten eine Wahl der Bedingungen treffen, denen sie sich später anpassen. Diese Wahl kann, wenn die Spezialisierung noch nicht zu weit fortgeschritten ist, in erstaunlichem Ausmaß abgeändert werden.

4 Die Vogelfeder: kompliziert im Bau, vielseitig in der Funktion

„Nämlich, dieses weiß ein jeder, wärmehaltig ist die Feder“ (Wilhelm Busch: Tobias Knopp)

Während die fischgestaltigen Wirbeltiere ebenso wie die Reptilien ihre Körperoberfläche mit Schuppen – allerdings ganz unterschiedlicher Bauart – bedecken und die Säugetiere sich durch ein Haarkleid schützen, besteht die äußere Körperumhüllung der Vögel im wesentlichen aus Federn, nur zum kleinen Teil aus Hornschuppen. Die keimende Feder ist stark durchblutet und wächst sehr schnell. Im ausgewachsenen Zustand stellt sie ein totes, aber dennoch höchst kompliziert gebautes epidermales Horngebilde dar. Ebenso wie Haare und Hornschuppen besteht sie aus Keratin, einem hochmolekularen Eiweißkörper aus der Gruppe der Gerüstproteine.

4.1 Bau der Feder

Den grob-morphologischen Bau der typischen Federn wollen wir uns anhand einer S c h w u n g f e d e r aus dem Handflügel des Großbrachvogels (Abb. 16) verdeutlichen. Die Basis bildet die hohle Spule (Calamus). Ihr Hohlraum ist vom unteren Ende her über einen Nabel zugänglich. An sie schließt sich über einen weiteren Nabel der solide Schaft (Rhachis) an. Beide zusammen nennt man den Kiel (Scapus) der Feder. Der Schaft trägt beidseitig die Federäste (Rami), die im Basalteil dunig frei sein können, sich ansonsten aber untereinander zu Federfahnen verhaken. Die Feder ist asymmetrisch gebaut: Wir unterscheiden die schmalere und widerstandsfähigere A u ß e n f a h n e von der breiteren und weicheren I n n e n f a h n e.

Sowohl die Hand- und Armschwingen[1] des Flügels (s. S. 68) als auch die Steuerfedern im Schwanz und sämtliche Deckfedern am Körper sind nach diesem Prinzip gebaut. Wir fassen sie als K o n t u r f e d e r n zusammen.

1 Wir bezeichnen die einzelnen Schwungfedern des Flügels auch als Schwingen. Umgangssprachlich wird zuweilen der ganze Flügel auch „Schwinge“ genannt. Anstelle dessen verwendet man hierfür besser den Begriff „Fittich“ oder bleibt einfach bei „Flügel“.

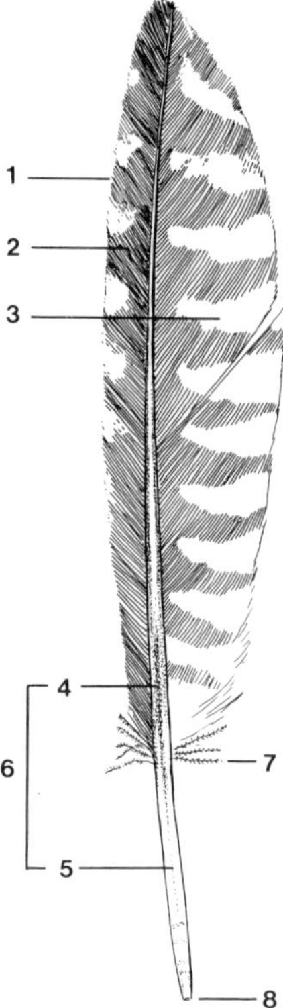

Abb. 16: Schwinge aus dem rechten Handflügel eines Großbrachvogels *(Numenius arquata).* **1** jeder Strich ist ein Federast in der Fahne, **2** Außenfahne, **3** Innenfahne, **4** Schaft (Rhachis), **5** Spule (Calamus) **6** Schaft und Spule bilden zusammen den Kiel (Scapus); **7** freie, dunige Federäste, **8** Nabel der Spule. Original

Ihnen stehen kleinere abgeleitete Formen wie die Dunen (vor allem bei Jungvögeln) sowie die Faden- und Borstenfedern gegenüber.

Bei den Dunen ist die Federfahne in ihre einzelnen Äste aufgelöst, was wir auch an der Fahnenbasis der Konturfeder beobachtet haben (Abb. 16, 17 d). Den Ästen fehlen die Hakenstrahlen (s. u.). – Die Konturfeder ist ein hochelastisches Gebilde. Wirken ungewöhnlich starke Kräfte auf sie ein, so kann der Kiel irreversibel abgeknickt werden. Auch die Federfahnen stellen elastische Flächen dar.

Der Zusammenhalt der Fahne wird durch den komplizierten Feinbau der Federäste ermöglicht (Abb. 17).

Ebenso wie der Schaft beidseitig mit Ästen besetzt ist, weist jeder Ast auf beiden Seiten eine Reihe von kleinen Abzweigungen auf, die wir Strahlen (Radii) nennen. Diese kann man gerade noch mit dem bloßen Auge, besser aber mit Hilfe einer Lupe erkennen, besonders an den dunigen Ästen der Federbasis (Abb. 17 b).

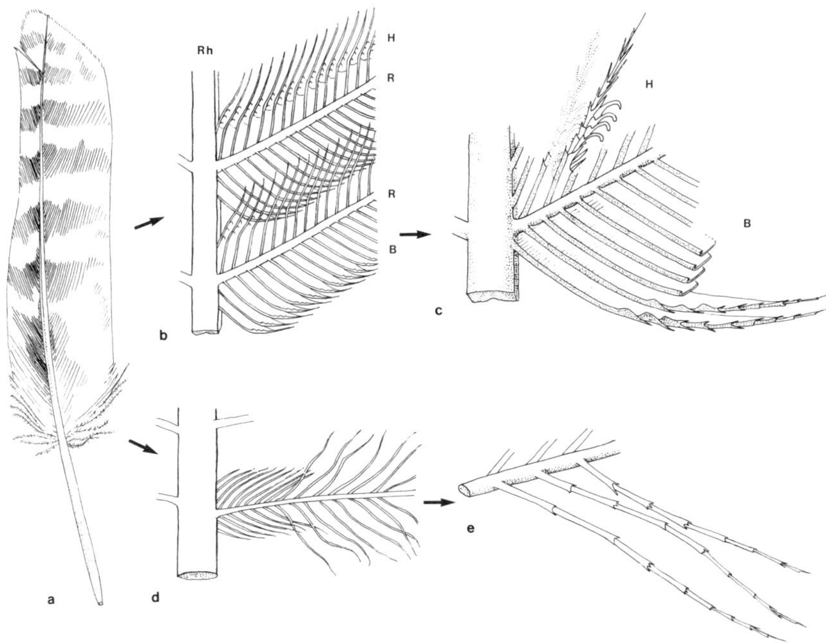

Abb. 17: Feinbau der Konturfeder am Beispiel einer Handschwinge einer juvenilen Silbermöwe *(Larus argentatus)* **(a)**. **b** Rhachis (Rh) mit Ästen (R), von denen nach oben hin Hakenstrahlen (H), nach unten Bogenstrahlen (B) abzweigen. Die Hakenstrahlen legen sich auf die Bogenstrahlen und haken ein. **c** Vergrößerung dazu. **d** An der Federbasis stehen freie Radien mit beiderseits gleichartigen Strahlen ohne Differenzierung. Alle Strahlen sind in Segmente untergliedert **(e)**.

Bei den Strahlen unterscheidet man nach ihrer Feinstruktur zwei Typen: Bogen- und Hakenstrahlen (Abb. 17 c). Die Bogenstrahlen sind parallel zu ihrer Längsachse basalwärts krempenartig aufgebogen. Die dünneren Hakenstrahlen sind mit einer Reihe von feinsten Häkchen (Hamuli oder Radioli) besetzt. Die Bogenstrahlen stehen jeweils basalwärts am Federast, die Hakenstrahlen zeigen zur Spitze hin. Auf diese Weise kommt im Raum zwischen zwei Ästen immer ein Feld von Bogenstrahlen mit einem solchen von Hakenstrahlen in Kontakt. Da die Häkchen in ihren Abständen den Distanzen der Bogenstrahlen entsprechen, greifen sie genau in diese ein. Hieraus ergibt sich das Verhakungsfeld, das der Federfahne ihren elastischen Zusammenhalt verleiht. Beim Auseinanderreißen des Verhakungssystems wird nichts zerstört. Streicht man die Federn glatt, so kann der alte Zusammenhalt wieder hergestellt werden. Man kann den Verhakungsmechanismus mit einem Reißverschluß oder besser noch mit einem Klettverschluß vergleichen. Über die räumlichen Zusammenhänge informiert Abb. 17.

4.2 Herkunft und Funktion der Federn

Federn bilden sich in der Ontogenese ebenso wie Hornschuppen aus Cutispapillen. Schon aus diesem Grund sind sie miteinander homologisierbar. Es gilt als sicher, daß sich auch in der Stammesgeschichte die Federn aus Hornschuppen entwickelt haben. Dies wird uns u. a. dadurch vor Augen geführt, daß Vögel an den Füßen noch Hornschuppen besitzen, die sich aber bei manchen Arten oder Artengruppen zu Federn umgewandelt haben (Rauhfußbussard, Rauhfußhühner, Rauhfußkauz) und die auch bei domestizierten Vögeln relativ leicht durch Zucht oder Transplantation umgewandelt werden können.

Die Frage, unter welchem primären Selektionsdruck sich Federn bei den Vorfahren von *Archaeopteryx* gebildet haben, ist viel diskutiert worden. Gab es zuerst die „Flugfeder" oder die „Wärmefeder"? Welche Funktion stellte den Schrittmacher dar, auf dem die andere dann basieren konnte? Eine kleinteilig aufgegliederte Körperhülle, so möchte man vermuten, dient in erster Linie der Isolation des Körpers gegen Wärmeverluste. Andererseits muß auch für den Zweck des Fliegens allein aus Gründen der Gewichtsersparnis die ursprüngliche Hornplatte der Schuppe zerteilt werden. Das vorliegende Produkt „Feder" ist erstaunlicherweise für beide Zwecke unerhört gut geeignet.

Die beiden Funktionen lassen sich aber bei bestimmten Vögeln trennen. Eine Reihe von Vogelarten oder -gruppen hat in der Stammesgeschichte das Fliegen sekundär wieder aufgegeben, ist jedoch gleichwarm geblieben. Bei diesen Vögeln (soweit sie nicht unter Wasser „fliegen", wie Pinguine) fehlt den Federn die geschlossene Fahne (Abb. 18). Die Hakenstrahlen haben keine Radioli, so daß sie nicht in die Bogenstrahlen einhaken können. So entsteht ein zerschlissen wirkendes lockeres Gebilde, das wohl geeignet erscheint, gegen Wärmeverlust zu isolieren, jedoch nicht einen flugfähigen Flügel oder eine aerodynamisch glatte Körperkontur ausbilden kann. Tatsächlich sehen die Straußenvögel und ihre Verwandten aus, als seien sie behaart. Doch verrät der Verzweigungstyp der Feder, daß sie möglicherweise einmal einer Funktion gedient hat, die über das Warmhalten hinausging.

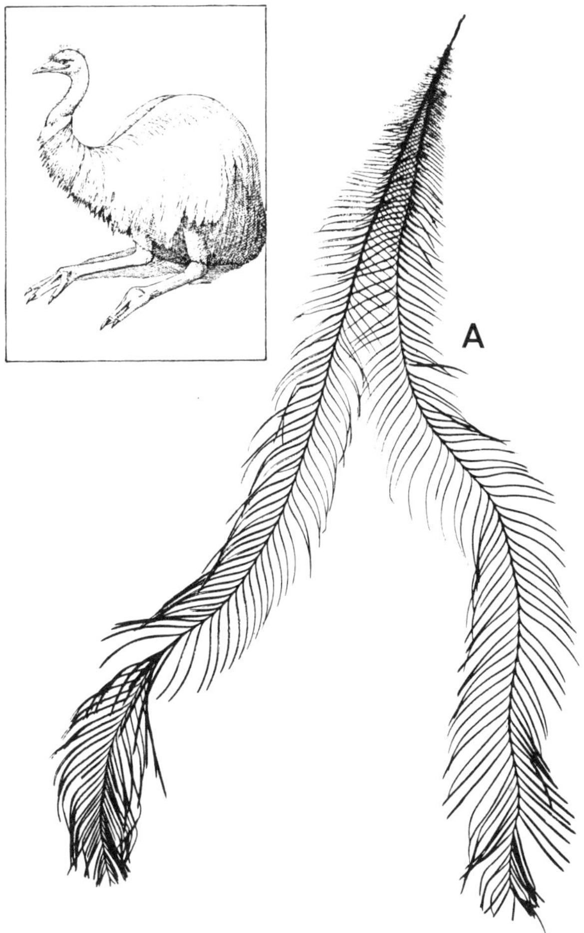

Abb. 18: Konturfeder eines Emu *(Dromaius novaehollandiae)* ohne Bildung geschlossener Fahnen. Die Afterfeder (A) ist ebenso kräftig ausgebildet wie die Hauptfeder. Diese Feder ist keine Flug-, sondern vorwiegend eine Wärmefeder. Fotokopie des Originals. Emu-Abb. aus CAMPBELL & LACK (1985).

4.3 Weitere Federfunktionen

Daß den Federn auch Funktionen im Bereich der Kommunikation zwischen den Individuen einer Art und darüber hinaus zukommen, geht schon aus ihren oft komplizierten und bunten Färbungsmustern hervor (Abb. 19). Sie haben aber auch Bedeutung im Bereich der Wahrnehmung.

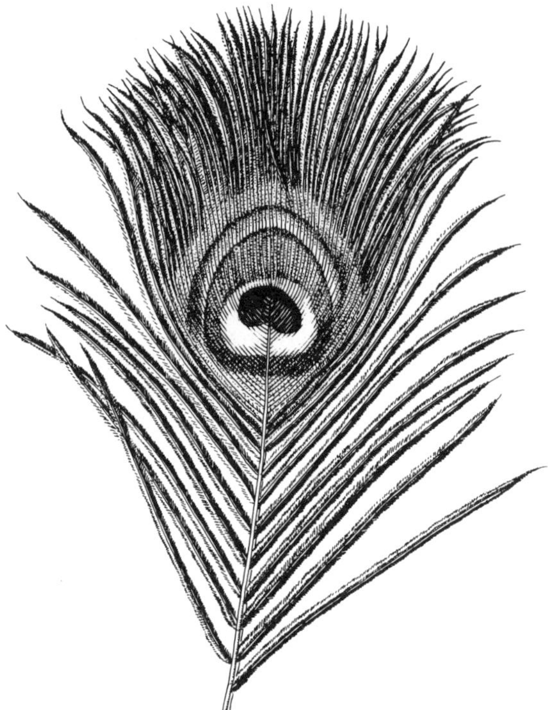

Abb. 19: Federn geben auch Signale: Augenzeichnung auf einer der Oberschwanzdecken des Pfaus *(Pavo cristatus)*. Vgl. Farbabb. bei PORTMANN 1984.

Tafel I: Federn des männlichen Auerhuhns *(Tetrao urogallus)* **1** = Schwungfeder aus dem Außenbereich des rechten Handflügels*, **2** = Armschwinge des rechten Flügels*, **3** = Schulterfeder, **4** = Decke der Flügeloberseite, **5** = Steuerfeder aus dem linken mittleren Bereich*, **6** = Feder der rechten Flanke, **7** =Unterschwanzdecke, **8** = Oberschwanzdecke, **9** = Halsfeder, **10** = Bauchfeder, **11** = Rückenfeder, **12** = Brustfeder (vom „Schild"); (* = Jährlingsfedern!). Afterschäfte der Deckfedern weggelassen. Dr. F. MÜLLER (aus KLAUS et al. 1986)

Tafel II: Federn des weiblichen Auerhuhns, Ei und Küken **1** = Schwungfeder aus dem Außenbereich des rechten Handflügels, **2** = Armschwinge des rechten Flügels, **3** = Schulterfeder, **4** = Oberschwanzdecke, **5** = mittlere Steuerfeder, **6** = Rückenfeder, **7** = Unterschwanzdecke, **8** = Flankenfeder, **9** = Brustfeder, **10** = Kropfgegend (vom „Schild"), **11** = Halsfeder, **12** = Kopffeder, **13** = Ei, **14** = Küken, einen Tag alt. Afterschäfte der Deckfedern weggelassen. Dr. F. MÜLLER (aus KLAUS et al. 1986)

Farbtafel I

Farbtafel II

An ihrer Basis sitzen Sinneselemente, die die Stellung der Feder genau zu messen vermögen. Aus diesem Grund wird auch eine aus ihrer Normallage gebrachte Feder vom Vogel durch Sichschütteln oder Putzen rasch wieder richtig arrangiert. GEWECKE & WOIKE (1978) gelang es, einen Erlenzeisig in einem Wollfadenkorsett so in einem Windkanal aufzuhängen, daß er dort frei auf der Stelle fliegen konnte. Wenn dem Versuchstier die Brustfedern verklebt wurden, so änderte sich sogleich seine Flugart. Die Pausen im Bogenflug wurden kürzer und die Flügelschlagzahl pro s stieg an. Die Federn wirken dabei als Hilfsstruktur für die Messung der Luftströmung, d. h. der relativen Fluggeschwindigkeit. Auf diese Weise dienen sie der Flugsteuerung. Federn werden schließlich auch zur Erzeugung „instrumentaler“ Lautäußerungen verwendet (s. S. 233).

4.4 Vielfalt der Federformen

Wir haben bisher die Konturfeder, die Dune, die Fadenfeder und die Borstenfeder unterschieden. Je nach Bedarf haben Vögel weitere spezielle Federtypen ausgebildet, die sich der bisherigen Klassifikation entziehen. An der Bürzeldrüse, einer der wenigen Hautdrüsen der Vögel, bildet sich z. B. normalerweise ein Federbüschel, das durch seine Pinselform das Drüsensekret aufnimmt und aus dem es mit dem Schnabel ausgedrückt werden kann. Reiher verfügen an den Bauchseiten über Puderdunen, die sich zu einem feinen talkumartigen Puder auflösen, der der Gefiederpflege dient. Wenn ein Graureiher badet, breitet sich auf der Wasseroberfläche ein feiner Film solchen Puders aus. Das Gefieder von Tauben ist vollständig mit solchem feinen Federstaub bedeckt. Fliegt eine Taube an eine Fensterscheibe an, so hinterläßt sie ein hauchzartes Engelsbild aus Federpuder (Abb. 20). Aber auch bei den Konturfedern selbst gibt es viele Unterschiede. Selbst in einem Flügel findet man keine zwei Federn, die sich gleichen. Jede Schwinge, ob Hand- oder Armschwinge, ist entsprechend ihrer anatomischen und funktionellen Position im Federverband anders geformt (vgl. Abb. 24 und Abb. 32). Man vergleiche hier auch die auf den beiden Farbtafeln abgebildeten Federn des männlichen und des weiblichen Auerhuhns.

Sammelt man die Federn ein, die ein Sperber von seinem Beutetier als Rupfung hinterlassen hat, so kann man jede einzelne Feder, am leichtesten die Flügel- und die Steuerfedern, ihrer Herkunft nach ordnen. Selbstverständlich sind auch die Federn verschiedener Vogelarten verschieden. Mit Hilfe von Bestimmungsliteratur (MÄRZ 1969; für Schwanzfedern HANSEN & OELKE 1973 ff) oder einer Vergleichssammlung lassen sie sich verläßlich zuordnen und als Hilfsmittel biologischer Arbeit verwenden. Sorgfältig gesammelte, aufgeklebte und gegen Tierfraß geschützte Vogelfedern haben ästhetischen und wissenschaftlichen Wert und lassen sich viele Jahre lang aufbewahren.

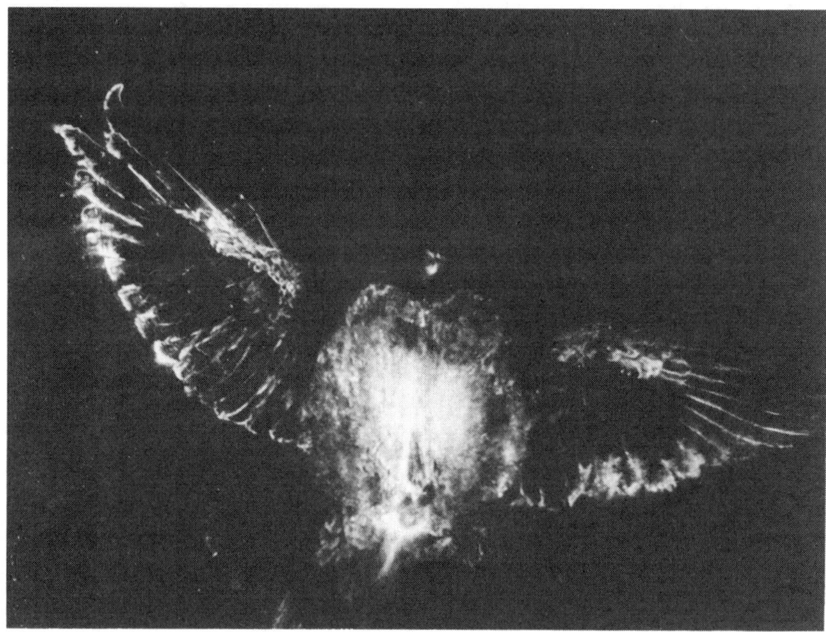

Abb. 20: Crash an der Festerscheibe: Eine aufgescheuchte Ringeltaube *(Columba palumbus)* ist frontal an die Scheibe angeflogen. Die Abbildung besteht aus feinstem Federpuder und läßt sich leicht mit der Hand wegwischen. Fotografiert vor schwarzem Hintergrund bei scharfer seitlicher Beleuchtung (Foto HINRICHS).

4.5 Federzahlen und -gewichte

Es gibt Wissenschaftler, die sich der mühsamen Aufgabe unterzogen haben, alle Federn eines Vogels zu zählen. Bei den in die Vereinigten Staaten eingeführten und dort zu Allerweltsvögeln gewordenen Haussperlingen *(Passer domesticus)* stieß man dabei auf folgende Ergebnisse:

Im Winter hatten die Vögel 3546–3615 Federn, im Juli nur 3138–3197. Im Sommer waren also weniger Federn vorhanden als in der herbstlichen Vollmauser angelegt. Der Anpassungswert ist leicht erdenklich.

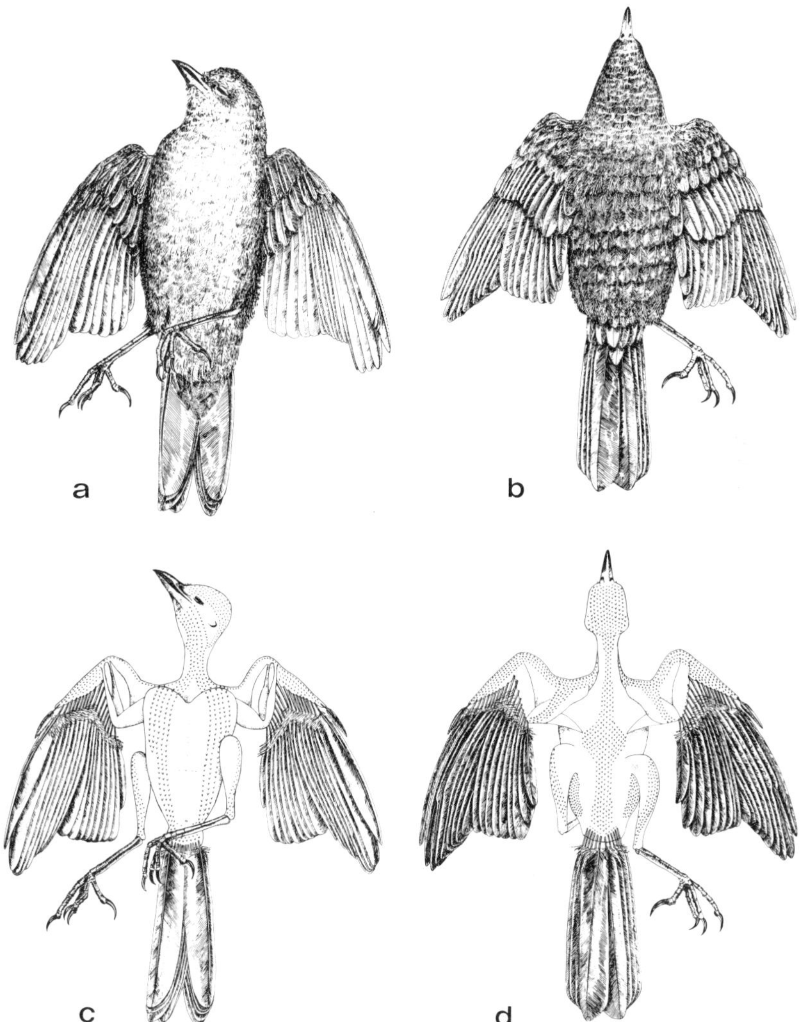

Abb. 21. Weibliche Amsel *(Turdus merula)* in vollem Gefieder (**a** Unterseite, **b** Oberseite) sowie nach Entfernen des Körpergefieders, so daß nur die Hand- und Armschwingen im Flügel und die Steuerfedern an ihrem Platz geblieben sind (**c** Unterseite, **d** Oberseite). Die Abbildung zeigt, wie schmächtig der Vogelkörper wirken kann, wenn man ihn der Federn beraubt. Auf den Federnfluren sind die Spuren der ausgerupften Federn leicht schematisiert eingezeichnet. Dazwischen liegen die nackten Federraine. Die Federfluren bilden ein spezifisches Muster. Um die Abbildung herzustellen, wurde eine durch Anprall an ein fahrendes Auto getötete Amsel an einer Straße aufgesammelt. Das Einsammeln toter Vögel oder selbst nur von Federn bedarf in einigen Bundesländern aus Naturschutzgründen einer Sondergenehmigung.

Großvögel können sehr viel mehr Federn haben als der Haussperling; z. B. fand man beim Zwergschwan *(Cygnus bewickii)* über 26000 (nach Bezzel 1977).

Federn sind sprichwörtliche Leichtgewichte. Die ca. 3600 Federn eines Haussperlings erbringen nach feinsten Wägungen (Schifferli 1981) in frischem Zustand immerhin ein Gewicht von 1,9 g, das sind 6,6 % des Vogel-Körpergewichts von 29 g. Über den Winter hin und im Laufe des nächsten Sommers nimmt das Gewicht des Federkleides durch Abnutzung und Federverlust allmählich ab und erreicht im August vor Beginn der nächsten Mauser einen Minimalwert von ca. 1,4 g (4,8 % des Körpergewichts). Das Gefieder hat damit über das Jahr hin um etwa 30 % seines Ausgangsgewichts verloren. Zur Sommerzeit ist bezeichnenderweise die Kälteresistenz der Sperlinge am kleinsten, was u. a. durch die geringere Leistungsfähigkeit des abgenutzten Gefieders bedingt sein dürfte (Barnett in Schifferli 1981).

4.6 Anordnung der Federn am Körper

Es ist ein Irrtum anzunehmen, der Vogelkörper sei vollständig und gleichmäßig mit Federn bedeckt. Bei den meisten Vögeln gibt es Regionen mit dichten Federfeldern (Federfluren) und andere, die frei davon sind (Federraine). Sie weisen eine charakteristische Verteilung am Vogelkörper auf (Abb. 21). Rupft man das Körpergefieder eines Vogels sorgfältig aus, so wirkt der verbleibende Körper oft erstaunlich schmächtig. Das zeigt, wieviel das Federkleid zum äußeren Erscheinungsbild des Vogels beiträgt.

4.7 Federpigmente

Die Federn der männlichen Amsel sind in ihren außen sichtbaren Teilen, nicht aber in der Spule und dem Basalteil des Schaftes, völlig mit einem schwarzen Pigment durchsetzt. Dieses Pigment nennt man Melanin (nach dem griechischen Wort melas – schwarz). Es stellt ein polymerisiertes Derivat der Aminosäure Tyrosin dar. Je nach Oxidationsgrad kann es unterschiedliche Färbungsintensitäten annehmen, von gelblich bis schwarz. So trägt bei den weiblichen und jugendlichen Amseln besonders die Unterseite ein fleckiges, düster braungelbes Färbungsmuster; nur alte Männchen sind tiefschwarz. Melanin wird von spezialisierten Zellen, den Melanoblasten, gebildet. Deren Vorstufen wandern während der Embryonalentwicklung aus der Neuralleiste des Embryos aus und besiedeln den Körper. Neben dem Melanin kommen als Federpigmente vor allem Karotinoide vor, die den Federn gelbe bis rote Farbtöne verleihen. Auch die gelbe Schnabelfärbung des Amselmännchens zur Fortpflanzungszeit beruht auf Karotinoiden. Porphyrine spielen als Federpigmente nur eine geringe Rolle.

Schillernder grün-violetter Glanz wird durch Strukturfarben hervorgerufen, die durch Lichtbrechung an dünnen Plättchen entstehen. Struktur- und Pigmentfarben wirken oft zusammen, besonders bei grünen Farbtönen. Nur ganz wenige Vögel wie der Eidererpel *(Somateria mollissima)* bilden echtes grünes Pigment.

Demgegenüber gehen die vielfältigen Färbungsmuster der Vogeleier hauptsächlich auf Abbauprodukte des Blutfarbstoffs Häm, nämlich auf Porphyrine und Gallenfarbstoffe zurück.

Wenn die Feder während ihrer Entwicklung nicht gleichmäßig mit Pigment versorgt wird, sondern nach abgestuftem Programm, entstehen komplizierte Muster wie z. B. die schöne blauweiße Bänderung in den oberen Handflügeldecken des Eichelhähers, das hell-dunkle Bandmuster in den Schwanzfedern des Brachvogels (Abb. 22) oder das prachtvolle schillernde Augenmuster in den Schwanzdecken des Pfaus (siehe Abb. 19, S. 56). Fehlen die Pigmentzellen ganz oder können sie kein Pigment bilden, so entstehen weiße Federn. Das führt zu teilweisem oder vollständigem Albinismus, der nicht selten bei Stadtpopulationen von Amseln und Haussperlingen beobachtet wird, aber auch bei anderen Arten gelegentlich auftritt.

4.8 Federpflege

Wegen ihrer empfindlichen Feinstruktur bedürfen Federn ständiger Pflege. Die Gefiederpflege der Vögel kennen wir als „Sichputzen". Sie ist mit bezeichnenden Stellungen und Bewegungsabläufen verbunden. Man kann sie besonders gut bei großen Vögeln, z. B. Flamingos, in einem Zoologischen Garten beobachten und dort mit leichter Mühe quantitativ protokollieren. Solche Komfortverhaltensweisen folgen oft in bestimmten Sequenzen aufeinander und können durch „Stimmungsübertragung" bei sozialen Vogelarten auch auf anwesende Artgenossen überspringen. Die einzelnen Körperpartien werden systematisch mit dem Schnabel bearbeitet. Dabei werden die Federn so durch den Schnabel gezogen, wie wir sie zwischen zwei Fingern hindurchgleiten lassen, um sie zu glätten. Das Putzen kommt besonders nach dem Baden oder auch nach Verhaltensweisen wie der Begattung in Gang, die zu einer Verschiebung der Federn führen. Zum Federordnen gehören auch das Sichschütteln und weitere Bewegungsweisen. Die Kopfregion, die dem Schnabel nicht zugänglich ist, wird häufig mit den Zehen gekratzt.

Viele Vögel kratzen sich „hintenherum" oder indirekt, indem sie den Fuß über den Flügel hinweg zum Kopf führen, vergleichbar mit einem Reptil, das sich am Vorderbein vorbei am Kopf kratzt. Doch ist dieses konservative Verfahren bei verschiedenen Vogelgruppen oder Arten zugunsten des einfachen, direkten Sichkratzens „vornherum" aufgegeben worden. Dies gilt z. B. für den Teichrohrsänger *(Acrocephalus scirpaceus)*. Dieser kratzt sich, indem er den Fuß nicht über den Flügel hinweg, sondern auf direktem Weg zum Kopf führt (IMPEKOVEN 1962). Vögel kratzen sich nie am Bauch oder am Rücken!

Die Kopfregion ist auch der Ort, auf den sich am häufigsten die gegenseitige Gefiederpflege bei sozialen Vogelarten richtet. Im übrigen dienen solche Verhaltensweisen oft nicht nur oder gar nicht mehr der Gefiederpflege, sondern dem Sozialkontakt.

Beim Sichputzen greift der Schnabel immer wieder zur Bürzeldrüse (sofern sie vorhanden ist) und verteilt deren öliges Sekret auf die Federn. Dieses hält das Gefieder geschmeidig. Der Kopf wird am Rückengefieder gerieben und bekommt so seinen Anteil an Sekret. Daß Federn Wasser abstoßen, beruht vorwiegend auf ihrer schwer benetzbaren Struktur. Für junge Nestflüchter ist der Kontakt mit den Altvögeln nicht nur wegen der Wärmeübertragung wichtig, sondern auch weil das dunige Gefieder etwas vom Bürzeldrüsensekret der Altvögel übernimmt, solange die eigene Drüse noch nicht funktioniert.

4.9 Altern und Abnutzung der Federn

Die komplizierte Feinstruktur der Federn und ihr „federleichter" Bau bewirken, daß sie den mechanischen und klimatischen Umweltbelastungen sowie der Einwirkung von Parasiten nur begrenzte Zeit unversehrt standhalten. Sind sie ein Jahr lang in Betrieb, so kann man ihnen oft schon deutliche Gebrauchsspuren ansehen (Abb. 22).

Das gilt vor allem für die mittleren und äußeren Schwanzfedern sowie die Spitzen der Handschwingen. Die mittleren Schwanzfedern leiden in besonders hohem Maße unter der Reibung an den benachbarten Federn, wenn diese auch durch spezielle Einrichtungen im Federbau gemildert wird (SICK 1937). Zugleich sind sie als „Schirmfedern" ebenso wie die inneren Armschwingen dem Einfluß des Lichtes und der Witterung stärker preisgegeben. Abb. 23 läßt das am Beispiel der linken Schwanzhälfte einer Blaumeise deutlich werden.

Abb. 22: Steuerfedern des Großbrachvogels *(Numenius arquata).* **a** abgenutzt, kurz vor der Mauser, **b** frisch vermausert

Daß das Melanin als dunkles Federpigment auch zur mechanischen Stabilisierung der Federn beiträgt, kann man an Mauserfedern erkennen, die ein Schwarz-weiß-Muster tragen, z. B. vom Großbrachvogel (Abb. 22). Hier sind die hellen Stellen stärker abgerieben als die pigmentierten. Auch das Federpigment selbst wird unter fortschreitender Ausbleichung allmählich zerstört. Aus diesem Grund müssen Vogelbälge und Stopfpräparate stets gegen starkes Licht geschützt werden.

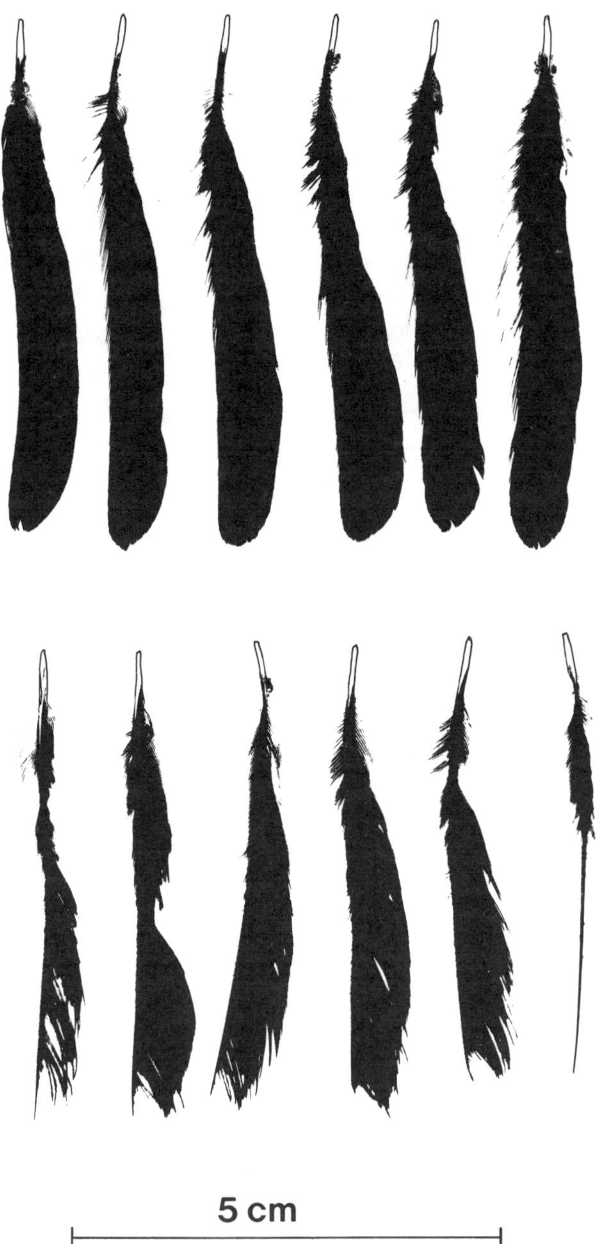

Abb. 23: Linke Hälfte der Steuerfedern von Blaumeisen *(Parus caeruleus);* oben frisch vermausert, unten stark abgenutzt, was besonders für die mittlere Steuerfeder gilt (ganz rechts).

4.10 Mauser

4.10.1 Federwechsel ist teuer

„Mauser" ist ein Lehnwort, das sich von dem lateinischen Verb „mutari" (= sich wandeln) herleitet.

Die meisten Kleinvögel, soweit sie erwachsen sind, wechseln zweimal pro Jahr ihr Gefieder. Aus Gründen der Energieeinsparung wird allerdings das Großgefieder (Schwungfedern, Steuerfedern) nur einmal jährlich, das Kleingefieder zweimal jährlich erneuert. Bei Großvögeln kann sich ein Mauserzyklus über mehr als ein Jahr hinziehen.

Die Mauser ist ein energiezehrender, den Organismus physiologisch stark belastender Prozeß. Er muß sorgfältig mit den übrigen Anforderungen abgestimmt werden, denen der Vogelorganismus im Jahresverlauf ausgesetzt ist. So kann weder während der Brutzeit noch während des Zuges ein Gefiederwechsel geleistet werden. Die höheren Anforderungen an den Körper zeigen sich daran, daß Vögel während der Mauser im allgemeinen eine Temperaturerhöhung („Fieber") und erhöhten Grundstoffwechsel aufweisen. Sie sind dann anfällig und gesundheitlich labil. Wenn in Gefangenschaft Vögel sterben, so geschieht das oft während der Mauser. Zu dieser Zeit singen die Singvögel nicht und halten sich versteckt. Freilich wird durch den Mausermodus meist dafür gesorgt, daß ihnen lebenswichtige Leistungen wie die Flugfähigkeit erhalten bleiben. Hiervon gibt es allerdings bemerkenswerte Ausnahmen (s. u.). Um die Mauser besser zu verstehen, vergleichen wir sie mit der Erneuerung der Körperbedeckung bei anderen Wirbeltieren. Bei Knochenfischen regeneriert sich die schleimige Epidermis in einem ständigen Prozeß. Die darunter liegenden Schuppen sind Knochenplatten, die zeitlebens weiterwachsen und nur bei Verlust ersetzt werden. Amphibien häuten sich je nach Wachstumsintensität ebenso wie Reptilien in bestimmten Zeitabständen. Säugetiere hären sich entweder im Frühjahr und Herbst, um ein Sommer- oder Winterkleid anzulegen, oder mehr oder weniger gleichmäßig über das ganze Jahr hin. Das menschliche Kopfhaar unterliegt einem ständigen Erneuerungsprozeß in zweifacher Hinsicht: Das einzelne Haar wächst (im Gegensatz zur Feder) ständig nach; es fällt aber auch nach einigen Jahren aus und wird ersetzt.

Ein mausernder Vogel darf natürlich nicht plötzlich nackt und flugunfähig dastehen. Daher ist es wichtig, daß er seine Federn nach einem abgestuften Programm nacheinander erneuert und nicht alle gleichzeitig. Enten, Gänse und Rallen werfen allerdings im Sommer fast sämtliche Flügelfedern innerhalb weniger Tage ab und sind dann eine Zeitlang flugunfähig.

Sie verbergen sich während dieser Phase in der Vegetation. Man täusche sich aber nicht. Sie können schon wieder fliegen, lange bevor die Schwingen ausgewachsen sind. Das hat mancher Züchter lernen müssen, der seinen Vögeln die Flügelfedern nicht rechtzeitig gekürzt hat.

Bei den meisten anderen Vögeln bleibt die Flugfähigkeit während der Mauser erhalten. Es werden nach einem bestimmten Schema immer nur einige Federn gleichzeitig erneuert, so daß Mauserlücken im Flügel und im Schwanz entstehen, die sich allmählich verschieben.

4.10.2 Des Sperlings neue Kleider

Den Mausermodus eines Kleinvogels können wir aus Abb. 24 erschließen, die ein Momentbild aus dem Mauserverlauf eines Haussperlings darstellt, und zwar nur für die linke Körperhälfte. Sämtliche größeren Federn des Flügels und des Schwanzes sowie Proben des Kleingefieders sind auf ein DIN-A 4-Blatt aufgeklebt. Es handelt sich um einen diesjährigen Haussperling, der (als Ausnahme unter den Singvögeln) schon wenige Wochen nach dem Ausfliegen eine typische Vollmauser durchläuft, während normalerweise die Arten in diesem Alter nur das Kleingefieder wechseln. Zum Verständnis ist der folgende Hinweis wichtig: In Erneuerung befindliche Federn tragen anstelle der unpigmentierten Spule eine verlängerte hornige Scheide, den Blutkiel, der pigmenterfüllt und stark durchblutet ist.

Ist eine Feder ausgefallen, so dringt schon sehr bald der neue Blutkiel an ihrer Stelle vor: Wenn er etwa ein Viertel der endgültigen Federlänge erreicht hat, öffnet er sich unter der Einwirkung des putzenden Schnabels zunächst an der Spitze. Hier entfaltet sich die darin aufgerollt angelegte Federfahne. Fast ausgewachsene Federn lassen nur noch an ihrer Basis ein Stück Blutkiel erkennen.

Betrachten wir zuerst die Schwanzfedern (Stf.), von denen ein Singvogel insgesamt 12 besitzt. Links außen stehen 2 Federn der ersten Generation, die schon Verschleißerscheinungen aufweisen. Das jugendliche Federkleid des Haussperlings ist oft besonders dünn und instabil angelegt. Die rechts davon angeordneten Federkeime sind im Wachstum begriffen.

Abb. 24: Mauserbild eines diesjährigen Haussperlings *(Passer domesticus)* (9. 9. 1962). Die Mauserlücken in der Hand (**Hs.** – Handschwingen), im Arm (**As.** Armschwingen) und im Schwanz (**Stf.** – Steuerfedern) sind zu erkennen. Blutkiele heben sich schwarz ab. **OSD** Obere Schwanzdecken, **USD** Untere Schwanzdecken, **UHD** Untere Handdecken, **UAD** Untere Armdecken, **KD** Körperdecken. Über den Schwingen stehen jeweils die zugehörigen Oberen Handdecken (auf Lücke) bzw. Oberen Armdecken. Einige Hand- und Armschwingen sind in der Reihenfolge ihrer Zählung numeriert. Nähere Erläuterung siehe Text.

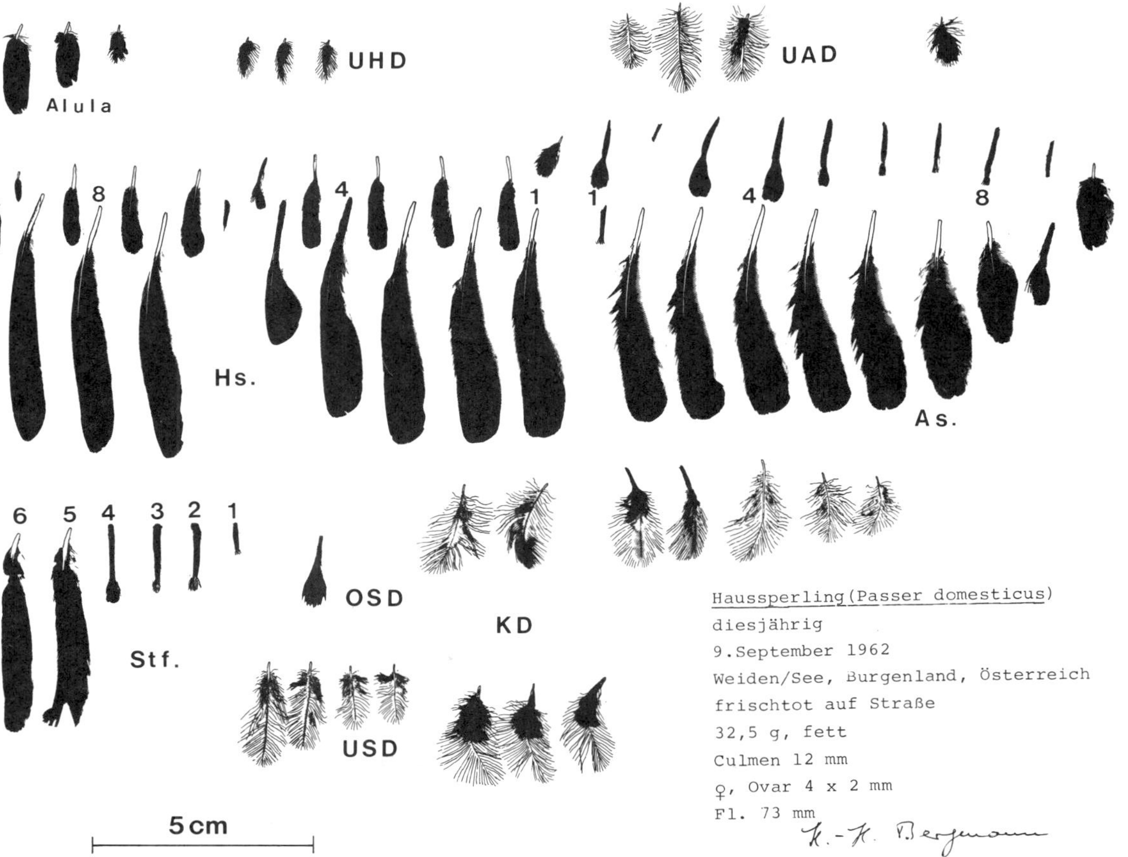
Alula
UHD
UAD
Hs.
As.
Stf.
OSD
KD
USD
5cm
Haussperling (Passer domesticus)
diesjährig
9.September 1962
Weiden/See, Burgenland, Österreich
frischtot auf Straße
32,5 g, fett
Culmen 12 mm
♀, Ovar 4 x 2 mm
Fl. 73 mm

Der am weitesten rechts stehende ist der jüngste, er ist als Blutkiel soeben durch die Haut gestoßen. Hier handelt es sich um die mittlere Steuerfeder. Die drei übrigen sind schon ein größeres Stück gewachsen. Die Blutkiele sind an der Spitze aufgebrochen, so daß die Federfahne erscheint. Normalerweise geschieht die Federerneuerung im Schwanz von innen nach außen („deszendent"). Daher zählt man die Schwanzfedern auch in dieser Richtung: Die innerste (mittlere) Steuerfeder trägt die Nummer 1, die äußerste die Nummer 6. Wir können aus dem dargestellten Mauserbild entnehmen, daß hier Feder Nummer 4 als erste gefallen ist, dann folgten etwa gleichzeitig 2 und 3, daran hat sich vor etwa einem Tag Nummer 1 angeschlossen. Nummer 5 und 6 werden als letzte ausgetauscht.

Aufgrund der jetzt erworbenen Kenntnisse können wir recht gut die Mauser der Handschwingen (Hs.) rekonstruieren. (Wir erkennen diese an ihrer Form: sie sind meist schmaler und länger, auch gerader gestreckt als die Armschwingen. Die Außenfahne ist relativ zur Innenfahne sehr schmal. Singvögel haben jederseits 10 Handschwingen.) Wir finden in der Mitte des Handflügels eine Mauserlücke. Die kürzeste Handschwinge in der Lücke ist nur als wenige mm langer Blutkiel zu erkennen, die nach innen zu nächste ist schon halb ausgewachsen. Die nächstfolgende ist noch länger, weist aber ebenfalls noch einen Blutkiel auf. Es folgen drei schon völlig ausgewachsene ohne Blutkiel. Im Original sieht man ihnen überdies an, daß sie eine frischere und dunklere Farbe als die alten Jugendfedern haben. Die Erneuerung hat also innen, am Handgelenk, begonnen und sich nach außen hin fortgesetzt („deszendent"). Daher zählen wir die Handschwingen auch von innen her. Ganz außen stehen noch unvermausert die Handschwingen Nummer 7–9 sowie die nur noch rudimentär ausgebildete 10., die als letzte vermausert wird. Die darüber aufgeklebten großen oberen Handdecken werden etwa gleichzeitig mit den zugehörigen Handschwingen ausgetauscht, erreichen aber das Ende ihres Wachstums wegen ihrer geringeren Länge schneller als die Schwingen.

Nun bleiben die Federn des Armflügels.Sie sind größtenteils noch unvermausert. Da sie von außen nach innen („aszendent") ersetzt werden, zählen wir sie auch in dieser Folge. Die äußerste steht nahe dem Handgelenk in unmittelbarer Nachbarschaft der Handschwinge Nummer 1. Wir nennen sie Armschwinge 1. In unserem Fall wurde sie soeben abgeworfen, so daß an ihrer Stelle ein kurzer Blutkiel zu sehen ist. Die Armschwingen 2–8 sind noch alt. Nur die 9. trägt einen Blutkiel und ist schon beinahe ausgewachsen. Die oben aufgeklebten großen oberen Armdecken sind sämtlich in Erneuerung, haben aber ein etwas unterschiedliches Alter. Wir können festhalten, daß zu einem Zeitpunkt, da die Erneuerung des Handflügels schon weit fortgeschritten ist, diejenige des Armflügels gerade eben begonnen hat.

Das Wachstum einer Armschwinge von etwa 50 mm Länge benötigt beim Haussperling etwa 12 Tage. Das bedeutet einen mittleren Zuwachs von ca. 4 mm pro Tag. Doch ist das Wachstum am heftigsten, wenn die Feder etwa die Hälfte ihrer Länge erreicht hat. Danach wird es deutlich verlangsamt und läuft sachte aus.

Die Mauser des Handflügels nimmt ihren Anfang von einem Zentrum am Handgelenk aus und verläuft „deszendent". Die Erneuerung des Armflügels beginnt später am gleichen Punkt und hat eine „aszendente" Richtung. Allerdings werden davon unabhängig die innersten drei Armschwingen (die Schirmfedern) von einem eigenen dritten Mauserzentrum aus erneuert.

Die Mauser des Kleingefieders läuft über die gesamte Zeit hin ab. Zuletzt kommt das Kopfgefieder an die Reihe. Jede einzelne Feder muß bei der Mauser wie bei ihrer ersten Entwicklung nach Form und Größe exakt an einem bestimmten Ort des Körpers angelegt werden. Während in der Jugendentwicklung das Wachstum aller Federn weitgehend gleichzeitig erfolgt, unterliegt es während der Mauser einer präzise abgestimmten räumlich-zeitlichen Steuerung.

4.10.3 Steuerung der Mauser

Schon das erste Federwachstum des Jungvogels ist hormonabhängig. Operiert man einem solchen Jungvogel die Schilddrüse (Thyreoidea) heraus, so kommt die Entwicklung seines Federkleides ins Stocken. Die Federn bleiben klein und bilden nicht die normale Fahne (VOITKEWITSCH 1966). Entsprechend verläuft das Federwachstum parallel zur Aktivität der Schilddrüse (Abb. 25).

Ähnlich wirkt die Schilddrüse mit ihrem Hormon, dem Thyroxin, auch während der Mauser. Wie aber im einzelnen das raumzeitliche Erneuerungsmuster der Federn zustandekommt, ist weitgehend ungeklärt. Wahrscheinlich sprechen die einzelnen Federanlagen auf unterschiedliche Konzentrationen von Thyroxin an.

Ebenso wie andere Hormondrüsen wird auch die Schilddrüse von höheren Instanzen hierarchisch gesteuert. Unter der Kontrolle des Zwischenhirns wird in dessen Basis, dem Hypothalamus, ein Neurohormon gebildet, das nach seiner Funktion „Thyreotropin-Releasing-Hormon" genannt wird. Dieses wird über einen speziellen kleinen Pfortaderkreislauf dem benachbarten Hypophysenvorderlappen zugeleitet und bewirkt dort die Bildung des Thyreotropins. Dieses wirkt seinerseits über den Blutkreislauf auf die Schilddrüse ein. Das dort freigesetzte Thyroxin steuert die Mauser und wirkt über Regelkreise zurück auf Hypothalamus und Hypophyse (s. RAHMANN 1976, EPPLE 1980).

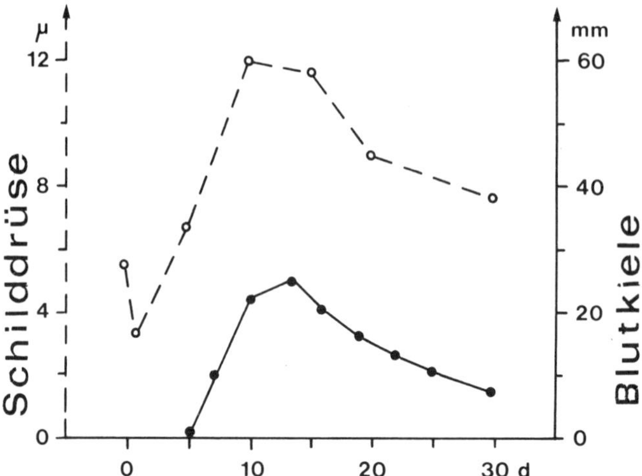

Abb. 25: Vollständige Erneuerung des Gefieders bei gerupften Haustauben *(Columba livia)*: Die Höhe des Schilddrüsenepithels (gestrichelt, linke Ordinate) und die Länge der Blutkiele (recht Ordinate) laufen parallel. Abszisse: Zeit in Tagen. Nach VOITKEVICH 1966

Bei den meisten Vögeln wirkt der Brutzyklus, anscheinend über die Sexualhormone, h e m m e n d auf die Gefiedererneuerung. Bei einigen Arten gilt das aber nicht. Weibliche Habichte mausern z. B. während der Brut. Zu dieser Zeit versorgt das etwas kleinere Männchen das Weibchen und die Jungvögel mit Nahrung. Das stark belastete Männchen erneuert sein eigenes Gefieder meist erst nach Abschluß der Brutzeit.

Hält man Vögel unter konstanten Außenbedingungen, so mausern sie trotzdem in ungefähr einjährigem Abstand. Dem liegt eine innere Mauserperiode zugrunde, eine sogenannte innere Jahresuhr oder circannuale Rhythmik, die ihrerseits das Hormonsystem steuert (vgl. S. 174 ff.). Für die Mausersteuerung der Vögel lassen sich kaum allgemeingültige, für alle Arten zutreffende Regeln aufstellen. Der zeitliche Ablauf ist weitgehend auf die jeweiligen Bedürfnisse der Arten oder Populationen abgestimmt. Viele Watvögel legen erst ein Stück ihres Zugweges zurück, bevor sie mit der Mauser beginnen. Ist dieser Mauserteil erledigt, ziehen sie in das Überwinterungsgebiet, um hier die Federerneuerung abzuschließen. Die Anpassungen der Mauser an die Brut- und Zugverhältnisse sind besonders von STRESEMANNS (1966) in ihrer berühmten Monographie über die Mauser der Vögel untersucht worden. Eine neuere Übersicht findet sich bei PAYNE in FARNER, KING & PARKES (1985).

4.10.4 Kleider und Kleiderwechsel bei Vögeln

Die Mauser dient nicht allein der Erneuerung abgetragenen Gefieders. Sie ermöglicht es auch, daß Vögel zu unterschiedlichen Phasen in der Jugendentwicklung oder im Jahresablauf verschiedene Kleider tragen. Auf das Dunenkleid der Küken folgt oft als erstes vollständiges Federkleid ein Jugendkleid, das sich vom Adultkleid der Erwachsenen unterscheidet. Das Jugendkleid des Haussperlings besteht aus weichen, wenig stabilen Federn. Es unterscheidet sich noch nicht nach den beiden Geschlechtern. Bei größeren Vogelarten treten zwischen Jugendkleid und endgültiges Adultkleid Zwischenformen, die oft erkennen lassen, daß der Vogel noch nicht geschlechtsreif ist. Wir können diese Zwischenformen als Subadultkleider bezeichnen.

Ein Saisondimorphismus des Kleides, d.h. ein periodischer Wechsel zwischen Brutkleid und Ruhekleid, ist bei Vögeln weit verbreitet. Er kann einfach durch Abnutzung von Federsäumen zustandekommen. Beim Buchfinkenmännchen tritt das Blaugrau der Kopfzeichnung im Frühjahr prächtig zutage, nachdem die überdeckenden Säume im Laufe des Herbstes und Winters abgerieben worden sind. In vielen Fällen allerdings sorgt eine Teilmauser, d.h. eine Mauser des Kleingefieders, für den Wechsel zum Brutkleid. Im Spätsommer bzw. Herbst wird dann in einer Vollmauser das Klein- und Großgefieder erneuert, und der Vogel legt dabei sein Ruhekleid an. Da dies nach der Brutzeit geschieht, bezeichnen wir diese Erscheinung auch als postnuptiale Mauser, das Anlegen des Brutkleides als praenuptiale Mauser (STRESEMANN & STRESEMANN 1966). Hierzu wird in der Literatur eine Reihe weiterer Begriffe verwendet. Bei der Jugendmauser wird das Jugendkleid gewechselt, bei der Ruhemauser das Ruhekleid, bei der Brutmauser das Brutkleid. Der Mausertyp wird also jeweils nach dem Kleid benannt, das abgelegt wird. Unter Staffelmauser verstehen wir einen Mausermodus, bei dem ein neuer Mauserzyklus beginnt, bevor der alte abgeschlossen ist (BEZZEL 1985).

5 Kein Flug ohne Skelett

Zum Schnabel wurden Mund und Nasen,
die Knochen sind voll Luft geblasen.
(Eugen Roth, Tierleben)

5.1 Stabil und leicht: Das Kernskelett

Betrachtet man ein in das Flugbild eingezeichnetes Vogelskelett, so hat man den Eindruck, ein verhältnismäßig schwaches Spangensystem vor sich zu haben (Abb. 26). Besonders die langgestreckten Knochen der Flügel und der Beine wirken dünn und zerbrechlich; gleichwohl sind sie bei aller Leichtbauweise hochstabil gegen Verwindung, Zug und Druck. Bei einem Bruch allerdings zeigt sich ihre Sprödigkeit; es entstehen viele Splitter.

Bei einer Taube beläuft sich das relative Skelettgewicht auf etwa 4,4% des Körpergewichts, beim Haussperling auf 4,8%, zum Vergleich beim erwachsenen Menschen auf ca. 15%.

Wir wollen nun herausfinden, wie das Skelett beim Vogel an die Anforderungen des Fliegens und an damit zusammenhängende Leistungen angepaßt ist. Wir tun dies am besten, indem wir ein Vogelskelett, z. B. das eines Huhnes (Abb. 27) oder das eines Reihers (Abb. 29, S. 75), mit demjenigen eines nicht fliegenden Wirbeltieres vergleichen, z. B. dem eines Reptils (Abb. 3, S. 25), einer Katze oder eines Menschen. Auch Vergleiche mit anderen fliegenden Wirbeltieren sind dabei aufschlußreich.

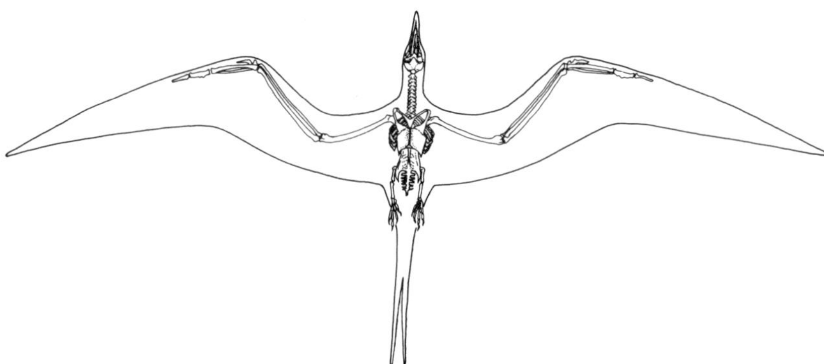

Abb. 26: Skelett eines Fregattvogels, in das Flugbild eingezeichnet. Bei einer Spannweite von ca. 2 m wiegt das Skelett nur etwas über 100 g, weniger als das Federkleid des Vogels (nach WESSELLS 1973).

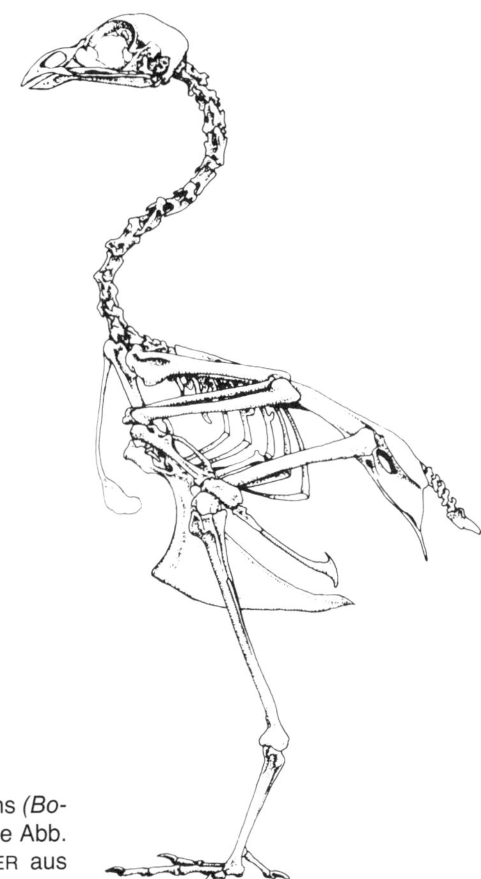

Abb. 27: Skelett eines Haselhuhns *(Bonasa bonasia)*. Einzelheiten siehe Abb. 28 bis 30. Zeichnung F. MÜLLER aus BERGMANN et al. 1982.

Wir beginnen mit dem eigentlichen „Kerngehäuse“, dem Brustskelett[1]. Der auffälligste Knochen am Vogelskelett ist das Brustbein (Sternum, Abb. 28). Es besteht aus einer breiten, stabilen Schale, dem Corpus sterni, in der Herz, Magen und Leber ruhen und die sich weit nach hinten erstreckt.

---

1 Wir können uns ein solches Skelettpräparat leicht herstellen, indem wir uns von einem Präparator einen entfleischten Vogelkern geben lassen, ihn in getrocknetem Zustand abkochen bzw. durch Speck- oder Mehlkäfer abnagen lassen und schließlich mit einem Lösungsmittel entfetten und mit H_2O_2 bleichen. Lose Teile werden mit Klebstoff verbunden. Man kann natürlich auch die Knochen eines Suppenhuhns einsammeln und in gleicher Weise behandeln. Nur muß man sie später nach Art eines Puzzles zum Skelett zusammenfügen.

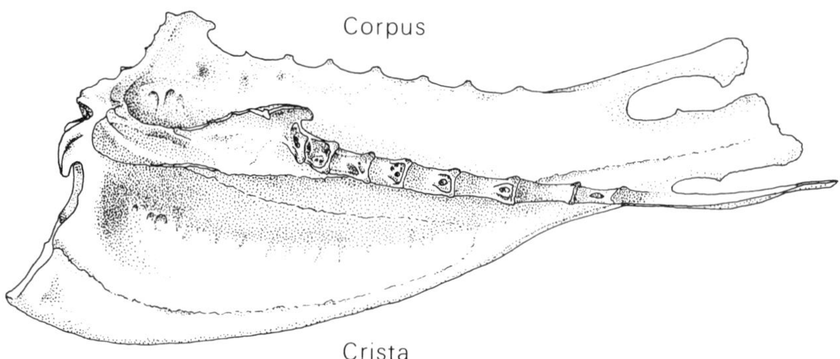

Abb. 28: Brustbein eines Höckerschwans *(Cygnus olor)*. An der breiten, langgezogenen Schale (Corpus) hängt nach unten der stabile Brustbeinkamm (Crista sterni). Orig.

Auf dieser Schale erhebt sich nach außen hin in Längsrichtung der kräftige Brustbeinkamm (Carina oder Crista sterni), der im wesentlichen die Ansatzfläche für die Flugmuskulatur darstellt (vgl. S. 84, Abb. 33).

Im Vergleich zu diesem gewaltigen Knochen ist das Brustbein der Säugetiere geradezu winzig. Es stellt eine schmale Spange dar, die noch nicht einmal ordentlich verknöchert ist und nur dazu zu dienen scheint, die Rippen ventral zusammenzuhalten. Nicht einmal die Fledermäuse haben es fertiggebracht, darauf einen Kamm zum Ansatz der Flugmuskulatur zu entwickeln. Allerdings hat das Säugerbrustbein wichtige Zusatzfunktionen, z. B. als Ort der Blutbildung.

An den Seiten des Brustbeins setzen die Rippen an. Kopfwärts sind beiderseits vom Brustbein in flachen Gleit- und Scharniergelenken die Rabenschnabelbeine (Coracoide) befestigt. Das Vorderende des Brustbeinkamms ist bindegewebig mit der Spitze des Gabelbeins verbunden, das aus den ursprünglichen, auch bei uns Menschen vorhandenen Schlüsselbeinen (Claviculae) zusammengewachsen ist. Furcula und Coracoide verbinden das Brustbein stabil mit den Schultergelenken. Die Räume dazwischen sind mit Muskulatur ausgefüllt. Die Rippen stellen eine seitliche Verbindung zur Wirbelsäule her. Alle Wirbel, die entwickelte Rippen tragen, nennen wir Brustwirbel. Die ersten beiden Rippenpaare stehen frei und stellen auch jeweils nur ein einziges Knochenstück dar (Abb. 29). Vom dritten Paar ab sind die Rippen zweigliedrig. Die dorsale Wirbelrippe ist mit dem zugehörigen Wirbel über zwei Fortsätze verwachsen. Die ventrale Brustbeinrippe inseriert seitlich am Brustbein. Beide Teile sind gelenkig miteinander verbunden (Intercostalgelenk). Die Gelenke bilden einen Winkel zwischen den beiden Rippenteilen, der sich vergrößern oder verkleinern kann. Auf diese Weise kann das innere Volumen des Brust- und Bauchraumes blasebalgartig verändert werden. So werden vor allem die an der Lunge anhängenden Luftsäcke passiv vergrößert und verkleinert, während die Lunge selbst weitgehend volumenkonstant ist.

Trotz dieser Beweglichkeit ist das Kernskelett sehr stabil. Dazu tragen verschiedene Mechanismen bei: Erstens sind bei vielen Arten die Brustwirbel großenteils zu einem festen Knochen verwachsen (Notarium oder Os dorsale). Zweitens sind die aufeinanderfolgenden Rippen durch die Processus uncinati gegeneinander stabilisiert. Diese U-förmigen Fortsätze weisen jeweils von einer Wirbelrippe zur nächstfolgenden nach hinten und legen sich außen auf diese auf. Da die Rippen gegeneinander beweglich bleiben müssen, lagern die Fortsätze auf abgeflachten Gleitflächen. Zwischen diesen und der Wirbelsäule ruht dorsal das schwertförmig verlängerte schmale Schulterblatt (Scapula) ebenfalls stabilisierend auf den Rippen (Abb. 29).

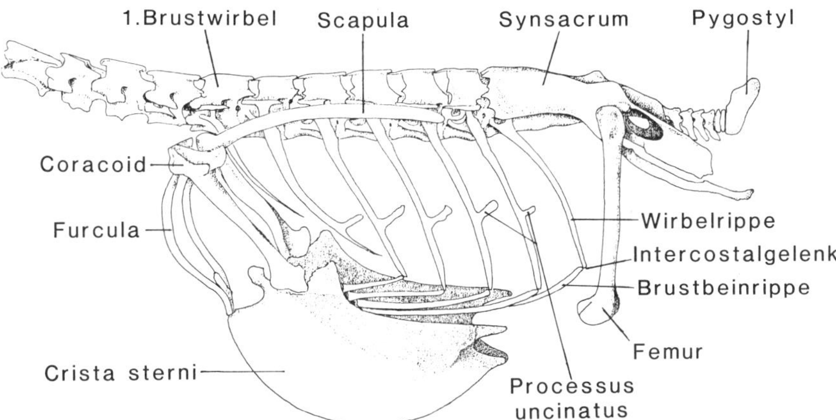

Abb. 29: „Kernskelett" eines Graureihers *(Ardea cinerea)*. Die Rippen sind nur auf der Betrachterseite abgebildet. Durch die Präparation sind sie extrem auseinandergerückt, so daß die Processus uncinati nicht mehr überlappen. Orig.

Bei den Säugetieren fehlen sowohl die Zweiteiligkeit der Rippen als auch die Processus uncinati. Die Rippen sind sehr viel stärker gebogen, da sie das schmale Brustbein auf der Unterseite erreichen müssen. Bei fliegenden Säugetieren wie den Fledermäusen[1] wird die Stabilisierung

1 Näheres über den Flug der Fledermäuse bei EISENTRAUT (1936).

des Brustkorbs durch ein breit ausladendes Schulterblatt auf beiden Seiten des Rückens, durch kräftig ausgebildete Schlüsselbeine und wohl auch durch die Rippenmuskulatur und den sehr kompakt gebauten Brustkorb erreicht.

Beim Vogelskelett setzt sich die Stabilisierung auch in der übrigen Wirbelsäule fort. Der letzte rippentragende Brustwirbel ist schon Teil des ausladenden Beckens (Synsacrum). Freie Lendenwirbel (Lumbalregion) wie bei den Säugetieren sind überhaupt nicht vorhanden. Die Sakralregion besteht (wie bei den Reptilien noch heute) ursprünglich aus nur 2 Wirbeln. Während der Embryonalentwicklung nimmt sie aber von vorn weitere Brustwirbel und von hinten Schwanzwirbel bis zu einer Gesamtzahl von 21 in sich auf. Diese verschmelzen mit den üblichen Beckenknochen (Ilium – Darmbein, Ischium – Sitzbein und Pubicum – Schambein) zu einem leichten aber stabilen Gebilde, an dem seitlich die Oberschenkel und hinten ein kurzer Schwanz aus wenigen Wirbeln ansitzen (Abb. 29). Die Schwanzwirbelsäule endet in einem plattenförmig ausgezogenen Verschmelzungsprodukt von 6–8 Wirbeln, dem P y g o s t y l , an dem die meist zwölf Schwanzfedern mit ihrer Muskulatur beiderseits inserieren.

5.2 Die Vorderextremität

Arm und Hand haben bei Vögeln im Zusammenhang mit der Flugfunktion eine sehr weitgehende Umgestaltung erfahren (siehe Kapitel 6, S. 81).

5.3 Bein und Fuß

Eine typische Hinterextremität höherer Wirbeltiere besteht aus den folgenden Teilen: Oberschenkelknochen (Femur), Unterschenkel aus Schienbein (Tibia) und Wadenbein (Fibula), max. 9 Fußwurzelknochen, 5 Mittelfußknochen und 5 Zehen.

Ebenso wie bei der Vorderextremität ist dieses Grundmuster bei den Vögeln erheblich verändert worden (Abb. 30). Am wenigsten betrifft dies das Femur, das mit seinem gestielten kugeligen Gelenkkopf im Acetabulum des Beckens inseriert. Eine kleine Kniescheibe (Patella) schützt das Scharniergelenk, das es mit dem Schienbein bildet. Schon beim nun folgenden Zeugopodium (Abb. 30 a) treten beträchtliche Veränderungen auf. Das Wadenbein ist weitgehend reduziert und nur noch als dünne Spange vorhanden, die dem Schienbein anliegt und distal nadelförmig endet. Das Schienbein selbst hat Zuwachs erhalten. Mit ihm sind zwei proxi-

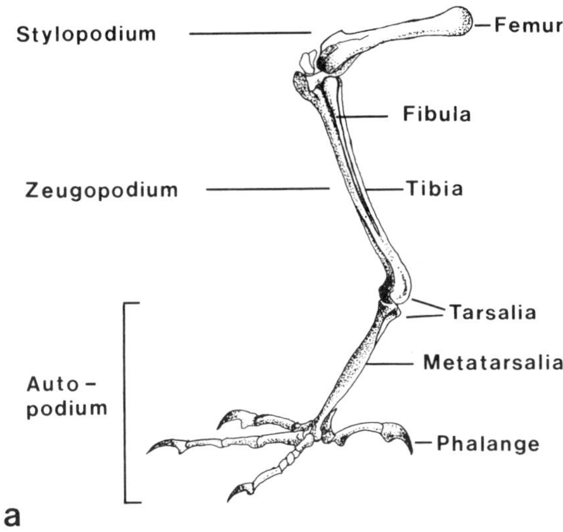

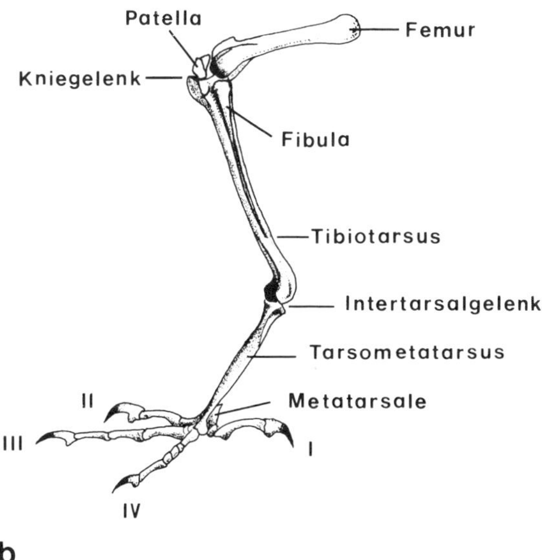

Abb. 30: Beinskelett einer Haustaube, linkes Bein, von außen. Der Gelenkkopf des Oberschenkelknochens (Femur) ist nicht sichtbar. **a** Allgemeine Aufgliederung der Wirbeltierextremität, **b** Einige Besonderheiten des Vogelbeins. Römische Ziffern bezeichnen die Zehen I – IV. Erläuterungen siehe Text. Orig.

male Fußwurzelknochen verwachsen, so daß ein einheitlicher neuer Knochen entsteht: der Tibiotarsus. Auch die drei vorhandenen Mittelfußknochen sind im Dienste der laufend-springenden Fortbewegung zu einem langen Knochen verwachsen. Nur bei wenigen Vogelarten kann man noch die Anteile des Verschmelzungsproduktes erkennen. Außerdem sind die verbliebenen körperfernen Fußwurzelknochen darin eingegangen. Das Ergebnis nennt man Tarsometatarus oder den „Laufknochen". Zwischen Tibiotarsus und Tarsometatarsus hat sich dadurch ein sekundäres Fersengelenk gebildet. Beim Menschen liegt das Fersengelenk zwischen Schienbein bzw. Wadenbein und den Fußwurzelknochen. Da es bei Reptilien und Vögeln zwischen zwei Gruppen von Fußwurzelknochen (Tarsalia) ausgebildet worden ist, trägt es die Bezeichnung „Intertarsalgelenk" (Abb. 30b).

Bei lauf- und springaktiven Wirbeltieren wie Fröschen, Katzen und Pferden ist der Mittelfuß verlängert, die einzelnen Knochen sind verschmolzen bzw. teilweise reduziert, der entstehende Lauf wird vom Boden abgehoben. Somit erweist sich auch der Vogelfuß in gewissem Maß als lauf- und sprungangepaßt. Die Ausbildung des Intertarsalgelenks ist aber nur für Reptilien und Vögel typisch.

Aus der Federbedeckung des Vogelkörpers ragt nach unten von der Hinterextremität meist nur das Ende des Tibiotarsus und der Tarsometatarsus mit den Zehen heraus. Vergleichend anatomisch betrachtet sieht man eigentlich fast nur den Fuß, denn sowohl der Laufknochen als auch der körperferne Teil des Tibiotarsus gehören zum Fuß. Das nach hinten weisende Fersengelenk ist wie beim Pferd weit vom Boden abgehoben. Es handelt sich keineswegs um ein nach hinten gedrehtes Knie. Das eigentliche Kniegelenk ist körpernah im Gefieder verborgen.

Der Fuß ist bei den meisten Vogelarten mit 4 Zehen bestückt, von denen die erste, die Hinterzehe, nach hinten weist und beim Sitzen auf einem Ast den drei Vorderzehen opponiert ist.

Bei einigen Vogelgruppen (Spechte, Kuckucke, Papageien) ist neben der ersten auch noch die 4., die äußerste Zehe nach hinten gewendet, so daß jeweils zwei Zehen nach vorn, zwei nach hinten weisen. Beim Fischadler, bei den Eulen und einigen weiteren Gruppen kann diese Zehe nach Belieben sowohl nach vorn als auch nach hinten gestellt werden und wird dann als Wendezehe bezeichnet.

Auf das Laufen spezialisierte Vögel reduzieren ihre Zehenzahl, ähnlich wie wir es bei laufaktiven Säugetieren (Pferd) finden. Beim Nandu, bei vielen Regenpfeifervögeln und bei den Trappen fehlt die Hinterzehe (1.), beim Strauß auch noch die Vorderzehe 2, so daß hier nur Vorderzehe 3 und 4 übrigbleiben. Alle Zehen sind krallenbewehrt. Bei laufaktiven Singvögeln wie Lerchen und Piepern ist die Hinterkralle stark verlängert. Bei

Hühnervögeln gibt es z. T. im männlichen Geschlecht einen am Laufknochen ansitzenden Sporn, der ein epidermales Horngebilde und nicht eine Zehe darstellt.

Da Vögel ihre Vorderextremität zum Fliegen benötigen, fällt sie für das Tragen des Körpers bei der Fortbewegung am Boden aus. Diese Aufgabe kommt allein der Hinterextremität zu. Der Vogel verfügt über eine relativ kleine Standfläche, über der er sich im Gleichgewicht halten muß. Damit der Schwerpunkt verhältnismäßig tief liegt, wird der Oberschenkel seitlich vom Körper und parallel dazu getragen (s. Abb. 27, S. 73). Die kräftige Muskulatur ist zum größten Teil am ausladenen Synsacrum verankert. Das Intertarsalgelenk und der verlängerte Laufknochen schaffen zusammen mit dem Kniegelenk eine Sprungreserve für Start und Landung. Der Fuß ist wie schon bei *Archaeopteryx* im allgemeinen zum Greifen von Ästen geeignet, kann aber vielerlei funktionell-morphologische Umgestaltungen erfahren (Abb. 92 z. B. bei Ziswiler 1976).

Im Gegensatz zum Schnabel, der „Hand" des Vogels, wird er nur in begrenztem Umfang für Funktionen eingesetzt, die nicht direkt die Fortbewegung auf dem Untergrund oder das Sitzen betreffen. Hühnervögel kratzen im Laub und legen so Nahrung frei. Die meisten Vogelarten kratzen sich selbst vorn- oder hintenherum (s. S. 62) mit dem Fuß am Kopf, was der Gefieder- oder Haupflege dient. Meisen können mit dem Fuß Nahrungsbrokken festklemmen, um sie mit dem Schnabel zu bearbeiten. Eine besondere Leistung bedeutet es schon, wenn einige Vogelarten wie z. B. Papageienvögel und die Purpurralle Nahrung mit dem Fuß zum Schnabel führen, also „frei aus der Faust fressen" (Wickler 1968b). Das können sonst anscheinend nur noch Eulen und Greifvögel.

5.4 Warum schlafende Vögel nicht vom Ast fallen

Vögel können in tiefem Schlaf, Kolibris sogar in Kältestarre auf schwankendem Ast sitzen, ohne das Gleichgewicht zu verlieren oder mit den Füßen loszulassen.

Diese Fähigkeit beruht auf einem mehrteiligen Sperrmechanismus. Nimmt man einen Vogel in die Hand und sorgt dafür, daß sein Bein angezogen wird, so wird man sogleich beobachten, daß sich dabei auch die Zehen beugen. Das Gleiche geschieht, wenn sich der Vogel auf einem Ast zum Schlafen niederkauert. Dann beugt er Knie- und Intertarsalgelenk, so daß sich der bestehende Winkel zwischen den beteiligten Knochen verkleinert. Eine vorne über das Kniegelenk und hinten über das Intertarsalgelenk (als Umlenkrolle) laufende Sehne wird dabei angezogen, was dazu führt, daß die Zehen die ergriffene Unterlage fest umklammern, ohne daß zusätzliche muskuläre Energie benötigt wird. Außerdem gibt es noch Einrastvorrichtungen an den Sehnen der einzelnen Zehen, die ebenfalls die gebeugte Zehenstellung fixieren. Der Vogel kann nur loslassen, wenn er das ganze Bein aktiv streckt.

Langbeinige Vögel ruhen allerdings so, daß Unterschenkel und Lauf eine gerade Linie bilden. Hier rastet das Intertarsalgelenk in eine Endstellung ein. Oft ziehen sie sogar eines ihrer Beine an und können stundenlang auf dem anderen stehen (besonders auffällig bei Flamingos), was bei Zoobesuchern immer wieder Staunen erregt.

5.5 Sonstige Anpassungen

Auch die übrigen Teile des Skeletts, mit denen wir uns hier nicht näher befassen wollen, stehen unter dem Diktat der Fluganpassung. Die lange bewegliche Halswirbelsäule muß das Fehlen des Arms kompensieren. Die Schädeldecke läßt beim erwachsenen Vogel keine Knochennähte mehr erkennen. Dagegen ist sie ausgehöhlt (Diploë-Bildung). Diese Pneumatisierung führt zu geringerem Gewicht bei höherer Stabilität, möglicherweise aber auch zu besserer Wärmeisolation des Kopfes und Gehirns während des Fluges (STORK 1972; s. S. 105). Sie kommt erst während der Jugendentwicklung zustande. Bei Singvögeln verkleinert sich dabei das Gehirnvolumen, weil die verdoppelte Schädelkapsel nach innen hin mehr Platz beansprucht als die einfache dünne des Jungvogels.

An die Stelle der gewichtigen Zähne und ihrer Lagerung ist eine leichte und doch stabile Hornscheide getreten, die Ober- und Unterkiefer bedeckt. Da sie nicht so widerstandsfähig wie ein Zahn ist, wächst sie ständig nach und wird zuweilen gemausert. Den Mangel an Kaufähigkeit im Mund macht ein Kaumagen wett, soweit es die Ernährungsweise erfordert.

6 Schneller, höher, weiter: Das Fliegen der Vögel

Das Fliegen war eine derartig revolutionäre Erwerbung der Vögel, daß wir kaum ein Vogelmerkmal finden, das nicht in direkter oder indirekter Weise mit der Flugfähigkeit zu tun hat bzw. unter ihrer Auswirkung speziell ausgeformt worden ist.

6.1 Der Flugapparat

Bevor wir uns mit dem Fliegen selbst befassen, benötigen wir Kenntnisse über die anatomischen Voraussetzungen zu dieser Leistung, vor allem an der Vorderextremität. Wir vergleichen das Skelett des Vogelflügels mit dem Arm des Flugsauriers und dem der Fledermäuse (Abb. 31).

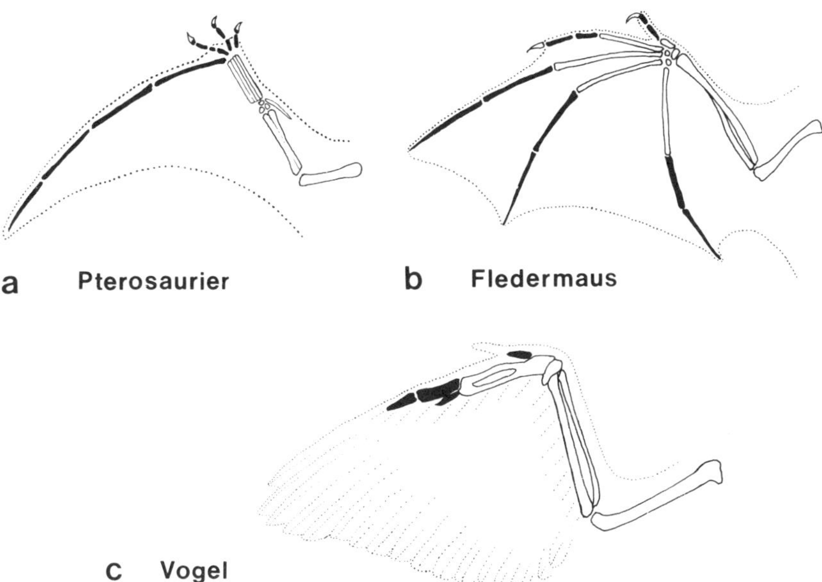

Abb. 31: Armskelette fliegender Wirbeltiere, in den Flügelumriß eingezeichnet. Finger schwarz abgesetzt. Orig.

Der relativ kurze Arm des Flugsauriers (Abb. 31 a) trägt außer einem Sporn 4 vollständige Finger (der 5. fehlt). Der 4. Finger ist sehr stark verlängert; an ihm ist die große Flughaut (Patagium) aufgehängt. Bei Fledermäusen (Abb. 31 b) sind alle 5 Finger erhalten. Zwischen den Fingern 2 bis 5 und zum Körper hin ist eine mehrteilige Flughaut ausgespannt. Nur der mit einer Kralle versehene kurze Daumen steht frei. Ober- und Unterarm sind spangenartig verlängert, die Elle weitgehend reduziert und mit der Speiche verschmolzen. Die verlängerten Mittelhandknochen sind jedoch noch sämtlich und unabhängig voneinander vorhanden. Noch stärkere Veränderungen gegenüber der ursprünglichen fünfstrahligen Vorderextremität der höheren Wirbeltiere sind am Arm der Vögel (Abb. 31 c) vor sich gegangen. Der schlanke Oberarm ist meist pneumatisiert, d.h. lufterfüllt. Elle und Speiche sind noch beide kräftig entwickelt. Die Elle (Ulna) trägt die Armschwingen (Abb. 32). Von den Handwurzel-

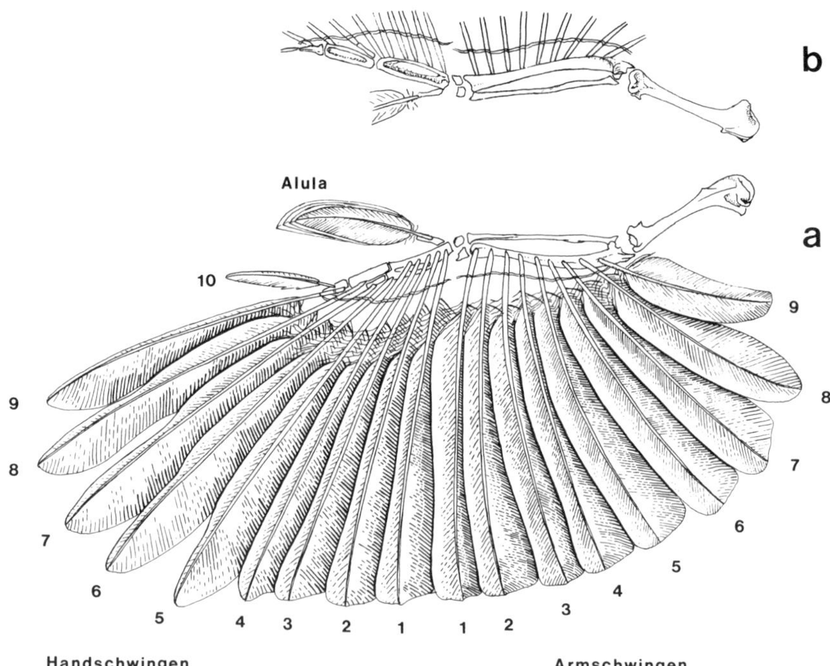

Abb. 32: Armskelett einer Amsel *(Turdus merula)* mit Befiederung an Unterarm und Hand. Obere und untere Flügeldecken sind beseitigt. **a** Insertion der Handschwingen 1–10 und der Armschwingen 1–9 sowie der Alula-Federn. **b** Dasselbe Präparat von der Unterseite, so daß die Knochen besser erkennbar sind. Ein sehniges Band hält die Schwingen in ihrer Lage fest. Orig.

knochen sind nur noch zwei zu sehen. Die übrigen sind in ein gemeinschaftliches Verschmelzungsprodukt, den Carpometacarpus (= Os metacarpi) eingegangen, in dem auch Mittelhandknochen von mindestens zwei Fingern enthalten sind. Sie bilden eine Spange, die man am besten auf der Unterseite des noch mit Schwingen besetzten Flügels erkennen kann (Abb. 32b). Daran sitzen zur Flügelspitze hin zwei Fingerrudimente. Von der Handwurzel zweigt nach vorne der bewegliche 1. Finger ab, der einige kurze Schwungfedern trägt. Diese Alula wird beim Landen und bei sonstigen Flugmanövern abgespreizt. Die drei rudimentär erhaltenen Finger entsprechen wahrscheinlich den Fingern 1 bis 3 der fünfstrahligen Extremität. Der Alula-Finger ist also wohl nicht mit dem Zeigefinger, sondern mit dem Daumen homolog. Am verwachsenen Carpometacarpus und den verbleibenden Fingergliedern sind die Handschwingen befestigt (Abb. 32a). Man kann sich diese Bauverhältnisse gut klarmachen, indem man den Flügel einer Amsel von Kleingefieder und Muskulatur befreit, trocknet und von unterseits betrachtet. Man wird dann auch finden, daß Hand- und Armschwingen noch durch ein der Elle parallellaufendes, sehniges Band in Position gehalten werden (Abb. 32a, b).[1]

6.2 Der Flugmotor

Die Flugmuskulatur kann man am besten an einem frischtoten Huhn oder Küken durch Präparation erkunden. Dafür benötigt man eine Pinzette, eine spitze Schere und ein Messer oder Skalpell. Nachdem wir auf der Unterseite des Vogels die Federn ausgerupft haben, liegt vor uns die Brustregion, deren Muskulatur in der Mitte durch einen von vorne nach hinten verlaufenden Knochenkamm, die Crista sterni (siehe Abb. 28, S. 74) unterteilt wird. Durch einen Längsschnitt auf dem Brustbeinkamm öffnen wir die Haut und lösen sie nach beiden Seiten hin ab, so daß die Muskulatur bloßliegt. Durch einen vorsichtigen Schnitt mit dem Skalpell trennen wir nun auf einer Seite den oberflächlich liegenden Großen Brustmuskel (Musculus pectoralis major) vom Brustbeinkamm ab. Dieser Muskel ist beim Eintagsküken noch sehr zart angelegt und kaum 1 mm dick. Beim Huhn dagegen mißt er 1 bis 2 cm. Durch quer verlaufende Schnitte hinten und vorn sowie seitlich lösen wir ihn auch von der Brustbeinfläche ab, jedoch so, daß seine Verbindung armwärts erhalten bleibt. Wir können nun den Muskellappen mit den Fingern oder mit der Pinzette fassen und vor-

1 Ein solches Flügelpräparat kann man recht gut für eine Tageslichtprojektion verwenden und so im Durchlicht viele Details sichtbar machen.

sichtig an ihm ziehen, d.h. ihn zur „Kontraktion“ bringen. Der zugehörige Flügel wird nach vorne klappen, d.h. brustwärts gezogen. Wie dieses kleine Experiment zeigt, ist der Große Brustmuskel für den Abschlag des Flügels im aktiven Flug verantwortlich (Abb. 33).

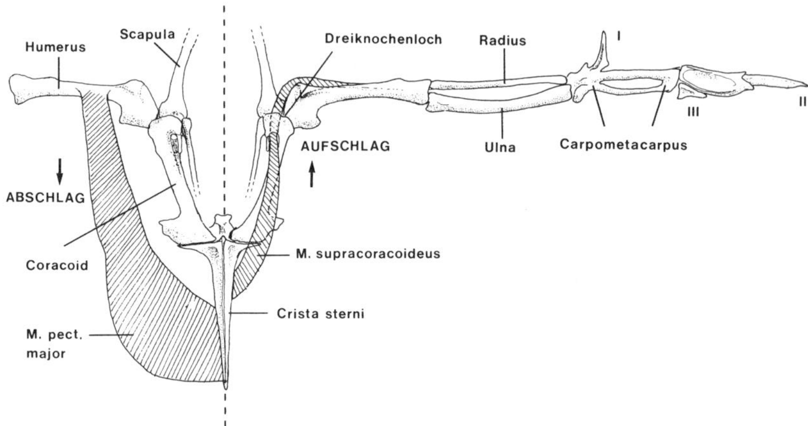

Abb. 33: Frontale Aufsicht auf Brustbein, Schulter und Armskelett eines Vogels mit ansitzender Flugmuskulatur. Schematisch ist auf der linken Seite der Abschlag, rechts der Aufschlag mit zugehöriger Muskulatur dargestellt. Orig.

Wie aber geschieht der Aufschlag? Unter dem vorderen Teil des Großen Brustmuskels inseriert ebenfalls am Brustbeinkamm eine dünnere, in gleicher Weise armwärts ziehende Muskelschicht, die wir ganz so wie oben bechrieben von Kamm und Schale des Brustbeins ablösen, so daß ihre Verbindung armwärts erhalten bleibt. Dies ist der Kleine Brustmuskel (M. pectoralis minor oder M. supracoracoideus). Konnten wir den Flügel durch Zug am Großen Brustmuskel brustwärts ziehen, so bewirkt ein Zug am Kleinen Brustmuskel das Gegenteil: der Flügel klappt nach rückwärts. Der Kleine Brustmuskel ist also für den Aufschlag des Flügels verantwortlich (vgl. Abb. 33). Da der Aufschlag weniger Kräfte erfordert als der Abschlag, ist dieser Muskel schwächer ausgebildet.

Der Abschlagmuskel muß, um den Oberarm abwärts ziehen zu können, an dessen Unterseite inserieren. Wie aber kann der ebenfalls brustständige Musculus supracoracoideus den Oberarm heben? Dazu muß er mit seiner Sehne die Oberseite des Oberarmknochens erreichen. Diese Sehne zieht durch ein Loch zwischen den drei Knochen des Schultergelenks (Coracoid, Humerus, Scapula) hindurch zum Oberarm. Das Loch nennt man Dreiknochenloch (Abb. 33).

Beim Schlag- und Rüttelflug werden der Große und der Kleine Brustmuskel jeweils antagonistisch abwechselnd arbeiten. Beim Gleit- und Segelflug (s. u.) wird dem Großen Brustmuskel vor allem die Haltefunktion zukommen.

6.3. Die Flugtechnik

6.3.1 Gleitflug

Besieht man sich einen Vogelflügel von der Seite oder fertigt gedachte Längsschnitte parallel zur Körperlängsachse an, so erhält man Profile, die je nach Lage stärker oder weniger stark nach oben konvex und nach unten konkav geformt sind (Abb. 34). Diese Eigenschaft ist nahe dem Flügelbug

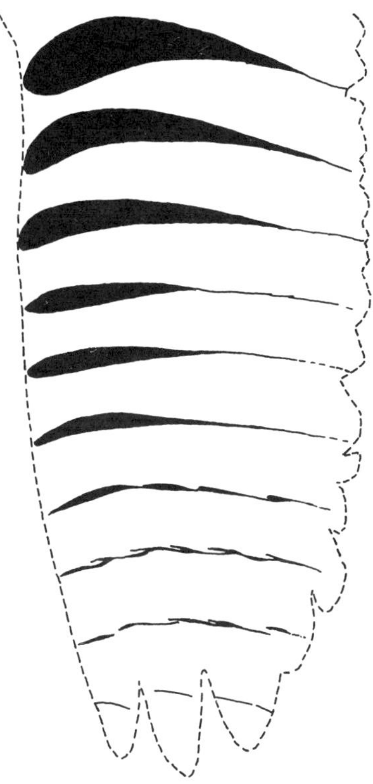

Abb. 34: Wenn man Querschnitte durch einen ausgestreckten Taubenflügel anfertigt, erhält man in den verschiedenen Zonen unterschiedliche Profile. Nach NACHTIGALL 1984

und in der Flügelmitte am stärksten wahrnehmbar, sie verliert sich gegen den Hinterrand des Flügels und zur Flügelspitze hin.[1]

Um die funktionelle Bedeutung dieser Formung zu verstehen, können wir uns zwei Modellexperimente vornehmen:

- Wir blasen über ein in flügelähnlicher Form gehaltenes DIN-A 4-Blatt hinweg. Es hebt sich an (Abb. 35B).
- Wir halbieren ein gleiches Blatt in Längsrichtung und kleben uns daraus zwei Zylinder zusammen, die wir nebeneinander auf einer glatten Tischoberfläche aufstellen. Nun blasen wir mit dem Föhn zwischen ihnen hindurch. Sie rücken zusammen (Abb. 35 A).

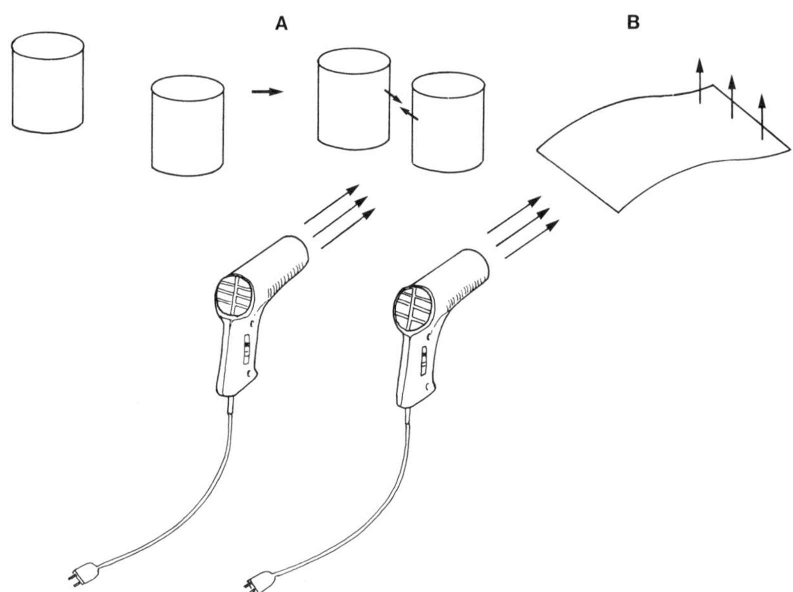

Abb. 35: Zwei Modellexperimente zum Verständnis des Gleitflugs: **A** Ein Luftstrom zwischen ihnen läßt die beiden Papierzylinder aufeinanderzurücken. **B** Ein über den Papierbogen hinstreichender Luftstrom hebt diesen an. In beiden Fällen entsteht dort ein Sog, wo die Luft sich schnell an einer konkaven Oberfläche entlangbewegt.

---

1 Bei getrockneten Flügeln verändern sich die Profile, was erhebliche Auswirkungen auf ihre Funktion haben kann (NACHTIGALL in NACHTIGALL 1985). Näheres zur Aerodynamik, Energetik und Kybernetik des Vogelflugs ist in dem genannten Sammelband von NACHTIGALL zusammengestellt.

Wo bewegte Luft an einer konvexen Oberfläche entlangstreift, entsteht ein Unterdruck, der im einen Fall das Blatt anhebt, im anderen die Zylinder aufeinander zu bewegt.

Beim Profil des Vogelflügels finden wir diese Verhältnisse an der Oberseite. Sie lassen sich durch das Bernoulli-Gesetz beschreiben: $p + q = \text{const.}$

Es herrscht demnach eine konstante Beziehung zwischen dem Strömungsdruck p und dem statischen Druck q. Wenn der eine größer wird, verringert sich der andere. Das muß man sich an unserem Flügel so vorstellen: Die von vorn anströmende Luft muß um die konvexe Flügeloberseite einen relativ langen Weg in feststehender Zeit zurücklegen. Das führt zu einer erhöhten Strömungsgeschwindigkeit. Dem entspricht ein verstärkter Strömungsdruck in Richtung der Strömung. Dem Bernoulli-Gesetz entsprechend wird dabei gleichzeitig der statische Luftdruck erniedrigt, so als ob an dieser Stelle die Luft verdünnt sei. Das führt dazu, daß auf der Flügeloberseite ein Unterdruck oder Sog entsteht, der als Hubkraft den Flügel anhebt. Auf der Flügelunterseite herrschen genau gegenteilige Verhältnisse. Einem kürzeren Weg entspricht hier eine geringere Geschwindigkeit und ein größerer statischer Druck, der den Flügel gleichfalls nach oben drückt.

Die auf den Flügel wirkende Hubkraft, die sich aus diesen beiden Komponenten zusammensetzt, wird um so größer sein, je größer der Flügel ist. Sie wächst überdies mit dem Quadrat der Strömungsgeschwindigkeit. Außerdem spielt auch die Anströmungsrichtung des Flügels eine Rolle. Am günstigsten ist ein positiver Anstellwinkel von maximal 5° (Abb. 36). Wird der Flügel stark nach vorn gebeugt (Pronation), so entsteht ein negativer Anstellwinkel. Das führt zum Überdruck auf der Oberseite und zum Sinken des Vogels. Dem Gleitflug wirken verschiedene Kräfte entgegen:

a) Der Druckwiderstand am Flügelbug und am Vogelkörper,

b) der Reibungswiderstand an den Oberflächen,

c) der induzierte Widerstand infolge kleiner Luftströme,

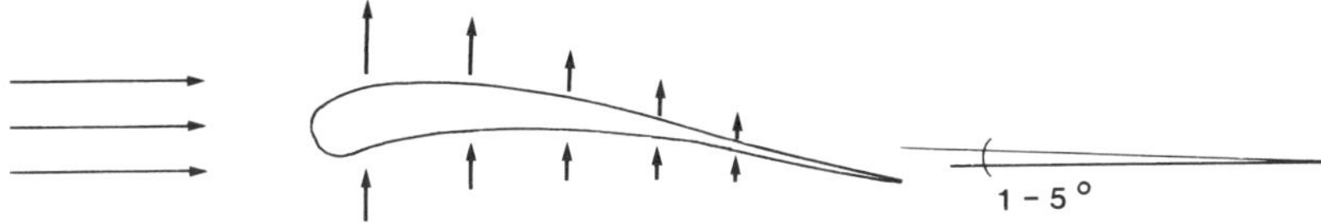

Abb. 36: Die entstehenden Sog- und Druckkräfte am Flügelprofil, das von vorn angeströmt wird. Die günstigsten Verhältnisse herrschen bei einem positiven Anstellwinkel von 1–5°. Orig.

die den statischen Druckunterschied zwischen Ober- und Unterseite des Flügels über die Flügelspitze hin auszugleichen trachten. Druck- und Reibungswiderstand werden durch die stromlinienförmige Gestalt und glatte Oberfläche des Flügels und Körpers vermindert. Dadurch entsteht eine weitgehend laminare (wirbelfreie) Luftströmung am Vogelkörper.

Der Auftrieb des gleitenden Vogels hängt auch von der Flächenbelastung ab, die sich aus dem Verhältnis zwischen Körpergewicht und Flügelfläche ergibt. Sie wird in kg/m^2 ausgedrückt. Die Werte schwanken zwischen 1,1 kg/m^2 beim Goldhähnchen und etwa 20 kg/m^2 bei einem Schwan. Flugzeuge haben noch höhere Werte. Die Flächenbelastung ist bei einem Flugzeug weitgehend konstant. Beim Vogel dagegen kann sie geändert werden. Er kann den Wert um so stärker erhöhen, je mehr er die Flügel seitlich anzieht. Ein im Stoßflug jagender Wander- oder Baumfalke erhöht seine Gleitgeschwindigkeit durch Verkleinern der Flügelfläche auf Werte über 100 km/h. Schmalflüglige Vogelarten wie Mauersegler und Albatrosse weisen stets höhere Flächenbelastungen und höhere Gleitgeschwindigkeiten als breitflüglige auf.

6.3.2 Segelflug

Gleitflug in einem unbewegten Luftkörper führt immer abwärts. Ein gleitender Vogel kann unter diesen Bedingungen nie an einem Ort stehen oder gar steigen. Gleitflug ist verzögertes Fallen in schräger Linie.

Ein Bussard vermag jedoch an einem sonnigen Sommertag ohne Flügelschlag kreisend in große Höhen zu steigen. Diese Erscheinung nennen wir Segelflug. Segelfliegen ist nur dadurch möglich, daß der Vogel Aufwinde nutzt, die entweder durch Sonneneinstrahlung als Thermik über erhitztem Boden oder als Hangaufwinde an einem Berghang oder über Meereswellen entstehen.

Vogelarten, die im Landesinneren leben und Segelflieger sind, haben breite brettartige Flügel. Sie meiden als Zugvögel das Überfliegen größerer Meeresstrecken. Störche z.B. fliegen deswegen westlich über Gibraltar oder östlich über den Bosporus nach Afrika (vgl. S. 140). Jede Flügelform ist genauestens an die Lebensbedingungen der Vogelart angepaßt (vgl. Rüppell 1980). Vogelarten, die weite Strecken ziehen, zwischenzeitlich aber zur Brut bzw. zum Überwintern längere Zeit verweilen und in der Vegetation leben wie Gartengrasmücken, müssen in dieser Hinsicht Kompromisse eingehen. Doch kann man nicht davon sprechen, daß es „schlechte" und „gute" Flieger gäbe. Jede Art ist auf die Anforderungen ihrer Umwelt eingestellt. Das gilt für rundflüglige Blitzstarter wie das Haselhuhn *(Bonasa bonasia)* ebenso wie für den Mauersegler *(Apus apus)*, der den freien Luftraum im rasanten Gleit- und Segelflug durchmißt und dies

u. U. tags und nachts über Wochen, Monate und Jahre durchhält, um erst zur Brutzeit vorübergehend festen Untergrund aufzusuchen.

6.3.3 Rüttelflug

Ein kleiner Greifvogel steht frei in der Luft über dem Rand der Autobahn, ehe er nach raschem Sturzflug am Boden eine Erdmaus greift. Der Rüttelflug auf der Stelle ist ein Feldkennzeichen des Turmfalken *(Falco tinnunculus)*. Daran und an seinen spitzeren Flügeln können wir ihn vom etwa gleich großen Sperber *(Accipiter nisus)* unterscheiden, der zwar kreist, aber so gut wie nie rüttelt. Während des Rüttelfluges ist besonders bei Wind der ganze Körper des Vogels in Ausgleichsbewegungen verwickelt, aber der Kopf wird perfekt am Ort gehalten, so daß die Augen exakt die Beute am Boden lokalisieren können. Viele Beutegreifer können kurzfristig oder länger rütteln. Auch Kleinvögel verfügen beim Insektenfang oder bei sonstigen Flugmanövern über diese Möglichkeit. Am vollendetsten ist sie bei Kolibris ausgebildet, die lange Zeit schnurrend an einer Stelle vor einer Blüte stehen können und aus ihr mit der langen Zunge Nektar aufnehmen.

Es nutzen auch die meisten anderen Vögel diese Flugtechnik aus, z. B. beim Bremsflug, wenn sie eine „negative Beschleunigung" gegen die Flugrichtung erzielen müssen.

Rüttelflug ist ein Schlagflug (s. S. 90), bei dem Vortrieb und Rücktrieb gleich Null sind, während der Auftrieb genau die Erdanziehung ausgleicht.

Während die Flügel beim Horizontalflug mehr oder weniger genau senkrecht nach oben und unten schlagen, während sie beim Steigflug in der Horizontalen geschlagen werden, müssen sie beim Rüttelflug eine dazwischen liegende Schlagrichtung einhalten. Der Flügel wird beim Abschlag nicht so stark verwunden wie beim Horizontalflug, so daß wenig Vortrieb entsteht. Beim Aufschlag weichen die Handschwingen auseinander, um so die Luft durch die entstehenden Lücken hindurchströmen zu lassen.

Bei Kolibris allerdings ist die Flugtechnik noch anders. Hier schlagen die Flügel nicht auf- und abwärts, sondern eher in der Horizontalen vor und zurück. Beim Schlag nach vorne nehmen sie eine normale Haltung ein, wobei der Auftrieb durch den entsprechenden Anstellwinkel erzeugt wird. Beim anschließenden Schlag rückwärts geschieht das Unerwartete: Der Flügel wird um seine Längsachse nach hinten gedreht (supiniert), so daß nun die Oberseite nach unten weist. Wenn der Flügel den entsprechenden Anstellwinkel hat, wird wiederum Auftrieb erzeugt. Am Ende des Rückwärtsschlages muß er wieder zurückgedreht (proniert) werden. Die Flügelspitze beschreibt eine flach liegende Acht. All dies geht so schnell vor sich, daß ein rüttelnder kleiner Kolibri mit einem Höchstwert der Flügelschlagfrequenz von 78 pro s (78 Hz) ein summendes Fluggeräusch erzeugt. Unter ihm bildet sich entsprechend seinem Auftrieb ein abwärts gerichteter, kontinuierlicher Luftstrom. Erstaunlich ist nicht nur die Schnelligkeit, mit der der Flügel am Ende jeder Bewegungsphase gewendet werden kann. Im Unterschied zum normalen Vogelflügel müssen auch Ober- und Unterseite aerodynamisch weitgehend ähnlich gebaut sein.

6.3.4 Schlagflug

Verdient schon der Gleitflug eines Hühnervogels oder der kreisende Segelflug eines Mäusebussards unsere Bewunderung, um wieviel mehr müssen wir eine Feldlerche *(Alauda arvensis)* bestaunen, die vor unseren Augen vom Boden auffliegt und sich singend unter ständigen schwirrenden Flügelschlägen in den Himmel hebt.

Im Vergleich zum Gleitflug stellt der aktive Schlagflug, den man auch Kraftflug nennt, ein viel komplizierteres Geschehen dar. Er besteht im Prinzip aus einer rhythmischen Folge von Auf- und Abschlägen der beiden Flügel, wodurch Auftrieb und Vortrieb erzeugt werden. Die notwendige Voraussetzung auf der Ebene des Skeletts (S. 72ff.), der Muskulatur (S. 81 ff.) und am Flügel selbst (S. 83ff.) werden an anderer Stelle besprochen. Stellen wir uns vor, der Vogelflügel sei ein Brett. Wird er nach abwärts geschlagen, so erzeugt er Auftrieb, also eine nach oben wirkende Kraft. Er verursacht aber keinen Vortrieb, also keine Kraft, die den Vogel vorwärts schiebt. Vor allem aber würde beim nachfolgenden Anheben des Brettflügels der eben gewonnene Auftrieb völlig zunichte gemacht, da ein ebenso großer Abtrieb entsteht. Fazit: Mit zwei Brettern kann man nicht fliegen. Nun ist der Vogelflügel kein Brett, sondern er verfügt über eine aerodynamisch wirkungsvolle Form für den Gleitflug. Zum Schlagflug wird er aber erst dann brauchbar, wenn er während des Flügelschlagzyklus (Auf- und Abschlag) ständige dynamische Formveränderungen durchläuft.

Der Schlagflug ist in der Natur ein derartig schnell ablaufender Vorgang, daß wir nicht in der Lage sind, ohne Hilfsmittel Einzelheiten zu erkennen. Sehr nützlich sind zu diesem Zweck Einzelbildanalysen von zeitgedehnten Filmen, wie sie Rüppell (1981) für den Fischadler *(Pandion haliaëtus)* vorlegte.

Abb. 37–39 zeigen Fischadler, die gerade vom Wasser abheben bzw. die ersten Flügelschläge nach dem Start durchführen. Sie holen dabei besonders weit mit den Flügeln aus. Die Flügel weisen Verformungen auf, die wir teils als aktiv, teils als passiv einordnen können. Unter passiven Verformungen verstehen wir die Formänderungen des Flügels, die infolge der Flügelbewegung durch den Luftwiderstand an den Federn entstehen.

Abb. 37: RÜPPELLs zwanzigflügliger Fischadler *(Pandion haliaëtus)*: Durch Einzelbildanalyse einer hochfrequenten Filmaufnahme sind 10 Phasen des Abschlags herausgezeichnet worden. Frontalansicht, Startflug von Wasseroberfläche mit Fisch (aus RÜPPELL 1981)

Abb. 38: Fünf Phasen des Aufschlags eines startenden Fischadlers. Aus RÜPPELL 1981

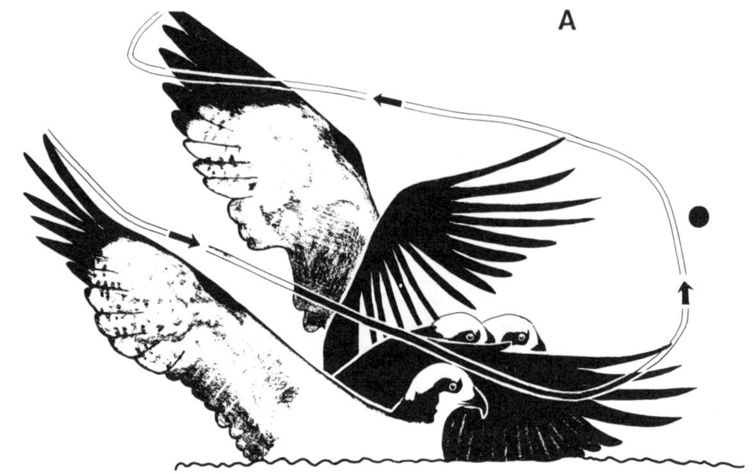

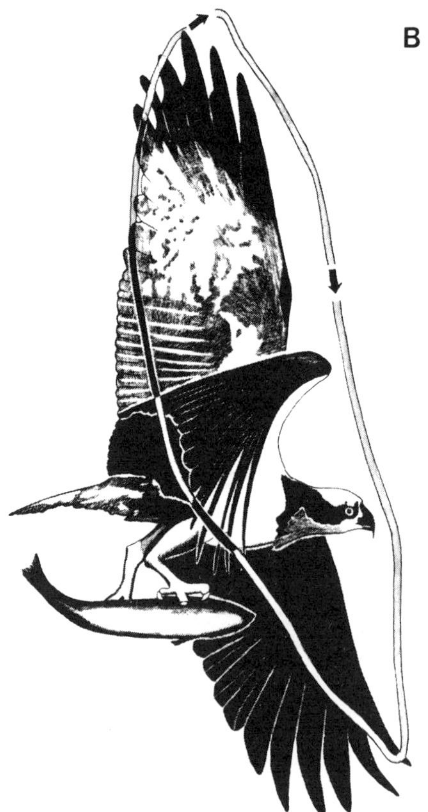

Abb. 39: Startflug (**A**) und Streckenflug (**B**) eines Fischadlers *(Pandion haliaëtus)* in Seitenansicht. Einzelbildanalysen hochfrequenter Filmaufnahmen. Die Doppellinie gibt den Weg der Flügelspitze an. Beim Punkt in **A** geht der Abschlag in den Aufschlag über (aus RÜPPELL 1981).

Bei schnellem Abschlag werden die Spitzen der Handschwingen nach oben gebogen. Sie geben damit zugleich Aufschluß über die Richtung und Geschwindigkeit der Flügelbewegung, auch im stehenden Einzelbild.

Nehmen wir uns zuerst den Abschlag vor, da er den hauptsächlichen Vortrieb und Auftrieb erzeugt (Abb. 37). Der Fischadler hat während des Starts beide Flügel unverhältnismäßig weit nach hinten oben gestreckt und beginnt den Abschlag mit aller Kraft, so daß sich in der Anfangsbeschleunigung alle Handschwingen durchbiegen. In der zweiten Schlagphase streckt sich der Handflügel, aber noch werden die Armschwingen beträchtlich nach oben gedrückt. Auf diese Weise wurde bisher vor allem ein Schub nach vorn erzeugt (RÜPPELL 1981). Anders bei den nächsten 5 Flugphasen: Die Flügel sind gestreckt, man schaut von vorn auf ihre Schmalseite. Jetzt wird vorwiegend Auftrieb erzeugt. Der Flügel verkürzt sich gegen Ende allmählich, doch fallen die mehr und mehr durchgebogenen Handschwingenspitzen auf. Um den Übergang zum Aufschlag zu finden, nimmt der Adler die Flügel nach vorn und knickt sie in zunehmendem Maße im Handgelenk körperwärts ab. Wie die nun wieder entspannten Handschwingenspitzen zeigen, lastet kein Druck mehr auf ihnen, ihre Bewegungsgeschwindigkeit hat sich erniedrigt. Der Flügel hat in etwa 130 ms einen Winkel von ca. 150° überstrichen. Die Flügelspitze hat in der Mitte des Abschlags eine Geschwindigkeit zwischen ca. 12 und 16 ms erreicht.

Anders beim anschließenden Aufschlag (Abb. 38). Er geht etwa in der halben Zeit des Abschlags vor sich. Die Flügelspitze erreicht dabei eine Geschwindigkeit bis zu 30 ms. Der Flügel wird also rasch hochgerissen, und zwar in dieser Startphase des Fluges wieder weit nach hinten (Abb. 39A). Dabei ist das Handgelenk gebeugt, der Handflügel bewegt sich ein Stück weit parallel zur Flanke, um sich erst gegen Schluß des Aufschlags zu strecken. Wie bei vielen anderen Großvögeln (RÜPPELL 1980) wird währenddessen der Handflügel mit seiner morphologischen Oberseite nach unten gedreht. Die Handschwingen weichen passiv auseinander, so daß man zwischen ihnen hindurchsehen kann (Abb. 38 und 39). Man spricht hier von einem Spaltflügel. Auf diese Weise wird erreicht, daß der aufwärts bewegte Flügel möglichst wenig Luftwiderstand bietet.

Hat der Adler sich vom Wasser gelöst und strebt nun im Geradeausflug dem Lande zu, so verändert sich seine Flugweise (Abb. 39B). Ein Flügelschlag dauert mit ¼ s etwas länger als beim Startflug. Der Schlagwinkel beträgt nur noch ca. 70° und überschreitet nicht 90°. Die beiden Flügelspitzen beschreiben eine Schlagbahn, die mehr senkrecht steht, d. h. die Flügel holen nicht mehr so weit nach hinten aus. Die Unterschiede in der Zeitdauer bzw. Geschwindigkeit von Auf- und Abschlag verringern sich (RÜPPELL 1981).

6.3.5 Schlagwind und Fahrtwind

Ein vorwärts gleitender Vogel wird von vorn durch den Fahrtwind angeströmt. Fahrtwind entsteht auch bei völliger Windstille. Aber dazu muß der Vogel schon „in Fahrt" sein. Will er in unbewegter Luft von einem festen Punkt aus nach oben starten, muß er seinen Schlagflug einsetzen. Die dabei entstehende Luftbewegung nennen wir Schlagwind. Dieser ist an der Flügelspitze am stärksten, weil sie den weitesten Weg zurücklegt. Beim Streckenflug wirken dann Fahrtwind und Schlagwind zusammen. An jedem Punkt des Flügelbugs errechnet sich daraus ein anderer Wert, damit auch eine andere resultierende Windrichtung. Dementsprechend muß sich der Flügel in unterschiedlich starkem Maße verwinden, um aerodynamisch den besten Punkteffekt zu erzielen. Am stärksten verwindet sich der Handflügel. Vögel haben keinen Propeller- oder Düsenantrieb. Der Vortrieb wird hauptsächlich vom Handflügel erzeugt. Dieser wirkt aber z.T. auch als Tragfläche. Er vereinigt in wunderbarer Weise beide Eigenschaften in sich (RÜPPELL 1980).

Detaillierte Information zu weiteren Einzelheiten des Schlagflugs und anderen Eigenschaften des Vogelflugs findet man in dem Buch von RÜPPELL (1980). Eine Übersicht über die neuere Vogelflugforschung in Deutschland hat NACHTIGALL (1984) zusammengestellt.

7 Innere Organe: Versorgungseinheiten im Körper

Die Anatomie als Lehre von der inneren Organisation stellt sich in der „scientia amabilis", der liebenswerten Wissenschaft vom Leben der Vögel, eher als ein verachtetes und abseitiges Gebiet dar, von dem man als Beobachter nichts verstehen muß. Doch gibt es genügend Beobachtungen, die man nur dann recht interpretieren kann, wenn man etwas über die inneren Organe weiß. Daß fast alle Vögel Steine fressen, glaubt man nur, wenn man einmal einen mit Magensteinen gefüllten Kaumagen gesehen hat. In welcher Weise pflanzenfressende Vögel ihre Nahrung aufschließen, versteht man eher, wenn man die Blinddärme eines Rauhfußhuhns mit denjenigen eines Habichts verglichen hat.

Form und Aufbau allein sagen uns nur wenig über die Bedeutung der Organe. Immer muß die Funktion mit betrachtet werden. Vergleicht man die Organsysteme der verschiedenen Wirbeltierklassen, so findet man viele Gemeinsamkeiten. Doch gibt es auch gruppenspezifische Eigenschaften. Das „Vogelspezifische" herauszustellen, ist eine Aufgabe der folgenden Zeilen.

7.1. Organsysteme: Form und Funktion

Schneidet man die Haut am Hals eines Vogels auf, so stößt man inwendig auf mindestens drei verschiedene Systeme, die den Hals längs durchziehen. Da ist zuerst die Wirbelsäule, die infolge der sie umgebenden und stabilisierenden Muskulatur wie ein fester fleischiger Strang wirkt. Sie enthält auch das Rückenmark, hier noch Halsmark genannt. Daneben verläuft die Luftröhre (Trachea) (Abb. 40a), die sich erst in Herznähe tief unten in der Brust in zwei Bronchien gabelt, die die Lungen versorgen. Damit sie immer luftdurchlässig bleibt, ist sie über ihren ganzen Verlauf hin mit zahllosen querliegenden Knorpelspangen ausgesteift. An dieser Querstruktur ist sie leicht kenntlich.

Das dritte größere den Hals durchziehende Organ ist das unauffälligste: die Speiseröhre, der Ösophagus. Dies ist eine aus Bindegewebe und glatter Muskulatur bestehende, dehnbare, aber meist flach komprimierte Röhre, die die aufgenommene Nahrung vom Mundraum aus magenwärts führt.

Bei vielen Vogelgruppen erweitert sich der Ösophagus zu einem Kropf. Dieser verschließbare, seitlich anhängende Sack dient der Nahrungsspeicherung. Er ist besonders bei Greifvögeln gut ausgebildet, wo man ihn, wenn er prall gefüllt ist, auch von außen als Anschwellung des Halses erkennen kann. Eulen dagegen haben bekanntermaßen keinen Kropf und müssen Nahrungsvorräte in Höhlen oder auf andere Weise außerhalb des Körpers speichern. Bei Tauben wird im Epithel des Kropfes die sogenannte Kropfmilch erzeugt. Mit dieser fettigen, zellhaltigen Flüssigkeit werden die Nestjungen versorgt. Ähnlich bildet sich bei Flamingos im Ösophagus eine protein- und bluthaltige Flüssigkeit, die ebenfalls der Fütterung der Jungvögel dient.

Im Kropf wird die Nahrung je nach Bedarf minutenlang oder über viele Stunden aufbewahrt (BEZZEL 1977). Von hier aus gelangt sie durch peristaltische Kontraktionen des Ösophagus in den Magen. Im typischen Fall ist dieser bei Vögeln zweiteilig: Auf einen dehnbaren, sackartigen Drüsenmagen folgt der Kau- oder Muskelmagen. Im Drüsenmagen entstehen zweierlei Sekrete: Schleim und Pepsinogen, das bei stark saurer Reaktion (pH etwa 1) zu Pepsin umgewandelt wird. Dieses ist ein Enzym, das Eiweiße spaltet. Durch den hohen Gehalt an H-Ionen (pH-Wert) wird zugleich die Nahrung keimfrei gemacht. Der Muskelmagen ist je nach bevorzugter Nahrung des Vogels unterschiedlich ausgeprägt. Er kann wie bei Hühnern oder Tauben stabil und massig sein, aber auch wie bei Seetauchern oder Greifvögeln nur einen dünnwandigen Muskelsack mit dehnbarer Wand darstellen. Beim Auerhuhn variiert die Ausbildung des Kaumagens in Abhängigkeit von der Nahrungszusammensetzung und der Jahreszeit. Die Mägen zweier freilebender Individuen wogen beinahe doppelt soviel wie die von zwei gefangen gehaltenen aus dem gleichen Monat (MOSS in KLAUS et al. 1986).

Außen findet sich eine vierteilige Ringmuskulatur, die die Kauarbeit leistet. Die beiden Hauptmuskeln erzeugen eine reibende und mahlende Bewegung des Magens, so daß innen die Nahrung unter hohem Druck zerrieben wird. Die beiden kleineren Zwischenmuskeln schieben die Nahrung in den Wirkungsbereich der großen.

Die Innenauskleidung des Kaumagens besteht funktionsgemäß aus einer harten Reibeplatte, die meist gefaltet ist. Ihr Material ist ein Kohlenhydrat-Eiweiß-Komplex (Koilin), der von den Drüsenzellen in der Magen-

Abb. 40: Innere Anatomie einer Haustaube (**a**, aus RENNER 1984) und Verdauungstrakt eines Vogels (**b**, nach SCHIMKEWITSCH aus KÄMPFE, KITTEL, KLAPPERSTÜCK 1966). **b** ist halbschematisch; das Pankreas liegt als langgestrecktes Organ eingeschlossen in die schmale erste Darmschlinge, wo auch die Gallengänge enden. Coeca oder Caeca = Blinddärme.

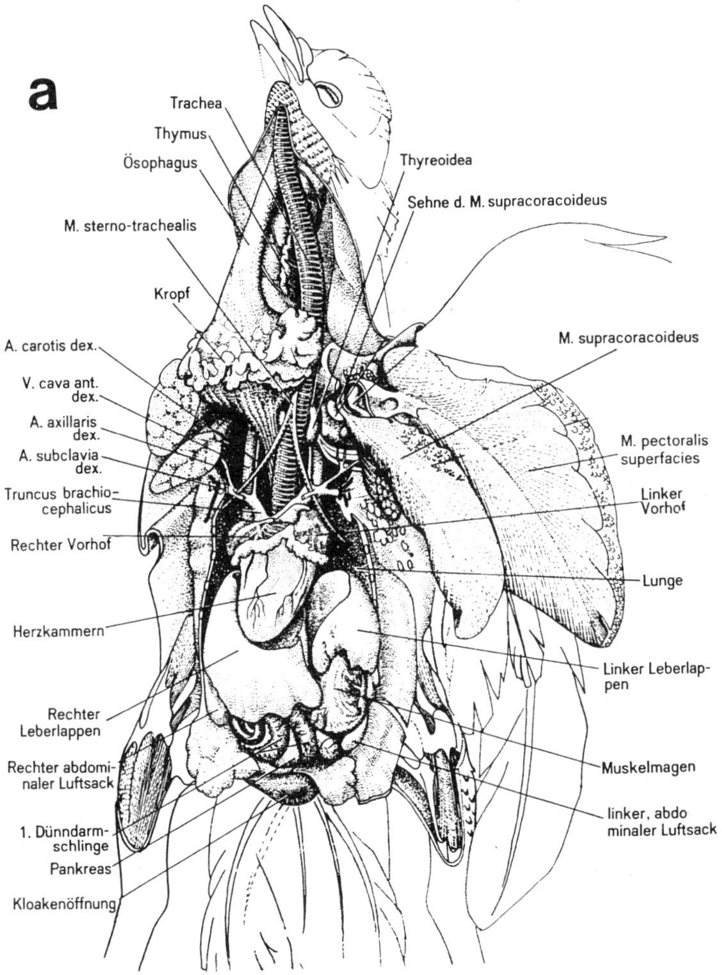

a
Trachea
Thymus
Ösophagus
Thyreoidea
Sehne d. M. supracoracoideus
M. sterno-trachealis
Kropf
A. carotis dex.
M. supracoracoideus
V. cava ant. dex.
A. axillaris dex.
A. subclavia dex.
M. pectoralis superfacies
Truncus brachiocephalicus
Linker Vorhof
Rechter Vorhof
Lunge
Herzkammern
Linker Leberlappen
Rechter Leberlappen
Rechter abdominaler Luftsack
Muskelmagen
linker, abdominaler Luftsack
1. Dünndarmschlinge
Pankreas
Kloakenöffnung

b
Muskelmagen
Drüsenmagen
Oesophagus
Enddarm
Kropf
Leber
Ductus hepatici
Pankreas
Gallenblase
Mitteldarm
Coeca
Kloake

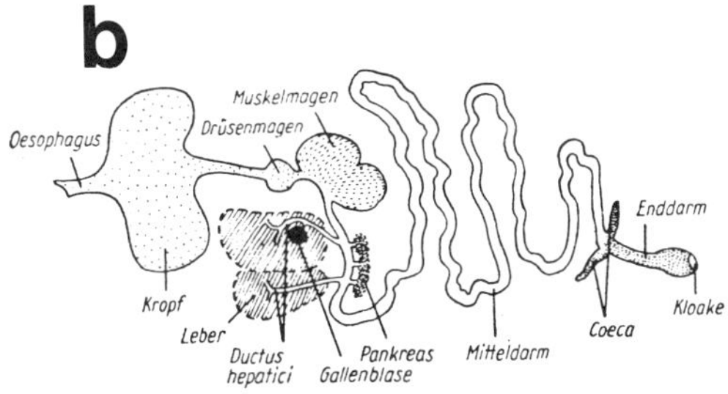

wand abgeschieden wird (KING & MCLELLAND 1978). Gelegentlich wird diese Kauplatte regelrecht gehäutet, ausgeschieden und durch eine neue ersetzt. Auch sie ist jedoch nicht so hart wie ein Zahn. Um diesem Mangel abzuhelfen, nehmen viele Vögel gezielt Steine in ihren Magen auf und halten sie dort über lange Zeit zurück. Man nennt sie Magensteine (Gastrolithe). Ihre Zahl kann über 1000 betragen. Bevorzugt werden Quarzsteinchen artspezifischer Größe. Auch ihre Anzahl kann im Jahresablauf schwanken. Auerhühner finden sich in der UdSSR im Herbst z. T. in großer Zahl an kiesigen Bachläufen oder Seeufern ein, um dort einen Vorrat an Magensteinchen für den Winter zu sammeln. Bei solcher Gelegenheit wurden sie früher intensiv bejagt (KLAUS et al. 1986). Zuweilen können für die Magensteine ersatzweise auch harte Samen, z. B. aus Hagebutten, oder Nußschalenstücke (beim Tannenhäher, *Nucifraga caryocatactes*) eintreten. Außer den Magensteinen werden auch weichere, meist kalkhaltige Substanzen vom Boden in den Magen aufgenommen. Magensteine und dieses Material werden zusammen als Grit bezeichnet. Besonders Nestjunge haben einen hohen Bedarf an Calcium, um damit ihr Skelett aufzubauen. Dementsprechend werden nicht selten Jungvögel im Nest nicht nur mit Futter, sondern auch mit Magensteinchen und anderem Grit versorgt. In den Mägen nestjunger Rauchschwalben *(Hirundo rustica)*, die durch einen Kälteeinbruch umgekommen waren, fand BARRENTINE (1980) den Grit z. T. in großer Menge schon in den ersten Lebenstagen vor.

Auch Finkenvögel sieht man zur Brutzeit bemerkenswert häufig an Straßenrändern Steinchen aufnehmen, die sie möglicherweise an ihre Jungen verfüttern. Gemeinhin nimmt man an, daß die Magensteinchen die mechanische Arbeit des Muskelmagens wirkungsvoll unterstützen. Doch ist diese Funktion nicht genügend bewiesen.

Der Magen schüttet den Nahrungsbrei portionsweise in den direkt anschließenden Zwölffingerdarm (Duodenum) aus, der eine schmale U-förmige Schleife bildet. In deren Innerem sitzt das langgestreckte rötliche Pankreas, die Bauchspeicheldrüse. Sie ist bei Vögeln, besonders bei Körnerfressern, relativ groß ausgebildet. Sie liefert die wesentlichen Verdauungsenzyme für Eiweiße, Kohlenhydrate und Fette. Außerdem ist sie eine Hormondrüse, die den Kohlenhydratgehalt im Blut steuert. Dicht neben den Pankreasgängen münden auch die Gallengänge, die dem Darm das Sekret der Leber zuführen. Die Leber ist in Form eines großen rechten und eines kleinen linken Lappens mächtig entwickelt (siehe Abb. 40b, S. 97). Sie erzeugt ein fettemulgierendes, neutralisierendes Sekret, wirkt aber durch die Ausscheidung von Gallenfarbstoffen, den Abbauprodukten des roten Blutfarbstoffes (Häm), auch als Exkretionsorgan. Viele Vögel besitzen eine Gallenblase, in der die „Galle" (die Gallenflüssigkeit) aus der Leber gespeichert werden kann. Bei Tauben sowie bei Straußen,

Nandus und vielen Kolibriarten wird man nach einer Gallenblase vergeblich suchen (Bezzel 1977). Unter den weit herabziehenden Leberlappen ist der Dünndarm in zahlreichen Schlingen verborgen. Dazwischen finden sich oft Reservefettansammlungen, die auch den Bauch nach außen hin bedecken können. Freiräume zwischen den Därmen sind mit den allgegenwärtigen Luftsäcken aufgefüllt, die als Speicher für die Atemluft dienen.

Die Lunge der Vögel, erstaunlich klein und unauffällig, liegt der Wirbelsäule und den dorsalen Teilen der Rippen an. Sie verändert ihr Volumen kaum während der Ventilation; dies ist Aufgabe der Luftsäcke. Durch das Zusammenwirken von Lunge und Luftsäcken wird sowohl beim Einatmen als auch beim Ausatmen Frischluft durch die Lungen geführt. Ein Totvolumen wie bei Säugern, das nicht ausgetauscht, sondern nur durch langsame Diffusion erneuert wird, gibt es bei Vögeln nicht. Daher wird trotz geringer Größe der Lungen eine hohe Leistungsfähigkeit des Atmungssystems erreicht.

Die Gonaden (Hoden oder Ovar, siehe S. 124) liegen dorsal außerhalb der eigentlichen Leibeshöhle auf den kopfwärtigen Nierenlappen auf. Wenn man von unten her bei einem toten Vogel die Bauchhöhle öffnet, muß man zunächst die Därme wegräumen, um an Nieren und Gonaden heranzukommen. Will man beim lebenden Vogel die Gonaden betrachten oder vermessen, so kann man bei lokaler Betäubung von der Seite her einen vorsichtigen Schnitt zwischen der letzten und der vorletzten Rippe führen, die beiden Rippen auseinanderspreizen und mit wenig Mühe zu den gesuchten Organen gelangen (Berthold 1969). Diese Laparotomie (laparé – gr. Bauch) ist ein Eingriff im Sinne des Tierschutzgesetzes und bleibt als Methode dem Spezialisten vorbehalten. Nach Ende der Operation wird die Wunde mit einem Gewebekleber verschlossen. Vögel sind relativ unempfindlich gegen Wundinfektionen. Die Wunden heilen schnell. Ein paar Minuten nach Ende der Laparotomie kann ein Kleinvogel schon wieder lebhaft hüpfen und fliegen.

7.2 Blinddärme: Größe und Bedeutung

Im Gegensatz zu den Säugetieren, die nur einen Blinddarm (beim Menschen mit Wurmfortsatz) haben, besitzen die meisten Vögel deren zwei. Sie sind beidseitig mit dem Darm verwachsen und begleiten ihn. Sie münden vor dem Enddarm (Abb. 41).

Im Vergleich verschiedener Vogelgruppen fällt auf, wie unterschiedlich die Blinddärme ausgebildet sind. Beim Habicht (*Accipiter gentilis;* Abb. 41 A) sind sie winzig, beim Haushuhn *(Gallus gallus)* erreichen sie mittlere Größe (Abb. 41 B), bei den Rauhfußhühnern sind sie stattlich entwickelt

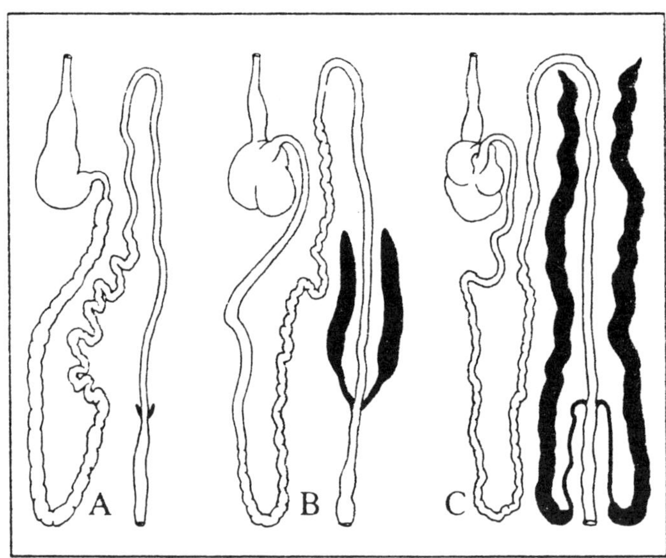

Abb. 41: Relative Ausbildung der Blinddärme bei Habicht *(Accipiter gentilis*, **A**), Haushuhn *(Gallus gallus*, **B**) und Rauhfußhuhn (**C**). Aus ASCHENBRENNER 1985

(Abb. 41 C), am stärksten bei den Schneehühnern (Gattung *Lagopus*) (ASCHENBRENNER 1985). Hier erreichen sie nahezu die halbe Länge des übrigen Darms. Während sie im Sommer weniger aktiv und auch kürzer sind, verlängern sie sich im Winter. Der vorher schon vorsortierte Nahrungsbrei gelangt an die Grenze zwischen Dünndarm und Enddarm. Während er durch die vorwärtsgerichtete Darmperistaltik herangeschoben wird, sorgt eine entgegengesetzt arbeitende Peristaltik des Enddarms für einen erhöhten Druck. Hierbei werden die feinen Partikel durch einen Filter aus Darmzotten in die Blinddärme hineingedrückt. Das grobe Material wandert weiter zur Ausscheidung als Walzenlosung. In den beiden Blinddärmen wird das verdaubare Material durch die Mithilfe von symbiontischen Mikroorganismen abgebaut. Aus Zellulose und Hemizellulosen entstehen dabei flüchtige Fettsäuren sowie in geringerem Anteil Methan und Alkohol.

Die Nährstoffe werden an Ort und Stelle resorbiert. Die Fettsäuren liefern in der Nacht bis zu 30% der Erhaltungsenergie für den Vogel. Meist wird am Morgen in einem Schub der Blinddarm entleert, allerdings bleibt ein Drittel seines Inhalts als Kultur für weitere Tätigkeit erhalten. Der Blinddarmkot tritt als klebrige, olivfarbige Masse zutage.

Außer dem Aufschluß von Rohfasersubstraten und der Resorption der Abbauprodukte leistet der Blinddarm noch folgendes: Rückresorption von

Wasser; wahrscheinliche Vitaminsynthese durch Mikroorganismen und mögliche Rückresorption von stickstoffhaltigen Endprodukten, die durch Rücktransport von Harn (mit Harnsäure) in die Blinddärme gelangen (Übersicht bei GREMMELS 1986). Doch scheint der mikrobielle Abbau von Rohfasersubstanzen der hauptsächliche Faktor zu sein, der die Größe der Blinddärme bestimmt. Jetzt wird auch verständlich, wieso karnivore Vogelarten sie nur im Kleinformat ausbilden. Bei Gänsen (s. S. 292) ist bekannt, daß der Abbau von Zellulose und Hemizellulose auch im Dünndarm vor sich geht (BUCHSBAUM et al. 1986).

7.3 Exkretionsorgane

Diese Ausscheidungsorgane sind dafür verantwortlich, daß unnütze oder schädliche Stoffe aus dem Körper des Vogels entfernt werden. Das können gelöste oder gasförmige Substanzen sein, die von außen direkt in das Innere des Tieres hereingekommen sind, oder auch Abbauprodukte. Da die Lunge ständig Kohlendioxid (CO_2) als Stoffwechselendprodukt abgibt, gehört auch sie ebenso wie die Leber (s. S. 98) zu den Exkretionsorganen. Die Hauptarbeit der Ausscheidung gelöster Stoffe geschieht aber in der Niere. Bei Vögeln hat sie nicht eine „nierenförmige" Gestalt wie bei Säugern, sondern liegt als eine Serie von meist drei paarigen Lappen dorsal in innere Aushöhlungen des Synsacrums (siehe S. 76) eingesenkt. In den beiden Harnleitern wird das Exkret gesammelt und zur Kloake hingeführt. Es enthält außer Salzen hauptsächlich Stickstoff, der beim Abbau von körperfremden und körpereigenen Proteinen und Aminosäuren anfällt. Stickstoff kann nicht gasförmig ausgeschieden werden. Als Ammoniak (NH_3) ist er zu giftig, als Harnstoff benötigt er zuviel Wasser, um als Lösung ausgeschwemmt zu werden. Vögel gehen mit Wasser sparsam um. Schon die Reptilien und andere trockenangepaßte Tiere sind darauf verfallen, Harnsäure auszuscheiden („uricotelisch", von acidum uricum = Harnsäure). Da diese organische Säure wasserunlöslich ist, hat sie auch in größerer Konzentration keine osmotische Wirkung. Sie wird als pastenartiges Konzentrat dem Kot beigemischt, wo noch im Enddarm bzw. den Blinddärmen (s. S. 99) das letzte Wasser entzogen wird. Die Harnsäurekristalle sind weiß. Sie geben dem Kot fleischfressender Vögel seine Farbe, bedecken aber auch bei Pflanzenfressern die Kotwürste an einem Ende mit einem weißen Überzug (s. Abb. 157, S. 303).

Der Kot kann bei genügendem Wasserangebot unter bestimmten Bedingungen auch stark wasserhaltig sein. Störche benutzen ihn (ebenso wie die mit ihnen verwandten Kondore, s. KÖNIG 1982), auf die Beine gespritzt als Kühlmittel bei großer Hitze. Die weiße Farbe der trockenen Harnsäure könnte sogar noch zusätzlich als Signal dienen.

Ein besonderes Problem ist die Salzausscheidung. Die Aufrechterhaltung der Salzbalance in den Körperflüssigkeiten trennen wir als Osmoregulation von der Exkretion ab. Sie ist für das Funktionieren vieler physiologischer Prozesse wichtig. Hierbei sind besonders Vogelarten gefordert, die am Meer leben und wirbellose Tiere verzehren bzw. sogar Meerwasser trinken. Während Knochenfische das überschüssige Meersalz z. T. über ihre Nieren, zum großen Teil aber auch über die Kiemen abgeben, verfügen Vögel über ein besonderes zusätzliches Osmoregulationsorgan. In Erregung läuft Seevögeln oft die Nase: An der Schnabelspitze bilden sich Tropfen, die herabfallen (vgl. BLÖSCH 1966). Häufig schütteln die Tiere den Kopf, und wenn man ganz dicht dabeisteht, bekommt man einen feinen Regen von Flüssigkeit ab. Hier handelt es sich um ein wäßriges Sekret, das aus den am Kopf liegenden Salzdrüsen stammt. Oberhalb der Augenhöhlen liegen auf beiden Seiten die lateralen Nasendrüsen als flache Wülste in halbmondförmige Vertiefungen des Schädels eingesenkt. Sie leiten sich nicht von Tränendrüsen, sondern vom Nasenepithel ab; sie münden in die vordere Nasenhöhle. Von hier aus tropft das Sekret wie beschrieben durch die Nasenlöcher über die Schnabelspitze herab. Bei Meeresvögeln kann es bis zu 5 % Salz enthalten, d. h. es erreicht eine höhere Konzentration als das Meerwasser. Das macht hohen Energieaufwand für die Herstellung einer konzentrierten Lösung entgegen dem Konzentrationsgefälle nötig.

Sowohl im Experiment als auch im Freiland verändern sich die Salzdrüsen in ihrer Masse je nach Salzgehalt von Trinkwasser und Nahrung. Die amerikanische Rotkopfente *(Aythya americana)* brütet auf Süßwassertümpeln und überwintert an der Küste und auf salzhaltigen Lagunen. Zur Brutzeit wiegen ihre Nasendrüsen ca. 0,45 g, im Winter steigt ihr Gewicht von Oktober bis März an und erreicht Endwerte um 1,8 g (CORNELIUS 1982). Ähnliches dürfte auch für viele paläarktische Vögel gelten, die im Jahresablauf zwischen Süßwasser und Meer wechseln, z. B. Meergänse, Enten, Seetaucher und Watvögel.

8 Vogel und Wärme: Thermoregulation

> Und Fieber, ohne daß es schad, hat meist er, über vierzig Grad.
> (Eugen Roth, Tierleben)

26. November 1974, Omolon-Fluß, Sibirien. Der arktische Winter in dieser Gegend nahe dem Kältepol der Erde hat mit voller Stärke eingesetzt. Pulverschnee bedeckt Boden und Bäume. Die Lufttemperatur beträgt –37° C. Der Wind ist schneidend scharf. Dennoch rührt sich etwas im Geäst der kahlen Bäume. Eine Weidenmeise *(Parus montanus)* von kaum 11 g Körpergewicht ist unterwegs. Sie muß die wenigen hellen Stunden des kurzen Wintertags nutzen, um genügend Nahrungsreserve für die lange kalte Nacht zu gewinnen. Ihr Gefieder ist weich und flauschig. Der Vogel wirkt viel dicker als er eigentlich ist. Sogar die nackten Füße verschwinden großenteils im Bauchgefieder (Abb. 42). Wie kann ein so kleines Tier unter derartig extremen Kältebedingungen überleben?

Abb. 42: Weidenmeise *(Parus montanus)* unter extremen Winterbedingungen: 26. 11. 1974, Omolon-Fluß, Ostsibirien, –37° C (Foto A.V. ANDREEV)

8.1 Konstanz und Schwankung der Körpertemperatur

Die Fähigkeit, die Körpertemperatur auch unter verschiedenen und wechselnden Außentemperaturen konstant zu halten, ist im ganzen Tierreich fast allein auf die Vögel und die Säugetiere beschränkt geblieben.[1] Sie ermöglicht ihnen, Klimagebiete zu besiedeln und zu nutzen, die sich weit jenseits jener Zonen erstrecken, die von wechselwarmen Tieren noch erreicht werden.

Die normale Körpertemperatur bei Vögeln erreicht mit 38–42° C höhere Werte als bei Säugetieren. (Bei einigen Wasservögeln, wie z.B. den Sturmvögeln, liegt sie mit Durchschnittswerten knapp unter 39° C etwas niedriger als bei den übrigen Vogelgruppen.) Die Angabe von einfachen Mittelwerten für die Körpertemperatur stößt allerdings auf verschiedene Schwierigkeiten. Beim Haussperling beträgt nachts die Körpertemperatur ca. 39° C, sie steigt im Laufe des Tages bis über 42° C an und fällt am Nachmittag wieder ab (Abb. 43). Es hängt also u.a. von der Tageszeit ab, welchen Temperaturwert man ermittelt. Außerdem ist der Körperkern wärmer als die Schale. Ein in die Hand genommener Vogel steigert durch den Streß der Behandlung seine Körpertemperatur um einen meßbaren Betrag (s. ASCHOFF 1981). Die Schwankungsbreite von 3° C wird allerdings nicht von allen Vögeln erreicht. Je größer sie sind, desto geringer ist das Ausmaß des täglichen Temperaturanstiegs und -abfalls (Abb. 43).

Hiermit nicht genug, unter bestimmten Umständen erhöhen Vögel ihre Körpertemperatur noch deutlich über die schwankenden Normalwerte hinaus. Dies geschieht z.B. während der Mauser (s. S. 65ff.), aber auch bei besonders hoher Außentemperatur (s. S. 118) und schon normalerweise im Flug. Bei einer fliegenden Haustaube wurde eine Körpertemperatur von 43,5° C registriert (NACHTIGALL 1984). Die höchste Temperatur wurde bei dem Tyranniden *Myiochanes richardsoni* gemessen: im Mittel 43,4° C, Höchstwert 44,8° C. Der Vogel war gesund (STRESEMANN 1927–1934)! Bei Vögeln scheint also schon unter physiologischen Normalumständen zuweilen das einzutreten, was wir bei uns Menschen Fieber nennen. Demgegenüber wird das Gehirn bei Vögeln (wie bei Säugern) im Vergleich zum übrigen Körperkern kühl gehalten. Es liegt in seiner Temperatur etwa 1° C unter dem des Körpers. Hierfür sorgt ein eigenes Wärmeaustauschsystem im Kopf (MIDTGÅRD 1986). Bei Erregung durch Reize von

1 Bei den Makrelenhaien hat man einen Mechanismus teilweiser Konstanthaltung der Körpertemperatur entdeckt (20–25° C). Er ermöglicht höhere Leistungsfähigkeit und die Nutzung kalter Tiefengewässer (CARVEY in ZISWILER 1976). Ähnliches scheint für Thunfische zu gelten.

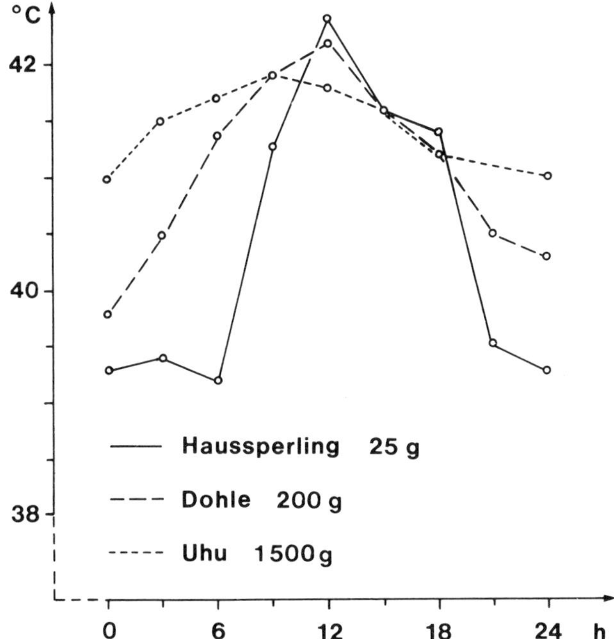

Abb. 43: Veränderung der Körperkerntemperatur bei Vögeln verschiedener Größe während des Tages: Je kleiner der Vogel, desto größer die Spannweite der Schwankung (nach ASCHOFF 1981)

außen oder auch nach künstlicher Gehirnreizung steigt allerdings die Gehirntemperatur für eine kurze Zeit um bis zu 0,5° C an (v. SAINT PAUL & ASCHOFF 1974). Dies ist am Haushuhn gefunden worden. Möglicherweise spielt bei der Regulation der Gehirntemperatur auch die Schädeldecke eine Rolle, die beim erwachsenen Vogel nach Art einer Sandwichstruktur doppel- oder mehrschichtig ist. Zwischen den Knochenplatten liegen entsprechend eine oder mehrere Luftschichten, die wohl geeignet wären, den Wärmeaustausch mit der Außenwelt zu verringern. Doch wird dabei auch die Befiederung des Kopfes wirksam. Bei jungen Grünfinken *(Carduelis chloris)* reift die Pneumatisierung, d. h. die Aushöhlung der Schädeldecke, früher, wenn sie in kühler Umgebung aufwachsen (WARNCKE & STORK 1977).

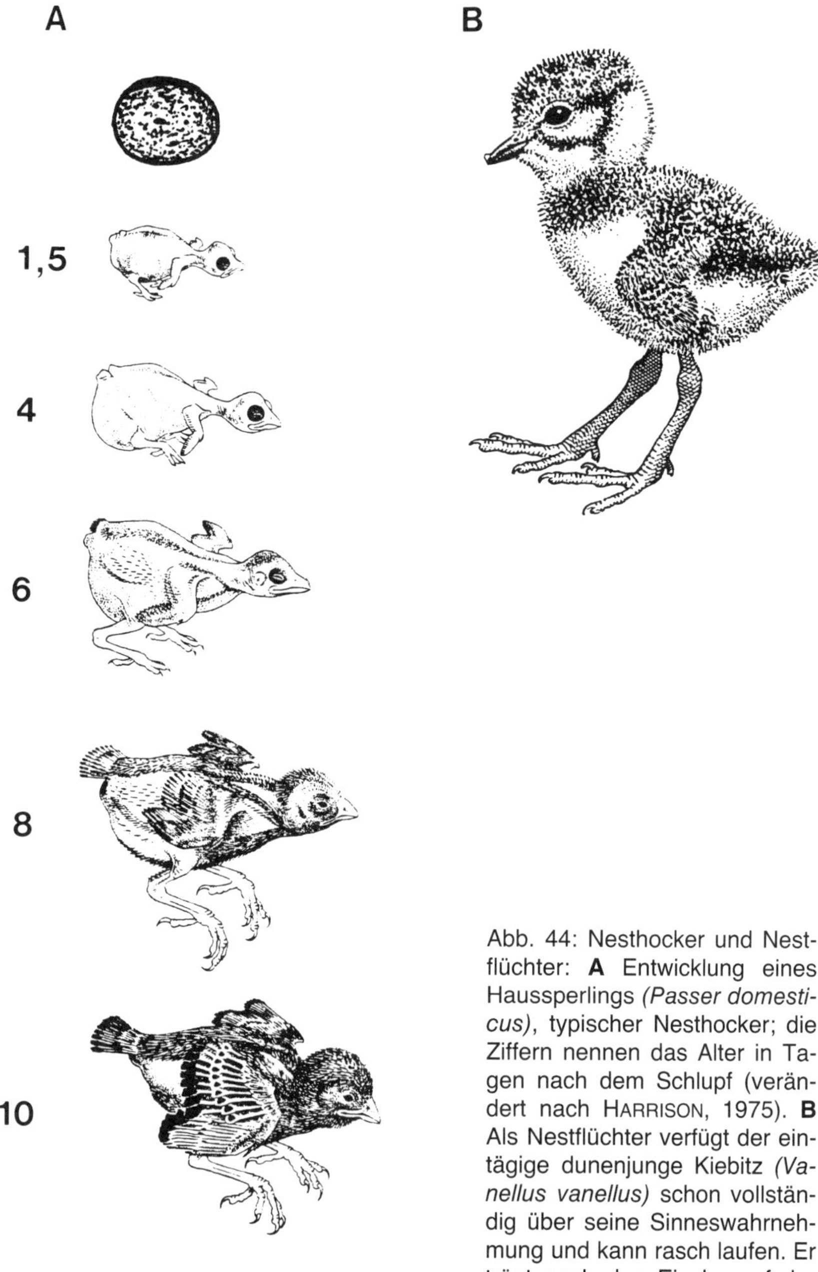

Abb. 44: Nesthocker und Nestflüchter: **A** Entwicklung eines Haussperlings *(Passer domesticus)*, typischer Nesthocker; die Ziffern nennen das Alter in Tagen nach dem Schlupf (verändert nach HARRISON, 1975). **B** Als Nestflüchter verfügt der eintägige dunenjunge Kiebitz *(Vanellus vanellus)* schon vollständig über seine Sinneswahrnehmung und kann rasch laufen. Er trägt noch den Eizahn auf der Schnabelspitze (aus SIMMS 1983).

8.2 Jugendentwicklung der Körpertemperatur

Frisch geschlüpfte Jungvögel sind noch nicht zu vollständiger Temperaturregulation fähig. Wie der sich im Ei entwickelnde Embryo ständig auf zugeführte Außenwärme angewiesen ist, so müssen auch die geschlüpften Jungen häufig gehudert, d. h. vom Altvogel gewärmt werden. Für junge Nesthocker, die in vielen Fällen noch völlig nackt sind, gilt dies besonders (PRINZINGER 1976).

Die Begriffe Nesthocker und Nestflüchter werden heute auch für Säuger, ja sogar für Fische und Insekten angewandt, obwohl sie ursprünglich für Vögel geprägt worden sind (IMMELMANN 1982). Unter ihnen kommen Nesthocker in einem relativ unentwickelten Zustand zur Welt: ihre Sinnesorgane funktionieren nicht, und sie können sich noch nicht fortbewegen (Abb. 44 A). Das entscheidende Kriterium für die Unterteilung in Nesthocker und Nestflüchter ist also der Entwicklungszustand direkt nach dem Schlüpfen, nicht allein die Tatsache, ob der Jungvogel danach im Nest „hocken" bleibt oder bald daraus fortläuft. So sind junge Seeschwalben und Möwen eigentlich Nestflüchter. Sie verfügen über voll funktionsfähige Sinnesorgane und können auch laufen. Aber sie sind einige Zeit ans Nest gebunden, wo sie noch gefüttert werden. Echte Nestflüchter schlüpfen in weit entwickeltem Zustand und verlassen das Nest spätestens nach einem Tag (Abb. 44 B). Trotzdem ist auch bei ihnen die Körpertemperatur

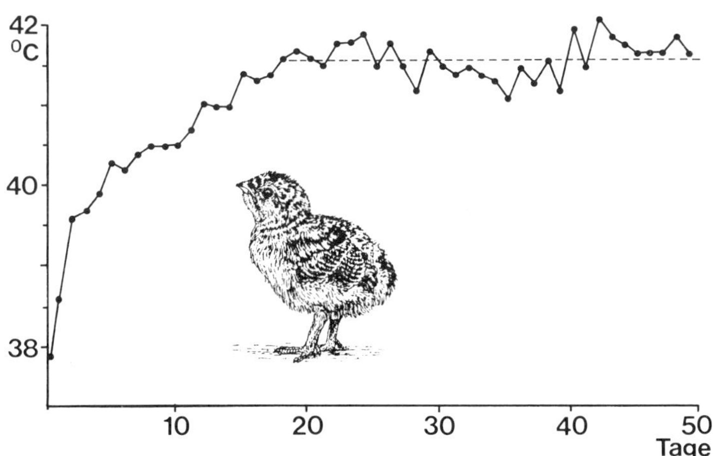

Abb. 45: Auch bei einem Nestflüchter wie dem Auerhuhnküken *(Tetrao urogallus)* entwickelt sich die Körpertemperatur erst allmählich im Laufe der ersten drei Lebenswochen (nach HÖGLUND 1955, Küken aus MÜLLER 1980)

zunächst niedriger als die der Erwachsenen. Sie benötigt einige Zeit für ihre Entwicklung zum adulten Zustand (Abb. 45). Extreme Nestflüchter finden wir bei den Großfußhühnern (Megapodidae), die in 12 Arten über Australien und die indomalayischen und polynesischen Inseln verbreitet sind. Sie bebrüten ihre Eier nicht selbst, sondern nutzen fremde Wärmequellen wie Sonne, Gärung und vulkanische Wärme. Bei einigen Arten liegen die übergroßen Eier in umfangreichen Bruthügeln; die Küken schlüpfen nach mehrmonatiger Brutzeit aus, graben sich an die Oberfläche und sind weitgehend selbständig. Beim Thermometerhuhn *(Leipoa ocellata)* bestehen nur schwache Kontakte zu Altvögeln und Geschwistern. Die schon bald flugfähigen Küken werden nicht gehudert, ruhen aber gern in der Sonne (IMMELMANN & BÖHNER 1984).

Normale Nestflüchter brauchen eine Zeitlang regelmäßige Wärmezufuhr, bis ihr Gefieder hinreichend gegen Wärmeverluste isoliert und der Körper genügend Eigenwärme produziert. Wir machen uns das am Beispiel junger Auerhühner *(Tetrao urogallus)* klar. Je niedriger die Außentemperatur ist, in desto kürzeren Abständen müssen sie von ihrer Mutter gewärmt (gehudert) werden. Eintägige Auerhuhnküken benötigen beinahe 30° C Außentemperatur, um es 20 Minuten lang ohne Unterbrechung im Freien aushalten zu können (Abb. 46). Im Alter von 15 Tagen darf für

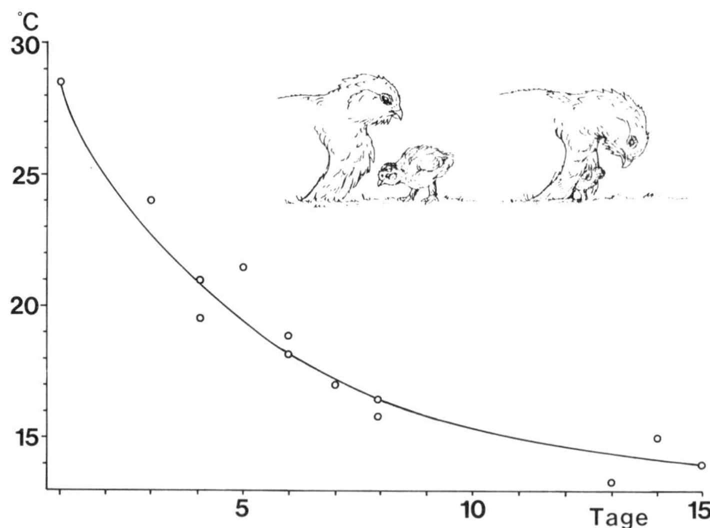

Abb. 46: Je älter die Auerhuhnküken werden, desto niedriger kann die Temperatur sein, bei der sie es 20 min lang im Freien aushalten, ohne gehudert zu werden (nach HÖGLUND 1955, Birkhenne mit Küken beim Hudern aus MÜLLER 1980)

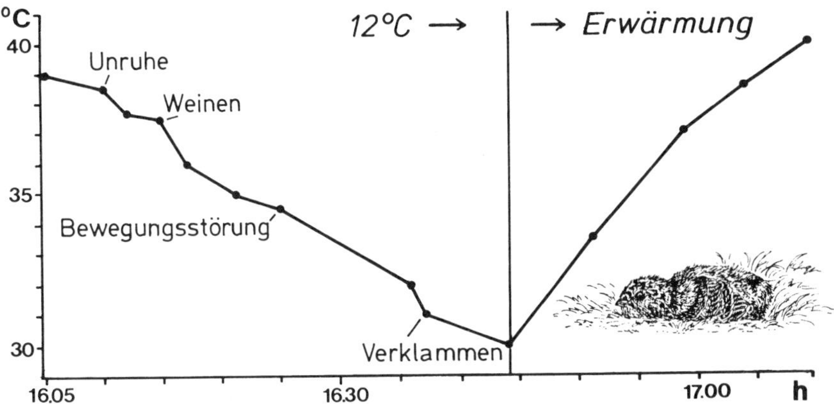

Abb. 47: Verhaltensänderungen eines kleinen Auerhuhnkükens beim Auskühlen (12° Außentemperatur): Die Körpertemperatur (Ordinate) sinkt auf etwa 30° ab; dann ist das Küken nicht mehr bewegungsfähig, kann aber durch vorsichtiges Erwärmen gerettet werden, ohne Schaden zu nehmen (nach HÖGLUND 1955 aus KLAUS et al. 1986)

die gleiche Zeit die Außentemperatur nicht unter 15° C liegen. Erst vom 20. Tag ab sind die Jungen homöotherm. Noch in diesem Alter lassen sie sich aber bei regnerischem Wetter von der Mutter bis 35% der Zeit hudern. – Werden kleine Küken alleingelassen und der Kälte ausgesetzt, so beginnen sie schon nach 5 min. die nächste Wärmequelle zu suchen. Nach 10 min. setzt eine Kältestarre ein, nach 20 min. sind sie nicht mehr fähig, sich aufrechtzuhalten, und nach 39 min. fallen sie auf den Rücken und bleiben unbeweglich liegen (HÖGLUND 1955). Doch können sie auch in dieser Situation noch durch vorsichtige Wärmezufuhr gerettet werden (Abb. 47).

8.3 Isolieren, Heizen, Kühlen

8.3.1 Isolieren

Je kälter es ist, desto mehr plustert sich eine Amsel auf. Bei sehr tiefer Temperatur bewegt sie sich wenig oder gar nicht und sieht aus wie ein kugelrunder Federball (Abb. 48). Wir sehen das auch am Foto einer Lapplandmeise, die am 29. November 1974 im Omolontal in Sibirien bei –45° C Außentemperatur im Schlaf aufgenommen wurde (Abb. 49). Die isolierende Funktion des Gefieders, eine seiner Hauptaufgaben, kann durch unterschiedliche Gefiederstellung erheblich variiert werden. Ein stark auf-

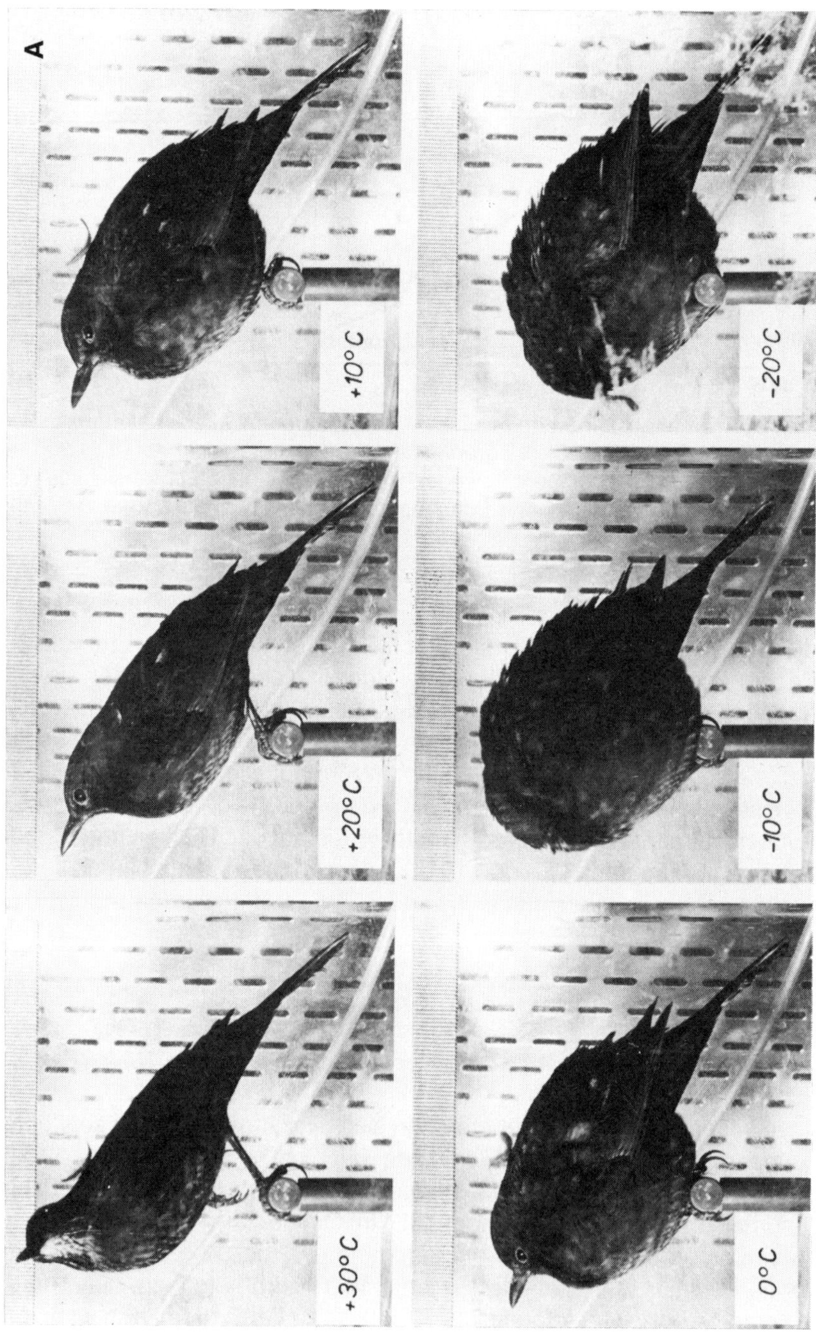
A
+30° C
+20° C
+10° C
0° C
-10° C
-20° C

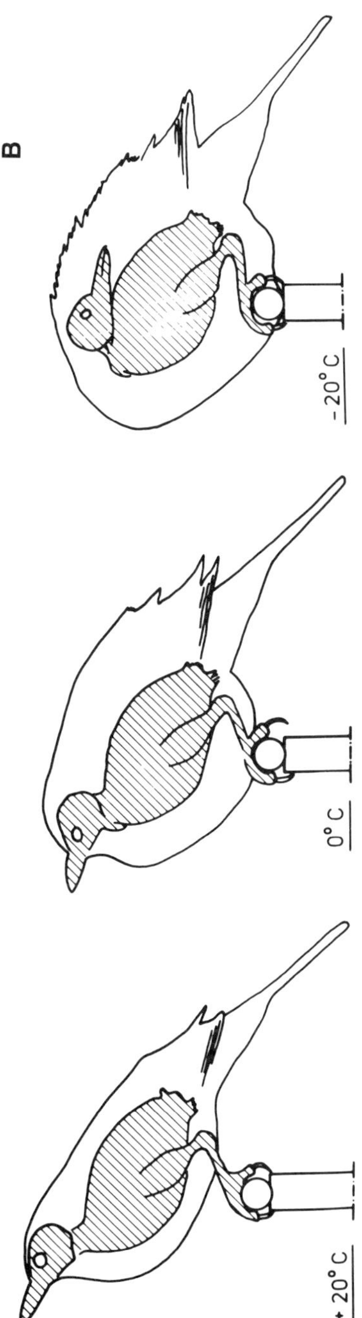

Abb. 48: Je niedriger die Außentemperatur wird, desto mehr rundet sich die Amsel zum Federball ab **A** Fotos in Klimakammer; **B** Schemazeichnungen, die die unterschiedliche Dicke des Federmantels und seine Abrundungen erkennen lassen (MPG-Pressebild BIEBACH)

geplustertes Gefieder kann den unbeweglichen Luftmantel um den Körper dicker machen und daher besser isolierend wirken als ein eng anliegendes. Umgekehrt können Vögel, denen es zu heiß ist, ihr Gefieder in bestimmter Weise locker halten, so daß Luftaustausch am Körper erfolgt. Dabei werden auch die Flügel gesenkt und federlose Hautpartien freigelegt.

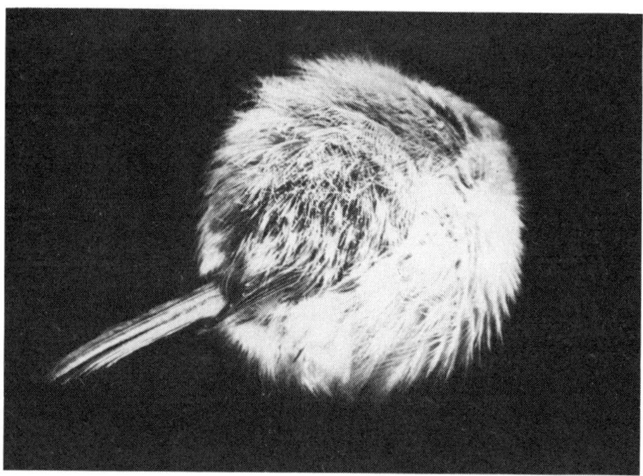

Abb. 49: Eine Lapplandmeise *(Parus cinctus)* schläft bei tiefstem Frost mit aufgeplustertem Gefieder, worin auch der Kopf und die Beine versteckt werden. Omolontal, Ostsibirien, 29. 11. 1974, −45° C Außentemperatur (Foto A. V. ANDREEV)

Nur Pinguine können ihr dichtes, wolliges Untergefieder kaum lüften und auch die Deckfedern nur wenig abspreizen. Sie leiden deshalb unter zu hohen Temperaturen. Dafür sind sie perfekt gegen Kälte gerüstet. Die hocharktischen Arten verfügen zur Isolation zusätzlich zu dem hochwirksamen Federkleid über eine mehrere cm dicke Fettschicht im Unterhautbindegewebe. Diese kann ihrerseits wieder stärker oder weniger stark durchblutet werden. Je besser die Durchblutung der Körperschale, desto mehr Wärme wird nach außen abgegeben. Durch geringe Durchblutung läßt sich der Wärmeverlust nach außen verringern. Nach dem gleichen Prinzip der Steuerung des Wärmetransports zwischen Körperkern und -schale arbeitet auch die Thermoregulation der Säugetiere, uns Menschen eingeschlossen.

Ein kühler Tag, auch die Wohnung ist nicht geheizt. Als der Wellensittich Freddy mir auf die Hand fliegt, spüre ich seine Zehen deutlich auf der Haut: sie sind kühl. An einem warmen Sommertag ist dies anders. Die Füße des

Vogels strahlen Wärme aus, als wären sie Heizelemente. Ähnliches kann man bei dem großen, gut durchbluteten Entenschnabel beobachten. Nackte und exponierte Organe sind in besonderem Maße geeignet, überschüssige Wärme abzustrahlen (Abb. 50). Aber sie könnten auch Orte unnötigen und unerwünschten Energieverlustes sein. Wenn Enten winters auf dem Eis eines Sees stehen, fragt man sich, warum sie nicht schmerzlich kalte Füße bekommen, wie das bei uns Menschen der Fall wäre. Warum entstehen keine Löcher im Eis unter ihren Füßen? Auch Pinguine und Dickschnabellummen sowie andere arktische bzw. antarktische Vögel können wochenlang auf dem Eis stehend ihre Eier bebrüten, ohne sich die Füße zu erfrieren. Spezielle Anpassungen sorgen dafür, daß über diese Organe keine Wärme verlorengeht, sie aber dennoch gegen das Erfrieren geschützt sind. Nach außen wirken Vogelfüße wechselwarm, während der übrige Organismus als gleichwarm gilt. Dennoch kann dies nicht

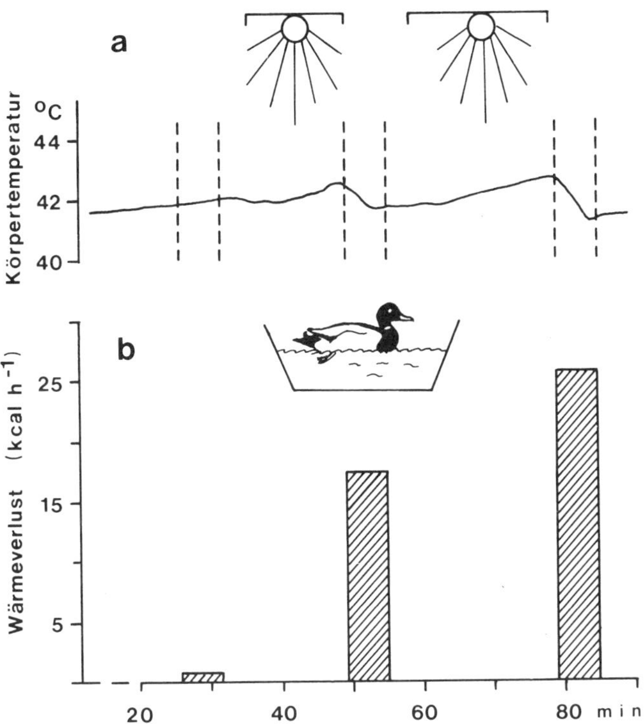

Abb. 50: Der in einem Versuchsgefäß schwimmende Stockerpel *(Anas platyrhynchos)* gibt bei Hitzebelastung **(a)** Wärme über die Füße ins Wasser ab **(b)** (nach MIDTGÅRDT 1980)

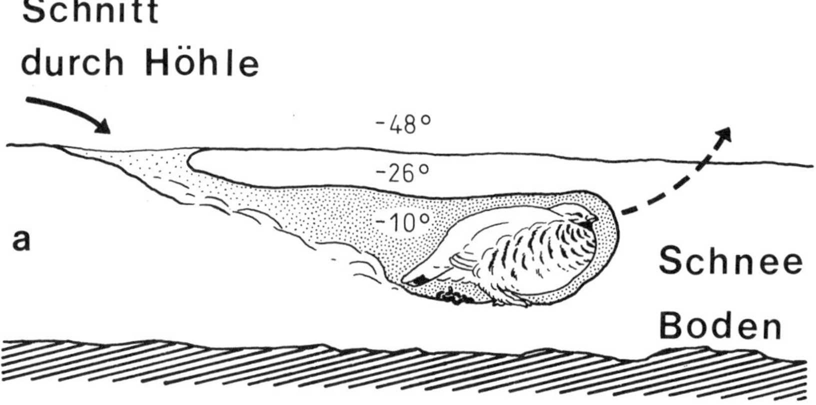

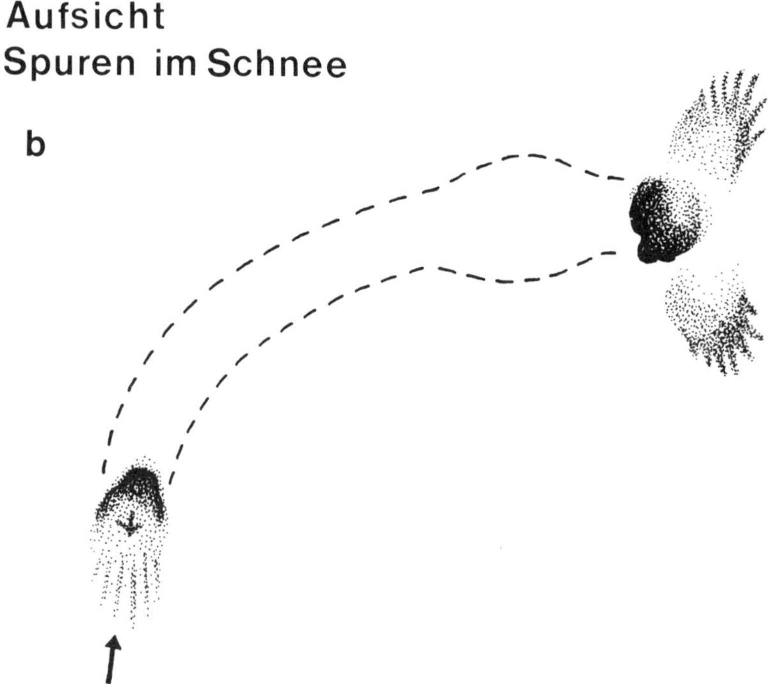

Abb. 51: Haselhühner *(Bonasa bonasia)* sparen Wärme ein, indem sie sich bei starkem Frost und Pulverschnee zum Schlafen und Ruhen Schneehöhlen graben. In b hat das Huhn morgens die Höhle verlassen und ist abgeflogen (aus BERGMANN et al. 1982)

einfach dadurch erreicht werden, daß die Füße von der Blutversorgung abgeschnitten werden. Sie müssen jederzeit gut durchblutet sein, auch wenn ihre Temperatur sich dem Gefrierpunkt nähert.

Darüber hinaus gibt es in ihnen sogar spezielle Enzymsysteme, die bei niedrigen Temperaturen optimal funktionieren (s. REMMERT 1980a). Wie kann es erreicht werden, daß Blut in die Füße gelangt, ohne dabei Wärme mitzunehmen? Für solche Zwecke haben die Vögel ein spezielles System des Wärmeaustauschs entwickelt. Im körpernahen Teil des Beines bzw. Fußes, im Bereich des Tibiotarsus, gibt es eine Region, in der die fußwärts laufenden Arterien und die körperwärts laufenden Venen sich stark verzweigen und eng aneinanderliegend ein Wundernetz (Rete tibiotarsale) bilden. Hier gibt das fußwärts laufende Blut seine Wärme an das körperwärts laufende gekühlte ab. Die Folge ist, daß in die Füße kühles Blut gelangt, dagegen in den Körper vorgewärmtes. Umgekehrt kann bei Überhitzung das Wundernetz abgeschaltet und Wärme nach außen transportiert werden (Abb. 50). Natürlich stellt der Temperaturwechsel des Blutes besondere Anforderungen an die Blutphysiologie, wie z. B. an die temperaturabhängige Löslichkeit des Sauerstoffs. – Das beschriebene Austauschverfahren spielt auch an anderen Stellen in der Physiologie als Gegenstromprinzip eine wichtige Rolle. Näheres s. MIDTGÅRD (1986).

Manche Vögel bedienen sich zusätzlicher äußerer Hilfsmittel zur Isolation gegen ungünstige Außentemperaturen. Rauhfußhühner graben sich im arktischen Winter allabendlich eine Schlafhöhle im Schnee, wenn dieser locker und tief genug ist. Sie erreichen dadurch, daß ihre Umgebungstemperatur in der Höhle weit über der Außentemperatur liegt (Abb. 51). Am Morgen verlassen sie die Höhle, indem sie die dünne Schneedecke nach oben durchbrechen. Sie riskieren allerdings mit dieser Übernachtungsmethode eine erhebliche Gefährdung durch Bodenfeinde. Baumläufer lösen das Problem sozial. Sie bilden Schlafgemeinschaften, die wie eine thermoregulatorische Einheit wirken und bis zu 80 % Energie einzusparen vermögen (PRINZINGER, briefl. Mitt.).

Auch die Nester der Vögel können, zumindest während der Brutzeit, zur Isolation gegen Wärmeverlust beitragen. Dies zeigt sich darin, daß im Norden die Nester von Rotdrossel und Elster wärmer und dicker gebaut sind als in südlicheren Regionen (REMMERT 1980 a).

8.3.2 Heizen

Vögel sind ebenso wie ihre Reptilienvorfahren in der Lage, die Wärmewirkung des Sonnenlichts zu nutzen. Daher ist das Sichsonnen oder Sonnenbaden bei ihnen sehr weit verbreitet. Es ist mit bestimmten charakteristischen Stellungen verbunden. Der kalifornische Rennkuckuck *(Geococcyx californianus)* kann auf diese Weise über dunkel gefärbte Hautpartien an seinem Körper bis zu 41% seines Energiebedarfs decken. Er tut dies vor allem morgens früh, wenn der Körper (durch Hypothermie, siehe S. 120) von der Nacht her noch unterkühlt ist (OHMART & LASIEWSKI 1971). Doch stellt dies einen Extremfall dar. Vögel gemäßigter Klimate sonnen sich zwar auch häufig und gern, aber hier spielen neben der Wärmezufuhr auch wohl andere Funktionen eine Rolle (Übersicht bei PRINZINGER 1983).

Die meiste Wärme entsteht beim normalen Stoffwechsel innerhalb des Organismus. Sehr viel Abwärme wird auch bei schnellen und anhaltenden Bewegungen gebildet, insbesondere beim Flug. Ein großer Teil davon kann über die Füße abgegeben werden (siehe Abb. 50). Wenn der Vogel ruht und seine Wärmeproduktion zusammen mit den Isolierungsmechanismen nicht genügt, um die Körpertemperatur aufrechtzuerhalten, wird zusätzlich das auch bei Säugern bekannte Kältezittern eingeschaltet. Dabei gerät Skelettmuskulatur, die vorher ruhte, in Aktivität. Haustauben beginnen unter bestimmten Umständen mit Kältezittern schon bei +20 °C Außentemperatur; es kann bis zu einer Umgebungstemperatur von −70°C die Kerntemperatur des Vogels aufrechterhalten. Dabei erreicht die Wärmeentwicklung den 4–5fachen Wert derjenigen des Grundumsatzes. Die Temperatur des Vogels wird sowohl über die Haut als auch über das Rückenmark gemessen (RAUTENBERG 1980).

8.3.3 Kühlen

Wenn es Säugetieren zu heiß wird, fangen sie bald an zu schwitzen und regeln ihre Körpertemperatur mit Hilfe der dabei entstehenden „Verdunstungskälte“. Vögel müssen mit Wasser sehr sparsam umgehen. Sie haben keine Schweißdrüsen in der Haut. Wahrscheinlich können sie sich sol-

Abb. 52: Regelkreisdiagramm der Temperaturregulation bei Vögeln. Der Regler im Zwischenhirn verrechnet die von der Peripherie des Organismus kommenden Istwerte und gibt entsprechende Befehle nach unten, je nachdem ob die gemeldete Temperatur höher oder niedriger als der Sollwert ist. Die Stellglieder für die verschiedenen Funktionen führen in der Regelstrecke diese Befehle aus. Von außen wirken hier Störgrößen ein, die Abweichungen von der Solltemperatur erzeugen. Der Sollwert im Zwischenhirn ist ebenfalls nicht konstant. Wir haben es also mit einem Programmregler zu tun. Er steht unter dem Einfluß verschiedener Führungsgrößen wie Krankheit, Mauser, Tageszeit. Auch bei sehr hoher Außentemperatur schaltet er u. U. auf höhere Solltemperaturen, um nicht kühlen zu müssen (Näheres siehe Text)

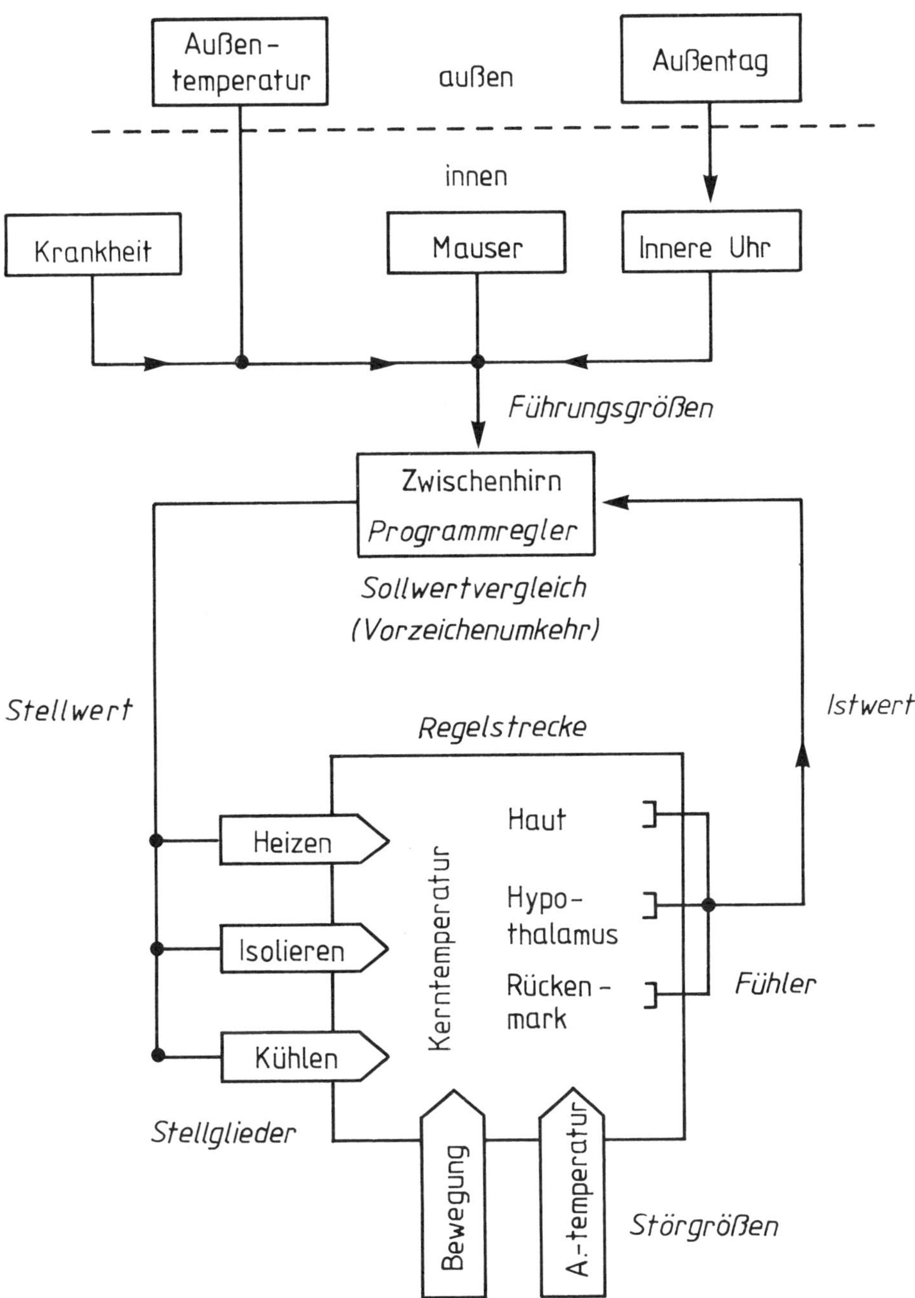
Außen-
temperatur
außen
Außentag
innen
Krankheit
Mauser
Innere Uhr
Führungsgrößen
Zwischenhirn
Programmregler
Sollwertvergleich
(Vorzeichenumkehr)
Stellwert
Istwert
Regelstrecke
Heizen
Isolieren
Kühlen
Kerntemperatur
Haut
Hypo-
thalamus
Rücken-
mark
Fühler
Stellglieder
Bewegung
A.-temperatur
Störgrößen

che Drüsen schon deswegen nicht leisten, weil das verheerende Auswirkungen auf das Federkleid haben müßte (STRESEMANN 1927–1934). Bei ihnen geht grundsätzlich Wasserökonomie über Wärmeökonomie. Sie müssen sich deshalb mit anderen Mitteln behelfen.

Wir haben bisher gesehen, daß durch Verringerung der Wärmeisolation des Körpers der Abfluß von Wärme ermöglicht werden kann. Darüber hinaus gibt es noch aktivere Methoden mit dem gleichen Ziel. An heißen Tagen sieht man häufig Vögel hecheln. Sie öffnen den Schnabel und beschleunigen ihre Ventilation. Junge Rabenvögel können dies schon am ersten Lebenstag. Haussperlinge atmen bei 30° C Lufttemperatur 57mal pro Minute aus und ein. Bei 43° C steigert sich ihre Ventilationsrate schon auf den dreifachen Betrag (160mal pro Minute) (SCHILDMACHER 1982). An warmen Sommertagen kann man in Zoologischen Gärten bei Pelikanen und Kormoranen beobachten, daß sie anhaltend mit ihrem Kehlsack flatternde Bewegungen ausführen. Dieses Verhalten verschafft zusätzlich Kühlung.

Gegen Hitzeeinwirkung gibt es einen weiteren bemerkenswerten Mechanismus. Man hat beobachtet, daß Vögel unter solchen Bedingungen ihre Körpertemperatur um ca. 2° C erhöhen, also etwas „Fieber" in Kauf nehmen. Hierdurch wird das Temperaturgefälle nach außen verstärkt und der Abfluß der Wärme begünstigt. Vögel laufen damit sozusagen den Außentemperaturen davon. Sie kühlen paradoxerweise, indem sie heizen, ebenso wie sie umgekehrt in kalten Nächten ihre Temperatur senken und so Energie einsparen (s. u.). In beiden Leistungen zeigt sich noch ein beachtlicher Rest von Poikilothermie aus der Reptilienzeit – allerdings hier in neuem Funktionszusammenhang. Das Zusammenwirken der verschiedenen Einflußgrößen in einem Regelsystem zeigt Abb. 52.

8.4 Torpidität

Je kleiner ein Organismus ist, desto größer seine relative Oberfläche und desto größer auch der ständige Wärmeverlust. Was die Etrusker- und die Zwergspitzmaus unter den Säugern leisten, findet eine Entsprechung unter den Vögeln bei den Kolibris. Unter welchen Bedingungen manche dieser kleinen Vogelarten noch leben und sich fortpflanzen können, zeigt ein Zitat von H. O. WAGNER (in GRZIMEK 1969):

> Weißohrkolibris brüten zu allen Jahreszeiten, sobald es nur die Umweltverhältnisse erlauben. In der Umgebung der Hauptstadt [Mexiko-City] tun es einzelne Paare auch in der winterlichen Trockenzeit bis zum März hin in den dortigen relativ feuchten Tannenwäldern. Dem Winterbrüten scheint der Weißohr besonders an-

gepaßt zu sein. Wäre es anders, so könnte er bei gut zehnstündigem Tageslicht um die Jahreswende und bei Temperaturen, die bis auf acht Grad unter dem Gefrierpunkt sinken, schwerlich Junge hochbringen. Schnee ist nicht selten, wenn er auch nur an den Schattenhängen länger liegenbleibt. Wie es auch sei: ein Weißohr, der seine Kinder während des Flockenfalls füttert, war für mich ein einmaliges, daher wohl gerade besonders eindrucksvolles Erlebnis. Ihre Beköstigung ist im Winter mühsam. Jedesmal, wenn die Mutter an einem Dezembermorgen mit nur 1 bis 3 Grad über dem Gefrierpunkt von der Futtersuche nach etwa acht Minuten zurückkam, waren die Kleinen so klamm, daß sie nicht mehr sperrten. Dann fütterte die Alte sie gewaltsam, indem sie ihren Schnabel sehr tief, wahrscheinlich bis in den Magen der Kleinen einführte. Anschließend wärmte sie die bereits mindestens acht Tage alten Jungen weit intensiver als im Sommer. Erst als sie sich wieder regten und zeigten, daß sie sich wieder wohl fühlten, flog die Mutter zu neuer Futtersuche davon.

Der Kolibri ist den ganzen Tag über fast dauernd fliegend auf Nahrungssuche gewesen. Die warme Sonne der Hochanden hat den Blütennektar reichlich fließen lassen, die blütenbesuchenden Insekten bildeten eine eiweißreiche Zukost. Nun nähern sich der kühle Abend und die eiskalte Nacht des Hochgebirges. Wie wird sie der winzige, kaum drei Gramm wiegende Vogel überstehen? Benötigt er doch, um auch nur einige Stunden lang aktiv sein zu können, ständige Energiezufuhr durch Nahrung. Sein Aktivitätsstoffwechsel ist 100 mal so hoch wie der eines Menschen. Kommen wir Menschen tagsüber mit der Energie, die ein Zuckerwürfel enthält (90 Kilojoule), etwa 10 Minuten lang aus, so würde derselbe Zuckerwürfel, hätten wir den Stoffwechsel des Kolibris, nur für 8 Sekunden reichen. Wir müßten pro Tag 11 000 davon verspeisen, um zu überleben (PRINZINGER 1983). Der Grund für diese hohen Anforderungen liegt in der geringen Masse der Tiere und ihrer relativ großen Oberfläche (s. o.). Will ein so kleines Tier eine Körpertemperatur von 41° C aufrechterhalten, so geht das nur bei hoher Wärmeproduktion im Inneren, die von dem Körpervolumen abhängig ist. Aus diesem Grunde werden Gewichte von 2–3 g von den Homöothermen nicht unterschritten. Unser Kolibri begibt sich wie allabendlich zur Ruhe. Als die Nacht hereinbricht und die Außentemperatur rasch absinkt, sitzt er unbeweglich da. Man kann ihn von seinem Ast abpflücken, ohne daß er ein besonderes Lebenszeichen von sich gibt. Die Körpertemperatur ist auf 18° C gesunken, der Stoffwechsel auf einen Wert bis zu 10% reduziert. Das Herz geht langsam. Ein Zustand tiefer Lethargie ist erreicht. Man bezeichnet ihn auch als Torpor oder Torpidität.

Nur so übersteht der Kolibri die 12stündige Nacht, in der keine Nahrung aufgenommen werden kann. Vielleicht ist dieses Verhalten auch ein Grund dafür, daß es in den warmen tropischen Niederungsgebieten Südamerikas relativ wenig Kolibris gibt. Die Nächte sind zu warm, als daß die

Vögel ihre Torpidität erreichen könnten. Sie würden über Nacht verhungern, so wie eine überwinternde Schildkröte, die bei zu hoher Temperatur im Haus gehalten wird.

Ein neuer Konflikt ergibt sich zur Brutzeit. Kann der nächtlich brütende Vogel auch auf dem Nest seine Körpertemperatur so weit absenken? Dann würden die Eier auskühlen und sich nicht weiterentwickeln. SCHUCHMANN & JAKOB (1981) haben festgestellt, daß die Vögel z. T. einen Kompromiß eingehen. Die Körpertemperatur wird nur ein Stück weit bis auf ca. 32° C erniedrigt. Dadurch läßt sich schon viel Energie einsparen, aber die Embryonalentwicklung im Ei geht weiter.

Torpor ist nicht auf Kolibris beschränkt. Wir finden dafür auch Beispiele in der Vogelwelt Mitteleuropas. Ziegenmelker *(Caprimulgus europaeus)* sind Zugvögel, die bei uns Heidegebiete und Hochmoorränder besiedeln. In kurzen abendlichen und morgendlichen Aktivitätsphasen fangen sie in Mengen fliegende Großinsekten, vorwiegend Schmetterlinge. In der übrigen Zeit ruhen sie am Boden oder in Längsrichtung auf einem Baumast sitzend. Bei schlechtem Wetter sind sie jedoch auch im Sommer und Herbst von ihrer Nahrungsquelle abgeschnitten. Mit einem fetten Herbstvogel hat PEIPONEN (1965) Hungerexperimente durchgefüht. Der Ziegenmelker nahm am ersten Fastentag um ca. 10 % seines Körpergewichts (80 g) ab. An den folgenden Tagen aber verminderte sich sein Gewicht weniger kraß. Bemerkenswert war nun, daß der Vogel während seiner Ruhepausen über den Tag hin und während der Nacht zunehmend seine Körpertemperatur senkte. Am 6. Fastentag erreichte er um 4 Uhr nachts etwa 25° C, um 13 Uhr mittags beinahe 19° C (Abb. 53). Nur am Morgen und am Abend, zu den normalen Jagdzeiten, erwärmte er sich relativ rasch und für kurze Zeit (wenn er gestört wird, geschieht das innerhalb einer halben Stunde). Es ist, als wolle er prüfen, ob nicht inzwischen bessere Witterungsbedingungen eingetreten sind. Ebenso wie die Kolibris kann der Ziegenmelker durch seine Temperatursenkung (Hypothermie) viel Energie einsparen. Wahrscheinlich kann er auf diese Weise Schlechtwetterperioden bis zu 10 Tagen Dauer ohne Nahrungsaufnahme überleben. Ähnliches kennen wir von Mauerseglern *(Apus apus)*, die ebenfalls nicht zu den Singvögeln gehören, aber mit den Kolibris verwandt sind. Während die Altvögel vor Schlechtwetterbedingungen meist großräumig, u. U. über Hunderte von Kilometern, ausweichen, können die noch nicht flugfähigen Jungen im Nest mit Hilfe ihrer fakultativen, durch Hunger ausgelösten Kältelethargie die gefährlichen Hungerperioden lebend überstehen. Doch sind auch die Altvögel hierzu befähigt (KOSKIMIES 1961).

Neuerdings wissen wir, daß Hypothermie auch bei vielen anderen Vögeln verbreitet ist. Hungernde Amseln senken ihre Körpertemperatur bei −10° C und drosseln allein schon hierdurch ihren Sauerstoffverbrauch auf

70 % des Normalwerts (BIEBACH 1977). Bei Weidenmeisen sinkt die Körpertemperatur in Sommernächten nur um etwas über 2° C, im Winter aber um beinahe 6° C (REINERTSEN 1982).

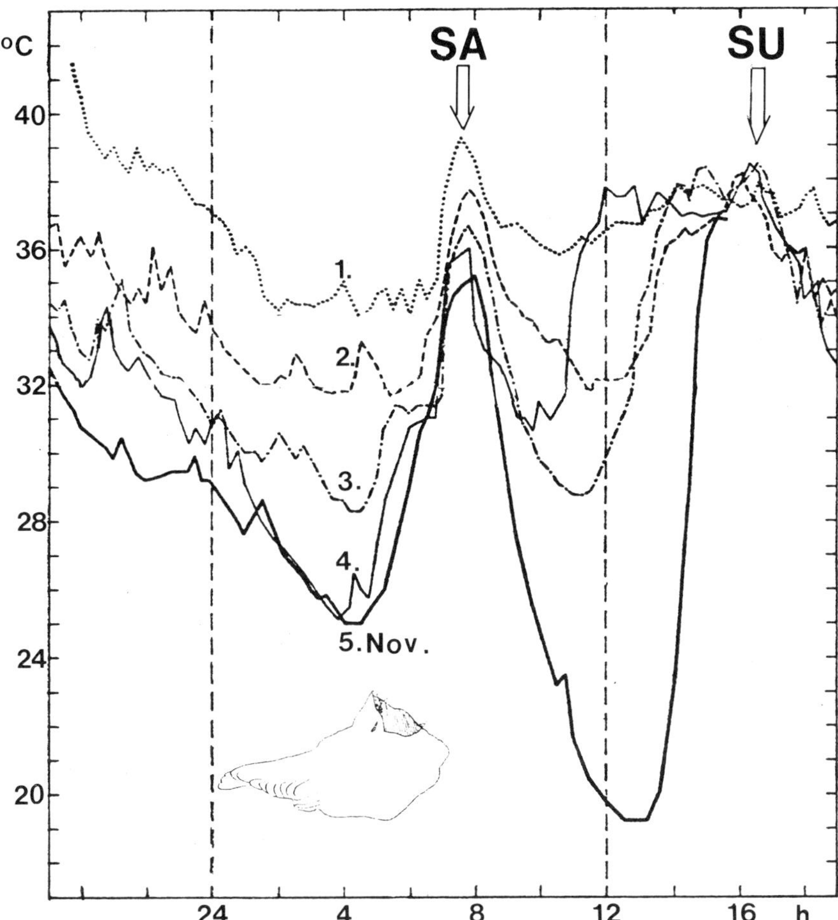

Abb. 53: Hungerexperiment mit einem Ziegenmelker *(Caprimulgus europaeus)* im Spätherbst: Dargestellt ist der Körpertemperaturverlauf an fünf aufeinander folgenden Versuchstagen (1. 11.–5. 11.), dem 2.–6. Fastentag im Versuch. Der Vogel gerät tagsüber und in der Nacht in immer tieferen Torpor mit Temperaturabsenkung und wacht nur bei Sonnenauf- und -untergang kurzfristig auf (nach PEIPONEN 1965)

8.5 Winterschlaf

„Abeunt et hirundines hibernis mensibus ...: sed in vicina abeunt apricos secutae montium recessus: inventaque iam sunt ibi nudae atque deplumes" (C. PLINIUS SECUNDUS, Buch X, 34).

„In den Wintermonaten verschwinden auch die Schwalben ...: Aber sie fliegen nicht weit und ziehen sich in abgelegene Bergregionen zurück. Man hat sie dort schon nackt und ohne Federn aufgefunden."

Daß viele Säugetierarten einen echten Winterschlaf, andere wenigstens eine Winterruhe halten, ist allseits bekannt. Aber was oben PLINIUS DER ÄLTERE, der im Jahre 79 v. Chr. beim Ausbruch des Vesuv ums Leben kam, über den Winterschlaf der Schwalben fabuliert, stellt einen alten und sachlich falschen Versuch dar, das damals rätselhafte Verschwinden der Zugvögel im Winter zu erklären. Vögel nutzen meist ihre hohe Beweglichkeit dazu, ungünstigen Bedingungen auszuweichen. Winterschlaf ist als ein Extremfall aufzufassen, für den bei Vögeln erst in jüngerer Zeit ein echtes Beispiel in Südost-Kalifornien durch JAEGER (1949) entdeckt wurde. Um uns hiervon ein Bild zu machen, folgen wir der Darstellung von GEORGE (1977):

„Am 29. Dezember 1946 befand sich der amerikanische Zoologe Edmund Jäger zusammen mit einer Studentengruppe auf einer Exkursion in den Chuckwalla-Bergen (Mojave-Wüste, Südkalifornien) ... Als er ... mit seiner Studentengruppe durch einen kleinen Canyon kam, entdeckten seine geübten Augen auf der Oberfläche der senkrechten Felswand eine kleine Unregelmäßigkeit ... Erst aus nächster Nähe erkannte er, daß in der Aushöhlung ein Vogel saß. Es war ein Poorwill ... Nachdem die Gruppe den Vogel zehn Minuten lang aus nächster Nähe beobachtet hatte, ohne das geringste Lebenszeichen zu entdecken, streckte Mr. Jäger seine Hand aus, um ihn anzufassen. Aber selbst als er mit der Hand mehrere Male über den Rücken des Vogels strich, zeigte der Poorwill nicht die geringste Reaktion, die darauf schließen ließ, daß noch Leben in ihm war.

Die Gruppe zog weiter. Als sie nach zwei Stunden auf dem Rückweg wieder durch die kleine Schlucht kam, befand sich der Vogel immer noch in unveränderter Haltung in der Aushöhlung. Jetzt nahm Mr. Jäger ihn mit der Hand heraus. Er war ungewöhnlich leicht und schien ausgetrocknet zu sein. Seine Füße und seine Augenlider, an denen man die Körpertemperatur eines Vogels fühlen kann, waren völlig kalt ...

Als Jäger mit einem Freund 10 Tage später zurückkehrte, wunderte es die beiden Wissenschaftler nicht, daß der Poorwill sich in völlig unveränderter Haltung immer noch am gleichen Ort befand ... Als einer der beiden die Nachtschwalbe jedoch aus der Nische herausnahm und sie eine Weile in der Hand hielt, ... öffnete sich der Schnabel des Vogels und der Poorwill stieß ungewöhnlich hohe wimmernde und quiekende Töne aus ...

Als sie zwei Stunden später den Poorwill abermals in die Hand nahmen, flog er auf und davon ..."

Der amselgroße Poorwill *(Phalaenoptilus nuttallii)* trägt seinen populären Namen nach seinen auffälligen Rufen. Er ist ein Vertreter der Familie Caprimulgiden, also mit unserem Ziegenmelker verwandt. Seine normale Körpertemperatur liegt um 41° C. Im Winterschlaf dagegen sinkt sie auf 18° C und wird in diesem Temperaturbereich konstant gehalten. Man hat allerdings auch schon Individuen gefunden, die eine Abkühlung auf 5° C überlebt haben. Ein derart im Winterschlaf liegender Vogel weist keine Pupillenreaktion auf. Seine Herztöne sind fast nicht wahrnehmbar. Ein vor den Schnabel gehaltener Spiegel beschlägt nicht. In drei Monaten einer solchen tiefen Lethargie verliert der Vogel nur 10 g an Gewicht. Bemerkenswert ist allerdings, daß er relativ rasch aufwachen kann und, setzt man ihn in einen Kühlschrank, dort sogleich wieder einschläft.

Wir müssen uns wohl vorstellen, daß er auch im Winter zeitweise aktiv ist, wenn die Bedingungen es erlauben. Sein Winterschlaf wird bei den raschen Kaltlufteinbrüchen in der amerikanischen Wüste ausgelöst, denen er sich nicht durch Winterflucht entziehen kann.

8.6 Physiologie von Torpor und Winterschlaf

Wie kommt die Umstellung des Organismus auf niedrigere Körpertemperatur und verminderten Energieaufwand zustande? Während an den inneren Membranen der Mitochondrien, der Kraftwerke der Zelle, normalerweise mittels Membranpotential und Protonengradienten ATP (Adenosintriphosphat, Speicher für unmittelbar verwendbare chemische Energie) hergestellt wird, wirken jetzt im Winterschlaf unter dem Einfluß des Nebennierenmarkhormons NOR-Adrenalin Stoffe, die man Entkoppler nennt. Diese verhindern das Entstehen von ATP, indem sie die Membranen „durchlöchern", so daß nur Wärme entsteht. Auf diese Weise wird chemische Energie (ATP) eingespart und nur noch die notwendige Mindestwärme erzeugt (STRYER 1983).

9 Innere Botenstoffe: Die Wirkung der Hormone

„Mädchen, die da pfeifen, und Hennen, die da krähen, denen soll man beizeiten den Hals umdrehen" (Volksspruch, zit. bei VOSS, Endokrinologie 22, 1940, 399)

9.1 Wenn Hormone fehlen ...

Wenn im Hühnerhof eine Henne hahnenfedrig wird, einen männlichen Kamm bekommt, andere Hennen tritt und schließlich sogar zu krähen beginnt, so ist dies ein Zeichen für eine Störung in ihrem Hormonhaushalt. Die Ursachen einer derartigen Vermännlichung sind lange bekannt. Hennen haben, wie auch sonst fast alle Vogelweibchen (Ausnahme z. B. Sperber, *Accipiter nisus),* nur ein einziges Ovar auf der linken Seite (KUMMERLÖWE 1930/31). Das Gegenstück ist, wohl aus Gründen der Raum- und Gewichtsersparnis, in der Stammesgeschichte zurückgebildet worden und nur noch als Rudiment vorhanden (entsprechend ist auch der Hoden beim Männchen linksseitig etwas größer ausgebildet als auf der rechten Seite. Allerdings sind beide Hoden noch funktionsfähig).

Wird das Ovar einer Henne beseitigt (Kastration) oder degeneriert es durch Tumorbildung oder andere Ursachen, so fehlen die weiblichen Go-

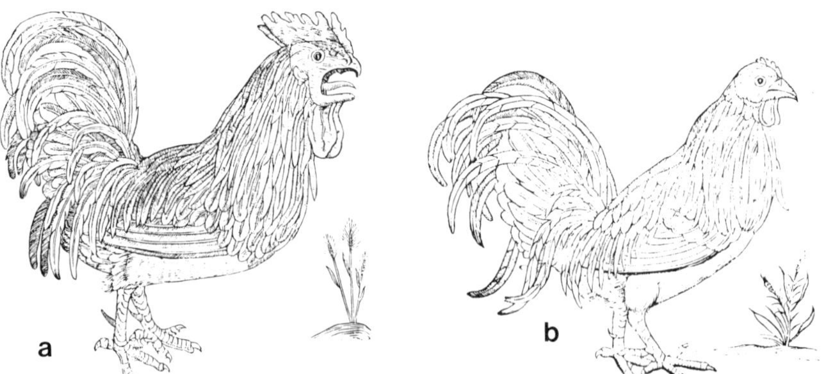

Abb. 54: Haushahn *(Gallus gallus domesticus)* **(a)** und kastrierter Hahn **(b)** aus GESNERs Vogelbuch (1669). Die beiden unterscheiden sich nicht nur nach Gestaltmerkmalen, sondern auch im Verhalten: Der Hahn kräht, der Kapaun nicht.

nadenhormone. Gleichzeitig entwickelt sich aus der anderen, rudimentären Gonade ein hodenartiges Organ, das vorwiegend männliche Hormone (Androgene) erzeugt, die die beschriebene Wirkung hervorbringen (Voss 1940).

Schon 1849 hatte Berthold umgekehrt bei Hähnen festgestellt, daß die männchentypischen Merkmale ausblieben, wenn man sie kastrierte (Abb. 54). Durch Hodentransplantation ließ sich dieser Mangel wieder ausgleichen.

Um die Jahrhundertwende hat man bei kastrierten oder auch bei normalen Hennen durch Hodentransplantation ähnliche Effekte erzielt. Allen diesen Beobachtungen und Experimenten dürfen wir entnehmen, daß die Gonaden in beiden Geschlechtern sowohl Geschlechtszellen als auch Geschlechtshormone erzeugen und damit zugleich Hormondrüsen sind.

Viele Geschlechtsmerkmale bei Wirbeltieren bedürfen zu ihrer Erhaltung des ständigen Einwirkens von Geschlechtshormonen. Allerdings erzeugt jedes Geschlecht auch in gewissem Prozentsatz die Hormone des Gegengeschlechts und verfügt damit auch potentiell über die Fähigkeit, einige von dessen Merkmalen auszubilden. Geschlecht ist auf dieser morphologisch-physiologischen Ebene ein relativer Zustand.

Geschlechtshormone bestimmen nicht nur Gestaltmerkmale, sondern in weitem Umfang auch das Verhalten. In welchem Ausmaß die einzelnen Hormone bei freilebenden Vögeln im Jahresablauf schwanken, haben erstmals Wingfield & Farner (1978) beim Weißkopfammerfinken gezeigt.

Geschlechtshormone – so wissen wir inzwischen – werden nicht allein in den Gonaden, sondern auch in der Nebennierenrinde (vielleicht sogar im Gehirn) ausgeschüttet. Bei Vögeln sind Rinde und Mark der Nebenniere nicht so säuberlich getrennt wie bei den Säugetieren, sondern als Interrenalorgan (Rinde) und paraganglionäres Gewebe (Mark) miteinander verzahnt. Die Funktionen der beiden Anteile bleiben indessen verschieden.

Als Hormone bezeichnen wir allgemein „Botenstoffe" (von griechisch hormáo = antreiben; vgl. Hermes, der Götterbote), die innerhalb des Körpers über das Blutgefäßsystem verbreitet werden und dem Nervensystem (neural) ein zweites, langsamer wirkendes Kommunikationssystem im Organismus gegenüberstellen (humoral), das allerdings in vieler Hinsicht mit dem Nervensystem kooperiert.

9.2 Steroidhormone und ihre Bedeutung

Hormone gibt es in verschiedensten Stoffklassen (vgl. REINBOTH 1980). Uns interessieren hier die Steroidhormone, deren Moleküle aus nur wenigen Ringsystemen aufgebaut sind. Die Biosynthese der Steroidhormone nimmt ihren Ausgang vom Cholesterin, einer „Drehscheibe des Stoffwechsels". Dieses einfachste Sterin entsteht in verschiedenen Organen, vor allem in Leber und Darm. Es spielt eine Rolle beim Aufbau der Membranen, besonders bei den Myelinscheiden der markhaltigen Nervenfasern, zirkuliert aber auch im Blut. In der Haut wandelt es sich bei Sonneneinwirkung zu Vitamin D um. Im Interrenalorgan, einem Teil der Nebenniere der Vögel (s. o.) sowie im Hoden und dem Ovar wird Cholesterin über Zwischenstufen zu den Geschlechtshormonen umgebildet (Abb. 55). Dies gilt sowohl für die Androgene, die männlichen Geschlechtshormone,

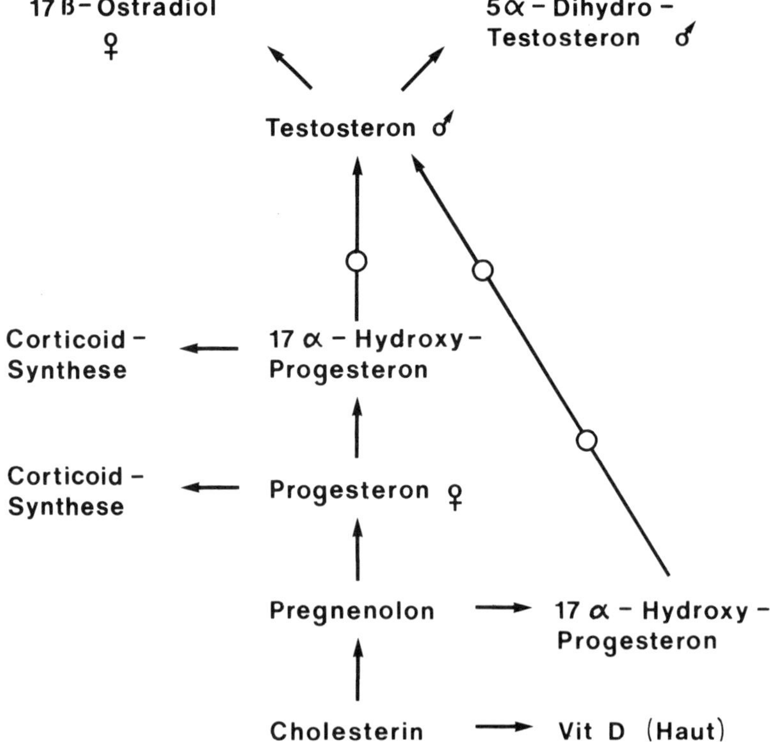

Abb. 55: Schema der Synthesewege, die die verschiedenen Steroidhormone miteinander verbinden (nach REINBOTH u. a. in RATERMANN 1986)

wie auch für die Östrogene, die weiblichen. Androgene und Östrogene sind also chemisch gesehen nahe miteinander verwandt. Es liegt an den Reaktionseigenschaften der Gewebe bzw. Zellen (Zielorte), die einzelnen Hormone zu unterscheiden, sofern diese nicht innerhalb der Zelle erst noch umgewandelt (metabolisiert) werden.

9.2.1 Androgene lassen Kanarienweibchen singen

Wenn es, wie oben behauptet, Hormone sind, die die Geschlechtsmerkmale bestimmen, so müßten sie diese Wirkung auch erzielen, wenn sie dem Vogel von außen injiziert werden. Wir werden uns im folgenden mit den gut untersuchten Hormonwirkungen am Kanarienvogel (oder Kanarengirlitz, *Serinus canaria*) befassen. Diese allgemein bekannte Finkenvogelart kommt noch heute wild auf Gran Canaria, Teneriffa und anderen Kanarischen Inseln vor, ist aber seit langer Zeit in Europa zum „Haustier" geworden und wird von Liebhabern in vielen Farb-, Form- und Verhaltensvarianten gezüchtet. Weitere Ergebnisse über die Wirkung von Hormonen sind am Buchfinken und am Zebrafinken (*Taeniopygia guttata*) erarbeitet worden (neuere Übersichten bei BALTHAZART et al. 1983).

Beim Kanarienvogel sind die Weibchen von Natur aus weniger auffällig gefärbt und singen selten und so leise, daß sie meist überhört werden (PESCH & GÜTTINGER 1985). VOSS berichtet schon 1940 über Verhaltensänderungen, die sich einstellen, wenn man diesen Weibchen Testosteron-Propionat (also männliches Geschlechtshormon) injiziert.

„Kanarienweibchen A und B erhielten vom 25. 10. – 15. 11. 1939 täglich (mit Ausnahme der Sonntage) intra-muskulär 75 Gamma Anertan (Testosteron-Propionat) in öliger Lösung (0,05 ccm). Am 7. 11., also nach 12-tägiger Behandlung (10x75 = 750 Gamma) begann Vogel A zu singen, zunächst nur zaghaft und mit großen Unterbrechungen, in den folgenden Tagen allmählich immer sicherer werdend und schließlich mit dem typischen „Rollen" des Kanarienhahnes, wobei „er" sich in Positur stellte, sich auf den Beinen hochreckend (was die normalen Weibchen nie tun), den Kopf beim Singen hin- und herwendend, die Federn an der Kehle sträubend, kurz, sich durchaus wie ein echtes Männchen gebärdend. Dieser Zustand hielt unverändert an, solange Vogel A gespritzt wurde; nach dem Sistieren der Injektionen nahm die Häufigkeit und die Intensität des Gesanges allmählich ab, erhob sich zwischendurch an manchen Tagen wieder zur alten Höhe, bis nach 11, 12 und 15 Tagen nur noch vereinzelte Singversuche unternommen wurden und am 1. 12. der Vogel ganz verstummte".

Weibchen verfügen also auch hier prinzipiell über die Anlage zum Singen, die jedoch normalerweise nicht oder nur sehr unauffällig zutage tritt. Entsprechend müssen sie auch zum Gesangslernen imstande sein. Allerdings erreichen sie, wie NOTTEBOHM (1980) gezeigt hat, doch nicht ganz die Qualität der normalen Männchengesänge. Das kann man am besten an der Zahl der Elementtypen erkennen, die sie in ihrem Gesang verwenden. Während 10 intakte Männchen ein Repertoire von im Mittel 26 (Extremwerte 19 und 41) Elementen beherrschten, produzierten zweijährige normale Weibchen nach Testosterongaben Gesänge mit 4–11 (durchschnittlich 7,2) verschiedenen Elementen. Einjährige kastrierte Weibchen, ebenfalls nach Testosterongaben, brachten es nur auf durchschnittlich 4,6 Elementtypen.

Derartige an einer Vogelart gewonnenen Ergebnisse lassen sich nicht ohne weiteres verallgemeinern. Schon beim gut untersuchten Zebrafinken liegen die Verhältnisse anders. Hier kann man den Weibchen soviele androgene Hormone verabreichen wie man will, sie werden nicht singen! Es gibt aber einen Trick, wie man sie trotzdem zum Singen bringen kann. Dazu muß man ihnen als Nestlingen schon ein weibliches Steroidhormon, nämlich 17ß-Östradiol verabreichen. Dabei werden die entsprechenden Hirnbereiche männlich entwickelt. Später kann man dann sowohl mit Testosteron als auch mit Di-Hydro-Testosteron (DHT) Gesang bei ihnen induzieren (GURNEY & KONISHI 1980).

9.2.2 Auch Männchen brauchen Androgene zum Singen

Wie wir schon oben am Beispiel des Haushahns gelernt haben, bewirkt eine Kastration eine Verweiblichung bei Vogelmännchen, zumindestens aber das Ausbleiben der typischen Ausprägung männlicher Merkmale. Wenn man ein erwachsenes Kanarienvogelmännchen sorgfältig kastriert (was keine sehr aufwendige und riskante Operation ist, weil Vögel nicht zu Entzündungen neigen), so wird es nach einer Erholungsphase schon nach kurzer Zeit wieder zu singen beginnen, aber es singt den abgeschwächten „Herbstgesang“ (HEID et al. 1985). Der vollklingende Motivgesang fehlt dem kastrierten Tier. Anstelle der nun fälligen Hodentransplantation verfügt man heute über ein eleganteres Verfahren: Ein kleines Plastikröhrchen von 1,6 mm äußerem Durchmesser und einigen Millimetern Länge wird an der Flanke des Vogels unter die Haut implantiert und setzt dort das in ihm enthaltene Hormon in den Blutkreislauf des Tieres frei.

Nach einer Woche solcher Hormonbehandlung sang das kastrierte adulte Männchen wieder vollen Motivgesang.

Nimmt man einem jungen Männchen, bevor es jemals gesungen hat, die Hoden heraus, so ist es von sich aus nicht in der Lage, Gesang auszubilden. Verabreicht man ihm jedoch eine Hormonbehandlung, so beginnt es ebenfalls schon im Verlauf einer Woche, schwach zu singen. Um schließlich bei fortlaufender Hormonsubstitution doch vollständigen Ge-

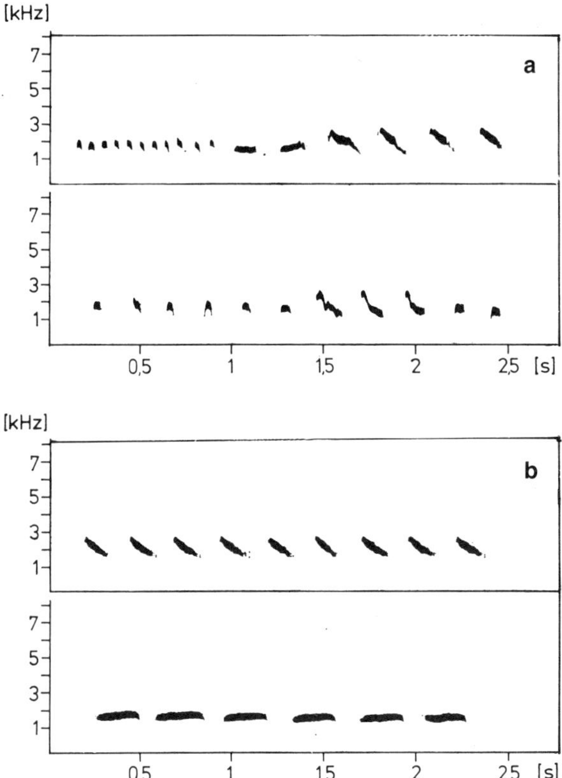

Abb. 56: Wirkung von Testosteron auf das Gesangsverhalten eines jung kastrierten männlichen Kanarienvogels *(Serinus canaria)*: **a** 6 Tage nach Beginn der Hormonbehandlung ist der Gesang noch unsicher und variabel. **b** 40 Tage nach Behandlungsbeginn ist er zu klarer Form „kristallisiert" und stabil geworden (aus HEID et al. 1985).

sang auszubilden, bedarf es einer Zeit von 30–40 Tagen (Abb. 56). Wahrscheinlich werden in dieser Zeit unter Hormoneinfluß die entsprechenden Gehirnstrukturen differenziert (HEID et al. 1985). Hormone steuern nicht nur das Verhalten direkt, sondern induzieren auch Entwicklungsprozesse.

9.2.3 Hormone wirken auf das Gehirn

Im Vogelgehirn ist die Rinde des Endhirns oder Telencephalons viel weniger entwickelt als bei den Säugetieren. Im Inneren des Endhirns fand man beim Kanarienvogel ebenso wie bei einigen anderen Singvögeln die für die Produktion von Lautäußerungen verantwortlichen Kerngebiete

(Abb. 57a). Übergeordnet ist ihnen das sogenannte HVc (Hyperstriatum ventrale pars caudalis). Es liegt beiderseits im Corpus striatum, einer Koordinierungsstelle für Lernprozesse und Bewegungen. Ihm untergeordnet ist der RA (Nucleus robustus archistriatalis). Von diesem gehen Fasern in das Kerngebiet für den Nervus hypoglossus im Hirnstamm. Von hier aus wird direkt die Syrinx angesteuert.

Bei Zebrafinken fanden ARNOLD et al. (1976), daß gerade diese für die Gesangssteuerung verantwortlichen Kerngebiete in ihren Zellen intensiv Testosteron oder davon abgeleitete Steroidhormone sammeln, wenn man diese den Vögeln intramuskulär injiziert.

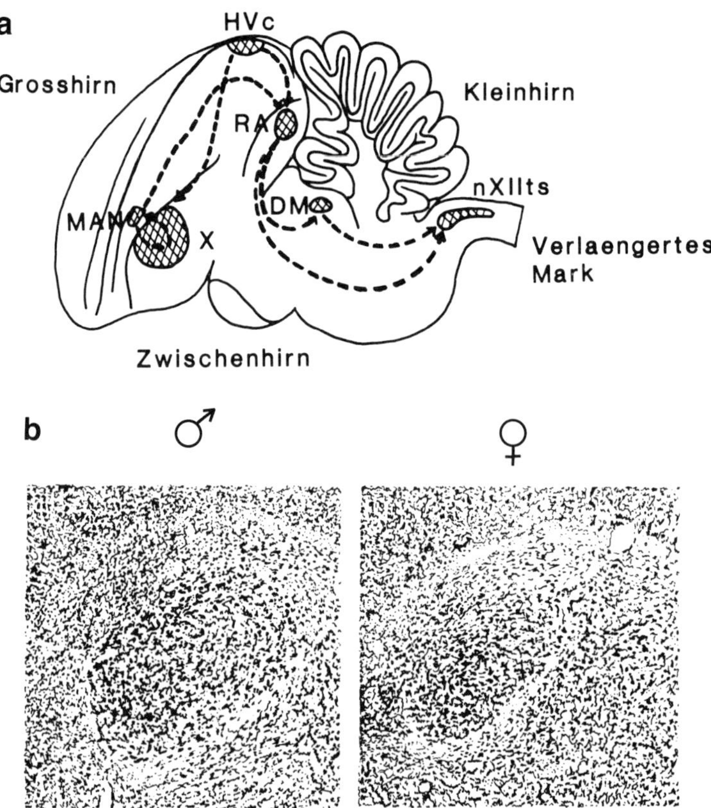

Abb. 57: **a** Halbschematische Darstellung der für die Lautäußerungen verantwortlichen Hirngebiete eines Singvogels mit ihren Verbindungen. Über das verlängerte Mark wird die Syrinx gesteuert (verändert nach PRÖVE 1984). **b** Der RA ist im histologischen Bild beim männlichen Kanarienvogel größer als beim weiblichen (nach NOTTEBOHM & ARNOLD 1976)

Sowohl das HVc als auch der RA sind beim Kanarienmännchen größer als beim Weibchen, HVc durchschnittlich 3,2mal so groß, RA 2,67mal (Abb. 57b). Diese Daten wurden durch Feinanalyse von Gehirnschnitten gewonnen (NOTTEBOHM & ARNOLD 1976). Zugleich ist beim Männchen die Zelldichte größer und auch das Fasermaterial auf engerem Raum gelagert. Aus physiologischen Untersuchungen weiß man zudem, daß wie beim Menschen die linke Hemisphäre mit ihren für die Lautäußerungen verantwortlichen Kerngebieten über die rechte dominiert. Doch spiegeln sich diese rechts-links-Unterschiede in den Hirnhemisphären nicht strukturell wider.

Vergleicht man die für die Lautäußerungen verantwortlichen Kerngebiete wie HVc und RA bei hormonbehandelten, singenden Kanarienweibchen mit denen normaler unbehandelter Weibchen, so findet man einen erheblichen Unterschied. Die Hormonbehandlung läßt z. B. beim HVc das Volumen auf das Doppelte ansteigen. Das beruht nicht darauf, daß die Zellen sich vergrößern würden. Vielmehr führt die Hormonbehandlung bei den Endothel-Zellen am benachbarten Ventrikel zu einer erhöhten Teilungsaktivität. Tochterzellen aus diesen Teilungen wandern in das HVc ein und siedeln sich dort an (GOLDMAN & NOTTEBOHM 1983). Diese Plastizität des Gehirns auch bei ausgewachsenen Kanarienvögeln ist etwas sehr Bemerkenswertes. Anscheinend wirkt sie auch im normalen jahresperiodischen Zyklus, ohne daß dabei die Androgene wesentlich steuernd beteiligt sein müssen. Sowohl bei Männchen als auch bei Weibchen wandern im Frühjahr Zellen in der beschriebenen Art in das HVc ein, wo sie bei der Informationsspeicherung benötigt werden. Die Kanarienmännchen lernen dann neue Elemente in ihren Gesang hinein, während alte nicht mehr benutzt werden. Die Weibchen scheinen ebenfalls akustisch zu lernen, allerdings normalerweise im Bereich der Rufe.

Auch bei adulten, hormonbehandelten Weibchen läßt sich die oben schon beschriebene Lateralisierung im Gehirn finden. Entfernt man ihnen das linke HVc, so verlieren sie große Teile ihres Repertoires, bei Entfernung des rechten aber nur wenig (GREENSPON & STEIN 1983). Erhielten sie aber das Hormon erst nach der einseitigen Entfernung eines HVc, so vermochte auch der Rest einen vernünftigen Gesang nicht hervorzubringen, ganz gleich, auf welcher Seite er sich befand. Die Steuerung des Gesangslernens wird offenbar anfangs beidseitig betrieben. Mit zunehmender Erfahrung aber überwiegt die linke Hemisphäre.

NOTTEBOHM konnte bei adulten Männchen jedoch zeigen, daß auch jede Hälfte für sich voll funktionsfähig werden kann, wenn die andere fehlt. Hier wird wieder die Plastizität wirksam, auf die wir oben schon aufmerksam geworden sind.

9.2.4 Auch die Syrinx ist hormonabhängig

Wirkt sich das Hormon nur im Gehirn aus oder auch an den motorischen Erfolgsorganen? Vögel produzieren ihre Lautäußerungen im wesentlichen in der Syrinx (vgl. S. 217), Singvögel in den untersuchten Fällen überwiegend mit deren linker Hälfte. LUINE et al. (1980) untersuchten bei Zebrafinken und Kanarienvögeln die Frage, ob bei singenden und nicht singenden Individuen die Syrinx unterschiedlich ausgebildet ist.

Spaltet man bei erwachsenen männlichen Kanarienvögeln die Syrinx genau in der Mitte, so wiegt die linke Hälfte etwa 12 mg, die rechte nur 10. Lateralisierung also auch im Erfolgsorgan! Kastriert man solche Vögel gleich nach dem Schlüpfen aus dem Ei, so wiegt später, wenn sie ausgewachsen sind, die linke Syrinxhälfte etwa 7, die rechte etwa 6 mg. Bei Weibchen dagegen wiegen beide Hälften jeweils ca. 6 mg, ganz gleich, ob die Vögel kastriert oder unversehrt waren. Durch Testosterongaben konnte man bei kastrierten Männchen ein annähernd normales Syrinxgewicht erzielen. Durch histochemische Untersuchung der Syrinx ließ sich außerdem zeigen, daß nach Hormongabe die Acetylcholinesterase hier eine höhere Aktivität aufweist. Dieses Enzym dient dazu, die Überträgersubstanz Acetylcholin im synaptischen Spalt abzubauen. Je mehr Acetylcholin in einem Organ vorhanden ist, desto mehr Erregung kann übertragen werden.

Die Androgenwirkung kann nur zustandekommen, wenn es Zellen bzw. Stoffe (Rezeptoren) in den Zellen gibt, die das Hormon gezielt binden und zur Wirkung kommen lassen. LIEBERBURG & NOTTEBOHM (1979) fanden dementsprechend in der Syrinx Proteine, die sich auffallend stark mit den androgenen Hormonen verbinden. Dabei ist als wahrscheinlich anzunehmen, daß das Testosteron von den Zellen noch umgebaut wird, ehe es in der neuen (metabolisierten) Form seine Wirkung tut.

9.2.5 Hormone reagieren auf Gesang

Kanarienweibchen lassen sich durch Männchengesang stimulieren. Hören sie ihn, so betreiben sie ihren Nestbau viel intensiver als ohne Gesang. Er wirkt selbst dann, wenn er nur vom Tonband vorgespielt wird. Wellensittichgesang dagegen hat diese Wirkung nicht. Da der Nestbau beim Kanarienweibchen durch Östrogene gesteuert wird, muß man annehmen, daß der akustische Reiz über das Gehirn auf die Östrogenproduktion des Weibchens einwirkt (HINDE & STEEL 1976).

Das fertige Nest als das Produkt eigenen Verhaltens wiederum regt rückkoppelnd den Vogel zur vermehrten Eiablage an (HINDE & WARREN 1959). Ähnlich wirken sich bei der Lachtaube *(Streptopelia roseogrisea)* die selbst hervorgebrachten Nestrufe des Weibchens aktivierend auf die eigene Follikelreifung im Ovar aus (CHENG in BALTHAZART et al. 1983). Follikelreifung und Eiablage werden ebenfalls durch weibliche Geschlechtshormone gesteuert. Das Hormonsystem ist also indirekt sowohl für die rein von außen kommenden sozialen Reize wie auch die Rückkopplungseffekte vom eigenen Verhalten her empfänglich. Beide entfalten ihre Wirkung über das Gehirn. Als Mittler zwischen Gehirn und dem hormonalen Milieu im Blut tritt einerseits der Hypothalamus auf, der Basalteil des Zwischenhirns, andererseits ist auch die Hypophyse beteiligt, der sogenannte Hirnanhang. Diese endokrine Drüse schüttet wiederum eine Anzahl verschiedener Hormone ins Blut aus, steht aber selbst unter Kontrolle höherer neuraler Instanzen. Unter den Hypophysenhormonen befinden sich die gonadotropen Hormone, die die Geschlechtshormonbildung in den Gonaden steuern. Rückwirkend wird ihre Synthese über einen Regelmechanismus gehemmt, wenn Testosteron einwirkt.

9.2.6 Soziale Auswirkungen der Geschlechtshormone

Schon SHOEMAKER (1939) berichtet, daß die von ihm mit Testosteron behandelten Kanarienvogelweibchen aggressiver wurden und in einer Gruppe von Artgenossen im Rang stiegen.

Bei Weißkopfammerfinken *(Zonotrichia leucophrys)* und Singammern *(Melospiza melodia)* kam WINGFIELD (1984) zu noch weitergehenden Ergebnissen. Singammern sind normalerweise monogam. Ein Männchen verpaart sich mit einem Weibchen und duldet auch nur dieses in seinem Revier. Die Reviere haben eine Größe von 1400–1500 m^2. Bei den auf längere Dauer mit Testosteron implantierten Männchen erreichten die im Plasma meßbaren Testosteronwerte mehr als das Doppelte des Wertes normaler Kontrollmännchen. Diese Versuchsmännchen verteidigten nun Reviere von durchschnittlich fast 3000 m^2 Fläche. Sie hatten bis zu drei, im Durchschnitt aber 2,0 Weibchen in ihren Revieren. Sie waren also unter dem Einfluß des Hormonüberschusses polygyn geworden. Dazu paßt, daß sie im allgemeinen deutlich weniger Reservefett gespeichert hatten als die Normaltiere. Große Reviere zu verteidigen und mehrere Weibchen zu versorgen, bringt vermehrten Energieverbrauch mit sich. Das Beispiel zeigt, daß sich das innere Milieu eines Vogels nicht nur auf seine eigene Physiologie und seine Lebensäußerungen, sondern indirekt auch auf das ganze Sozialsystem auswirken kann.

Die Rückwirkungen von der sozialen Umwelt auf das Hormonsystem können ebenso drastisch und auch kurzfristig vor sich gehen. Ein Singammermännchen, das ein neues Revier besetzt, erhöht innerhalb kurzer Zeit seinen Testosterontiter im Blut. Gleiches geschieht bei den Inhabern der Nachbarreviere, die mit einem neuen Konkurrenten konfrontiert werden (WINGFIELD 1985). Mit der Eingewöhnung im Territorium und der Gewöhnung an die neue Nachbarschaft (vgl. S. 239) scheinen sich die Hormonwerte wieder zu normalisieren. Man weiß allgemein, daß auch in einer Rangordnung die Testosteronwerte dann ansteigen, wenn es zu Rangkämpfen kommt, aber auf niedrigem Niveau bleiben, solange die Rangverhältnisse stabil sind (RAMENOFSKY 1984).

10 Winter unter südlicher Sonne: Der Vogelzug

Standvögel bleiben, wo sie sind, Strichvögel wechseln wie der Wind; Zugvögel ziehen nach Afrika und sind oft in vier Tagen da... (Eugen Roth: Tierleben)

Ein hochsommerlicher Sonnentag Anfang August: als der Abend dämmert, ist es stiller als sonst. Zwar fliegen noch die Mehl- und Rauchschwalben über den Dächern der Häuser, aber das schrille „srii-srii" der Mauersegler *(Apus apus)* fehlt. Wenn manch einer von uns sich erst zum Sommerurlaub rüstet, verlassen die schnittigen schwarzen Luftakrobaten schon ihr Brutgebiet, das sie erst drei Monate zuvor Anfang Mai erreicht haben. Mauersegler, die noch im September bei uns auf dem Durchzug nach Süden auftauchen, sind meist nordische Durchzügler, die ihre Brut erst später beginnen konnten und demnach auch später abschließen als bei uns.

Das Verschwinden der Mauersegler bleibt oft unbemerkt. Dem Kundigen aber macht es deutlich, daß die Zugvögel ihre Zeit kennen, und der Pessimist wird mitten im Sommer darauf gestoßen, daß der nächste Winter im Anmarsch ist.

So angenehm die warme Jahreszeit in Mittel- und Nordeuropa für Pflanze, Tier und Mensch auch sein mag, so lebensfeindlich wirkt sich der Winter aus. Hier treffen niedrige Temperaturen, eine Schneedecke und mangelndes Nahrungsangebot zusammen, um vielen Vogelarten das Leben zu erschweren. Wahrscheinlich gibt es nur eine einzige Vogelart (s. S. 122), die der ungünstigen Jahreszeit durch Winterschlaf zu begegnen versteht. Eine Anzahl von Arten aus Vogelgruppen wie Greifvögel, Eulen und Taucher, aber auch Pflanzenfresser wie Rauhfußhühner und Gänse vermögen dem Winter zu trotzen und auch unter ungünstigen Bedingungen hier zu überleben. Doch viele andere, insbesondere die Insektenfresser, entziehen sich der unfreundlichen Jahreszeit rechtzeitig, indem sie ihre Flugfähigkeit zu mehr oder weniger ausgedehnten Wanderungen nutzen[1]. Übersichten über das Gebiet des Vogelzuges findet man in den Büchern von SCHÜZ (1971) und SCHMIDT-KOENIG (1980) sowie CURRY-LINDAHL (1982).

1 Viele Laien verwechseln die Begriffe Vogelflug (s. S. 81) und Vogelzug miteinander. Vogelflug ist eine Art der Fortbewegung im Luftraum. Unter Vogelzug verstehen wir die Wanderungen der Vögel.

Bei den Wanderungen müssen wir unterscheiden: Wir sprechen von einem Wegzug aus dem Brutgebiet ins Winterquartier und einem entgegengesetzten Heimzug ins Brutgebiet. Bei Kurzstreckenziehern ist die Entfernung zwischen beiden Gebieten nicht groß, Langstrekkenzieher dagegen müssen weit, manchmal beinahe um die halbe Erde fliegen, um von einem in das andere Gebiet zu gelangen.

10.1 Die Mönchsgrasmücke: Spezialist auf Kurz- und Langstrecken

Nach dem Ausfliegen aus dem Nest verweilen die jungen Mönchsgrasmücken *(Sylvia atricapilla)* meist noch für etwa 2 Wochen in der Umgebung des Brutplatzes. Sie suchen nahrungsreiche Stellen wie beerentragende Sträucher auf und werden häufig von den Altvögeln gefüttert. Spätestens nach 4 Wochen verschwinden sie jedoch aus dem Brutrevier und seiner Umgebung (BAIRLEIN 1978).

Mönchsgrasmücken (Abb. 58) sind wie die anderen Grasmücken zur Brutzeit tagaktiv: Ihre gesamte Aktivität spielt sich in der Lichtphase des Tages ab. Doch sowohl im Frühjahr als auch im Herbst geschieht etwas

Abb. 58: Fliegendes Mönchsgrasmückenmännchen *(Sylvia atricapilla)* (aus LANGSLOW 1978)

Merkwürdiges. Zusätzlich entwickeln sie innerhalb weniger Tage eine getrennte nächtliche Aktivitätsphase. Das tun auch andere Nachtzieher (Abb. 59). Nur diese *Dunkelaktivität* verwenden sie auf ihre Wanderungen. Tagsüber rasten sie und suchen Nahrung. Die klare Trennung zwischen beiden Aktivitätsformen macht die Nachtzieher zu besonders geeigneten Objekten der experimentellen Vogelzugforschung. Was mag soviele Vögel dazu treiben, nachts zu wandern anstatt zu schlafen? Man kann eine Reihe von Vorteilen nennen: Nachts drohen keine Flugfeinde, es gibt weniger störenden Wind und bessere Kühlung. Außerdem können Grasmücken nachts keine Nahrung finden, benötigen aber den Tag dazu, ihre Energiereserven aufzufüllen.

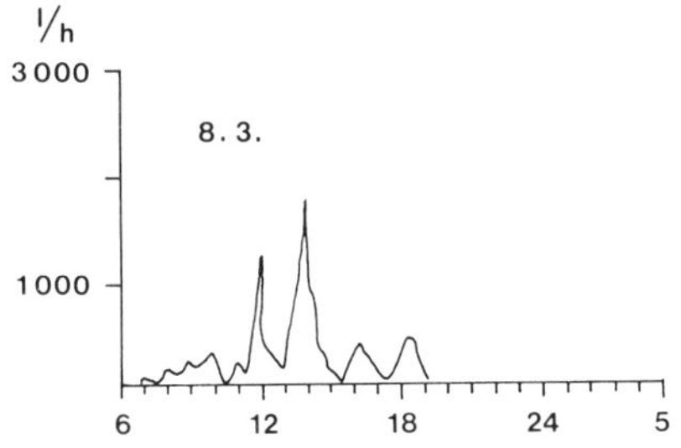

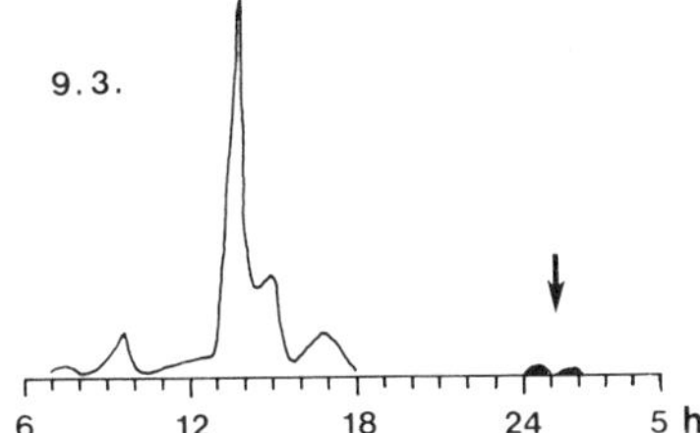

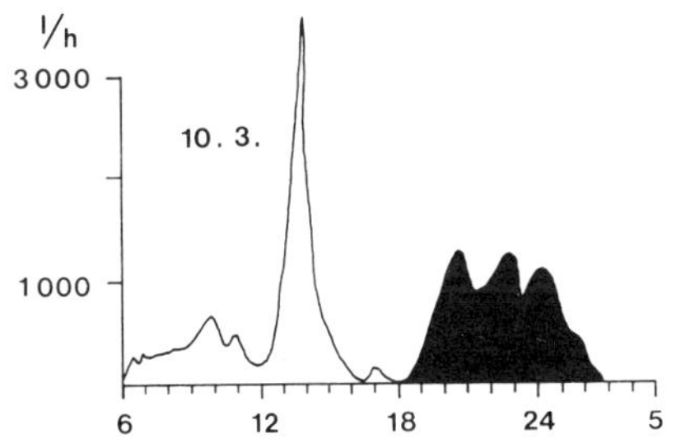

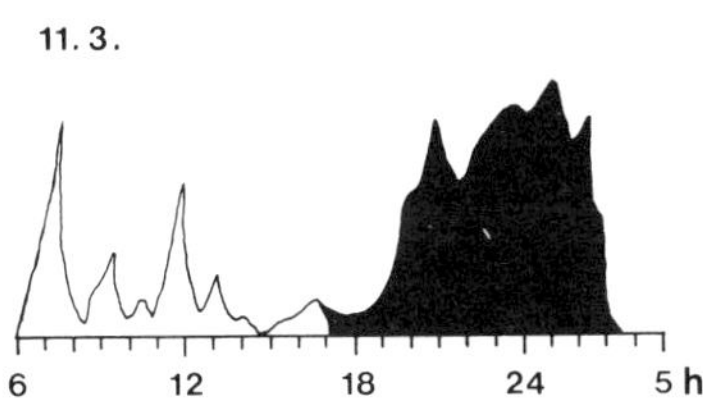

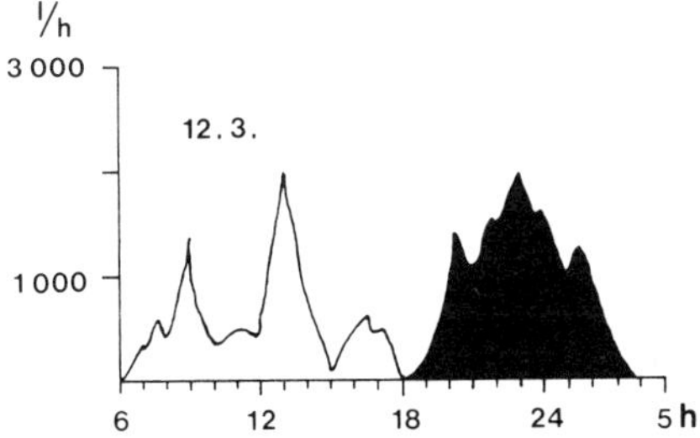

Abb. 59: So entwickelt sich bei einem jungen Dorngrasmücken-Weibchen im Frühjahr die nächtliche Zugunruhe (schwarz) mit einem unscheinbaren Beginn am 9. 3. (Pfeil). Die Zugunruhe setzt sich klar von der Aktivität während des Tages (hell) ab (nach Merkel 1956)

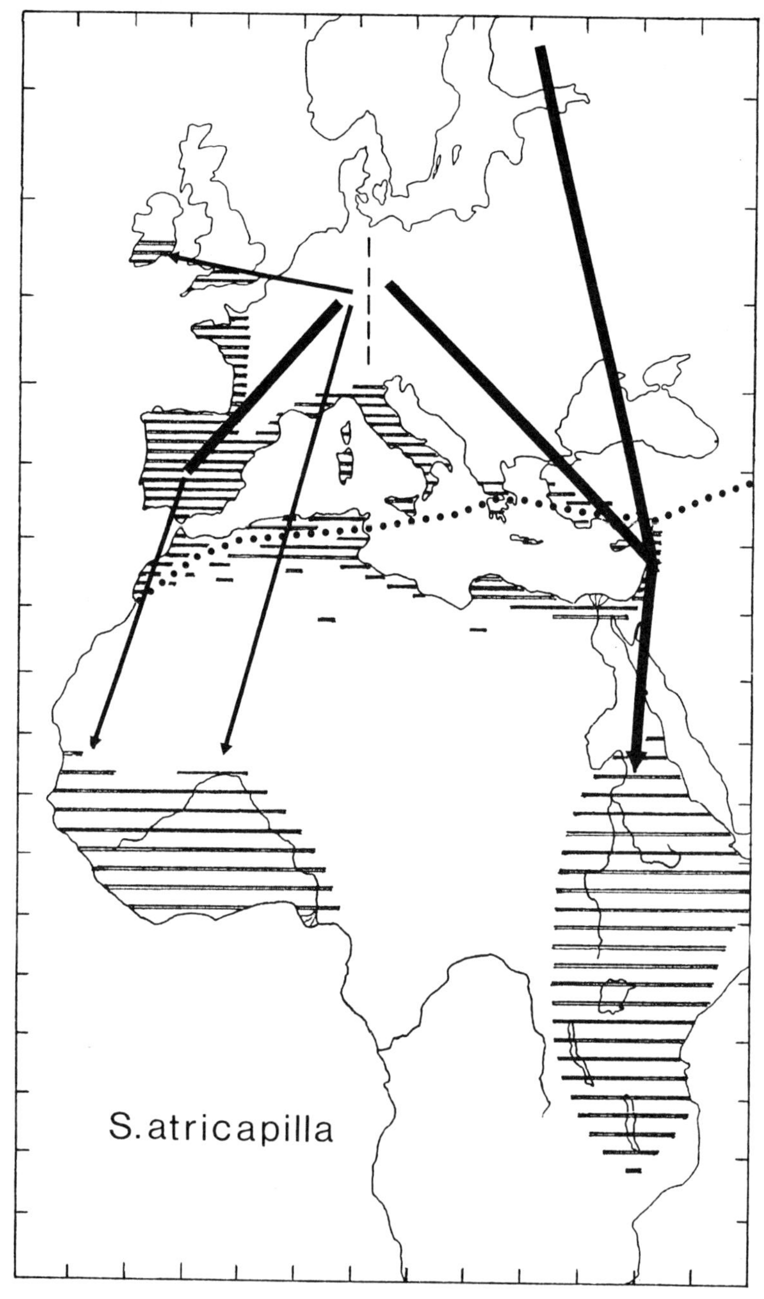
S.atricapilla

Die besondere zusätzliche Aktivität der Zugvögel nennen wir Zugunruhe. Sie äußert sich unter den beengten Bedingungen der Gefangenschaft anders als im Freiland. Während sie draußen für gerichtete Wanderung genutzt wird, reagieren sie die Vögel im Käfig durch Hüpfen bzw. durch einen Schwirrflug auf der Stelle ab (s. S. 150).

Die Zugunruhe ist ein langfristiger Prozeß, der in andere jahreszeitliche Erscheinungen am Organismus eingebettet ist: Das Fortpflanzungsgeschehen mit seinen Gonaden- und Hormonzyklen, die Mauser, Zyklen von Körpergewicht, Fettanlagerung und Nahrungspräferenz: Viele Singvögel gehen im Spätsommer von der Insektennahrung zu pflanzlicher Ernährung (Beeren, Körner) über. Die Zugunruhe wird im wesentlichen endogen gesteuert. Die Steuerung ist so angelegt, daß ein Zugprogramm abläuft, und zwar selbst dann, wenn die zeitgebenden Außenfaktoren fehlen.

Dieses experimentell erschlossene innere Programm spiegelt sich weitgehend im Zugverhalten freilebender Artgenossen wider. Die Zugunruhe steuert in erster Linie die Zugaktivität, d. h. die Menge an erzeugter Flugaktivität und damit die pro Tag bzw. während der ganzen Zugperiode zurückgelegte Entfernung. Sie steht aber auch in engem funktionellem Zusammenhang mit den Orientierungsweisen der Vögel.

10.2 Zugverhalten und Überwinterungsgebiete

Mönchsgrasmücken ziehen nicht alle gleich weit. Die skandinavischen Brutvögel legen alljährlich zweimal die lange Strecke aus ihrem Brutgebiet nach Ostafrika zurück (Abb. 60). Die Mitteleuropäer müssen bis nach Westafrika fliegen. Schon in Westfrankreich und um so mehr in Südfrankreich und im übrigen Mittelmeergebiet bleibt ein Teil der Brutvögel den Winter über im Brutgebiet. Hier haben wir Populationen von Teilziehern vor uns: Ein Teil der Individuen wandert ab, der Rest bleibt ganzjährig am Ort. Die Eigenschaft des Ziehens ist natürlich ganz unterschiedlich ausgeprägt, doch lassen sich alle Individuen zuordnen. Je weiter wir uns nach Süden bewegen, desto mehr tendieren Mönchsgrasmücken dazu, Standvögel zu werden.

Abb. 60: Zugwege und Überwinterungsgebiet (breite Schraffur) nord- und mitteleuropäischer Mönchsgrasmücken *(Sylvia atricapilla)*. Die Zugwege sind z. T. geknickt. Die nach Südwesten und Osten abziehenden Populationen sind durch eine Zugscheide (gestrichelt) getrennt. In Südeuropa und um das Mittelmeer herum gibt es Teilzieher (Original G. ZINK)

Das setzt sich über die Kanarischen Inseln fort bis zum Extrem, den Kapverdischen Inseln. Hier finden wir auf 15° n. Br. eine tropische Standvogelpopulation (BERTHOLD i. Dr.).

In Mitteleuropa versucht nur sehr vereinzelt eine Mönchsgrasmücke zu überwintern und wird dann zuweilen am Futterhaus beobachtet. Überraschenderweise hat sich seit Anfang der 60er Jahre ergeben, daß ein Teil der mitteleuropäischen Brutvögel in zunehmendem Maße dazu übergeht, in nordwestlicher Richtung abzuziehen und dann in Südengland und Irland zu überwintern (SCHLENKER 1981). Entsprechend der relativ geringen Zugentfernung verläuft dieser Zug anscheinend in kurzer Zeit. Ein vorjähriges Mönchsgrasmücken-Männchen, am 9. April 1983 in Dorset, England, beringt, wurde am 30. April des gleichen Jahres, also 3 Wochen später, in Wiesbaden tot aufgefunden (BÖHR, briefl. Mitt.).

Die meisten westeuropäischen Vögel ziehen dagegen nach wie vor in südwestlicher Richtung ab. Viele von ihnen bleiben den Winter über im Mittelmeerraum. Diejenigen, die noch weiter ziehen, verändern im Süden der Iberischen Halbinsel ihre Zugrichtung, überqueren die Sahara und erreichen ihr Überwinterungsgebiet im tropischen Westafrika (Abb. 60). Die Brutvögel des östlichen Mitteleuropas und auch die Skandinavier wählen indessen von vornherein eine mehr südöstliche Wegzugrichtung. Sie umrunden das östliche Mittelmeer oder überfliegen es und wandern dann nilaufwärts in das äquatoriale Ostafrika. Zwischen der West- und der Ostpopulation ist also eine Zugscheide (Abb. 60) ausgebildet, die in Mitteleuropa von Süd nach Nord verläuft. Während die Brutgebiete aneinanderstoßen, sind die Zugwege und die Überwinterungsgebiete getrennt. Solch eine Zugscheide ist als erstes für die mitteleuropäischen Weißstörche *(Ciconia ciconia)* beschrieben worden.

10.3 Richtungsorientierung

Ein Tier, das sich im Raum orientieren will, muß zwei Größen beachten: es muß einerseits die richtige Richtung finden, andererseits die richtige Entfernung zurücklegen, wenn es einen bestimmten Punkt aufsuchen will. Nur beides zusammen führt ins Ziel.

Wir befassen uns zunächst mit der Frage, wie ein ziehender Vogel die richtige Richtung findet. Die meisten Untersuchungen beziehen sich auf den Wegzug.

10.3.1 Sonnenkompaß

Will ein Singvogel den unwirtlichen Norden im Herbst oder Winter verlassen, so ist klar, daß er in südlicher Richtung davonfliegen muß. Unklar aber ist, wie er diese Richtung finden soll. Weder Wind noch Wetter, weder die Landschaft noch die Vegetation geben ihm zweifelsfreie Anzeichen darüber, wo Nord oder Süd ist. Wir Menschen können, wenn wir eine richtig nach Ortszeit gehende Uhr haben, tagsüber aus dem Sonnenstand die Himmelsrichtungen erschließen, sofern die Sonne nicht durch Wolken verdeckt ist. Der Nachweis, daß Vögel dies im Prinzip auch können, ist gar nicht so leicht zu erbringen. Im Käfig kann man ihnen einen geänderten Sonnenstand vorspiegeln und muß dann eine geänderte Zugrichtung erwarten. Ob dies aber im Freiland auch möglich ist? SCHMIDT-KOENIG (zusammenfassend 1980) hat bei Brieftauben *(Columba livia)* nicht den Sonnenstand verstellt, sondern die Innere Uhr (vgl. S. 157). Durch einen veränderten Hell-Dunkel-Wechsel konnte er sie z. B. auf einen Versuchstag umstimmen, der gegenüber dem Naturtag um 12 Stunden verschoben ist: Wenn draußen die Sonne schon fast untergeht, ist es für die Taube erst 6 Uhr morgens. Sie muß daher den Sonnenstand falsch kalkulieren. Die Tauben wurden südlich des heimatlichen Schlages freigelassen. Während die normalen Kontrolltauben sich im Durchschnitt richtig nordwärts nach Hause orientierten, flogen die umgestimmten Versuchstauben im Mittel um 168° versetzt südwärts ab. Das stimmt gut mit dem erwarteten Wert von 180° überein. Die Fähigkeit zur Sonnenkompaßorientierung hat man bei vielen Vogelarten gefunden, sie ist auch sonst im Tierreich weit verbreitet.

10.3.2 Sternenkompaß

Viele Vogelarten nutzen die Nacht für ihren Zug. Sie haben die Sonne nicht zur Verfügung, wohl aber bei klarem Wetter den Sternenhimmel. Ob sie in der Lage sind, sich an den Sternen zu orientieren? Aber welches Sternbild sollten sie wählen? Grundsätzlich könnten sie es einfacher haben als die Tagzieher, weil sie auf eine zeitabhängige Korrektur verzichten können. Kennt man einmal den Polarstern, um den alle anderen Sterne und Sternbilder kreisen, so kann man aus seiner Lage jederzeit den Norden und sämtliche sonstigen Himmelsrichtungen erschließen (Abb. 61), wie es schon in der frühen Seefahrt üblich war.

Nachdem als erster G. KRAMER (1949) das Orientierungsverhalten von Grasmücken unter dem nächtlichen Sternenhimmel experimentell geprüft hatte, führte SAUER (1959) diese Untersuchungen erfolgreich fort. Sowohl Garten- als auch Mönchsgrasmücken bevorzugten im Versuchskäfig bei Sternensicht unter dem natürlichen Nachthimmel im Frühjahr die Richtung

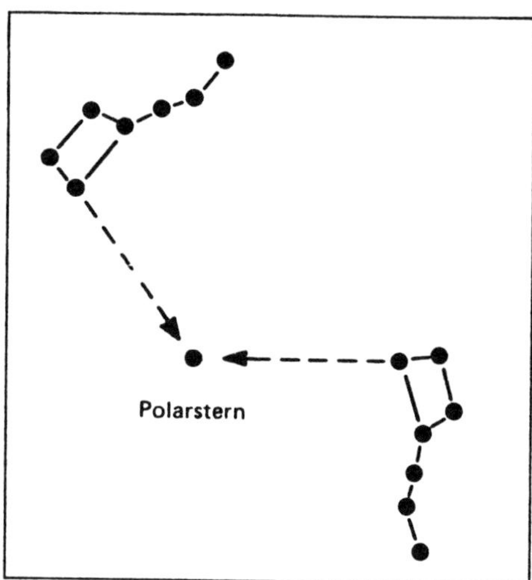

Abb. 61: Der Polarstern behält seine feste Position am Himmel, ganz gleich, welche augenblickliche Lage der Große Bär oder andere Sternbilder einnehmen (aus KEETON 1982)

nach NE, im Herbst nach SW (Abb. 62). War der Himmel bedeckt, so kam eine klare Vorzugsrichtung nicht zustande.

Diese Versuche sind noch nicht beweisend, solange nicht im Planetarium unter gedrehtem Sternenhimmel gleiche Wirkungen erzielt werden. SAUER hat in mehreren Untersuchungen auf diese Weise die Kompaßorientierung der Mönchsgrasmücke mit Hilfe des nächtlichen Sternenhimmels belegt. Wahrscheinlich ist jedoch die Kenntnis des Sternenkompasses den Vögeln nicht angeboren. Sie lernen in einer sensiblen Phase ihrer Jugendentwicklung, die Sternbilder der Himmelsachse zuzuordnen (KEETON 1982). Das geht nur, wenn sie auch die Drehung des Himmels um seine Achse wahrnehmen können. Unter dem unbewegten Sternenhimmel würden sie nichts lernen. Außerdem spielt für die Eichung des Ster-

Abb. 62: Zugrichtungen von Mönchsgrasmücken *(Sylvia atricapilla)*, im Kreisdiagramm dargestellt. Der bis zum Außenkreis durchgezogene Vektor stellt während eines Versuchs die am häufigsten von dem beobachteten Tier gewählte Zugrichtung dar (100 %), die anderen Vektoren die prozentual weniger häufig gewählten Richtungen. Unter freiem Himmel ziehen die Vögel im Herbst nach Südwest **(a)**, im Frühjahr nach Nordost **(b)**. Bei Bewölkung ließ sich keine Vorzugsrichtung feststellen **(c)**. Im Planetarium gleiche Ergebnisse **(d, e)**. Nach SAUER 1957

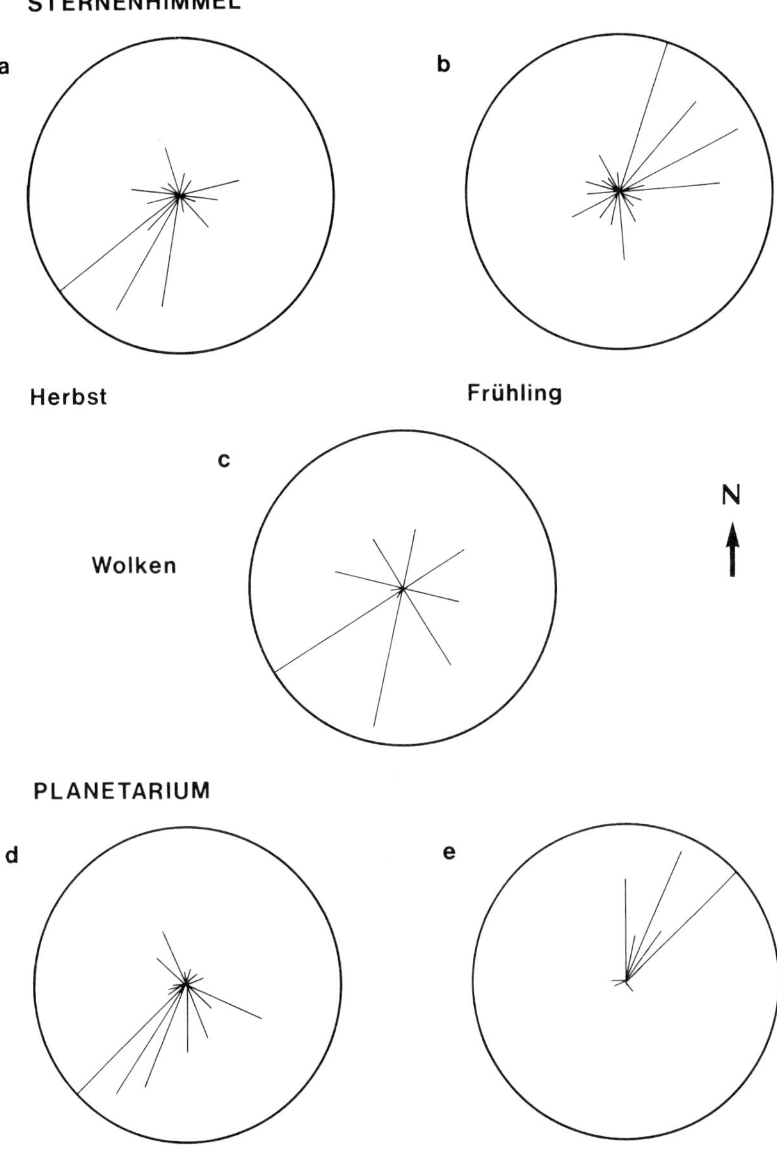
STERNENHIMMEL
a
b
Herbst
Frühling
c
Wolken
N
PLANETARIUM
d
e
Herbst
Frühling

nenkompasses das Erdmagnetfeld eine Rolle (s. u.). Schon SAUERs Vögel reagierten im Planetarium meist nur dann überzeugend, wenn die Lage der Sterne mit ihrer natürlichen Position am Nachthimmel ungefähr übereinstimmte. Das spricht dafür, daß entweder ein Zeitmeßprozeß im Vogel beteiligt war oder daß andere Orientierungsmechanismen mit der Sternenkompaßorientierung konkurrierten bzw. zusammenwirkten.

Unter natürlichen Bedingungen setzt der Vogel auch dann seinen Zug fort, wenn der Himmel bedeckt ist. Auch dies zeigt, daß er noch andere Orientierungsmittel als den Sternenkompaß zur Verfügung hat.

10.3.3 Magnetkompaß

Daß sich Singvögel mit Hilfe des Magnetfeldes der Erde orientieren können, haben zuerst MERKEL & WILTSCHKO (1965) am Rotkehlchen *(Erithacus rubecula)* nachgewiesen. Heute wissen wir, daß diese Fähigkeit weit verbreitet ist, und zwar nicht nur unter den Singvögeln. So schwierig es war, den ursprünglichen Nachweis für Magnetfeldorientierung der Vögel zu erbringen und gegen die Skeptiker durchzusetzen, so schwer andererseits noch heute Aussagen über die zugrundeliegende Sinnesleistung zu erringen sind, so leicht scheint für den Vogel die Orientierung im Magnetfeld zu sein: Wie das Schwerefeld der Erde wirkt auch das Magnetfeld überallhin. Der Vogel kennt es angeborenermaßen (WILTSCHKO 1983).

Allerdings arbeiten Vögel nach dem Prinzip des Inklinationskompasses. Die Kompaßnadel weist auf der nördlichen Halbkugel zum magnetischen Nordpol, der nicht weit vom geographischen entfernt liegt. Diese horizontale Polarität wird nicht beachtet. Wenn man genau hinschaut, sieht man im Kompaß aber auch, daß die Nadel nicht waagerecht liegt, sondern geneigt, d. h. nördlich etwas hochgekippt ist. Das liegt daran, daß die Magnetfeldlinien nicht horizontal verlaufen, sondern eine entsprechende Neigung, eine Inklination, aufweisen. Diese werten die Vögel aus. Für sie ist dort Norden, wo die Magnetfeldlinien den spitzesten Winkel mit der Richtung der Erdanziehung bilden (Abb. 63 a, b). Sie müssen also als Zusatzinformation die Schwerkraftrichtung mit verrechnen.

Dafür, daß Vögel sich nach der Inklination und nicht nach der Polarität der Feldlinien richten, gibt es eine Erklärung: Seit dem Erdmittelalter (Jura) soll sich das Erdmagnetfeld ca. 300mal umgepolt haben. Daher ist die Polung ein auf die Dauer unzuverlässiges Merkmal, die Inklination blieb konstant.

Wie die Vögel aber die Magnetfeldlinien überhaupt wahrnehmen, ist weitgehend noch ungeklärt. Einer Hypothese von LEASK folgend haben SEMM u. a. (1983, 1984) zeigen können, daß offenbar bei der Wahrneh-

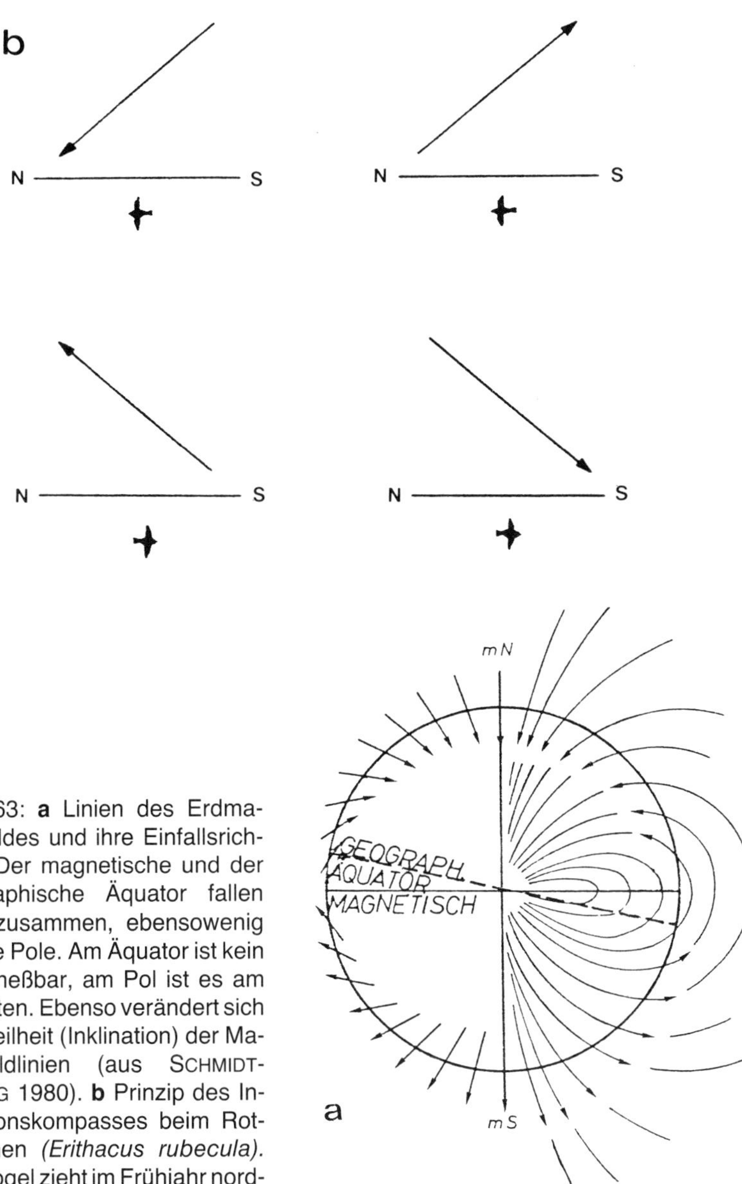

Abb. 63: **a** Linien des Erdmagnetfeldes und ihre Einfallsrichtung. Der magnetische und der geographische Äquator fallen nicht zusammen, ebensowenig wie die Pole. Am Äquator ist kein Feld meßbar, am Pol ist es am stärksten. Ebenso verändert sich die Steilheit (Inklination) der Magnetfeldlinien (aus SCHMIDT-KOENIG 1980). **b** Prinzip des Inklinationskompasses beim Rotkehlchen *(Erithacus rubecula).* Der Vogel zieht im Frühjahr nordwärts in den Inklinationswinkel hinein, ganz gleich wie die Polarität des Feldes ist (oben). Verändert man zur gleichen Jahreszeit die Inklinationsrichtung des Feldes, so läßt sich der Versuchsvogel in seiner Zugrichtung umkehren (unten), auch wieder unabhängig von der Polarität des Feldes (nach WILTSCHKO in KEETON 1980)

mung des Magnetfeldes das Auge bzw. das Pinealorgan (vgl. S. 169, 170) eine wichtige Rolle spielt. Damit könnte erklärt werden, warum der Magnetkompaß der Haustaube bei absoluter Dunkelheit nicht funktioniert. Das Pinealorgan der Vögel ist schwach lichtempfindlich und kann bei Beleuchtung elektrische Impulse erzeugen (SEMM & DEMAINE 1983). Es reagiert aber auch auf Beleuchtung der beiden normalen Augen. Ähnlich scheint es mit dem Magnetfeld zu sein. Wenn man eine Taube in einem künstlichen Magnetfeld rasch oder langsam bewegt, antwortet auch ein Teil der Zellen im Pinealorgan mit elektrischer Aktivität, entweder durch Erregung oder durch Hemmung. Dies ist allerdings kein schlüssiger Beweis für ihre Sinnesfunktion, da auch viele andere Zellen im Organismus ihre elektrische Aktivität unter dem Einfluß von Magnetfeldern verändern. In den beiden Lateralaugen und im Pinealorgan, dem „dritten Auge", kann man Gemeinsamkeiten im Bau der Sinneszellen erkennen. Die Lichtrezeptoren sind hoch organisiert. Auf sehr regelmäßig im Raum angeordneten Stapeln spezieller Elementarmembranen liegen die lichtempfindlichen Pigmente, die für die Umsetzung der Lichtenergie in die Sprache des Nervensystems zuständig sind. Vielleicht ermöglicht es diese Regelhaftigkeit im Feinbau auch, daß Lichtsinneszellen in irgendeiner uns unbekannten Weise als Kompaßnadel funktionieren. Wenn auch die Lichtsinneszellen im Pinealorgan der Vögel einen etwas desorganisierten Eindruck machen, so wissen wir doch andererseits von der Bedeutung dieses Organs für die Steuerung der Inneren Uhr und damit der Zugunruhe (s. S. 170). Sollte es nicht direkt den Schlüssel für die Wahrnehmung des Erdmagnetfeldes enthalten, so kommt ihm doch wahrscheinlich eine Mittlerrolle bei der Installation des Magnetkompasses im Vogel zu (R. WILTSCHKO, mündl. Mitt.).

Am Beispiel der Mönchsgrasmücke, die inzwischen auch gut untersucht ist (VIEHMANN 1979), wollen wir uns vorführen, wie der Nachweis einer Magnetfeldorientierung erbracht wird. Dazu testet man die Vögel in geschlossenen Räumen ohne Himmelssicht. Man setzt sie zunächst dem allgegenwärtigen natürlichen Magnetfeld aus, das in unseren Breiten eine Stärke von 0,46 Gauss[1] hat. Die Vögel sind in achteckigen Käfigen untergebracht und haben 8 radial angeordnete Sitzstangen zur Verfügung, die auf Mikroschaltern ruhen. Setzt sich ein Vogel auf eine solche Stange, so betätigt er den Schalter. Damit er die Stangen nachts sehen kann, bedarf es einer diffusen Grundbeleuchtung von 0,01 Lux. Sämtliche Stangenkontakte lassen sich jeweils zu einer Mittelrichtung für eine Nacht zusammenfassen, die in ein Kreisdiagramm (Abb. 64) eingetragen wird. Diese Mittelrichtun-

1 Neuerdings wird anstelle der Einheit Gauss die Bezeichnung nano-Tesla verwendet.

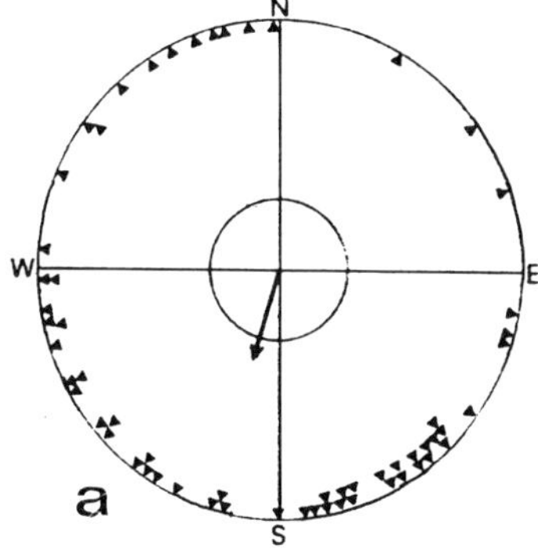

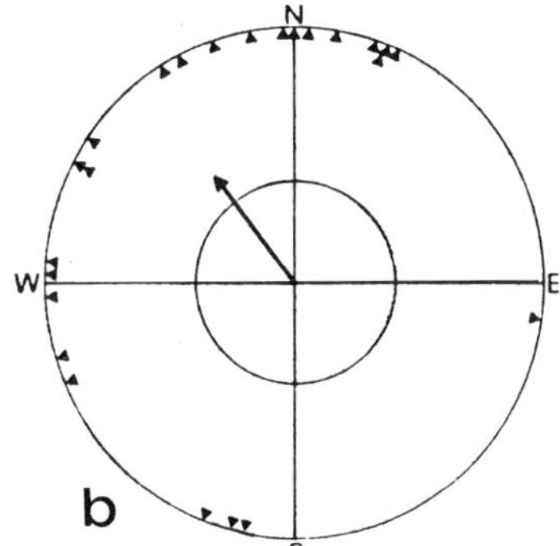

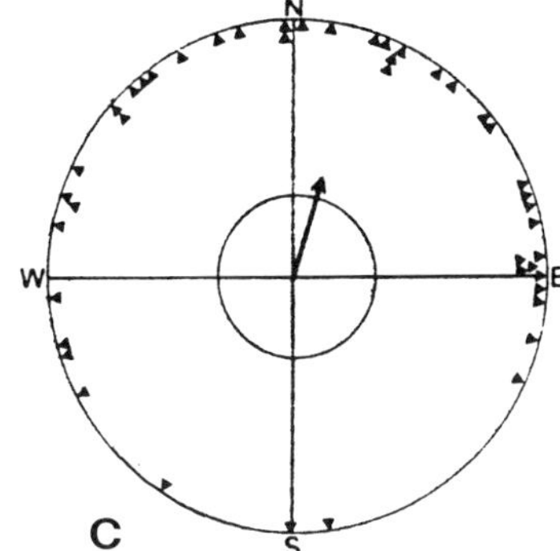

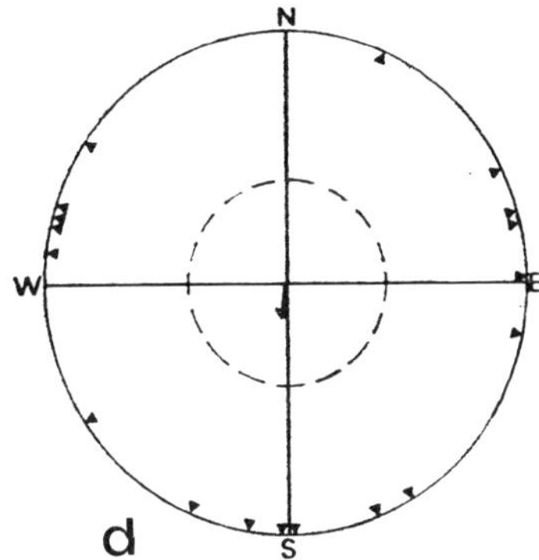

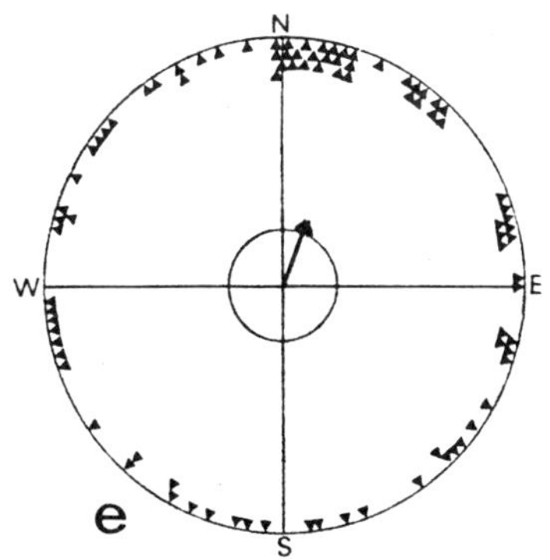

Abb. 64: Experimentelle Belege für die Magnetfeldorientierung bei der Mönchsgrasmücke. Die Dreiecke am Außenkreis der Diagramme stellen jeweils die Vorzugsrichtung eines Vogels in einer Testnacht dar. Der Vektor in der Kreismitte verrechnet die Einzelergebnisse. Ist er länger als der Radius des Innenkreises, so ist das Ergebnis statistisch gesichert. In **a** wird in einem künstlichen Magnetfeld natürlicher Lage und Stärke Orientierung nach SSW sichtbar. **b** Hier sind beide Komponenten des Magnetfeldes um 180° gedreht. **c** Wenn man im Herbst nur die Inklination, aber nicht die Polarität des Magnetfeldes umkehrt, ziehen die Vögel trotzdem nach NNE. **d** Ist das Magnetfeld zu schwach (0,34 statt 0,46 Gauß), so ist keine Orientierung möglich. **e** Im Frühjahr orientieren sich die Mönchsgrasmücken bei normalem Magnetfeld normaler Stärke nach NNE. (Nach VIEHMANN 1979)

gen lassen die Berechnung eines Vektors zu, der durch seine Richtung eine mittlere Zugtendenz für alle Nächte bekundet, durch seine Länge die Signifikanz (je länger der Pfeil ist, desto sicherer die gewählte Richtung, desto geringer die Irrtumswahrscheinlichkeit der Aussage). Man sieht, daß die Werte trotz erheblicher Streuung der Einzelnächte insgesamt zu einer Vorzugsrichtung führen. In Abb. 64 a weist sie im Herbst bei natürlichem Magnetfeldeinfluß nach SSW. Unter gleichen Bedingungen ergibt sich im Frühjahr eine Vorzugsrichtung nach NNE (Abb. 64 e).

Ein entscheidendes Experiment besteht nun darin, daß man das Magnetfeld umpolt. Dazu bedient man sich großer Helmholtz-Spulen, mit denen man das Erdmagnetfeld aufhebt und ein neues, künstliches Feld schafft. Nun weist magnetisch-Nord nach Süden.

Tatsächlich läßt sich zeigen, daß die Vögel in dieser „umgedrehten“ Situation in nördlicher Richtung orientiert sind, obwohl sie der herbstlichen Jahreszeit entsprechend eigentlich nach S ziehen sollten (Abb. 64 b).

Wenn man die Polarität des Feldes in normaler Richtung beläßt und nur den Neigungswinkel umkehrt, so ziehen die Vögel ebenfalls umgekehrt (Abb. 64 c). Der letzte Zweifel an der Magnetfeldorientierung wird ausgeräumt, wenn man dieselben Versuchsvögel einem abgeschwächten Feld von nur 0,34 Gauss aussetzt. Dann verlieren sie die Fähigkeit, unter den gegebenen Bedingungen eine Vorzugsrichtung einzuhalten (Abb. 64 d). Bei anderen Arten hat man allerdings gefunden, daß sie auch in abgeschwächten Magnetfeldern Orientierungsleistungen erbringen, wenn man ihnen die Gelegenheit bietet, sich hieran ca. 3 Tage lang zu gewöhnen. Das ist die Zeit, die sie auch benötigen, um während des Zuges eine Zone schwächerer Magnetfeldintensität zu erreichen. Auch zu starke Magnetfelder (mehr als 0,54 Gauss) konnten Rotkehlchen nicht auswerten.

Mönchsgrasmücken können sich also sowohl mittels Sternenkompaß als auch mit Hilfe des Magnetkompasses orientieren. Wie aber verhalten sich die beiden Orientierungsmechanismen zueinander? Bei der Gartengrasmücke *(Sylvia borin)* haben WILTSCHKO u. a. (1980) herausgefunden, daß handaufgezogene Jungvögel, die niemals den Sternenhimmel oder die Sonne gesehen hatten, sich im Versuch sehr wohl richtig am Magnetfeld orientieren konnten. Hatten sie allerdings Erfahrung mit Sonne, Mond und Sternen, so funktionierte ihre Magnetfeld-Orientierung nicht mehr. Das gilt aber in dieser Form sicher nicht in allen Fällen. Möglicherweise spielen hier Artunterschiede mit, vielleicht auch nur Unterschiede in der Erfahrung des Individuums. Bei Brieftauben scheint es sogar von der frühen Erfahrung abzuhängen, ob sie sich später nach dem Geruch zu orientieren vermögen oder nicht (R. WILTSCHKO, mündl. Mitt.). Sie nutzen als unerfahrene Jungtauben zuerst ihre Magnetfeldorientierung, um bei den frühesten Ausflügen wieder heim zum Schlag zu finden. Später, sobald sie mehr Erfahrung gesammelt haben, bedienen sie sich vermehrt des Sonnenkompasses, den sie anhand des Magnetkompasses geeicht haben, und anderer Orientierungsmittel. Nur wenn diese anderen Verfahren nicht funktionieren und der Himmel vollständig bedeckt ist, greifen sie wieder auf die Magnetfeldorientierung zurück.

Entsprechend verfahren die nächtlich ziehenden Grasmücken. Anfangs verfügen sie über den Magnetkompaß. Mit dessen Hilfe eichen sie den Sternenkompaß im Laufe ihrer Jugendentwicklung. Hier liegt also ein Lernprozeß vor, dessen Natur wir noch nicht beurteilen können. Wenn die Informationen von Magnetfeld und Sternenkompaß widersprüchlich sind, beziehen sie sich auf den Magnetkompaß. Fehlt die Magnetfeldinformation, verlassen sie sich auf den Sternenkompaß. Sie verfügen über eine plastische Hierarchie von Orientierungsmechanismen.

Wahrscheinlich dient der angeborene Magnetfeldkompaß zum Eichen des Sternenkompasses, was während der Jugendentwicklung geschieht. Ist einmal der Sternenkompaß aktiviert, so kann anscheinend der Magnetkompaß nicht mehr ohne weiteres allein benutzt werden.

10.4 Der Zugknick

Woher wissen die Grasmücken, die auf der Westroute nach Spanien gelangt sind, daß sie ihre Richtung nach Süden hin ändern müssen (siehe Abb. 60), um nicht auf das offene Meer hinauszufliegen? Sie können dieses „Wissen" nicht durch Erfahrung erworben haben, da ein falscher Versuch das Tier unrettbar auf das Meer hinausträgt, andererseits diese Vögel einzeln ziehen und nicht von erfahrenen Altvögeln lernen können. Wenn das „Wissen" um den Zugknick aber endogen vorgegeben ist, so müßte sich dies auch unter Laborbedingungen beweisen lassen. GWINNER & WILTSCHKO (1978) haben deshalb an Gartengrasmücken im Herbst unter konstanten Bedingungen im Labor die Vorzugsrichtungen gemessen. Sie wiesen bis gegen Ende September, wenn die Vögel theoretisch die Iberische Halbinsel passieren, nach SW; schon ab 7. Oktober aber waren die Vögel nach S orientiert. Sie vollzogen also den Zugknick in ihrem Frankfurter Versuchskäfig aufgrund ihres endogenen Zugprogramms auch ohne Außeninformation. Wahrscheinlich gilt dies genauso für die Mönchsgrasmücke. Ein Phänomen dieser Art war schon von SAUER (1957) gefunden worden. Möglicherweise beinhaltet das endogene Zugprogramm auch noch weitere Informationen als nur die herbstliche Abzugsrichtung und ihren Wechsel nach einer bestimmten Zeit. Die Vögel müssen, wenn sie den Äquator passieren, mit einer neuen magnetischen Situation fertigwerden. Das Magnetfeld wird in Äquatornähe zunehmend schwächer und polt sich dann um. Das gesamte Zugprogramm muß außerdem im Frühjahr umgekehrt ablaufen. Der Zugweg enthält Strecken, die bei ausreichendem Nahrungsangebot gemächlich mit vielen Rast- und Auftankmöglichkeiten durchflogen werden können, wie das europäische Festland. Es sind aber auch Teilstrecken enthalten, die weder Nahrung noch Rastmöglichkeiten in geeigneter Form bieten, wie das Meer und die Wüste. Ob auch diese unwirtlichen Strecken, die man möglichst rasch durchfliegen sollte, ihre Spuren im Programm hinterlassen haben? Diese Frage bleibt vorerst offen.

10.5 Entfernungsorientierung

Wenn ich nur die Richtung weiß, kann ich noch kein Ziel finden. Ich brauche mindestens noch eine Angabe für die zurückzulegende Entfernung. Bei den Grasmücken besteht diese in dem endogenen Zugprogramm (s. o.), das den Vogel eine bestimmte Zeitlang ziehen läßt. Wenn die Zugunruhe „verbraucht" ist, so erlischt die Zugbereitschaft, und der Vogel ist normalerweise in seinem Winterquartier angekommen. Erstaunlicherweise variieren die verschiedenen Winterquartiere der Grasmückenarten in ihrer Entfernung von den Brutgebieten ebenso stark wie die Zugunruhemengen, die sie produzieren. Langstreckenzieher wie die Gartengrasmücke zeigen große Mengen an Zugunruhe, die Sardengrasmücke, die weitgehend in ihrem Brutgebiet überwintert (das sind einige Inseln im Mittelmeergebiet) produziert, unter den gleichen konstanten Umweltbedingungen gehalten, kaum Zugunruhe (Abb. 65). Entsprechend unterscheiden sich im Zugverhalten auch die Mönchsgrasmücken aus den verschiedenen Teilpopulationen ihres großen Verbreitungsgebietes, was von BERTHOLD & QUERNER (1981) genauer untersucht wurde.

Lange Zeit hat man die Zugunruhe nur als Sitzstangenaktivität gemessen. Jedes Hüpfen auf einer der Sitzstangen wurde registriert und weiter verrechnet. Erst durch genaue Beobachtungen mit Hilfe von Videoaufzeichnungen bei Infrarotlicht erfuhr man, daß die Grasmücken diese Sitzstangenaktivität ständig mit Flugbewegungen begleiten: Sie schwirren mit den Flügeln, fliegen also sozusagen auf der Stelle. Durch Langzeitregistrierung beider Aktivitätsformen an jungen süddeutschen Gartengrasmücken ließ sich folgendes ermitteln: Eine Stunde mit Sitzstangenaktivität entspricht einer Zeit von 29 Minuten Flügelschwirren. Diese Relation galt für die gesamte Zugperiode. Die errechnete Schwirrzeit bei den Gartengrasmücken belief sich durchschnittlich auf 165 Stunden. Multipliziert man diesen Wert mit einer Fluggeschwindigkeit von 30 km/h, so gelangt man zu einer Flugstrecke von knapp 5000 km. Dies entspricht gerade der

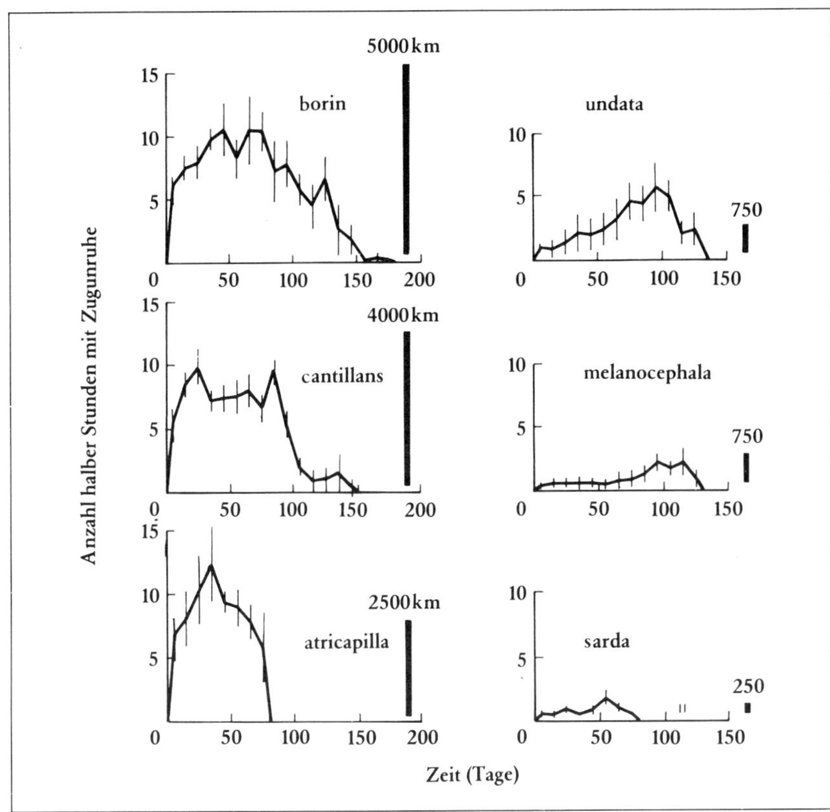

Abb. 65: Menge und Verteilung der Zugunruhe unterscheiden sich bei den einzelnen Grasmückenarten drastisch voneinander. Die meiste Zugunruhe produziert die Gartengrasmücke *(S. borin)*. Auch die mediterrane Weißbartgrasmücke *(S. cantillans)* ist ein ausgeprägter Zugvogel. Bei der Mönchsgrasmücke *(S. atricapilla)* erreicht die Zugunruhe hohe Werte, aber über eine kürzere Zeit. Die Provencegrasmücke *(S. undata)*, die Samtkopfgrasmücke *(S. melanocephala)* und die inselendemische Sardengrasmücke *(S. sarda)* sind wenig ausgeprägte Zieher oder Strichvögel. Die Zugunruhemenge entspricht den Zugwegen (km). Aus BERTHOLD (1979)

Entfernung von Süddeutschland in das Zentrum des westafrikanischen Wintergebiets (BERTHOLD i. Dr.).Ähnliches gilt auch für andere Arten. Die der Berechnung zugrunde gelegte Zuggeschwindigkeit entspricht allgemein der Fluggeschwindigkeit von Kleinvögeln dieser Größe (CAMPBELL & LACK 1985).

10.6 Das erbliche Zugprogramm

Wie kann man untersuchen, ob das Zugprogramm bei der Mönchsgrasmücke erblich ist oder durch Außenfaktoren gesteuert wird? Als erstes kann man die Tiere unter konstanten Umweltbedingungen (als „Kaspar Hauser") halten und prüfen, ob das Zugprogramm genauso abläuft wie unter natürlichen Bedingungen. Dies hat sich bewahrheitet. Doch gilt das Verfahren nicht als strenger Beweis für Erblichkeit. Von der Genetik werden nur Kreuzungs- und Züchtungsexperimente anerkannt. Hierzu haben BERTHOLD und MITARBEITER umfangreiche Versuche durchgeführt, die hier in groben Umrissen zusammengefaßt werden (nach BERTHOLD & QUERNER 1982, BERTHOLD i. Dr.).

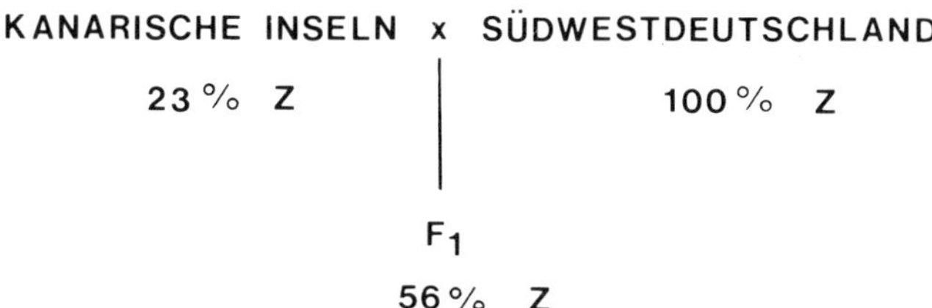

Abb. 66: Kreuzungsergebnis einer Teilzieher-Population von Mönchsgrasmücken (Kanarische Inseln) mit einer Zieher-Population aus Südwestdeutschland. Das Ergebnis ist intermediär (nach BERTHOLD 1986)

Wir haben oben schon erfahren, daß auf den Kanarischen Inseln die Mönchsgrasmücken zum großen Teil Nichtzieher sind, in Südwestdeutschland dagegen Zieher. Kreuzt man nun kanarische nichtziehende Vögel mit solchen Ziehern, so ergibt das ein intermediäres Verhältnis von 56 % Ziehern zu 44 % Nichtziehern (Abb. 66). Noch spannender sind die Ergebnisse, wenn man aus einer kanarischen, gemischten Population jeweils die Zieher miteinander kreuzt und deren Nachkommen prüft und andererseits die Nichtzieher dem gleichen Zuchtverfahren unterwirft. Es zeigte sich, daß über 5 Tochtergenerationen hin bei Kreuzung der Nichtzieher aus der gemischten Population der Anteil der Nichtzieher immer größer wurde. Es ergaben sich von Generation zu Generation Änderungsraten von bis zu 30 %. Auf diese Weise konnte man durch künstliche, konsequente Selektion innerhalb von wenigen Generationen aus einer Population mit festem Anteil von Ziehern eine fast reine Nichtzieher-Population machen. Das Gegenexperiment mit Kreuzung nur der Zieher ist noch nicht abgeschlossen. Aus derartigen Versuchen läßt sich nicht nur ableiten, daß das Zugverhalten überhaupt in bestimmtem Maß erblich ist, sondern man kann auch den Grad der Erblichkeit (Heritabilität) ermitteln, der bei ausgeprägten Fernziehern wie der Gartengrasmücke höher liegt als bei der Mönchsgrasmücke, die stärker von Umweltfaktoren beeinflußt wird.

10.7 Zielorientierung

Ein Vogel, der in der beschriebenen Weise nach seinem Kompaßsystem in einer bestimmten Richtung zieht und mit Hilfe seiner programmierten Zugunruhe eine bestimmte Entfernung zurücklegt, wird in aller Regel sein Zielgebiet erreichen. Das Verfahren, eine bestimmte Richtung einzuhalten und über eine festliegende Entfernung zu fliegen, bezeichnet man als Vektor-Navigation. Auf dieses Verfahren sind zunächst vor allem solche Jungvögel angewiesen, die vor aller Zugerfahrung und ohne Anleitung durch ältere Artgenossen eigenständig schon im ersten Herbst ihr Überwinterungsgebiet aufsuchen müssen. Wenn sie dann zurückziehen und später ihren Weg- und Heimzug wiederholen, können sie früher gemachte Erfahrungen benutzen und damit sicherer ihr Ziel finden.

Wenn die unerfahrenen Jungvögel aber durch Sturm oder andere Einflüsse von der Route abkommen, so fliegen sie u. U. parallel versetzt weiter in der von ihnen „vorgegebenen" Richtung und halten auch die richtige Entfernung ein. Dadurch können sie aber ihr eigentliches Ziel, hier das normale Überwinterungsgebiet der Art, verfehlen. PERDECK (1958) hat dies schon früh durch Verfrachtungsexperimente bei Jungstaren *(Sturnus vulgaris)* gezeigt. Diese flogen einfach in vorgegebener Richtung weiter,

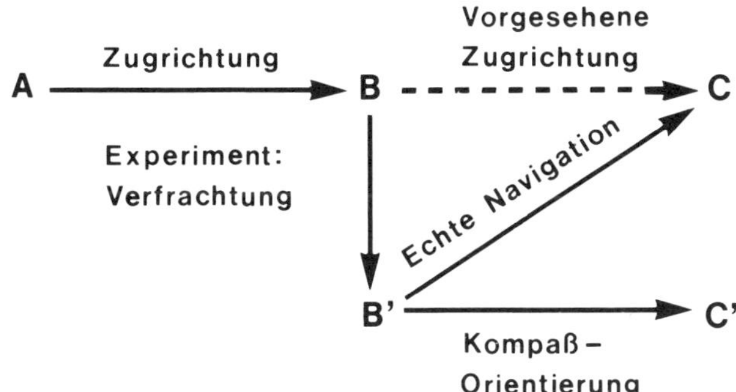

Abb. 67: Wenn ein Zugvogel nach einem Verfrachtungsexperiment parallel versetzt weiterzieht, so arbeitet er nur nach Kompaß, aber ohne Karte. Weiß er die Verfrachtung zu kompensieren und erreicht das vorgesehene Ziel, so sprechen wir von echter Navigation.

ohne Rücksicht auf das Ziel. Sie können zwar prinzipiell schon navigieren, doch fehlt ihnen die Kenntnis über die Lage der Ziele. Alte und erfahrene Stare dagegen sind auch nach einer Verfrachtung imstande, ihr altes Überwinterungs- oder Brutgebiet zu finden. Sie müssen etwas ähnliches wie eine Karte besitzen, ihren Standort darin bestimmen und daraus die Richtung entnehmen, in der ihr Ziel liegt. Dieses Verfahren verlangt viel mehr Information als die Vektornavigation. Wir nennen es echte Navigation (Abb. 67). Demgegenüber ist Vektornavigation eigentlich keine Navigation, sondern Vektororientierung (SCHMIDT-KOENIG 1980).

Wenn Haustauben *(Columba livia)* in der Lage sind, von einem unbekannten Auflaßort aus ihr Ziel, d. h. den heimatlichen Taubenschlag zu finden, dann spricht das für echte Navigationsleistung. Wie bringen sie das fertig? Man hat verschiedene Sinnesleistungen untersucht, über die Tauben verfügen, und die sie dabei einsetzen könnten: Gesicht, Gehör (Infraschallwahrnehmung), Geruch, Schweresinn, Magnetfeldwahrnehmung und anderes. In welcher Weise sie die Vielzahl der Wahrnehmungen verwenden, um ihren Standort und die einzuschlagende Richtung zu bestimmen, ist noch weitgehend unklar. Wahrscheinlich wird ein ganzer Komplex verschiedener Wahrnehmungen eingesetzt, der auch je nach Situation und Erfahrung variiert werden kann.

10.8 Modifikation des Zuges durch Wetterbedingungen

Bei der spät ankommenden Gartengrasmücke als Fernzieher kann die Zugsteuerung weitgehend endogen erfolgen. Wenn sie Anfang Mai im Brutgebiet in Mitteleuropa eintrifft, sind die Witterungsbedingungen in aller Regel für sie günstig. Anders bei der Mönchsgrasmücke, die schon im März oder April in die Brutgebiete zurückkehrt. In Laboruntersuchungen ließ sich zeigen, daß bei ihr im Frühjahr niedrige Temperaturen zughemmend wirken und ein stabiles kontinentales Hochdruckgebiet mit nächtlichem Frost sogar zu einer Zugumkehr führen kann: Die Vögel ziehen dann in südlicher Richtung (VIEHMANN 1982). Hier wird deutlich, wie das endogene, ererbte Zugprogramm durch Außenfaktoren in seiner Realisation beeinflußt werden kann. Die Mönchsgrasmücke ist nicht ein so ausgeprägter Zugvogel wie die Gartengrasmücke.

10.9 Zugdimorphismus und Anpassung

Wie wir gesehen haben, ist es für den einzelnen Vogel eine genetisch weitgehend festgelegte Eigenschaft, ob er Zieher oder Nichtzieher ist. Für die Population schwankt jedoch der jeweilige Anteil der beiden Gruppen je nach Klimabedingungen. Er kann sich auch sehr schnell auf Klimaschwankungen einstellen. Ein harter und schneereicher Winter, wie er in Südfrankreich z. B. 1962/63 aufgetreten ist, läßt die überwinternden Insektenfresser nahezu vollständig zugrunde gehen. Im folgenden Jahr ist so der Anteil der Zieher in der Population ziemlich hoch. Diese müssen allerdings mehr Energie in ihren Zug investieren und nehmen auch ihr Brutrevier später in Besitz als die Nichtzieher. Bei einer Folge von milden Wintern wird daher die Häufigkeit der Nichtzieher wieder zunehmen. In der Population liegt ein genetisch gesteuerter Zug-Dimorphismus vor. Hierdurch kann das Zugverhalten ständig quantitativ auf die äußeren Gegebenheiten eingestellt werden. Es ist dafür gesorgt, daß auch durch einen strengen Winter die Brutpopulation nicht ganz ausgerottet wird und sich rasch wieder erholen kann. In den weiter nördlich wohnenden Teilpopulationen allerdings dürfte das Nichtziehen sehr selten sein.

Wenn wir auch bisher nur bei wenigen Arten Untersuchungen über die genetische Steuerung des Teilzieherverhaltens in der Population vorliegen haben, kann man doch annehmen, daß diese Ergebnisse eine weitergehende Gültigkeit haben.

10.10 Heimzug – warum?

Was bewegt eigentlich die Zugvögel, wieder an ihren Ausgangsort zurückzukehren, unter Umständen nur für die kurze Zeit der Fortpflanzung? Warum bleiben sie nicht dort, wo sie sich von der milden Wärme des Mittelmeers oder der tropischen Sonne der Savannen ständig verwöhnen lassen können?

Die Antwort auf diese Frage ist vielschichtig. Für die extremen Fernzieher, die weit über den Äquator hinaus auf die Südhalbkugel ziehen, beginnt dort der Winter, wenn es hier im Norden Sommer wird. Würden die Vögel dort verbleiben, wären sie mit den gleichen schlechten Lebensbedingungen konfrontiert, denen sie hier ausgewichen sind. Für die Überwinterer in tropischen Gebieten gilt, daß sie im Norden während der Fortpflanzungszeit ein massiertes reichhaltiges Nahrungsangebot vorfinden, das sie an den langen nordischen Sommertagen sehr gut nützen können, um ihre Nachkommenschaft großzuziehen. Für die südfranzösischen Mönchsgrasmücken kommt noch ein weiteres Kriterium hinzu. In Südfrankreich finden sich im Winter viele aus dem Norden kommende Artgenossen zum Überwintern ein. Sie treffen sich in Mengen an Stellen mit reichem Nahrungsangebot, z. B. an efeubehangenen Bäumen, um dort die Efeubeeren zu verzehren. Die Konkurrenz mit den kräftigeren Wintergästen ist dann so groß, daß ein Teil der Brutvogelpopulation, besonders die jungen Weibchen, sich gezwungen sieht, in ein Wintergebiet auszuweichen. Wenn die Konkurrenten im Frühjahr wieder verschwunden sind, können sie zurückkehren und selbst brüten (BERTHOLD, i. Dr.).

10.11 Reservefett – Kraftstoff zum Fliegen

Ohne Energiereserve können sich Vögel nicht auf eine lange Wanderung machen. Vor Beginn des Zuges bzw. während seiner ersten Phase sorgen sie dafür, daß ihnen genügend chemische Energie als Kraftstoffreserve zur Verfügung steht.

Die Reserve darf aber nicht so groß sein, daß sie allein durch ihr Transportgewicht den Organismus überlastet. Sie muß jedoch einen gewissen Minimalwert überschreiten. Aus Laborexperimenten von H. BIEBACH (mündl. Mitt.) wissen wir, daß Vögel keine Zugunruhe mehr produzieren, wenn ihr Körpergewicht und damit die Stoffreserve einen bestimmten Wert unterschreitet. Erst wenn sie genug gefressen haben, um dieses Mindestgewicht zu erreichen, beginnen sie wieder mit ihrem Zug.

Als Energiespeicher verwenden Vögel Fett. Das Speicherfett wird unter der Haut, im Bauchraum, in der Muskulatur und in der Leber abgelagert. Bläst man einem in der Hand gehaltenen Kleinvogel an Brust und Bauch das Gefieder auseinander, so daß die Haut sichtbar wird, so kann man sehr gut beurteilen, wie fett er ist. Bei einem fetten Vogel in bester Zugkondition sind die gesamte Eingeweideregion und auch die Brustmuskulatur mit einer dicken gelblichen subkutanen Fettschicht bedeckt. Ein nicht ziehender Vogel ist demgegenüber mager. Setzt man das Trockengewicht seines Körperfettanteils in Beziehung zum gesamten Trockengewicht, so ergibt sich als Fettindex der Wert 0,3. Während des Zuges kann sich dieser Fettindex auf das Zehnfache (3,0) erhöhen. Ein Rotkehlkolibri nimmt täglich um 0,15 g Fett zu. Ein Mensch müßte, um vergleichbare Werte zu erreichen, täglich um 10 kg zunehmen.

Beim Fettabbau wird auch viel Wasser frei, das für den Vogel beim Langstreckenzug von großem Nutzen ist.

Warum wird nicht Glykogen gespeichert, das als Kohlenhydrat bei Tieren der pflanzlichen Stärke entspricht? Fette sind höher reduziert als Glykogen und bieten daher für die oxidative Energiegewinnung sechsmal soviel Möglichkeiten wie Kohlenhydrate. Ein Zugvogel mit der gleichen Brennstoffmenge in Form von Glykogen wäre so schwer, daß er nicht vom Boden abheben könnte.

11 Tag und Nacht, Sommer und Winter: Innere Uhren für alle Zwecke

Vögel halten ebensowenig wie wir Menschen ihre Körpertemperatur ganztägig konstant auf einem Wert (vgl. S. 104). Vielmehr schwankt sie in einem 24stündigen Zyklus. Sie ist nachts am tiefsten und erreicht tags (beim Menschen am späten Nachmittag) ihren Höchststand. Dieser Zyklus wiederholt sich jeden Tag in gleicher Weise. Wir haben einen rhythmischen oder periodischen Ablauf vor uns. Mit derartigen Prozessen befaßt sich das biologische Teilgebiet der Biorhythmik. Wie die Körpertemperatur schwanken sehr viele andere physiologische Parameter im 24stündigen Rhythmus, teils parallel zueinander, teils sich ergänzend oder ohne besondere Beziehung. Außerdem gibt es noch zahllose kürzer- und längerfristige periodische Abläufe im und am Organismus. Ihre Spannweite reicht von Millisekunden (am Nervensystem) bis hin zu monatlichen, jährlichen und mehrjährigen Zyklen (Populationszyklen).

Regelhafte tageszeitliche Verteilungen lassen sich auch bei den Verhaltensweisen ablesen. Dies ist am Beispiel einiger Verhaltensaspekte des Auerhuhns in Abb. 68 dargestellt.

Ein sehr verbreitetes Muster der Verteilung von Aktivität auf den Tagesablauf nennen wir Bigeminus. Dieser weist zwei Gipfel auf, ein Hauptmaximum nach Beginn der Aktivitätsphase, ein Nebenmaximum vor ihrem Ende (Abb. 69). Derartige Verteilungen treten vor allem dann auf, wenn man die sogenannte lokomotorische Aktivität mißt, d.h. die unspezifische Fortbewegungsaktivität. Man kann sie bei einem Käfigvogel relativ leicht ermitteln, indem man z.B. registriert, wie häufig er pro Zeiteinheit von Sitzstange zu Sitzstange hüpft.

Addiert man die Aktivitätswerte für kurze Zeiträume, so erhält man zunächst ein relativ unübersichtliches Muster von kurzfristigen Aktivitätsschüben. Einen ausgeglichenen Verlauf stellen erst die pro Stunde oder pro 2 Stunden addierten Werte dar. Die Grundphänomene gelten in gleicher Weise für Arten, die licht- oder tagaktiv sind, wie für dunkel- oder nachtaktive Vogelarten.

Nicht alle Arten lassen sich jederzeit und eindeutig auf die eine oder andere „Betriebsart" festlegen. Viele tagaktive Singvögel entfalten im Frühjahr und Herbst eine zusätzliche nächtliche Aktivitätsphase, die Zugunruhe (vgl. S. 136). Diese nutzen sie, um z.T. über Kontinente hinweg zu

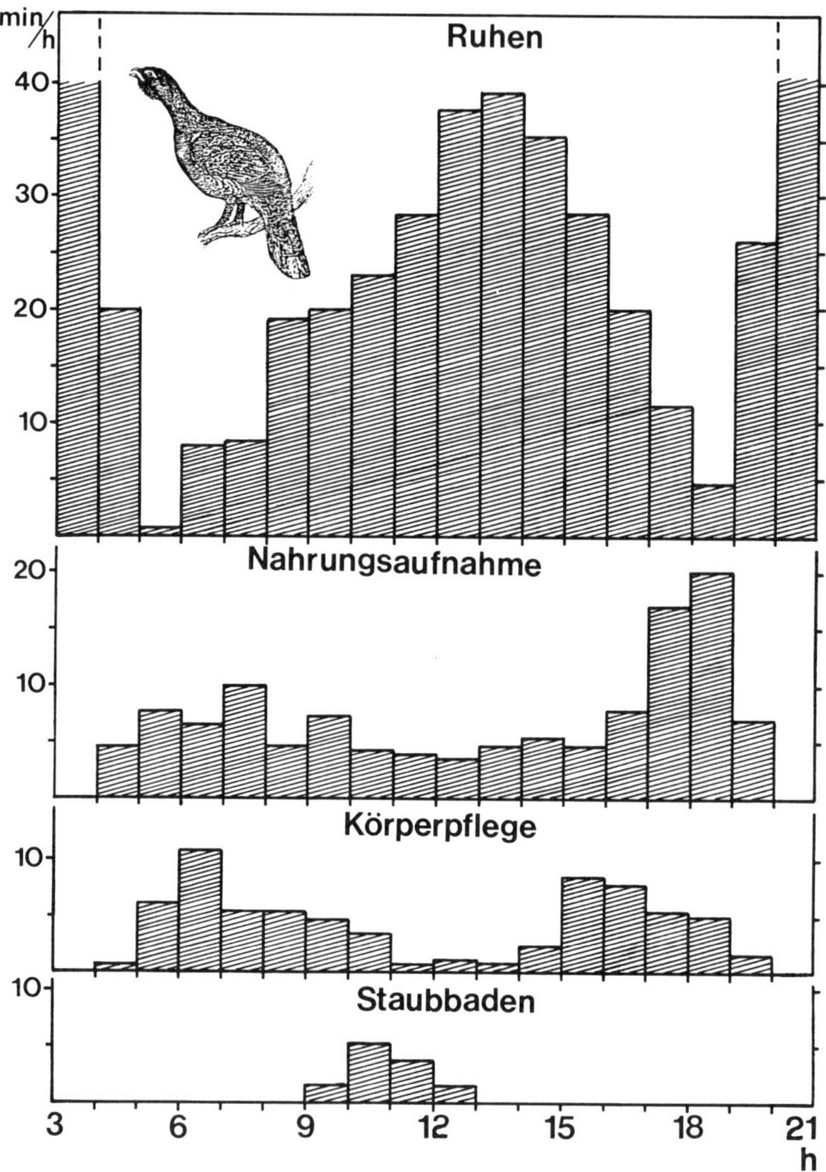

Abb. 68: Tageszeitliche Verteilung verschiedener Verhaltensweisen bei einem Auerhuhn *(Tetrao urogallus)*. Aus KLAUS et al. 1986

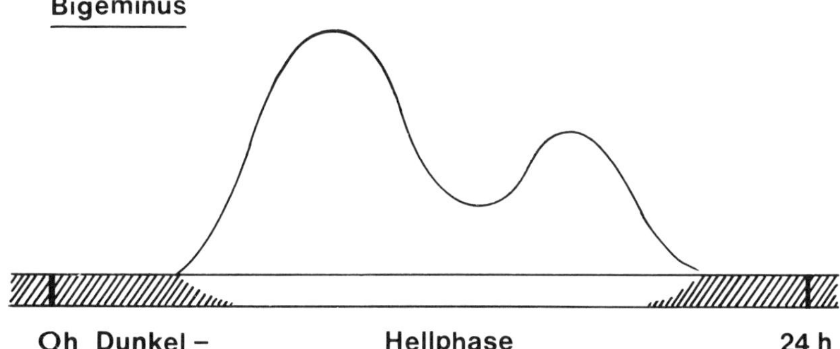

Abb. 69: Als Bigeminus wird eine zweigipflige Verteilung der Aktivität auf die Aktivitätsphase bezeichnet. Bei Nachttieren kann die Aktivität gleichartig verteilt sein, nur auf die Dunkelphase verschoben.

wandern. Im Käfig festgehalten reagieren sie sie durch stundenlanges Schwirrfliegen auf der Stelle ab (vgl. S. 150). Tag- und Nachtaktivität stehen hier unvermischt nebeneinander.

11.1 Beginn und Ende der täglichen Aktivität

Es ist weit vor Sonnenaufgang, kurz nach 2.30 Uhr in einer Frühsommernacht, als in die Stille des Waldes hinein der erste Gartenrotschwanz zu singen beginnt. Gegen 3 Uhr setzen Heidelerche und Singdrossel, kurz danach der Kuckuck ein, den man allerdings in hellen Nächten auch früher hören kann. Weitere Arten schließen sich an (Abb. 70). Bei Sonnenaufgang ist das Vogelkonzert in vollem Gange, ja die ersten Drosseln haben bereits ihren Gesang wieder eingestellt. – Dies ist ein zufällig ausgewähltes, aber reales Beispiel für das Phänomen der V o g e l u h r : Jede Art beginnt im Prinzip zu einem anderen Zeitpunkt vor oder nach Sonnenaufgang zu singen. Daraus ergeben sich gleich eine ganze Menge von Fragen, die vorwiegend von dem Verhaltensphysiologen J. ASCHOFF (1984) und seinen Mitarbeitern untersucht worden sind. Eine Reihe von Antworten können wir aus Abb. 71 ablesen. Sie haben den Charakter von Regeln:

- S y m m e t r i e r e g e l : Je früher eine Art morgens aktiv wird, desto später geht sie abends zur Ruhe. Es ist keineswegs so wie bei den Menschen, daß Spätaufsteher abends auch bis spät in die Nacht hinein

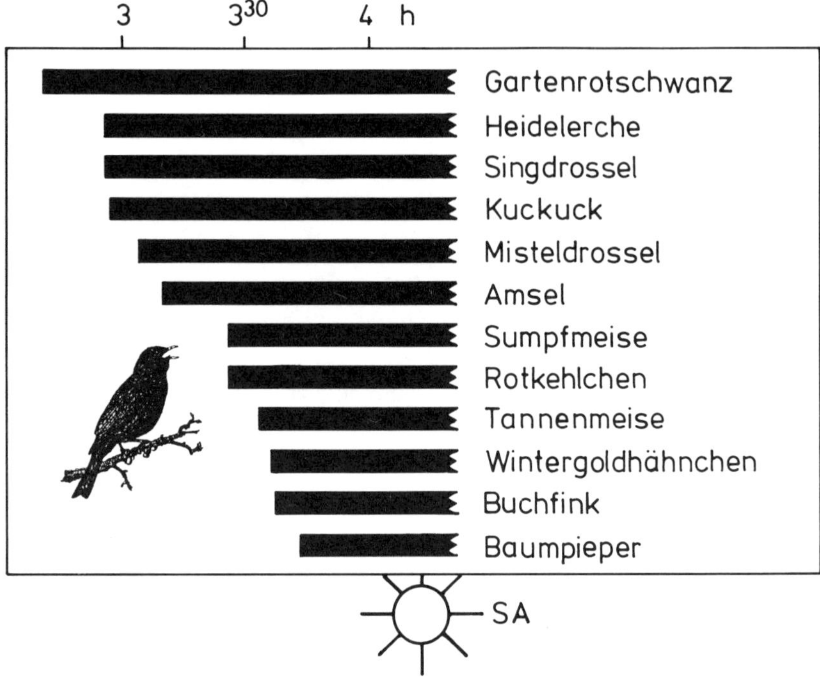

Abb. 70: Die Vogeluhr: Jede Vogelart beginnt bei einem bestimmten artspezifisch verschiedenen Dämmerungswert mit ihrem Gesang. 2. 6. 1965, Waldviertel Österreich (aus BERGMANN & HELB 1983)

wach sind. Es gibt Vogelarten mit längerem und solche mit kürzerem Tag. Das wirkt sich auf Aktivitätsbeginn und -ende ungefähr symmetrisch aus.

- Dämmerungsregel: Wenn Vögel morgens erwachen, ist es dunkler als abends, wenn sie sich zur Ruhe begeben. Anders gesagt: Der zeitliche Abstand zwischen morgendlichem Aktivitätsbeginn und Sonnenaufgang ist größer als derjenige zwischen Aktivitätsende und Sonnenuntergang. Daraus ergibt sich, daß die Mitte der Aktivitätszeit des Vogels zeitlich vor den Mittag, d. h. vor den Höchststand der Sonne, zu liegen kommt (Punkte in Abb. 71).
- Geschlechterregel: Innerhalb einer Art erwachen die Männchen früher als die Weibchen und gehen nach ihnen zur Ruhe. Hierfür gibt es eine Reihe von Nachweisen, z. B. von der Kohlmeise.
- Streuungsregel: Der Aktivitätsbeginn streut weniger als das Aktivitätsende. Dies gilt sowohl im Vergleich verschiedener Individuen ei-

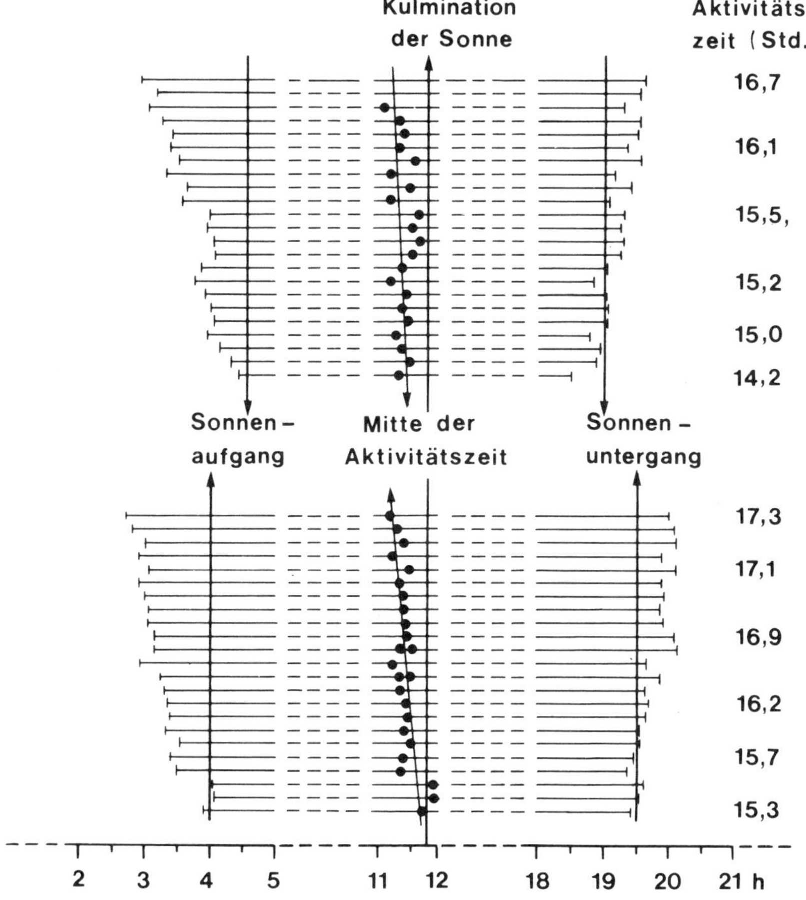

Abb. 71: Beginn und Ende der täglichen Aktivität freilebender Vögel. Jede Zeile stellt eine andere Art dar. Unabhängig von der Dauer der Aktivitätszeit liegt ihr Mittelpunkt vor der Tagesmitte (= Kulmination der Sonne). Auch die sonstige Wirkung der Dämmerungsregel und die der Symmetrieregel sind erkennbar. Nach ASCHOFF & WEVER (1962)

ner Art als auch bei einem Individuum im Vergleich verschiedener Tage. Er schwankt auch im Verlaufe des Jahres und auf verschiedenen Breitengraden weniger als das Ende.

- Helligkeitsregel: In gleicher Weise werden die Streuungen für Aktivitätsbeginn und -ende um so kleiner, je geringer der zugehörige Helligkeitswert ist. R. HEYDER (1933) beobachtete den Anflug einer Amselansammlung am Schlafplatz im Herbst und im Mittwinter:

Jahreszeit	Mitte des Anflugs	Streuung
September/Oktober	30 min vor SU	100 min
Januar	20 min nach SU	20 min

ASCHOFF & WEVER (1962) versuchten, diese Erscheinungen modellartig durch eine Sinusschwingung zu erklären, die der tageszeitlichen Periodik zugrundeliegt und die gegenüber der Periodik des Außentags einen Vorlauf hat (negative Phasenwinkeldifferenz). Durch diese Phasenwinkeldifferenz erklärt sich die Vorverschiebung des Vogeltages gegenüber dem Sonnentag, durch Anheben oder Absenken einer horizontal verlaufenden Schwelle das frühere oder spätere Aufstehen bzw. Zurruhegehen der einzelnen Arten, Geschlechter oder Individuen.

Je flacher die Kurve im Schwellenbereich verläuft, desto stärker müssen sich kleine Abweichungen zeitlich auswirken. Dies ist am Aktivitätsende der Fall. Je steiler die Schwelle geschnitten wird, desto eindeutiger ist der Schnittpunkt definiert und desto weniger Streuungen treten auf (vgl. Abb. 69). Dies gilt für den Aktivitätsbeginn.

11.2 Die Innere Uhr

11.2.1 Eine Uhr, die ungenau geht

Worin hat eine derartige Aktivitätsperiodik ihre Ursache? Vögel nehmen bei Aktivitätsbeginn und -ende offenbar auf bestimmte artgemäße bzw. individuelle Helligkeiten des Außentags Bezug. Sind sie bei der Steuerung ihrer Aktivität allein von solchen Außenfaktoren abhängig? Hierzu führen wir zunächst ein einfaches Experiment an einem Gimpel *(Pyrrhula pyrrhula)* durch, der unter künstlichen Beleuchtungsbedingungen gehalten wird (Abb. 72). Für den Vogel beginnt der Tag mit dem Einschalten der Beleuchtung um 8 Uhr, er endet um 20 Uhr. Daran schließt sich eine 12stündige Dunkelphase an, in der der Vogel ruht.

Wir verlegen nun die Beleuchtungsphase von einem auf den anderen Tag (Tag 7 in Abb. 72) um 6 Stunden vor. Der Vogel stellt sich ebenso wie der Mensch um, aber nicht sofort. Nach drei Tagen hat er die Vorverschiebung der Zeit aufgeholt. Mache ich das Experiment wieder rückgängig (13. Tag), so dauert es allerdings beim Vogel ein paar Tage länger, bis er wieder synchronisiert ist; beim Menschen geht dieser Prozeß schneller vor sich. Nur die Körpertemperatur des Menschen reagiert ebenfalls träge:

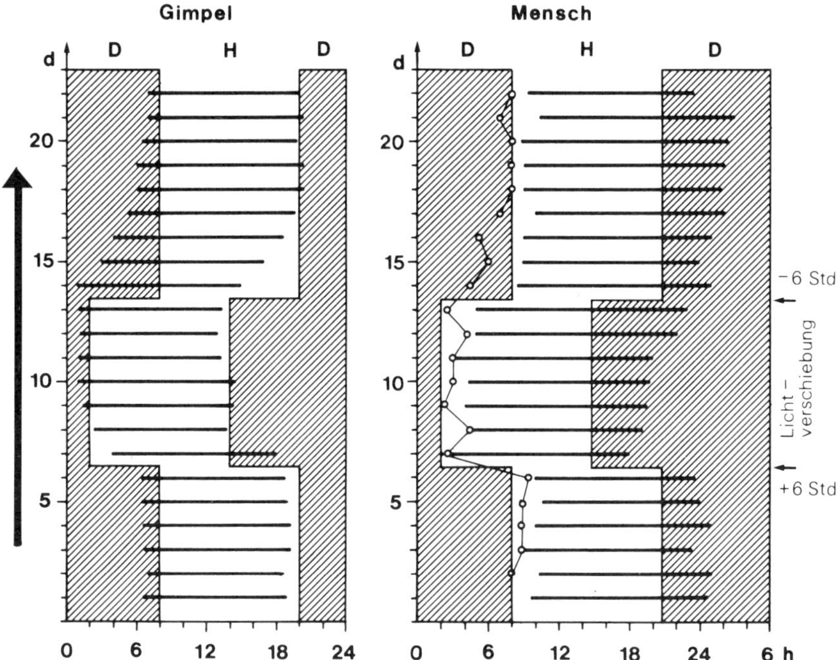

Abb. 72: Reaktion von Gimpel *(Pyrrhula pyrrhula)* und Mensch *(Homo sapiens)* auf Zeitverschiebung. Die horizontalen Linien stellen die Dauer der Aktivitätsphase dar. D Dunkel, H Hell. Die Abbildung ist für aufeinander folgende Tage (d) von unten nach oben zu lesen. Der Polygonzug beim Menschen stellt die tägliche minimale Körpertemperatur dar. Verändert nach ASCHOFF in CZIHAK et al. (1976)

Sie benötigt etwa 5 Tage, um ihre anfängliche Phasenlage wieder zu erreichen.

Wir sehen also, daß eine stufenförmige Umstellung der äußeren Beleuchtungsperiodik vom Organismus, ob Vogel oder Mensch, durch eine Anpassung beantwortet wird, die aber nicht sofort, sondern verzögert eintritt. Dabei können verschiedene Organe bzw. Leistungsbereiche des Organismus unterschiedlich schnell reagieren. Das zeigt schon, daß der Gesamtorganismus ebensowenig wie seine Teile völlig und sofort außengesteuert ist.

Das Hauptexperiment zur Prüfung der inneren Steuerfaktoren besteht darin, äußere Einflüsse periodischer Art überhaupt ganz auszuschalten. Um wirklich sicher zu gehen, daß nicht doch irgendein Einfluß von außen wirkt, muß man die Räume, in denen solche Versuche stattfinden, gegen alle erdenklichen Faktoren abschirmen: Licht, Schall, Temperaturände-

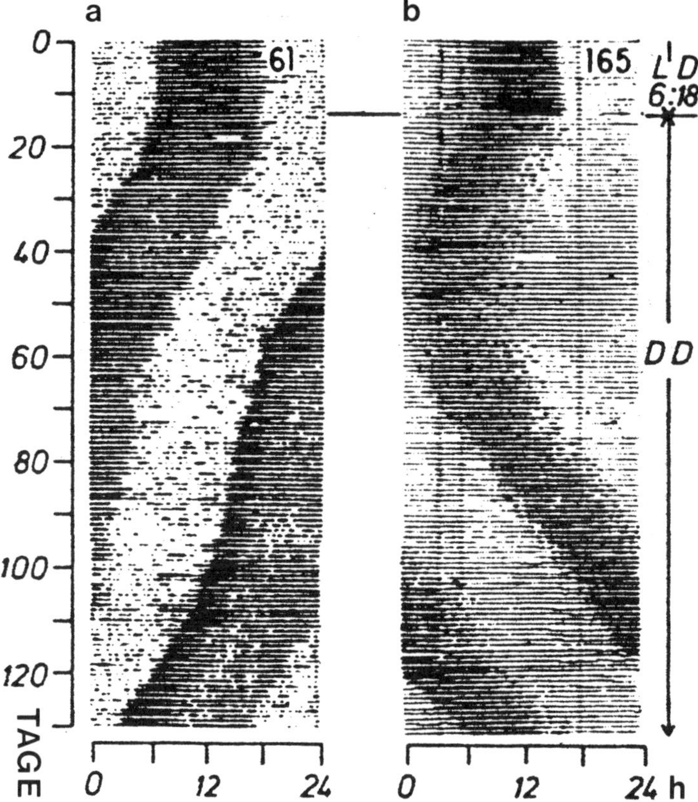

Abb. 73: Nach einem Hell-Dunkel-Tag mit einem Lichtzyklus von 6 Stunden Hell (L) und 18 Stunden Dunkel (D) werden zwei Haussperlinge *(Passer domesticus),* **(a, b)** in Dauerdunkel (DD) versetzt. Danach läuft ihre Tagesperiodik frei, sie wird „circadian". Bei **a** ist die Periode kürzer, bei **b** länger als 24h. Jede Zeile stellt einen 24 h-Tag dar. Die Dichte der Schwärzung auf der Zeile bezeichnet den Grad der Aktivität. Nach ESKIN in ASCHOFF 1979

rung, Änderung der Luftfeuchtigkeit, des Luftdrucks, des Magnetfelds der Erde usw. Abb. 73 zeigt das Ergebnis eines solchen Versuchs am Haussperling. Die Vögel leben zunächst in einem Tag mit Helldunkelwechsel (6 Stunden hell, 18 Stunden dunkel). Danach wird auf Dauerdunkel (DD) umgeschaltet. Die Aktivitätsphase bleibt erhalten. Doch verschiebt sie sich täglich etwas gegenüber dem Außentag. Der Effekt addiert sich von Tag zu Tag auf und führt dazu, daß die Aktivitätsphase allmählich „auswandert". In dem einen Fall läuft die Aktivitätsperiodik des Haussperlings schneller als die des Außentags (a). Bei dem anderen Vogel ist das Umgekehrte der Fall (b). Wir haben es beide Male mit einer frei laufenden spontanen Aktivitätsperiode zu tun. Eine Spontanfrequenz wird sichtbar.

Ihre Repräsentation im Organismus bezeichnen wir als Innere Uhr. Da deren Periode nur ungefähr 24stündig ist, bezeichnen wir sie auch als circadian. Dieser Begriff wird häufig für alle 24stündigen Perioden angewandt, gilt aber eigentlich nur für die von 24 Stunden ein wenig abweichenden, endogen gesteuerten. Entsprechend sind die Begriffe circatidal (etwa einen Tidenzyklus dauernd), circalunar (etwa einen

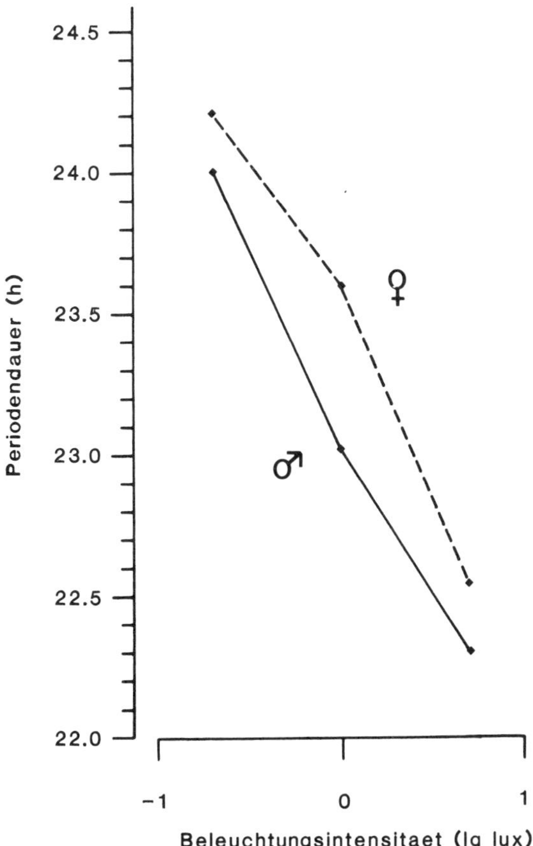

Abb. 74a: Je höher die Beleuchtungsintensität bei Dauerlicht ist, desto rascher läuft die Innere Uhr: Die Periode wird kürzer. Mittelwerte für je 7 männliche und weibliche Buchfinken *(Fringilla coelebs)*. Die Uhr läuft bei den Weibchen etwas langsamer als bei den Männchen. Nach ASCHOFF 1966 aus ASCHOFF 1979

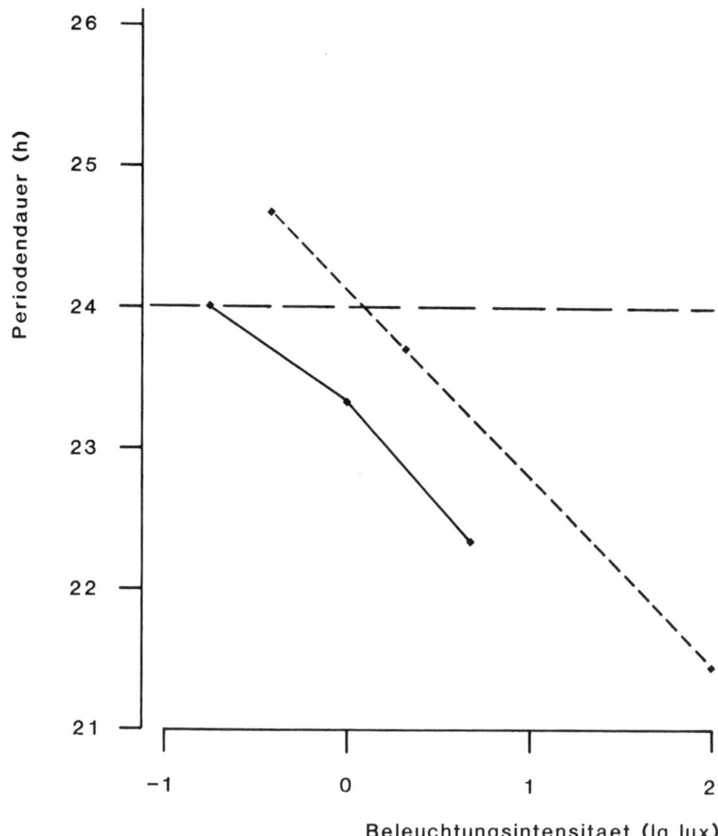

Abb. 74 b: Abhängigkeit der Inneren Uhr von der Beleuchtungsintensität bei Dauerlicht am Beispiel des Buchfinken *(Fringilla coelebs)*. Die Periodendauer ist wiederum um so kürzer, je heller die Dauerbeleuchtung. Die Uhr läuft schneller, wenn mehrere Vögel sich gegenseitig wahrnehmen können (durchgezogene Linie), als wenn sie einzeln sitzen (gestrichelt). Die Abszisse ist logarithmisch! Nach ASCHOFF et al. aus ASCHOFF 1979

Monat dauernd) und circannual (etwa ein Jahr dauernd) nur auf die frei laufenden endogenen Perioden anzuwenden (HALBERG in ASCHOFF 1984).

Die Innere Uhr selbst ist in ihrem Gang nicht ganz unabhängig von Außenfaktoren. Der resultierende Rhythmus hängt erstens von der Vorbehandlung des Tieres ab, zweitens auch von den Randbedingungen des Versuchs: Hält man ein Tagtier bei unterschiedlichen Beleuchtungsstärken, so geht die Uhr umso schneller, je heller das Licht ist (bei sehr hellem Licht kann sie ganz blockiert werden). Nachttiere reagieren genau umgekehrt (Abb. 74a und 75). Die beiden Geschlechter einer Art verhalten sich im Prinzip gleich, können aber eine unterschiedliche Reaktionslage aufweisen (Abb. 74a). In dieser Hinsicht macht es auch einen Unterschied, ob mehrere Tiere in Kontakt miteinander oder ein Tier allein untersucht wird (Abb. 74b). Entscheidend für das Grundprinzip ist aber einzig und allein, daß der Rhythmus selbst nicht vom Außentag vorgegeben wird. Ein Kritiker könnte nun einwenden, wir hätten irgendeinen der vielen Faktoren des Außentags nicht richtig kontrolliert, und dieser Faktor hätte die Periodik unseres Versuchsvogels erzeugt. Dagegen gibt es ein einleuchtendes Argument: Jedes Versuchstier hat eine individuell etwas unterschiedliche Periodik. Jede Versuchstierart weicht ebenfalls in charakteristischer Weise von der anderen ab.

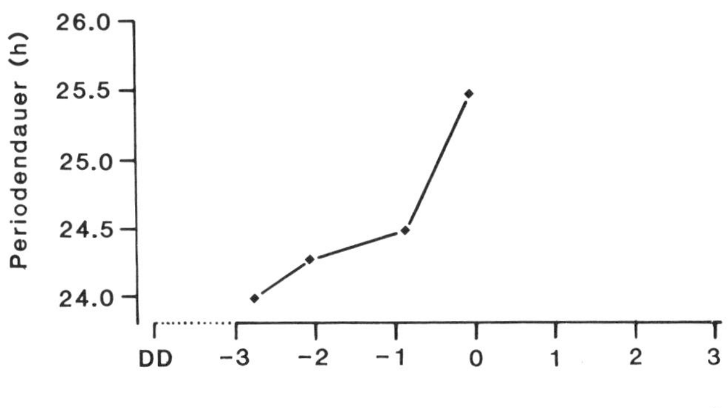

Abb. 75: Bei der Schleiereule *(Tyto alba)* als einem Nachttier wirkt die circadiane Regel umgekehrt: Je heller das Licht ist, desto langsamer geht die Innere Uhr bei Dauerlicht. Nach ASCHOFF et al. 1962 aus ASCHOFF 1979

Wenn es also einen von uns übersehenen Faktor geben sollte, dann müßte dieser bewirken, daß verschiedene Versuchstiere zu völlig gleichem, wenn auch eventuell von 24 h abweichendem Rhythmus synchronisiert werden. Da das aber nicht der Fall ist, kann man davon ausgehen, daß die frei laufende Periodik tatsächlich auf einer Inneren Uhr beruht, d. h. endogen ist.

11.2.2 Synchronisation mit dem Außentag

Würde nun die Innere Uhr allein den Lebenslauf des Vogels bestimmen, so müßte daraus sehr bald ein Chaos entstehen. Jedes Vogelindividuum einer Art würde zu anderer Zeit aktiv werden und zur Ruhe gehen. Aktivitätsbeginn und -ende würden sich ständig und individuell unterschiedlich verschieben. Eine Gleichzeitigkeit bzw. Koordination im Verhalten wäre kaum möglich. Während der eine Partner eines Vogelpaares begattungsbereit ist, liegt der andere in tiefem Schlaf. Sychronie ist aber nicht nur bei innerartlichen Beziehungen notwendig. Auch ein Greifvogel muß dann aktiv werden, wenn er seine Beutetiere erreichen kann.

Daher müssen dringend Faktoren gefordert werden, die die Einzelorganismen miteinander bzw. mit dem Außentag synchronisieren. Wir haben schon oben gesehen, daß beim Gimpel der Hell-Dunkel-Wechsel des Tages auf die Aktivitätsphase synchronisierend wirkt. Einen derartigen Steuerfaktor nennen wir in der Biorhythmik einen Zeitgeber. Der Hell-Dunkel-Wechsel ist ein physikalischer Zeitgeber, der den biologischen Rhythmus, die Innere Uhr, mit dem kosmischen Außentag synchronisiert. Bei wechselwarmen Tieren und manchen Vögeln wirken auch Temperaturzyklen als Zeitgeber, bei Vögeln kommen darüber hinaus soziale Zeitgeber in Frage. So könnte der erste morgens singende Gartenrotschwanz *(Phoenicurus phoenicurus)* mit seinem Gesang für die Artgenossen der Nachbarschaft ein Signal geben, auch aktiv zu werden und mit ihrem Gesang zu beginnen. GWINNER (1966) hat die Zeitgeber-Eigenschaften von arteigenem Gesang am Beispiel des Erlenzeisigs *(Carduelis spinus)* und des Girlitz *(Serinus serinus)* belegt. Andere Faktoren wie Temperatur, Wind, Niederschlag, Lärm und Zufallserscheinungen können sich auf das

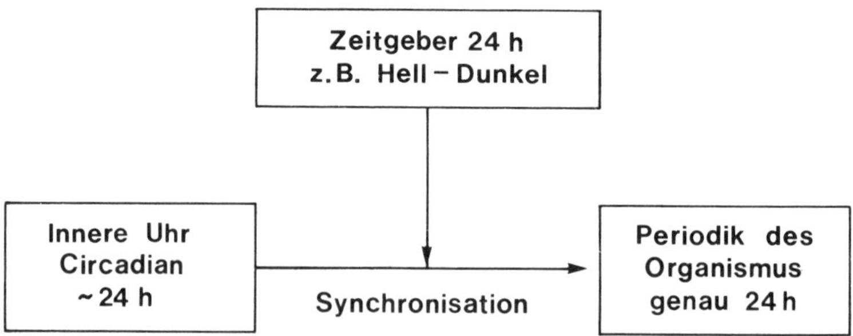

Abb. 76: Zusammenspiel zwischen Innerer Uhr, die nur ungefähr 24stündig läuft, Zeitgeber, der eine Periode von exakt 24 Stunden hat, und der synchronisierten Periodik des Organismus, die durch die Wirkung der Zeitgeber ebenfalls 24stündig wird.

aktuelle Erwachen eines Vogels modifizierend auswirken (STEPHAN 1983). Insgesamt wirken innere und äußere Periodik sowie weitere Faktoren bei der Steuerung der Aktivitätsverteilung eines Vogels sinnvoll zusammen (Abb. 76).

11.2.3 Die Suche nach dem Sitz der Inneren Uhr

Im Prinzip verfügt jede einzelne lebende Zelle über die Fähigkeit, tagesrhythmisch aktiv zu sein. Dies führt u. a. dazu, daß verschiedene Organe in einem Organismus auf eine äußere Phasenverschiebung unterschiedlich schnell reagieren und ihre Beziehungen unter ungünstigen Umständen in Unordnung geraten. Dennoch hat man schon längere Zeit nach dem Sitz einer übergeordneten Uhr im Organismus gesucht, die seine Aktivität im wesentlichen steuert. Da die Innere Uhr auch Zugang zur Außenwelt haben sollte, hat man die Suche bei Vögeln auf die Sinnesorgane und das Gehirn konzentriert.

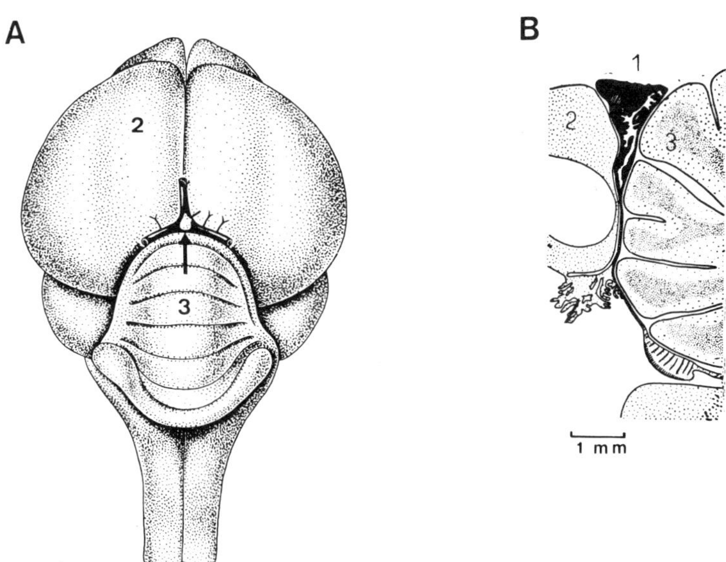

Abb. 77: **A** Gehirn einer Haustaube *(Columba livia)*. Der Pfeil zeigt auf die Endblase des Pinealorgans in der Lücke zwischen den beiden Hälften des Endhirns (2) und dem Kleinhirn (3) **B** Histologischer Sagittalschnitt (in Pfeilrichtung bei **A**) in halbschematischer Darstellung, Region des Pinealorgans (Epiphyse) bei der Amsel *(Turdus merula)*. 1 Epiphyse, 2 Endhirn, 3 Kleinhirn. Aus OKSCHE et al. 1969 und BREUCKER 1967, verändert

Verschiedene Versuchsergebnisse lassen darauf schließen, daß das Pinealorgan (die Epiphyse) dabei eine Rolle spielt. Hierbei handelt es sich um einen dorsalen Anhang des Zwischenhirns (Abb. 77), der möglicherweise auch bei der Magnetfeldwahrnehmung beteiligt ist (S. 144). Die hier interessierenden Arbeiten wurden vorwiegend am Haussperling *(Passer domesticus)*, aber auch an einigen anderen Vogelarten durchgeführt. Das Pinealorgan ist bei niederen Wirbeltieren wie Fischen und Amphibien ein „drittes Auge" neben den Lateralaugen (dem normalen Augenpaar), das durch das Schädeldach Licht empfängt und über ableitende Nervenbahnen Informationen über dessen Intensität und Wellenlängenzusammensetzung, zu Impulsen verarbeitet, an das Gehirn weitergibt. Bei Säugetieren einschließlich des Menschen ist diese direkte Sinnesfunktion beseitigt. Das hier als Zirbeldrüse bezeichnete Organ ist nach innen verlegt und arbeitet allein als inkretorische Drüse. Bei Vögeln hat es noch Lichtsinnesfunktion. Zwar gibt es im Schädel darüber kein durchscheinendes Fenster wie bei Fischen, Amphibien und Reptilien, aber das Licht dringt trotzdem durch Gefieder und die dünne Schädeldecke bis zum Pinealorgan, ja sogar noch tiefer bis zu Lichtrezeptoren im Hypothalamus an der Basis des Zwischenhirns vor und tut dort seine Wirkung.

Die Ephiphyse stellt ein schlauchförmiges Hohlorgan dar, das zwischen den Endhirnhemisphären und dem Mittelhirm zur Schädelkapsel vordringt (Abb.77 B). Es ist in merkwürdiger Zwischenform ausgebildet. Der Hohlraum ist innen mit degenerierten Sinneszellen und Stützzellen ausgekleidet. Anstelle der distalen Lamellenstapel funktionsfähiger Lichtsinneszellen treten ungeordnete Lamellenwirbel auf, die allerdings immer noch mittels eines verdickten cilienartigen Stieles mit dem Außenglied der Zelle verbunden sind (OKSCHE & KIRSCHSTEIN 1969). Eine lichtabhängige elektrische Aktivität ist nur noch in schwacher Form vorhanden. Dafür gibt es aber große granulierte Vesikel, die für eine inkretorische Aktivität des Organs sprechen (OKSCHE 1968, OKSCHE u. a. 1969). Tatsächlich wird hier lichtabhängig das Hormon Melatonin gebildet, das bei Fischen und Amphibien den Farbwechsel steuert, bei höheren Wirbeltieren u. a. die Gonaden hemmend beeinflußt. Wahrscheinlich entstehen hier auch noch verschiedene andere Stoffe, die als Überträger (Transmitter) wirksam werden.

Das erste Experiment mit dem Pinealorgan des Haussperlings brachte eine Enttäuschung. Wenn man es entfernt und den Vogel in einem normalen Hell-Dunkel-Tag hält, ändert sich an seiner Tagesperiodik nichts. Er kann also unter normalen Bedingungen auch ohne Pinealorgan leben.

Doch sobald man diesen Vogel in Dauerdunkel bringt, stellt sich nicht, wie gewohnt, die freilaufende Innere Uhr dar, sondern die Periodik verlischt. Das gilt auch umgekehrt. Operiert man einem Sperling, der im Dau-

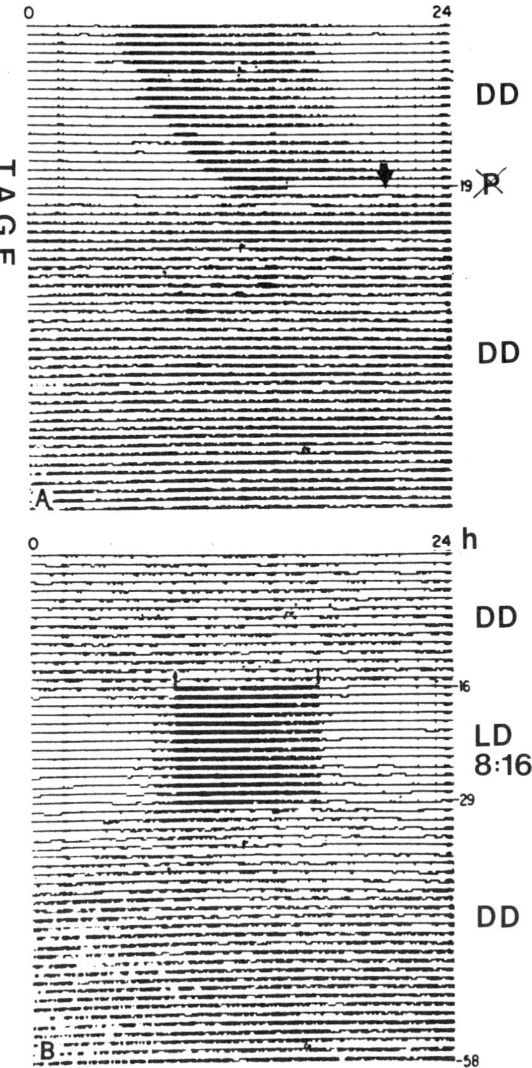

Abb. 78: Was passiert, wenn man einem Haussperling *(Passer domesticus)* das Pinealorgan herausoperiert? **A** Der Vogel saß im Dauerdunkel und zeigte wie in Abb. 73 freilaufende Aktivitätsperiodik. Jede Zeile stellt einen Tag dar. Die Tage sind untereinander angeordnet. Aktivität ist dort, wo die Aufzeichnung dunkel wirkt. Am 19. Tag wird dem Versuchsvogel das Pinealorgan entfernt. Danach bleibt im Dauerdunkel (DD) die Aktivitätsperiodik aus. **B** Wenn man den gleichen Vogel später einem Hell-Dunkel-Wechsel (LD) von 8 Stunden Licht und 16 Stunden Dunkel aussetzt, läßt sich wieder eine Synchronisation herbeiführen. Im Dauerdunkel verschwindet sie spurlos. Nach GASTON & MENAKER aus TAKAHASHI et al. (1980)

erdunkel noch mit freilaufender Periode lebt, die Epiphyse heraus, so verliert er auch seine Periodizität (Abb. 78A). Durch einen äußeren Lichtzyklus läßt sich aber auch ohne Epiphyse der Rhythmus wieder herstellen (Abb. 78B).

Ähnliches fand GWINNER (1978) beim Star. Wenn nun das Pinealorgan der Sitz der inneren Periodik ist, dann müßte unser im Dauerdunkel sitzender Vogel wieder periodisch aktiv werden, sobald man ihm ein neues Pinealorgan verschafft. Dieses Transplantationsexperiment wurde trotz der geringen Größe der Organe erfolgreich durchgeführt. Das Pinealorgan wurde einem normalen Haussperling entnommen und in die vordere Augenkammer eines Artgenossen ohne Pinealorgan transplantiert. Sehr bald zeigt sich beim Empfänger die übliche Aktivitätsrhythmik auch im Dauerdunkel (MENAKER & ZIMMERMAN 1976) (Abb. 79).

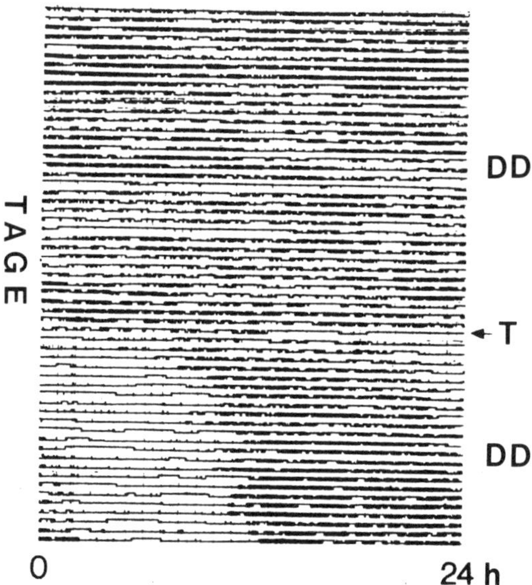

Abb. 79: Transplantationsexperiment: Bei T wird einem Vogel ohne Epiphyse das entsprechende Organ eines normal lebenden Haussperlings in die vordere Augenkammer übertragen. Er bildet sogleich eine im Dauerdunkel (DD) frei laufende Periodik aus. Nach ZIMMERMAN & MENAKER aus TAKAHASHI et al. 1980

Die nächste Frage ist die nach dem Mechanismus der Inneren Uhr im Pinealorgan selbst. Auf der Suche nach einem möglichen chemischen Zeitmechanismus stieß man wieder auf das *Melatonin*. Dieses Hormon wird vom Organismus aus Serotonin, einem Neurotransmitter, hergestellt.

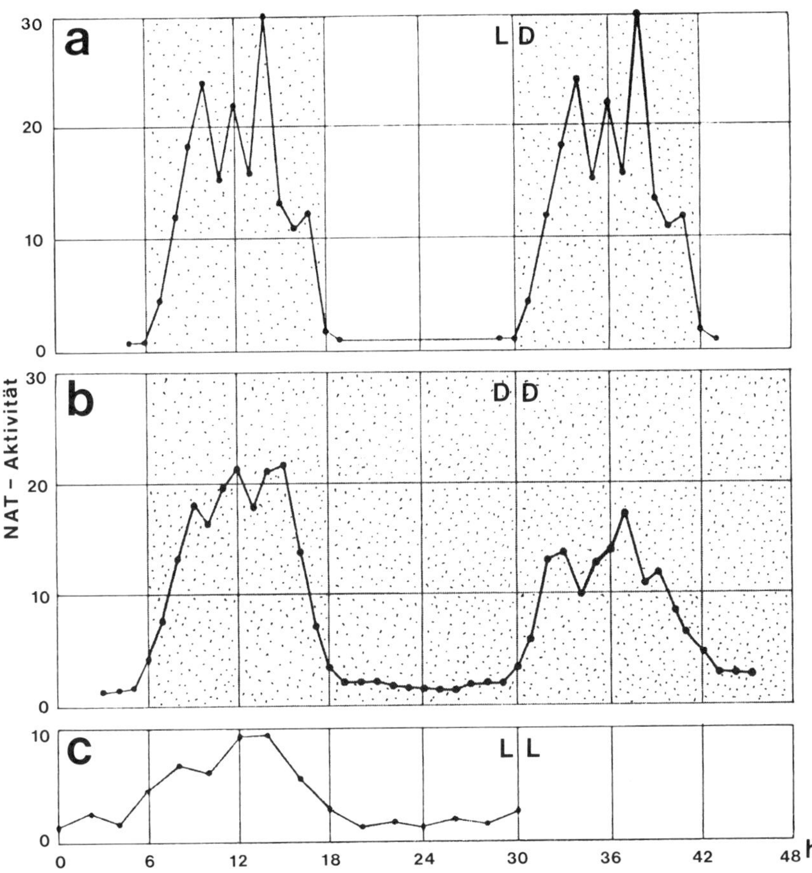

Abb. 80: Die Aktivität der N-Acetyltransferase (NAT), die im Pinealorgan das Hormon Melatonin herstellt, ist beim Huhn lichtabhängig. (a) Bei normalem Hell-Dunkel-Wechsel ist NAT ausschließlich in der Dunkelphase vorhanden. Bei Dauerdunkel (b) bleibt diese Periodik erhalten, bei Dauerlicht (c) wird sie unterdrückt. Aus BINKLEY (1979)

Ein dabei beteiligtes Enzym ist die N–Acetyltransferase (NAT). Dieses Enzym weist normalerweise bei Nacht die höchste Aktivität auf (Abb. 80). Die Syntheserhythmik bleibt auch im Dauerdunkel erhalten. Im Dauerlicht dagegen ist sie nur sehr schwach ausgeprägt. Dies steht in Einklang mit der Beobachtung, daß die Aktivitätsperiodik von Tieren bei sehr heller Beleuchtung insgesamt gestört wird (BINKLEY 1979). Hier ist offenbar ein Synthesemechanismus am Werk, der sowohl im Normaltag als auch im Dauerdunkel periodisch funktioniert. Durch das Freisetzen von Melatonin wird dem Organismus die Zeit mitgeteilt. Die Synchronisation mit dem Außentag geschieht mit Hilfe der Lichtempfindlichkeit des Syntheseprozesses.

Dieses Modell ist keine Universallösung zur Erklärung der Arbeitsweisen der Inneren Uhr bei Vögeln oder anderen Organismen. Man muß sich die Innere Uhr als eine Hierarchie verschiedener Steuerprozesse vorstellen, die sich gegenseitig beeinflussen. Aber wir sind im Pinealorgan ganz nahe an einen der wichtigen übergeordneten Uhrmechanismen der Vögel herangekommen.

11.3 Jahresperiodik

Bei Vögeln werden besonders die folgenden drei Funktionsbereiche jahresperiodisch gesteuert: die Fortpflanzung, die Mauser und die Wanderungen. Uns interessiert die Frage, ob deren Jahresperiodik ebenfalls durch eine Innere Uhr gesteuert wird. Berthold (1978) hat bei Gartengrasmücken das notwendige Isolationsexperiment durchgeführt. Er hat sie jahrelang im Labor in einem konstanten 10:14 h-Tag gehalten, also ohne jahresperiodische Veränderung der Tageslänge. Dabei prüfte er, in welchen Abständen die Mausern aufeinander folgten (Abb. 81). Es zeigte sich auch hier eine freilaufende Rhythmik, deren Periode kürzer als ein Jahr war, die also als circannual bezeichnet werden muß. Unter normalen Außenbedingungen würde der jahresperiodische Wechsel der Tageslänge diese endogene Periodik mit dem kosmischen Jahr synchronisieren. Es gilt das gleiche Prinzip des Zusammenwirkens endogener und exogener Faktoren wie bei der Tagesaktivität.

Inzwischen ist bei Mönchsgrasmücken und anderen Singvogelarten der Nachweis gelungen, daß das jahresperiodische Zugverhalten eine genetische Grundlage hat (s. S. 152).

11.4 Innere Uhren – wozu?

Langstreckenzieher können nicht im Brutgebiet abwarten, bis das Nahrungsangebot sich so weit verschlechtert hat, daß sie vor dem Winter flüchten müssen. Sie tun besser daran, schon abzuziehen, wenn die Nahrungsversorgung noch günstig ist.

Ebenso müssen sie aus dem Wintergebiet schon anreisen, bevor die günstigsten Nahrungsbedingungen im Brutgebiet eintreten. Sie können überdies im Überwinterungsgebiet nicht ahnen, welche Bedingungen im Brutgebiet herrschen. Deshalb müssen sie ein Zeitprogramm in sich tra-

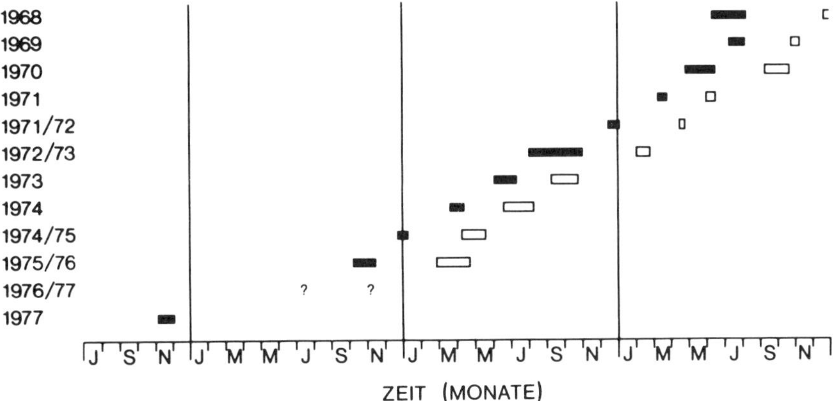

Abb. 81: Freilaufende „circannuale" Periodik der Mauser bei einer Gartengrasmücke *(Sylvia borin)*. Der Vogel wurde unter konstanten Bedingungen, d. h. ganzjährig in einem Tag mit 10 Stunden Licht und 14 Stunden Dunkelheit gehalten. Schwarze Balken stellen die Brutmauser, weiße die Ruhemauser dar. ? = Mauser nicht festgestellt. Das Kalenderjahr ist aus darstellungstechnischen Gründen 3,5 mal nebeneinander abgetragen. Aufeinander folgende Jahre bilden die Zeilen. Die Mauserrhythmik weist eine konstante Periode auf, die kürzer als ein Jahr ist und sich deshalb in der Abb. nach links verschiebt. Nach BERTHOLD 1980

gen. Sie machen sich damit wenigstens teilweise von den aktuellen Außenbedingungen unabhängig und schaffen die Möglichkeit, sich in die Zukunft hinein vorzubereiten. Solche Zeitprogramme sind über viele Generationen hin in der stammesgeschichtlichen Vergangenheit durch Mutation und Selektion ausgebildet worden. Ähnliches gilt für die Tagesperiodik. Der Vogel muß sein Erwachen vorbereiten und kann sich nicht von augenblicklicher äußerer Helligkeit allein steuern lassen. Er muß am Nachmittag schon verstärkt zur Nahrungsaufnahme übergehen, bevor es zu dämmern beginnt, damit er die Nacht überstehen kann.

11.5 Zeitgeber sind Signale

Damit der Organismus sich nicht völlig vom Außentag abkoppelt, bedarf es der synchronisierenden Reize, der Zeitgeber. Diese haben Signalfunktion. Sie schaffen dem Organismen über bestimmte Lichtwerte oder andere Meßgrößen Einblick in die Phasenlage des kosmischen Außenrhythmus.

In Wirklichkeit stehen sie aber stellvertretend für seine wechselseitigen Beziehungen zur sozialen und nichtsozialen Umwelt. Wir nennen sie daher unmittelbare Faktoren oder nach BAKER (1938) „proximate factors". Dem stehen die Selektionsfaktoren gegenüber. Ein für das Zugverhalten verantwortlicher Selektionsfaktor ist z. B. das jahreszeitlich wechselnde Nahrungsangebot. BAKER hat solche Faktoren „ultimate factors" (mittelbare Faktoren) genannt.

Wir haben es hier mit einer allgemeinen Erscheinung zu tun, die über die Wirkung der Zeitgeber weit hinausgeht. Organismen richten sich oft nicht nach den eigentlichen selektierenden Faktoren, sondern nach Signalen, die an die Stelle der Selektionsfaktoren treten, aber leichter bzw. früher zugänglich sind. Ein Vogel wählt sein Brutrevier nicht nach Nahrungsangebot, sondern nach Strukturkriterien, die nach stammesgeschichtlicher „Erfahrung" ein späteres günstiges Nahrungsangebot zur Brutzeit ankündigen. Der Star sucht den Schutz einer Gruppe von Artgenossen nicht deswegen auf, weil er ihre ökologische Bedeutung erkennen könnte. Er gehorcht seinen unmittelbaren Verhaltensmechanismen. Aber diese haben sich unter dem Selektionsdruck der ökologischen Faktoren entwickelt. Ein Vogel wacht morgens rechtzeitig auf, weil er auf die Helligkeit als Zeitgeber reagiert. In Wirklichkeit synchronisiert er sich auf diese Weise mit seiner belebten Umwelt.

Der Begriff Signal ist hier nicht im strengen Sinne (s. S. 206) verwendet worden. In den meisten Fällen sind Zeitgeber nicht ritualisiert. Aber der Organismus hat sich für die Wirkung eines Außenreizes geöffnet, so daß dieser eine signalartig steuernde Wirkung bekommen hat.

12 Hören, Sehen, Riechen: Einige Sinnesorgane und ihre Leistungen

Fliegen ist gefährlich. Das wird uns häufiger durch ein Flugzeugunglück bewußt als durch den Absturz eines fliegenden Vogels. Selten verunglückt ein Vogel unter natürlichen Bedingungen , wie z. B. ein Sperber *(Accipiter nisus)*, der sich beim Verfolgen einer Kohlmeise im Wald an einem Ast verletzt. Viel häufiger kommen Vögel in Situationen ums Leben, die vom Menschen geschaffen sind und auf die die Tiere sich in ihrer normalen Umwelt nicht einzustellen brauchten: Nächtlich fliegende Zugvögel prallen gegen Hochspannungsdrähte oder stürzen geblendet an Leuchttürmen zu Tode. Bei plötzlicher Flucht stoßen viele Vögel gegen Fensterscheiben. Eine große Zahl stirbt auch an Autostraßen nach der Kollision mit einem schnell fahrenden oder unversehens auftauchenden Kraftfahrzeug (BERGMANN 1974).

Daß normalerweise einem fliegenden Vogel so wenig passiert, verdankt er u. a. seiner Ausrüstung mit Sinnesorganen und seinem Nervensystem. Unter den Sinnesleistungen ist der Geruch, also der chemische Fernsinn, bei den meisten Vogelarten nicht sehr bedeutend ausgebildet (s. S. 190). Dagegen sind der Gesichtssinn und auch das Gehör hoch entwickelt. Ebenso spielt für die Beherrschung des dreidimensionalen Flugraums der Lage-, Dreh- und Beschleunigungssinn eine wichtige Rolle, also die Sinne, die gemeinhin unter dem Überbegriff „Gleichgewichtssinn“ zusammengefaßt werden und ihren Sitz im Innenohr haben. Diesem Gleichgewichtssinn ist für die Bewegungssteuerung das hochentwickelte Kleinhirn zugeordnet. Für die Fernorientierung und auch die Wahrnehmung des Magnetfeldes sind andere Sinne maßgeblich, die wir nur zum Teil kennen (s. S. 144).

Die höchsten Leistungen erzielen Auge und Ohr der Vögel dann, wenn es nicht nur um Orientierung im Raum, sondern um das Erkennen und um gezieltes Aufsuchen von versteckter oder heimlicher und fluchtbereiter Beute geht, möglicherweise sogar unter ungünstigen Lichtverhältnissen. Die in Europa wie auch in den USA gut untersuchte Schleiereule *(Tyto alba)* soll uns für beide Sinnesleistungen Anschauungsunterricht erteilen.

12.1 Was eine Schleiereule kann

Die Schleiereule ist die nächtlichste unter den mitteleuropäischen Eulen. Sie wird erst bei tiefer Dämmerung aktiv und beendet ihr Tun vor dem Hellwerden. Tagsüber erweist sie sich als ausgesprochen lichtscheu. Das bedeutet keineswegs, daß Schleiereulen oder ihre Verwandten bei Tage nichts sehen könnten. Unter ungünstigen Nahrungsbedingungen, d. h. bei Kleinsäugermangel, kann man Schleiereulen gelegentlich auch am hellichten Tag jagen sehen (GLUTZ & BAUER 1980). Ihre Aktivität ist auch in der Nacht nicht gleichmäßig verteilt, sondern biphasisch, also einem Bigeminus entsprechend (vgl. S. 159 und FESTETICS 1968). Bei Sturm und Regen allerdings halten sich die Vögel auch die ganze Nacht über still, was schon zeigt, wie sehr sie auf ihr Gehör angewiesen sind, um erfolgreich zu jagen.

Zum Befremden bzw. zur Belustigung des menschlichen Betrachters trägt eine Schleiereule bei, wenn sie sich bemüht, ein Objekt zu orten. Dann spreizt sie (nach Beobachtungen von SCHERZINGER in GLUTZ & BAUER 1980) den herzförmigen Gesichtsschleier aus Federn scheibenförmig ab und vollführt mit dem Kopf seitliche Pendelbewegungen, seltener Kopfnicken und schlingerndes Kreisen. Das gleiche beobachtete man bei einer blinden Eule vor dem Abflug. Jungeulen drehen zuweilen das Gesicht seitlich um 90°, so daß die Augenachse senkrecht steht (Abb. 82). Für die Raumorientierung ist u. a. idiothetisches Lernen bestimmend. Hierfür kommen Informationen aus der Muskulatur (Kinästhetik), aber auch aus dem Labyrinth in Frage. Schleiereulen lernen es innerhalb weni-

Abb. 82: Eine junge Schleiereule *(Tyto alba)* verdreht beim Fixieren eines Gegenstandes den Kopf (aus GLUTZ & BAUER 1980)

ger Tage, gezielt Sitzplätze anzufliegen, selbst wenn ihnen der Gesichtssinn fehlt. Sie verlassen sich dann nur auf die gespeicherte Erfahrung aus der Wahrnehmung ihrer eigenen Flug- und Landebewegungen. Wenn sie immer wieder den gleichen Bewegungsablauf vollführen, gelangen sie mit bewundernswerter Sicherheit an das eingeübte Ziel (ERKERT 1969, VON FRISCH 1957). Dieses Verhalten ist in dunklen Ruinen und auf lichtlosen Dachböden vorteilhaft, auch wenn die Eule über ihren Gesichtssinn verfügt.

12.1.1 Der lautlose Flug

„Da die Eulen meist auf Tiere jagen, deren Hauptsinneswerkzeug das Ohr ist, so müssen sie sich natürlich auch sehr leise bewegen können, denn wäre das nicht der Fall, so würden sie sich nicht nur selbst im Hören stören, sondern sich auch den nächtlichen Nagern bemerkbar machen, die ja ihre hauptsächliche Beute bilden. Diese unbedingt nötige Geräuschlosigkeit des Fluges wird durch ein eigentümliches Samtpolster erreicht, das auf der Oberseite aller Schwingen liegt und die Reibung der Federn untereinander lautlos macht. Beim Ziegenmelker findet sich ähnliches in Gestalt einer Samtleiste auf der Innenfahne der Handschwingen. Auch die Tatsache, daß die Außenkante der ersten und auch meist der zweiten Handschwinge eigentümlich gekämmt ist, kann man wohl mit dieser Schalldämpfung in Einklang bringen, denn durch den biegsamen Fahnenkamm wird vielleicht das pfeifende Geräusch vermieden, das sonst entsteht, wenn die vordere Flügelkante die Luft durchschneidet.“ Dieser Darstellung des Altmeisters O. HEINROTH (1928) ist nichts hinzuzufügen (vgl. Abb. 83, S. 180).

12.1.2 Beutefang nach Gesicht und Gehör

Über die Ernährung der Schleiereule in verschiedenen Regionen ihres Verbreitungsgebietes und unter verschiedensten ökologischen Bedingungen sind wir durch die Analyse der Gewölle sehr gut unterrichtet (UTTENDÖRFER 1952, GLUTZ & BAUER 1980). In den Gewöllen oder Speiballen geben die Eulen die für sie unverdaulichen Teile der aufgenommenen Nahrung – Hornsubstanz unter Einschluß von Haaren und Federn sowie Knochen und Chitin – etwa einen halben Tag nach der Nahrungsaufnahme wieder ab, indem sie sie unter Verrenkungen als längliche Ballen auswürgen. So sparen sie sich die Darmpassage dieses Ballastmaterials und entledigen sich seiner auf dem kürzesten Weg. In Eulengewöllen sind selbst die feinsten Knöchelchen erhalten. Sie lassen eine recht genaue Bestimmung der Beutetiere nach Art und Zahl zu. Gewölle findet man vor

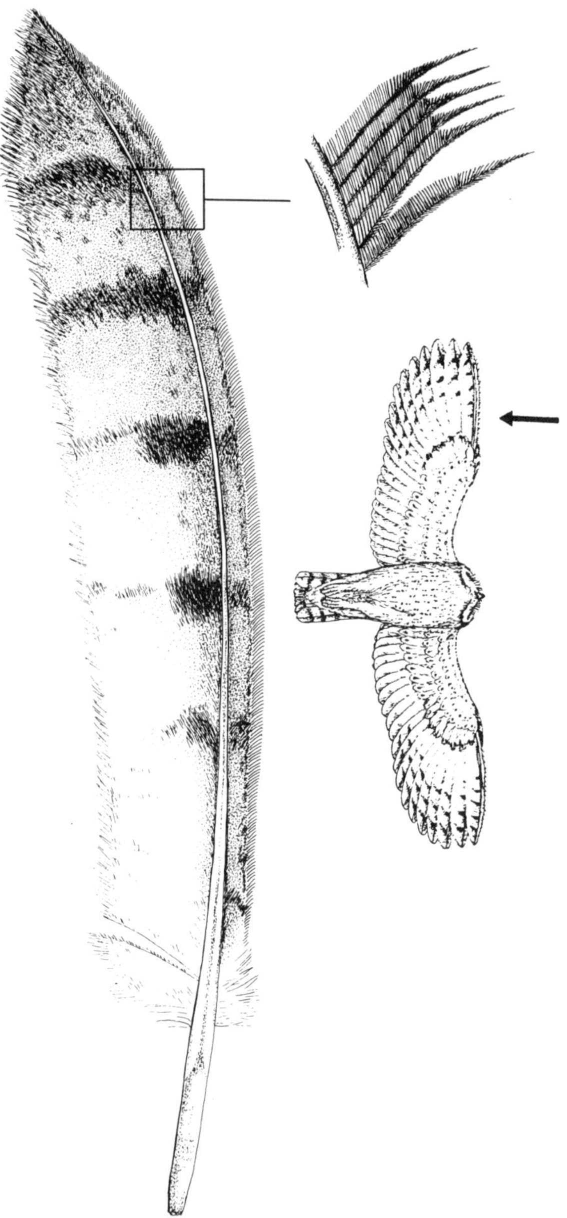

Abb. 83: Die äußerste Handschwinge der Schleiereule weist am Rand der Außenfahne eine feine Zähnelung auf, die zusammen mit der sonstigen Samtstruktur des Gefieders das Fluggeräusch dämpft. Original; Flugbild aus MÜLLER 1984

allem an den Ruheplätzen der Vögel. Aus den Analysen geht hervor, daß Schleiereulen vorzugsweise Säugetiere verzehren, allen voran Nager. Sie verschmähen aber auch nicht Fledermäuse und nicht einmal Spitzmäuse, die von anderen Beutegreifern zwar manchmal geschlagen, aber dann wohl wegen ihres Ekelgeschmacks bzw. -geruchs abgelehnt werden.

Den Beutefang betreiben Schleiereulen zu nächtlicher Stunde entweder von einer Warte aus oder im Suchflug (Abb. 84).

Hat die auf ihrer Warte sitzende Eule ein Beutetier erspäht, so nähert sie sich im Gleitflug, bremst unmittelbar über ihrem Opfer mit gehobenen Flügeln und stößt mit gestreckten Fängen zu. Hierbei sind die Augen geschlossen. Die Beute wird mit den Krallen am Boden fixiert, danach mit Genickbiß unbeweglich gemacht und getötet. Das Beknabbern, Zerreißen

Abb. 84: In tiefer Abenddämmerung jagt eine Schleiereule *(Tyto alba)* entlang einer Hecke (aus SIMMS 1983)

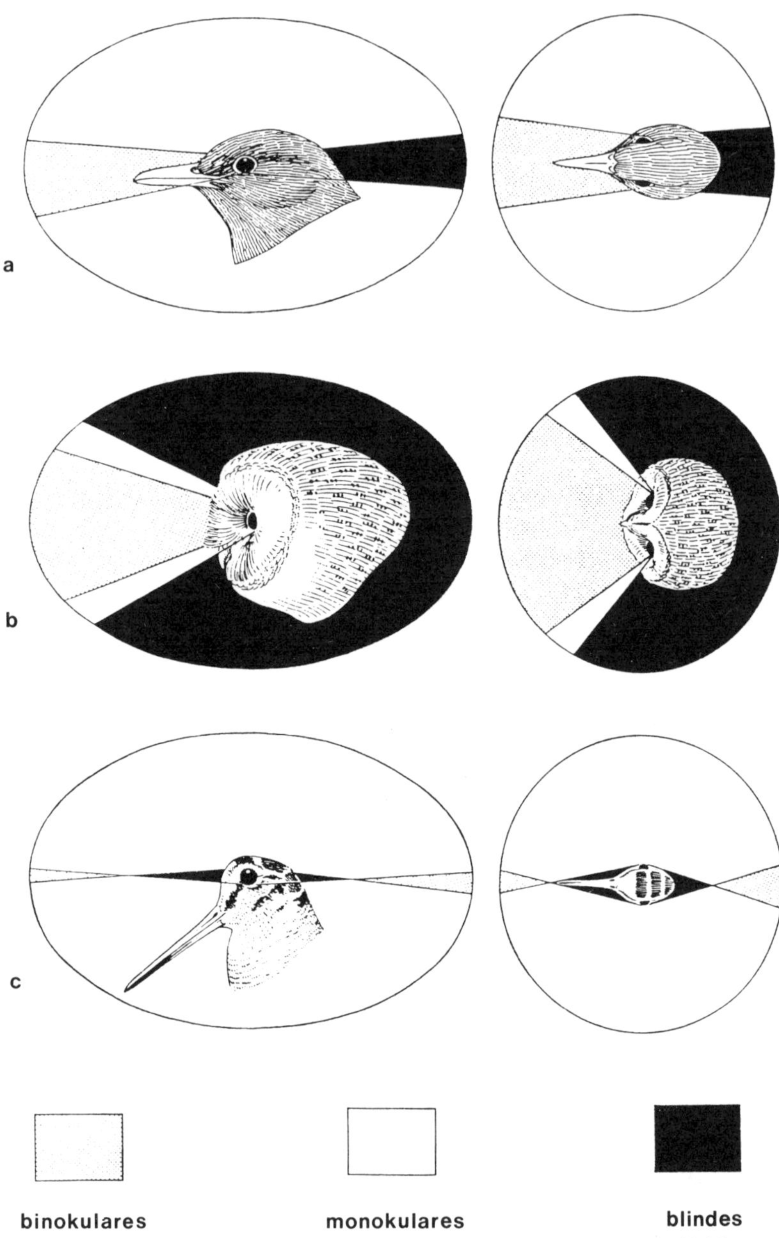

Abb. 85: Vergleich des Blickfeldes einer Amsel **(a)** *(Turdus merula)*, einer Schleiereule **(b)** *(Tyto alba)* und einer Waldschnepfe **(c)** *(Scolopax rusticola)*. Aus SIMMS 1983

und Verschlingen der Nahrung geht wieder mit geschlossenen Augen vor sich. Selbst wenn Jungtiere gefüttert werden, halten Alte wie Junge die Augen geschlossen. Wahrscheinlich ist ein Scharfeinstellen des Auges auf so geringe Entfernung nicht möglich, und die empfindlichen Sehorgane genießen dann besser den Schutz der Augenlider, als daß sie ohne Zweck offengehalten werden. Die nahe Verständigung zwischen Eltern und Kind findet akustisch und taktil statt.

Die Jagd im Suchflug (Abb. 84) geht im Prinzip ähnlich vor sich wie die Wartenjagd. Beide finden bei geringer Helligkeit statt. Daß aber ein Beutefang auch bei absoluter Dunkelheit im lichtdichten Käfig möglich ist, hat PAYNE (1962) nachgewiesen. Dabei wendet sich die Eule von ihrem Sitzplatz aus zu der am Boden raschelnd laufenden Maus hin, fixiert sie mit gespreiztem Schleier und fliegt los. Über dem Beutetier rüttelt sie und führt noch Ortskorrekturen durch.

Ist sie über ihre Position sicher, hebt sie den Kopf, zieht die Fänge mit weit gespreizten Zehen an den Schnabel heran und schlägt zu (nach GLUTZ & BAUER 1980). Wir wollen im folgenden sehen, welche Sinnesorganausrüstung die Eule zu diesen Leistungen befähigt.

12.1.3 Das Gesichtsfeld

Schnepfenvögel wie z. B. die Waldschnepfe *(Scolopax rusticola)* verfügen durch ihre flachen, seitlich am Kopf sitzenden Augen über ein Blickfeld von mehr als 360° (Abb. 85c), also einen Panoramablick nach allen Seiten. Dem entspricht im Augenhintergrund als Bereich schärfsten Sehens eine lang bandförmig ausgezogene Fovea (Zentralgrube), die es wegen ihrer waagerechten Lage im Auge gestattet, den gesamten Horizont scharf abzubilden.

Binokulares Sehen allerdings ist für diese Vögel nur in einem engen Bereich vorn und hinten möglich. Bei der Amsel, die eine Zwischenstellung einnimmt (Abb. 85a), ist das vordere binokulare Feld etwas größer als bei der Schnepfe. Im Nacken dagegen kann sie nichts sehen. Hier liegt für sie ein toter Winkel.

Noch anders bei der Schleiereule und ihren Verwandten (Abb. 85b): Das binokulare Blickfeld nach vorn ist erheblich ausgeweitet, was ein ausgezeichnetes räumliches Sehen ermöglicht. Seitlich davon findet sich jeweils ein schmaler Bereich monokularen Sehens. Das gesamte übrige Umgebungsfeld nach oben, zur Seite und nach hinten ist toter Winkel. Nicht umsonst bilden manche Eulen (und Greifvögel, bei denen die Verhältnisse ähnlich, aber nicht so extrem sind) auf ihrem Hinterkopf nochmals ein Augenpaar (Occipitalgesicht) im Gefieder ab, womit sie von hinten kommende Angreifer abschrecken bzw. täuschen können. Im gleichen

Sinne wird das enge Blickfeld kompensiert durch eine für uns Menschen unbegreifliche Beweglichkeit des Halses. Eine Eule kann ihren Kopf um beinahe 270° wenden, also nach hinten und darüber hinaus. Diese Beweglichkeit des Halses macht eine Eigenbewegung der Augen wieder entbehrlich. Können sie selbst bei Hühnern noch um einen Winkelbetrag von ca. 40° nach vorn gestellt werden, so entfällt dies bei Eulen ganz. Die Augen sind fest im Kopf verankert, und zwar in Frontalstellung wie beim Menschen. Sie weisen überdies in Richtung der Augenachse eine auch für Vögel ungewöhnliche teleskopartige Verlängerung auf (Abb. 86).

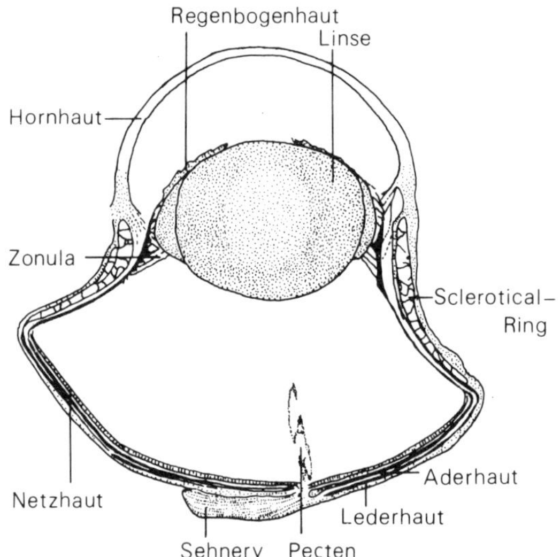

Abb. 86: Horizontaler Schnitt durch das rechte Auge eines Waldkauzes *(Strix aluco)*, halbschematisch gezeichnet. Nach Berndt & Meise 1959

12.1.4 Auflösungsvermögen

Vögel haben scharfe Augen; das Adlerauge ist geradezu sprichwörtlich dafür. Daß die Vogelaugen groß sind, sieht man meist von außen gar nicht, da sie zum großen Teil in den Schädel eingesenkt sind und fast nur die Hornhaut mit der dahinter liegenden Pupille und Iris von außen sichtbar ist. Je größer das Auge, desto größer auch die Abbildung auf der Retina. Je größer diese Abbildung ist, desto mehr Details können wahrgenommen werden, desto größer ist die Sehschärfe oder das Auflösungsvermögen. Am höchsten ist es im Zentralbereich der Retina, in der Fovea. Hier liegen die Sehzellen am dichtesten, jede von ihnen hat eine eigene Ableitung. Bei

Greifvögeln weiß man, daß die Sehschärfe dreimal so groß ist wie bei uns Menschen. Bei Tauben ist sie nicht besser als beim Menschen.

12.1.5 Lichtempfindlichkeit

Eulen müssen ebenfalls scharf sehen können, aber für sie als vorwiegend dämmerungs- oder nachtaktive Lebewesen ist es noch wichtiger, die Lichtausbeute zu maximieren, d.h. eine möglichst hohe Lichtempfindlichkeit zu entwickeln. Dazu verhilft ihnen an erster Stelle der Bau des Auges (Abb. 86). Die stark vergrößerte gekrümmte Hornhaut (Cornea), die große Linse und die u.U. riesige Pupille verbessern die Lichtausbeute schon im sog. dioptrischen Apparat. Hinzu kommt, daß in der Retina die lichtempfindlicheren Stäbchen gegenüber den mehr farbtüchtigen Zapfen dominieren. Die Außenglieder dieser Stäbchen, auf deren Lamellenstapeln die lichtempfindlichen Pigmente liegen, sind besonders lang. Für die hohe Zeitauflösung im Vogelauge (150 Bilder/s) ist schließlich die komplizierte Verschaltung der Neurone in der Retina verantwortlich.

12.1.6 Aus welcher Richtung kommt der Schall?

Schleiereulen benutzen wie wir Menschen zwei verschiedene Reizqualitäten, um die Richtung eines Reizes zu orten: die Zeit und die Intensität. Es ist klar, daß ein Reiz, der von rechts vorn auf den Kopf der Eule trifft, zuerst das rechte Ohr und dann das linke erreicht. So entsteht eine „binaurale Zeitdifferenz." Entsprechend gibt es eine binaurale Intensitätsdifferenz. Im Gehirn werden diese sehr kleinen Zeit- und Intensitätsdifferenzen, die die beiden Gehörsysteme melden, ausgewertet, und daraus wird die Reizrichtung ermittelt. Die Genauigkeit, mit der das geschieht, kann man daran ablesen, wie exakt die Eule ihren Kopf zum Reizort hinwendet. Die Amerikaner KNUDSEN & KNUDSEN (1985) registrierten dies mit Hilfe eines Spiegels, der auf dem Kopf der Eule montiert war und einen infraroten Lichtstrahl auf eine Skala reflektierte. Die Eule wurde bei jeder richtigen Reaktion durch eine kleine Nahrungsgabe belohnt.

Richtungshören ist für Schleiereulen in zwei Ebenen möglich. Sie können einen Gegenstand sowohl in der Horizontalen nach seiner Abweichung von der Mittelachse des Kopfes nach rechts und links als auch in der Vertikalen nach seiner Abweichung von der Horizontallinie nach oben oder unten orten. Für die Rechts-links-Abweichung nutzen sie sowohl Zeit- als auch Intensitätsdifferenzen. Für die Vertikalabweichung bedienen sie sich allein der Intensitätsdifferenzen, die dadurch in besonderer Weise verarbeitet werden können, daß die beiden Gehörgänge asymmetrisch angeordnet sind. So hört das rechte Ohr am besten nach rechts oben, das linke am besten nach links unten. Intensitäts- und Zeitdifferenz werden nach Einzelzellableitungen aus dem Mittelhirn getrennt ausgewertet (MOISEFF & KONISHI 1981).

12.1.7 Wie genau kann die Eule akustisch orten?

Aus vielen Einzelmessungen kann man ermitteln, wie genau eine Schleiereule ihren Kopf auf ein akustisches Ziel einstellt. Die durchschnittliche Fehlweisung einer jungen Schleiereule im Alter von 18 Wochen belief sich nach oben und unten auf 0,4–1,7°, nach rechts und links auf Werte zwischen 0,8 und 1,4°. Es traten Streuungen zwischen ca. 1,5 und 2,5° auf. Alle Werte zeigen eine sehr große Zielgenauigkeit an. Erwachsene Schleiereulen sind nicht besser als ausgewachsene Jungvögel.

12.1.8 Eine sensible Entwicklungsphase

Wenn man einer Schleiereule einen Pfropf aus Schaumgummi auf einer Seite im Gehörgang befestigt, so hat das für ihr Richtungshören dramatische Folgen. Für alle Tonhöhen zwischen 1 und 10 kHz verringert sich der wahrgenommene Schalldruck um ein Vielfaches (30–55 dB). Auch die Frequenzwahrnehmung selbst wird verzerrt.

Wurde ein solcher Pfropf einer Jungeule im Alter von 27 Tagen in das linke Ohr eingesetzt, so war sie imstande, im Laufe der Zeit diesen Fehler zu kompensieren und wieder völlig normal Richtungen zu hören. Im Alter von 113 Tagen wurde der Pfropf herausgenommen. Wie zu erwarten, wich ihr Richtungshören jetzt erheblich vom Normalen ab. Sie hörte den Reiz 6,7° nach links und 18,4° nach unten verschoben. Dieser Zustand verstärkte sich an den folgenden vier Tagen sogar noch ein wenig. Vom 5. Tage ab jedoch verringerte sich die Fehlweisung täglich (Abb. 87). Nach 15 Tagen war der Horizontalfehler, nach 28 Tagen der Vertikalfehler vollständig behoben. Auch im Alter von 4 Monaten noch ist die Jungeule imstande, ihr Richtungshören neu zu eichen. Dazu verwendet sie die Informationen, die ihr über das Auge zugehen (s. u.). Über dem Reizlautsprecher war in allen Versuchen eine Glühlampe angebracht, die zwischen den akustischen Reizversuchen eingeschaltet wurde und einen Vergleich zwischen visueller und akustischer Ortung zuließ.

Als derselben Schleiereule, die nun wieder völlig normal hörte, am 145. Lebenstag ein Pfropf in das rechte Außenohr eingesetzt wurde, traten sogleich wieder erhebliche Mißweisungen des akustischen Ortungssystems auf (Abb. 87). Am ersten Tag nach der Operation hatte die Eule sogar Schwierigkeiten, überhaupt etwas zu orten. Danach schien sich der Horizontalfehler allmählich ein wenig zu verringern, der Vertikalfehler

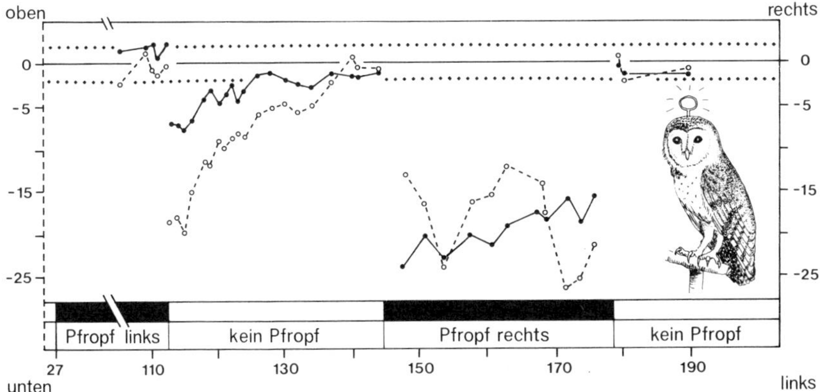

Abb. 87: Experimente zum Richtungshören bei einer jungen Schleiereule *(Tyto alba)*: Der Vogel konnte, nachdem er vom 27. Tag ab (Abszisse) einen Propf im linken Ohr trug, trotzdem im Alter von über 110 Tagen sowohl in der Horizontalen (rechts-links) als auch in der Vertikalen (oben-unten) richtig orten. Entfernt man den Pfropf am 113. Lebenstag, entsteht eine Mißweisung, die wieder kompensiert wird. Nach 145 Tagen ist die sensible Phase für die Korrektur des Richtungshörens zu Ende (näheres siehe Text). Die Ordinate ist in ° angegeben. Durchgezogene Linie: Rechts-Links-Ortung, gestrichelte Linie: Oben-unten-Ortung. Nach KNUDSEN et al. 1982

schwankte unsystematisch. Daß keine Korrektur mehr stattfand, zeigte sich gleich, als der Pfropf nach 33 Tagen wieder entfernt wurde. Sofort war die Eule zu völlig normalem Richtungshören befähigt (Abb. 87).

Aus diesem und einigen weiteren Experimenten läßt sich entnehmen, daß Jungeulen nicht angeborenermaßen über die Leistung des Richtungshörens verfügen, sondern daß eine allmähliche Eichung in den ersten Lebenswochen- und -monaten stattfindet. Dies geschieht innerhalb einer sensiblen Phase. Nach einiger Zeit, spätestens nach etwa einem halben Jahr, wenn die Eule völlig ausgewachsen ist und sich an den geometrischen Verhältnissen am Kopf nichts mehr ändert, geht diese plastische Entwicklungsphase zu Ende. Nun kann die Eule nicht mehr auf Änderungen am Hörsystem durch Anpassung reagieren (KNUDSEN, KNUDSEN & ESTERLY 1982).

12.1.9 Gehör lernt vom Gesicht

Daß die Eichung des Richtungshörens mit Hilfe der Augen geschieht, haben KNUDSEN & KNUDSEN (1985) in neueren Experimenten genauer untersucht. Dabei verwendeten sie Brillengestelle, die sie den Eulen vor Beginn der Experimente zunächst leer aufsetzten. Wenn einem Versuchsvogel nach Entfernen des Ohrpfropfs nun Schall- und Lichtsignal gleichzeitig an einem Ort geboten wurde, so konnte er das richtige Orten innerhalb einiger Wochen entwickeln, wie schon oben beschrieben.

Zwei Tieren wurden nun in ihre Brillengestelle opake Glasschalen eingesetzt, die ein Bildsehen und damit das visuelle Orten verhinderten, aber nicht dazu führten, daß der Lichtsinn atrophierte. Solche Vögel lernten nicht, ihre akustische Ortung neu einzustellen. Sie blieben bei dem durch den Propf erzeugten Fehler.

Anderen Schleiereulen wurden nach Entfernen des Pfropfs Fresnell-Linsen mit Prismenwirkung eingesetzt. Die Vögel sahen je nach Anordnung der Linse nun alle Gegenstände um etwa 10° versetzt. Entsprechend änderten sie ihre akustische Ortung, aber nur wenn Prismenfehler und Hörfehler die gleichen Vorzeichen trugen, also z.B. nur im Quadranten rechts oben. Ein Vorzeichenwechsel der Korrektur war nicht möglich, so daß hier noch ein anderes Informationssystem einwirken muß.

12.1.10 Unterschiedsempfindlichkeit für Tonhöhen

Schleiereulen können Frequenzen zwischen ca. 100 Hz und 13000 Hz wahrnehmen. Das ist relativ wenig im Vergleich zu vielen Säugetieren. Ein Meerschweinchen hat z.B. einen Hörbereich zwischen 100 und 35000 Hz. Bei Fledermäusen ist dieser Bereich noch ausgedehnter. Dementsprechend ist die Basilarmembran im Innenohr bei der Schleiereule auch nur 11 mm lang, beim Meerschweinchen 18 mm. Auf der Basilarmembran sitzen die Haarzellen, die für die Tonhöhenwahrnehmung verantwortlich sind.

Wir fragen uns nun, wie das Unterscheidungsvermögen für Tonhöhen bei der Schleiereule ausgebildet ist. Nach dem Weberschen Gesetz gilt das Unterscheidungsvermögen, in Prozent ausgedrückt, als konstant. Ich kann zwei Gewichte voneinander unterscheiden, wenn das eine 29, das andere 30 kg wiegt. Der Unterschied beträgt etwa 3%. Im Bereich von 60 kg kann ich einen Gewichtsunterschied nur dann erkennen, wenn er mindestens 2 kg beträgt, also wieder 3%. Für die Wahrnehmung von Helligkeitsunterschieden beim menschlichen Auge gilt ein Wert von ca. 1%, aber nur in einem mittleren Intensitätsbereich. Zu den höheren und niedrigeren Werten hin sinkt die Leistung ab.

Bei der Schleiereule haben Quine & Konishi (1974) die Unterscheidungsfähigkeit für Tonhöhen durch Dressurversuche getestet. Die Eule bekam eine Belohnung, wenn sie bei Erklingen eines bestimmten Tones aufflog und am Futterspender landete. Wenn sie beim falschen Ton aufflog, blieb die Belohnung aus. Auch war es möglich, die Reaktionszeit bis

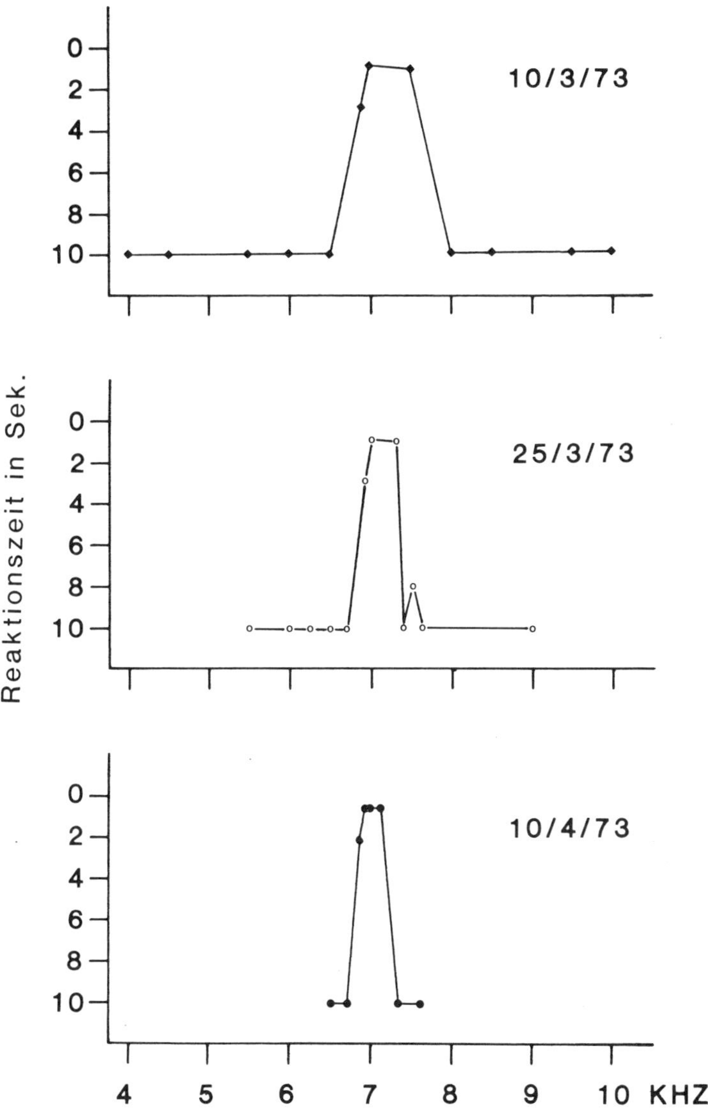

Abb. 88: Eine Schleiereule wurde auf eine Frequenz von 7000 Hz (7 kHz) dressiert. Sie reagiert auch auf Nachbarfrequenzen, verbessert aber ihre Unterscheidungsfähigkeit im Lauf der Zeit. Nach QUINE & KONISHI 1974

zum Auffliegen zu messen und daraus Aufschluß über die zeitliche Hörleistung zu gewinnen (Abb. 88). Die Eulen waren in der Lage, sowohl bei 7000 als auch bei 10000 Hz Töne von 0,5 bis 0,7% Abweichung statistisch gesichert zu unterscheiden. Sie reagierten also auf einen Ton von 7000 Hz positiv, auf 6950 und 7050 Hz aber weniger. Dabei konnten sie die Frequenzabweichungen nach oben besser unterscheiden als die nach unten. Es war ihnen auch möglich, auf zwei ganz verschiedene Töne wie z.B. 3500 und 7000 Hz richtig zu reagieren. Das prozentuale Unterscheidungsvermögen für Tonhöhen entspricht damit etwa den Werten beim Menschen mit 0,4 bis 0,8% oder auch beim Wellensittich mit 0,7%. Seehunde mit ca. 1% und Ratten mit ca. 6% liegen darunter. Durch häufiges Üben konnte die Genauigkeit der Tonhöhenunterscheidung noch verbessert werden (Abb. 88). Doch stellt das Dressurverfahren eine ziemlich schwierige Aufgabe dar. Mit anderen Methoden könnten Schleiereulen vielleicht noch mehr leisten. Für die Schleiereule ist es jedenfalls von Wichtigkeit, feinste Geräusche oder andere Schallsignale auch in einem Störpegel erkennen und von anderen unterscheiden zu können, um damit im Rauschen der Umwelt ein sich leise fortbewegendes Beutetier auch im Dunkeln richtig zu orten.

12.2 Und sie riechen es doch ... Ein kurzes Kapitel über den Geruchssinn einiger Vögel

Vögel fallen durch ihre lauten Stimmen, durch bunte Färbungsmuster und durch Bewegung auf. Dementsprechend verständigen sie sich vor allem akustisch und visuell. Daß viele von ihnen einen Geruchssinn haben, mit dessen Hilfe sie Nahrung erkennen, sich in ihrer Umwelt orientieren oder gar miteinander kommunizieren können, ist relativ unbekannt, wurde lange Zeit von Wissenschaftlern sogar bestritten. Noch am ehesten weiß man es vom Kiwi, an dessen langem gebogenen Stocherschnabel die Nasenöffnungen ungewöhnlicherweise einen Platz an der Spitze einnehmen: „Kiwis haben als einzige Vögel einen ausgeprägten Geruchssinn“ (ZISWILER 1976). Jäger allerdings haben immer schon mehr gewußt. Um Gänse zu jagen, muß man sich von der Leeseite her nähern. Kommt man von Luv, so nehmen sie einen wahr, selbst wenn sie nichts sehen können, und flüchten, lange bevor der Jäger auf Schußentfernung herangekommen ist. Sie haben ihn gewittert.

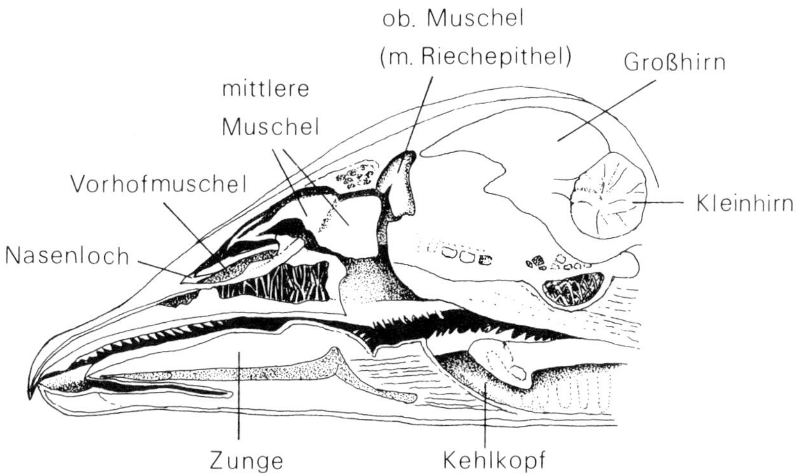

Abb. 89: Medianer Längsschnitt, halbschematisch, durch den Kopf einer Graugans *(Anser anser)*. Nach GÖPPERT in STRESEMANN 1929–34

12.2.1 Haben Vögel eine Nase?

Ebenso wie den Vögeln eine äußerlich sichtbare Ohrmuschel fehlt, haben sie auch keine eigens entwickelte „Nase", die der unseren vergleichbar wäre. Dennoch steht ihr inneres Riechorgan mit der Außenwelt über die beiden im Oberschnabel (fast immer an seiner Basis) gelegenen und bei den verschiedenen Vogelgruppen unterschiedlich geformten, teilweise sogar verschließbaren Nasenlöcher in Verbindung. Es verfügt außerdem in den Choanen über einen Zugang zur Mundhöhle. Die Nasenhöhlung besteht jederseits nach einem Vorhof aus drei Kammern, deren Wände Oberflächenvergrößerungen aufweisen (Abb. 89).

Die durch die Nasenlöcher eintretende Luft streicht durch die vordere Kammer, wird in einer spiraligen Muschel der mittleren Kammer erwärmt und angefeuchtet und durch die am Boden dieser Höhlung gelegenen Choanen in den Rachenraum und zur Luftröhre geleitet. Die Riechhöhle, die dritte Kammer, schließt sich blindsackartig an die zweite Kammer nach hinten an. Das Riechepithel liegt auf einer Vorwölbung in dieser Kammer; es kann von Art zu Art eine sehr unterschiedlich große Fläche einnehmen. Dieses Riechepithel steht über den Nervus olfactorius, den 1. Gehirnnerv, mit den Bulbi olfactorii des Endhirns in Verbindung. Auch dieser Teil des Endhirns ist in den einzelnen Vogelgruppen ganz unterschiedlich ausgebildet. Das zeigt sich deutlich am Bulbusdurchmesser im Vergleich mit dem Endhirndurchmesser: Beim Haussperling beträgt dieser Wert nur 5%. Größere Bulbi findet man schon bei Hühnervögeln (14-18%), Greifvögeln (14–17%), Eulen (ca. 18%) und Tauben (22%). Noch höhere Werte erreichen Wasservögel, so z.B. Gänse und Enten bis 24%, Rallen bis 26%, Taucher bis 27%, schließlich Albatrosse und Sturmtaucher bis zu 37%. In diese Reihe fügt sich der Kiwi mit 33% (BANG & COBB 1968).

Grundsätzlich scheint also von der Organausstattung her bei Vögeln die Fähigkeit zur Geruchswahrnehmung weit verbreitet zu sein. Dies wird durch Versuche über die Veränderung der Herzschlagrate bei Duftwahrnehmung und durch olfaktorische Orientierungsleistungen gestützt, die besonders bei der Haustaube inzwischen gut untersucht sind (PAPI 1976).

12.2.2 Die Duftnote

Wegen ihres Mangels an Hautdrüsen haben die meisten Vögel kaum oder nur wenig Eigengeruch, den wir Menschen wahrnehmen könnten. Doch gibt es hiervon einige Ausnahmen. Lappentaucher und Röhrennasen beispielsweise riechen auch für uns ziemlich stark nach „Moschus". Dieser Duft haftet jeder einzelnen Feder an. Dementsprechend hat GRUBB (1974) beim Wellenläufer *(Oceanodroma leucorrhoa)*, einem Vertreter der Röhrennasen, eine Orientierung nach Eigengeruch nachgewiesen. Diese Vögel sind imstande, selbst im Dunkeln nur nach olfaktorischen Merkmalen ihre nach ihnen selbst duftende Bruthöhle wiederzufinden. Diese Fähigkeit wird ausgeschaltet, wenn man den Vögeln die Geruchsnerven durchtrennt oder die Nasenlöcher verstopft.

12.2.3 Gänse riechen Futter und Haus

Grasende Gänse selektieren ihre Nahrung. Sie bevorzugen bestimmte Gräser und Kräuter und lehnen andere ab (vgl. S. 295). Wenn man Rispengräser der Gattung *Poa*, die sie normalerweise gern fressen, mit Duft, z.B. von Beifuß oder Wermut *(Artemisia spec.)* imprägniert, so geschieht etwas Bemerkenswertes. Schon bevor sie das Gras in den Schnabel genommen, ja bevor sie es auch nur berührt haben, schütteln sie kurz den Kopf und wenden sich ab. Sie müssen den Duft gerochen und als ekelhaft klassifiziert haben. Wermutpflanzen bleiben auch in einem Gänsegehege normalerweise verschont. Durch Vergleichsexperimente am Futterplatz von wenige Tage alten Grau- und Hausganskükеn fand WÜRDINGER (1979) heraus, daß ihre Reaktion bei unterschiedlichen Düften verschieden ausfällt (Abb. 90). Das weist auf ein sehr differenziertes Geruchsvermögen hin.

Die kleinen Gössel zeigen das abwehrende Kopfschütteln gegenüber verschiedenen Düften schon 11 bis 20 Stunden nach dem Schlüpfen aus dem Ei. Lernvorgänge braucht man hier nicht anzunehmen, da Gelegen-

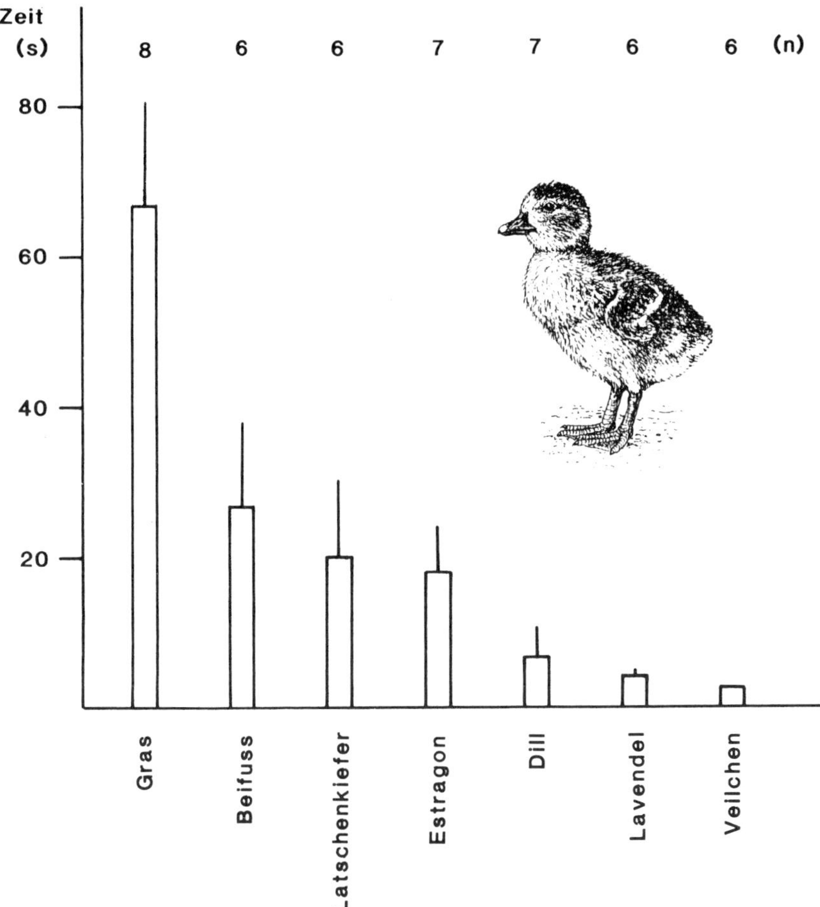

Abb. 90: Grauganskücken *(Anser anser)* reagieren verschieden auf Düfte, mit denen Gras imprägniert wurde. Am längsten beschäftigen sie sich mit Gras ohne Zusatzduft, am kürzesten, wenn das Gras nach Veilchen riecht. Mittelwerte und Standardabweichungen für die Anzahl der Versuche (n). Nach WÜRDINGER 1979, Grauganskücken aus MÜLLER 1986

heit zu vorherigen Erfahrungen mit den Düften nicht gegeben war. Dagegen trat bei wiederholter Darbietung eines Duftes rasche Gewöhnung ein. Wenn die Gössel Lavendelduft 6–7 mal innerhalb von zwei Tagen zu riechen bekamen, so störten sie sich nicht mehr daran.

Daß junge Gössel Düfte auch mit ihrer bevorzugten Schlafbox in Zusammenhang bringen können, zeigt ein anderer Versuch (WÜRDINGER 1982). Die handaufgezogenen Gössel verschiedener Arten wurden in rotlicht-gewärmten Boxen gehalten, deren Boden mit Wermutduft, Lavendel, Moschus, Gänseschmalz oder Fischlebertran parfümiert war. Wenn sie nach einigen Tagen ihren gewohnten Schlafplatz wieder einmal aufsuchen wollten, fanden sie dort zwei äußerlich völlig gleichartige Boxen vor, die sich nur durch den Duft unterschieden. Entweder trugen sie den altgewohnten oder einen fremden oder gar keinen Duft. Die Gössel wählten zum überwiegenden Teil die Box mit dem bekannten Duft. Ob die Versuchstiere die erworbene Kenntnis des Heimdufts später auch bei der Nahrungswahl verwendet haben, ist nicht bekannt.

Die Situation, der sie hier begegneten, wirkt recht künstlich. Dennoch könnte ihrem feinen Duftunterscheidungsvermögen eine biologische Bedeutung zukommen. Selbst wir Menschen können u. U. den unterschiedlichen Geruch einer erwachsenen Gans und eines Ganters unterscheiden. Es sollte verwundern, wenn nicht die Gössel außer durch sichtbare und hörbare Merkmale auch durch den unterschiedlichen Duft die beiden Eltern erkennen und unterscheiden könnten.

12.2.4 Entenduft als Aphrodisiakum für Erpel

Dies alles hat vorläufig noch relativ wenig mit Kommunikation zu tun. Jedoch bei Stockenten fand man einen für Erpel und Ente unterschiedlichen Eigengeruch, der nur zur Balz- und Brutzeit ausgeprägt ist und von dem Sekret der Bürzeldrüse ausgeht. Junge Erpel ließen sich sogar unter bestimmten Umständen darauf trainieren, später bevorzugt Enten anzubalzen, die mit einem künstlichen Geruch parfümiert waren, wenn sie diesen in ihrer Jugend als „Entengeruch“ kennengelernt hatten. Wenn man männlichen Entenküken in früher Jugend die Geruchsnerven durchtrennte, hatte das später keinen Einfluß auf ihr aggressives Verhalten, wirkte sich aber drastisch im Sexualverhalten aus. Sie zeigten fast kein Werbeverhalten, und kein einziger der operierten Erpel machte die geringsten Anstalten, mit einer Ente zu kopulieren (Abb. 91; BALTHAZART & SCHOFFENIELS 1979). Wenn Branderpel *(Tadorna tadorna)* zu bestimmten Jahreszeiten ihrer Ente nachschwimmen und dabei ihren Schnabel oberflächlich ins Wasser eintauchen, so liegt es deshalb nahe anzunehmen, daß sie der Duftspur ihrer Angebeteten folgen.

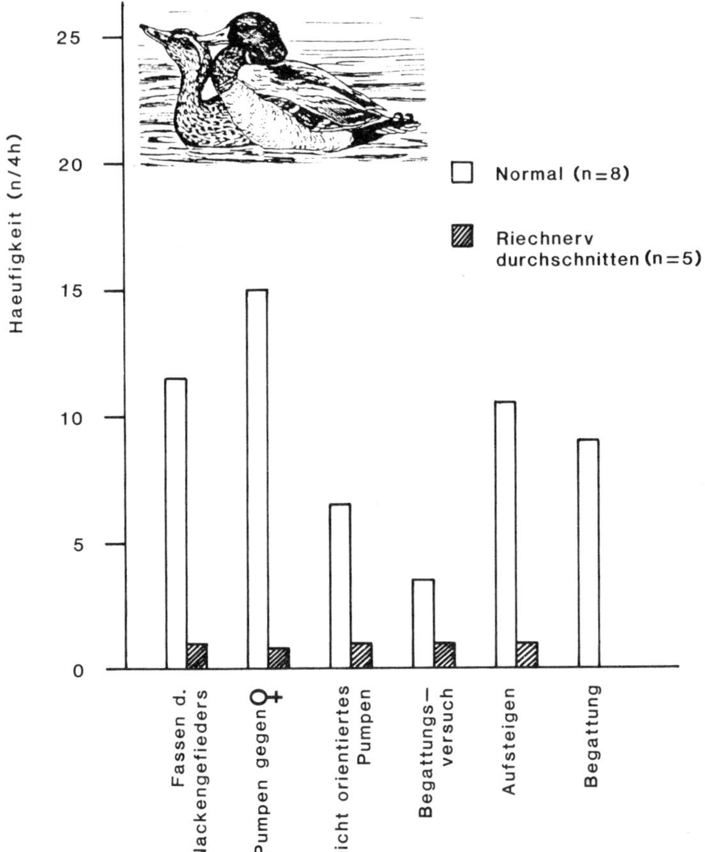

Abb. 91: Bei Stockerpeln *(Anas platyrhynchos)*, denen der Riechnerv durchschnitten wurde, sind alle Verhaltensweisen der Werbung stark behindert, die eigentliche Begattung fällt völlig aus. Nach BALTHAZART & SCHOFFENIELS 1979, Enten aus MÜLLER 1980

13 Verhalten

13.1 Vögel als Objekte der Verhaltensforschung

In der Verhaltensbiologie nehmen die Vögel einen besonderen Platz ein, denn viele Phänomene und Gesetzmäßigkeiten des Verhaltens wurden zuerst an Vögeln entdeckt. Der Amerikaner CH. O. WHITMAN (1919) hat schon um die Jahrhundertwende vergleichende Verhaltensstudien an Tauben betrieben. OSKAR HEINROTH veröffentlichte 1911 seine Beobachtungen an Entenvögeln. JULIAN HUXLEY hat am Beispiel der Balz des Haubentauchers 1914 das Prinzip der Ritualisierung beschrieben. Das berühmte vierbändige Werk über „Die Vögel Mitteleuropas“ von O. und M. HEINROTH (1929–1934) stellt noch heute eine Fundgrube von Kenntnissen zur Jugendentwicklung und Ethologie der Vögel dar, in der viele spätere „Entdeckungen“ intuitiv vorweggenommen worden sind. Auf HEINROTHS Spuren folgte in den dreißiger Jahren dieses Jahrhunderts KONRAD LORENZ, ebenfalls mit Untersuchungen an Entenvögeln, aber auch solchen zum Verhalten von Dohlen und anderen Vogelarten. NIKO TINBERGEN ist besonders durch seine genialen experimentellen Freilanduntersuchungen am Verhalten von Möwen bekanntgeworden. Beide erhielten gemeinsam mit KARL V. FRISCH für ihre bahnbrechenden Arbeiten im Jahre 1973 den Nobelpreis für Medizin und Physiologie. Heute spielen Vögel als Objekte der Verhaltensforschung eine wichtige Rolle z. B. in der Bioakustik, in der Soziobiologie und der Ökoethologie.

Auf Verhaltensweisen der Vögel wird auch in vielen anderen Kapiteln dieses Buches eingegangen. Man verwende das Inhalts- und das Sachverzeichnis.

13.2 Vogeltypisches Verhalten

Gibt es Verhalten, das für Vögel typisch ist? In den folgenden Abschnitten wird deutlich, daß wir uns vorerst mit allgemeinen Verhaltenskategorien beschäftigen müssen, um das Verhalten der Vögel als natürliche Gegebenheit im richtigen Rahmen zu sehen. Doch wäre für uns besonders interessant, dasjenige Verhalten zu betrachten, das eigentlich „vogeltypisch“ ist. Dies kann uns nur gelingen, wenn wir die Verbreitung und die Variationen der Verhaltensweisen bei den Vögeln kennen und zugleich im

Auge haben, ob sie auch bei anderen Wirbeltieren vorkommen oder nicht und wodurch sie u. U. dort vertreten werden. Diese Kenntnisse und Bewertungen sind nicht leicht zugänglich.[1] Daher wird im Verhaltenskapitel wie auch anderswo in diesem Buch immer wieder Vogeltypisches neben Allgemeinem stehen, ohne daß man beide Kategorien jeweils im Einzelfall trennen kann.

13.3. Verhalten der Vögel: Definition und Unterteilung

Warum verhält sich ein Vogel so und nicht anders? Diese Frage möchte man beantworten, wenn man sich speziell mit dem Verhalten der Vögel beschäftigt oder auch, wenn man als Vogelfreund diese nur intensiv beobachtet. Die Antwort kann ganz verschieden ausfallen, je nachdem, welchen zeitlichen Rahmen und welchen Aspekt man wählt. In der Betrachtungsweise der Phylogenese frage ich nach der stammesgeschichtlichen Entwicklung des Verhaltens, insbesondere nach seinem Anpassungswert, auch danach, welche Rolle Verhaltensweisen bei der Artbildung und in der Merkmalsphylogenese spielen. Aus der Sicht der Ontogenese geht es darum, wie in der Individualentwicklung das Erbgut unter Beteiligung der Umwelt in den Phänotyp umgesetzt wird. Die Umwelt liefert besonders bei Lernprozessen hierzu bedeutende Information. In der Aktualgenese schließlich stellt sich die Frage nach der momentanen Handlungsbereitschaft (als dem inneren Verrechnungszustand im Tier) und der Auslösung des Verhaltens.

Während die Ethologie, die ursprüngliche vergleichende Verhaltensforschung , die Frage nach der Natur des Verhaltens auf allen Ebenen mit vergleichender und experimenteller Methodik am ganzen Tier zu beantworten sucht, beziehen sich die Zielsetzungen der von E. v. HOLST begründeten Verhaltensphysiologie mehr auf die inneren verhaltenssteuernden Bedingungen im Organismus, wie die Arbeitsweisen des Nerven- und des Hormonsystems (s. S. 202ff. u. S. 124ff.). Unter Verhalten versten wir alle äußerlich wahrnehmbaren motorischen Erscheinungen am tierlichen[2] Organismus, einschließlich der Lautäußerungen und Farbänderungen. Damit sind innere Prozesse wie Herzschlag und Darmperistaltik ausgeschlossen.

---

1 Umfangreiches Material für groß angelegte Vergleiche hat TEMBROCK (1983, Bd. II) zusammengestellt.

2 Wir verwenden hier das Adjektiv „tierlich" in Analogie zu „pflanzlich" und „menschlich". Die Form „tierisch" wird oft abwertend verstanden. Begriffsdefinitionen der Verhaltensforschung findet man in IMMELMANNS Wörterbuch (1982).

Wenn dagegen beim Birkhahn *(Tetrao tetrix)* auf dem Balzplatz die über den Augen gelegenen „Rosen“ durch Blutzufuhr anschwellen und kräftig rot werden, gehört diese Erscheinung mit zum Verhalten. Fast alles von dem, was wir bisher über Verhalten gesagt haben, gilt für alle Tiere und keineswegs nur für Vögel. Für die Einteilung des Verhaltens eines Vogels bieten sich verschiedene Möglichkeiten an. Dabei geht es darum, die als arttypisch erkannten Verhaltensweisen (in der Mehrzahl sogenannte Erbkoordinationen) in ein Ordnungssystem einzubringen. Lange Zeit hat man hierfür die sogenannten Funktionskreise gewählt:

- Fortbewegung oder Lokomotion (z.B. Laufen, Klettern, Fliegen, Schwimmen, Tauchen). Diese Verhaltensweisen stehen häufig auch im Dienst anderer Funktionskreise.
- Nahrungserwerb (Nahrungssuche, Beutefang, Nahrungsbearbeitung und -aufnahme)
- Fortpflanzung (Paarbildung, Werbung, Begattung, Brutpflege)
- Aggression und Flucht (agonistisches Verhalten)
- Komfortverhalten (Baden, Gefiederpflege, Streckbewegungen).

Doch gibt es Probleme bei der Verwendung dieses Einteilungsschemas. Wenn beispielsweise eine junge Schleiereule *(Tyto alba)* ein Geschwister am Kopfgefieder putzt, ist zunächst ganz unklar, ob über die Reinigungsfunktion dieses Verhaltens hinaus Kommunikation oder Partnerbezug dabei eine Rolle spielen. Bei adulten Tieren könnte das gleiche Verhalten im Dienste der Paarbildung, der Partnerbindung und damit der Fortpflanzung stehen.

Oft kann man die funktionelle Zugehörigkeit eines Verhaltensablaufs gar nicht oder erst nach umständlichen experimentellen Forschungsarbeiten erkennen. Eine vorschnelle Zuordnung zementiert u. U. Vorurteile des Untersuchers und verstellt ihm die Sicht für relevante Fragen.

Schließlich hat die Funktion eines Verhaltens in der Stammesgeschichte durch Ritualisation (Signalbildung) oft gewechselt, was sogar in der Ontogenese und der Aktualgenese vorkommen kann. Mit Hilfe einer klassischen Motivationsanalyse kann man die Zusammengehörigkeit von Verhaltensweisen prüfen. Dabei wird quantitativ ermittelt, welche Verhaltensweisen auf welche anderen folgen. Doch sind solche Daten nicht beweisend für die Funktion. Wir verwenden daher hier ein Schema der Verhalteneinteilung, das nicht funktionell, sondern rein beschreibend ist.

Abb. 92: Selbstbezogenes Individualverhalten der Stockente *(Anas platyrhynchos)*: Komfortverhaltensweisen. 1 Schüttelstrecken auf festem Untergrund, 2 auf dem Wasser, 3 Flügelschütteln, 4 Kopfschütteln, 5 Schwanzschütteln, 6 Fußschütteln, 7 Beknabbern des Fußes, 8–11 Sichbaden mit Überschlag (11), 12 Einseitiges Strecken von Flügel, Bein und Schwanz, 13 Beidseitiges Flügelstrecken nach oben, 14 Gähnen. In dieser Abb. fehlen z. B. die Verhaltensweisen des Sichputzens (s. hierzu S. 61). Nach LORENZ & JOHNSGARD 1965

Wir unterscheiden:

- Selbstbezogenes Verhalten: Ruhen, Schlafen und andere Teile des Komfortverhaltens, immer soweit sich der Verhaltensablauf auf das Individuum selbst bezieht und nur dieses einschließt (Abb. 92).
- Umweltbezogenes Verhalten
  – Nicht-soziales Umweltverhalten: bezogen auf die artfremde Umwelt (abiotisch und biotisch); Nahrungserwerb, Flucht, Schnabelwetzen, Wanderungen, Lokomotion usw.
  – Soziales Verhalten: auf Artgenossen bezogen oder in bestimmten Fällen auch auf Artfremde, wenn mit ihnen Kommunikation besteht (s. S. 204). Hierzu rechnet agonistisches Verhalten, Fortpflanzungsverhalten, aber auch z. B. die soziale Gefiederpflege der Vögel.

Wie die meisten Einteilungen in der Biologie hat auch diese ihre Probleme. Manches Verhalten, das sich allein auf das Individuum zu beschränken scheint, könnte dennoch auf Artgenossen wirken oder gar an sie adressiert sein.

13.4 Verhaltenssteuerung

Verhalten läuft nur selten ganz spontan ab, meist wird es durch spezifische Reizsituationen ausgelöst. Der Mandarinerpel *(Aix galericulata)* erkennt sein paarungsbereites Weibchen an bestimmten Farb- und Formmerkmalen sowie an Verhaltensweisen, vielleicht auch an leisen Lautäußerungen und am Duft. Auslöser sind Reize oder Reizkombinationen, die bestimmtes Verhalten meist bei einem Artgenossen in Gang setzen. Sie sind Signale in einem Kommunikationssystem (s. S. 206).

Aber auch zwischen Räuber und Beute, Wirt und Parasit spielen bestimmte Reize eine Rolle. Der Räuber erkennt die Beute, der Parasit den Wirt an Schlüsselreizen, ohne daß Beute und Wirt daran allerdings ein Interesse hätten. Im Gegenteil, sie vermeiden es, für den Räuber oder den Parasiten wahrnehmbar zu werden. Zwischen ihnen besteht also kein in der Stammesgeschichte entwickeltes Kommunikationssystem. Ein Vogel erkennt einen möglichen Nistplatz in einem Baum an Schlüsselreizen, seine sperrenden Jungen im Nest an Auslösern. „Einem Baum wachsen niemals farbige Zweige, nur damit bestimmte Vogelarten ihn leichter als Nistplatz erkennen, bei den Jungvögeln einer Vogelart dagegen können sich im Lauf der Stammesgeschichte auffallende Farbabzeichen im Rachen entwickelt haben, nur damit er beim Sperren das Füttern durch die Eltern besser auslösen und richten kann“ (IMMELMANN 1982).

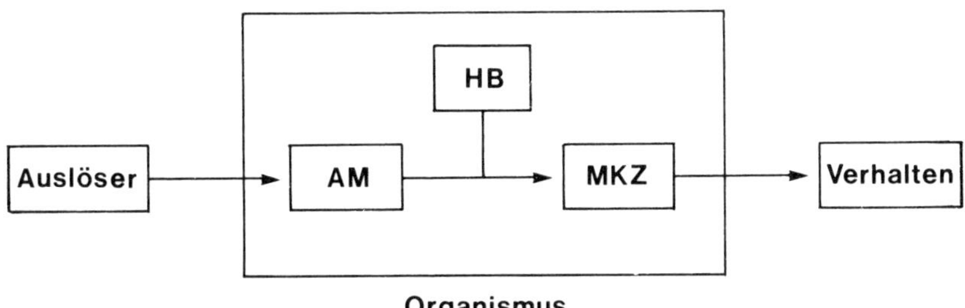

Abb. 93: Die Beziehungen zwischen Auslöser und ausgelöstem Verhalten setzen die Arbeit innerer Instanzen voraus. Die Handlungsbereitschaft (HB) ist dem Auslösemechanismus (AM) und dem motorischen Koordinationszentrum (MKZ) übergeordnet.

Ganz gleich, ob ein Schlüsselreiz oder ein Auslöser wirkt, der Empfänger reagiert in jedem Fall reizspezifisch. Er muß aus den vielen auf ihn einströmenden Reizen die richtigen herausfiltern, miteinander verrechnen und schließlich das zugehörige Verhalten in Gang setzen.

Für diese Funktionen hat man eine Instanz postuliert, die in den Sinnesorganen und den afferenten Anteilen des Zentral-Nervensystems lokalisiert ist. Man nennt sie Auslösemechanismus (AM, Abb. 93). Der Auslösemechanismus kann unabhängig von aller Erfahrung angeborenermaßen festgelegt sein bzw. reifen. Man nennt ihn dann einen Angeborenen Auslösemechanismus (AAM). Nimmt er auf dieser angeborenen Basis zusätzlich Informationen auf, so wird er zu einem durch Erfahrung erweiterten angeborenen Auslösemechanismus (EAAM). Ein erworbener Auslösemechanismus trägt die Kurzbezeichnung EAM. Bisher haben wir uns nur mit der afferenten Seite der Verhaltenssteuerung befaßt, also mit der Reizverarbeitung. Demgegenüber steht die efferente Seite: Durch den Auslösemechanismus wird ein Verhalten bestimmter Form in Gang gesetzt. Für die Form des Verhaltensablaufs garantiert eine zweite neurale Instanz, die man als Motorisches Koordinationszentrum (MKZ) bezeichnen kann (Abb. 93). Auch im motorischen Bereich kann gelernt werden. Man kann Erbkoordinationen von Erwerbskoordinationen unterscheiden. Einem bestimmten motorischen Muster können auch mehrere AMs zugeordnet sein. Trauerschnäpper *(Ficedula hypoleuca)* hassen sowohl auf Neuntöter *(Lanius collurio)* als auch auf Sperlingskäuze *(Glaucidium passerinum),* selbst wenn man ihnen die Feinde nur als Attrappen anbietet. Man kann die Reaktion auf die eine Feindattrappe selektiv ermüden bzw. gewöhnen, ohne daß diejenige auf die andere Attrappe beeinflußt wird. Das zeigt, daß zwei unabhängige Auslösemechanismen existieren (CURIO et al. 1970). Das ausgelöste Verhalten ist dagegen identisch.

Damit Verhalten überhaupt in Gang kommen kann, bedarf es einer grundsätzlichen Bereitschaft im Organismus. Der Mandarinerpel wird nur dann um seine Ente werben, wenn in der richtigen Jahreszeit seine Geschlechtshormone in der richtigen Konzentration vorhanden sind, wenn die richtige Tageszeit herrscht, wenn der Vogel nicht zu hungrig ist und wenn nicht gerade ein Feind auftaucht. Alle diese inneren und äußeren Daten werden im Zentral-Nervensystem zu einem Wert verrechnet, den wir Handlungsbereitschaft (HB; Abb. 93) nennen (BECKER-CARUS et al. 1972).

13.5 Gehirn steuert Verhalten

Wenn ein Reiz immer wieder in gleicher Form auf den Vogel trifft, ändert sich oft die Häufigkeit bzw. die Intensität des ausgelösten Verhaltens. Diese Erscheinungen lassen sich in gleicher Weise erkennen, wenn man Gehirnreizungen vornimmt. Die Ergebnisse solcher Untersuchungen an zahmen Haushühnern *(Gallus gallus domesticus)* haben V. HOLST & V. SAINT PAUL in ihrer berühmten Arbeit „Vom Wirkungsgefüge der Triebe" im Jahre 1960 beschrieben.

Abb. 94: Frei beweglicher Haushahn *(Gallus gallus)* mit implantierten Elektroden zeigt bei Stammhirnreizung (0,15 V) den Kratzfuß, eine Verhaltensweise der innerartlichen Kommunikation. Der Vogel umkreist einen imaginären Artgenossen und erzeugt auf der abgewandten Körperseite mit dem Fuß im herabgestreckten Flügel ein harfendes Geräusch (nach V. HOLST & V. SAINT PAUL 1960).

Zur Vorbereitung wurde dem Huhn unter Betäubung ein Stückchen aus der Schädeldecke herausgebohrt und in das Loch ein Elektrodenhalter aus Plexiglas eingesetzt. Von hier aus konnten feine Elektrodendrähte in das Stammhirn vorgetrieben werden, die keine mechanische Beschädigung erzeugten. Nun war es möglich, an die Elektroden schwache Reizströme anzulegen. Die aus der Narkose aufgewachten Vögel waren ruhig und konnten ohne nachteilige Folgen wochenlang die Elektroden tragen. Sie zeigten normales Verhalten. Wurden nun bestimmte Hirngebiete durch einen schwachen elektrischen Reiz künstlich erregt, so liefen ganz

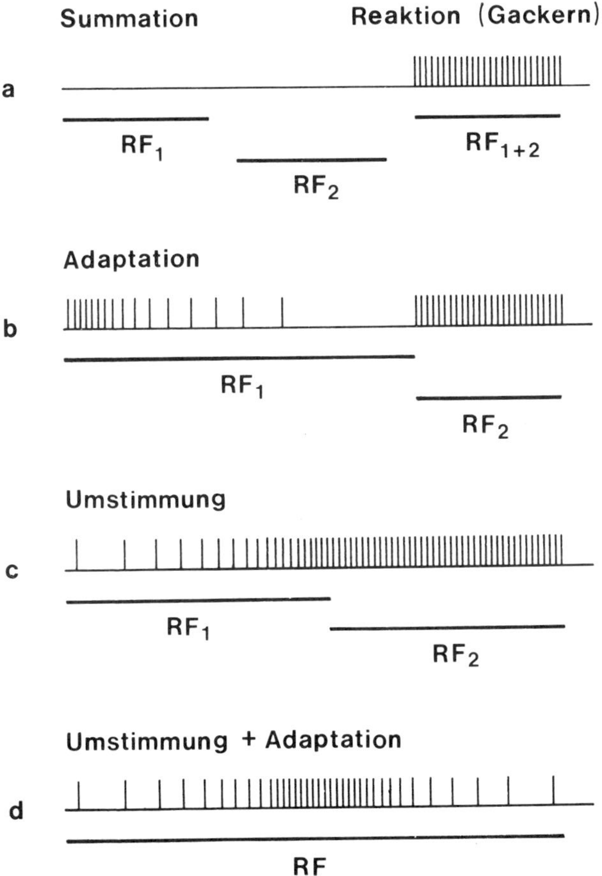

Abb. 95: Bei elektrischer Stammhirnreizung am Haushuhn entdeckten v. HOLST & v. SAINT PAUL (1960) Formen des Zusammenspiels verschiedener Reize im Zentralnervensystem des Vogels: Summation, Adaptation und Umstimmung (s. Text)

spezifische und typische Verhaltensweisen wie Gackern, Hudern, Angriffs- und Fluchtverhalten (Abb. 94) ab, ohne daß jedoch die zugehörigen Auslöser oder Schlüsselreize vorhanden gewesen wären. Einige Ergebnisse dieser Versuche sind in Abb. 95 zusammengefaßt.[1]

Manchmal ist es möglich, dasselbe Verhalten, z. B. ein Gackern, von zwei verschiedenen Stellen im Stammhirn auszulösen. Gibt man an der einen Stelle (RF_1) einen unterschwelligen Reiz, so passiert nichts. Das gleiche ist an der anderen Stelle (RF_2) möglich. Wenn man dagegen an beiden Reizorten gleichzeitig den schwachen Reiz setzt, kommt es zu einer vollständigen Reaktion (Abb. 95 a). Zwei unterschwellige Reize addieren sich im Gehirn zu einem überschwelligen: Summation. Ähnliches kann auch ein Auslösemechanismus beim intakten Tier im Verhaltensversuch leisten.

Ein länger anhaltender Reiz verliert allmählich seine Wirksamkeit, d. h. das Gackern erlischt (RF_1). Wenn ich nun über die andere Elektrode (RF_2) reize, ist von der Adaptation nichts zu spüren (Abb. 95 b). Diese ist offenbar reizortspezifisch und liegt vor der Stelle, wo die Informationen von RF_1 und RF_2 zusammenkommen.

Wenn der Reiz nicht sehr stark ist, kann sich seine Wirkung doch allmählich verstärken. Kommt dann noch die Wirkung vom anderen Reizort hinzu, so ist die Reaktion vollintensiv. Die Umstimmung ist ein höher organisierter Prozeß und senkt allmählich die Schwelle für die Auslösung des Gackerns (Abb. 95 c). Umstimmung und Adaptation können auch zusammenwirken, wenn ein Reiz (RF) sehr anhaltend wirkt. Dann nimmt die Intensität oder Häufigkeit des Verhaltens zunächst allmählich zu (Umstimmung), nachher aber wieder ab (Adaptation) (Abb. 95 d).

Mit diesen wenigen Beispielen soll gezeigt werden, wie man mit relativ einfachen Versuchen am Vogelgehirn Einblick in die Arbeitsweise des Zentral-Nervensystems gewinnen konnte.

13.6 Kommunikation

13.6.1. Sender und Empfänger

Soziales Verhalten funktioniert in den meisten Fällen nur durch Kommunikation. Nehmen wir als Beispiel das Paarungsverhalten der Mandarinente (*Aix galericulata*), einer nordamerikanischen Schwimmentenart,

---

1 Zusätzlich sind sie in einer Filmserie des Instituts für den Wissenschaftlichen Film, Göttingen, dokumentiert (v. Holst & v. Saint Paul 1962).

Abb. 96: Während der Werbung und der Begattung bei der Mandarinente *(Aix galericulata)* spielen Signale der Gestalt und des Verhaltens bei beiden Partnern eine wichtige Rolle, um die Handlungskette weiterzuführen. Näheres siehe Text. Original nach Fotos des Autors

die man heute in Mitteleuropa sehr häufig auf Zierteichen, aber auch schon halbwild oder verwildert vorfinden kann (Abb. 96).

Die beiden Partner sind schon lange miteinander vertraut. Entenpaare bilden sich („verloben sich") im Herbst. Jetzt im Frühjahr sind sie paarungsbereit. Der wunderbar plakatfarbige Erpel mit den aufrecht stehenden, orange gefärbten Zierfedern im Schulterflügel nähert sich der Partnerin, während beide pumpende Bewegungen mit Hals und Kopf nach vorne oben ausführen. Allmählich senkt die Ente Kopf und Hals und legt sich flach auf das Wasser (b, c). Der Schnabel ist gerade so weit eingetaucht, daß die Nasenlöcher noch herausgucken. Nun steigt der Erpel auf ihren Rücken und hält sich mit dem Schnabel am Gefieder ihres Oberkopfes fest (d, e). Jetzt senkt er den Schwanz und vollzieht die Kopula. Dabei versinkt die Ente unter ihm im Wasser. Gleich danach eilen beide auseinander und beginnen intensiv zu baden und sich zu putzen (f) (vgl. JOHNSGARD 1965).

Bei der Paarung der Mandarinente wirken Strukturen und Bewegungen beider Partner kommunikativ zusammen, so daß ein gemeinsames Verhalten entsteht. Der eigentliche Akt der Spermaübergabe vom Erpel zur Ente stellt ebenfalls eine soziale Wechselbeziehung zwischen zwei Individuen dar, aber wir ordnen sie nicht der Kommunikation zu. Ebensowenig ist ein Beschädigungskampf zwischen zwei Erpeln als Kommunikationsvorgang einzuordnen. Hier findet unmittelbare Gewalt statt, oder direkter Materialaustausch.[1]

Der Energieaufwand ist in diesen Fällen verhältnismäßig groß. Kommunikation dagegen arbeitet mit Signalen. Ein Signal ist eine eigens für diesen Zweck entwickelte Struktur oder Verhaltensweise oder Kombination zwischen beiden. Kennzeichnend für Signale ist der relativ geringe Energieaufwand, der zum Erreichen einer Wirkung benötigt wird. Es ist energetisch viel weniger aufwendig, einen Rivalen durch eine Gesangsstrophe vom eigenen Territorium fernzuhalten als durch Angriff und Kampf.

Unter Kommunikation verstehen wir Signalfluß zwischen zwei Individuen. Aktuelle Kommunikation kann man allerdings nur nachweisen, wenn der Empfänger auch auf das Signal reagiert. Er muß sein Verhalten ändern, d. h. entweder ein neues Verhalten in Gang setzen oder ein schon laufendes Verhalten abbrechen; es genügt auch, wenn er nur die Häufigkeit verändert. Ein Beispiel: Eine weibliche Ringeltaube wählt einen möglichen Brutplatz in einer Astgabel eines Baumes aus, wo sie lange sitzen bleibt und in regelmäßigen Abständen von einigen Sekunden ihren tief knurrenden zweisilbigen Nestlockruf äußert.

Wenn der männliche Partner oben im Baumwipfel seine Gesangsstrophe erklingen läßt, ruft das Weibchen vorübergehend schneller hintereinander, um dann wieder zum alten Rhythmus zurückzukehren. Diese Verhaltensänderung zeigt, daß Kommunikation zwischen beiden stattgefunden hat. Singt ein Nachbar eine Strophe, so reagiert die Täubin nicht in dieser spezifischen Weise. Das legt nahe, daß sie den Partnergesang auch individuell erkannt hat.

---

1 vgl. hierzu Filme „Kommunikation beim Königspinguin" (BERGMANN & BERGMANN 1980)

Abb. 97: Singender Grünfink *(Carduelis chloris)*. Diese Art neigt dazu, Fremdimitationen in ihren Gesang aufzunehmen, doch werden umgekehrt auch Gesangselemente des Grünfinken von anderen Arten imitiert, z. B. von Mischsänger-Buchfinken. F. MÜLLER aus BERGMANN & HELB 1982

Wenn ein Vogel „nur so vor sich hinsingt", ohne daß man eine Reaktion irgendeines Artgenossen feststellen kann, so liegt keine aktuelle, sondern lediglich potentielle Kommunikation vor; es findet nur eine Abstrahlung von Signalen statt (Abb. 97). Aber nicht jede Art von Reaktion auf einen Reiz bedeutet auch Kommunikation. Wenn eine Eule unter dem Einfluß des Sonnenlichts ihre Pupillen zusammenzieht, sprechen wir nicht von Kommunikation zwischen Sonne und Eule. Bedingung für Kommunikation ist, daß das vom Sender ausgesandte Signal eine Bedeutung hat, die vom Empfänger verstanden werden kann. Sender und Empfänger müssen über ein gemeinsames System, über einen gemeinsamen Zeichenvorrat verfügen. Dahinter steht eine gemeinsame Stammesgeschichte. Für Sonne und Eule trifft das nicht zu. Hier handelt es sich um eine einfache reflektorische Reaktion der Eule auf einen Reiz, der nicht von einem Kommunikationspartner, ja nicht einmal von einem lebenden Wesen kommt.

Die bisher besprochenen Kommunikationsmodelle waren linear (Abb. 98): Information fließt von einem Partner zum anderen (unidirektional). Manchen Kommunikationsforschern erscheint dieses Modell zu anspruchslos. Sie sprechen erst dann von Kommunikation, wenn die Information in beiden Richtungen zwischen den Partnern fließt (bidirektional). Jeder der beiden muß dann Empfänger und Sender sein. Hier haben wir ein zyklisches Kommunikationsmodell vor uns. Wir kommen aber meist mit dem einfachen linearen aus, besonders wenn wir uns klarmachen, daß auch ein zyklischer Prozeß aus zwei linearen zusammengesetzt ist.

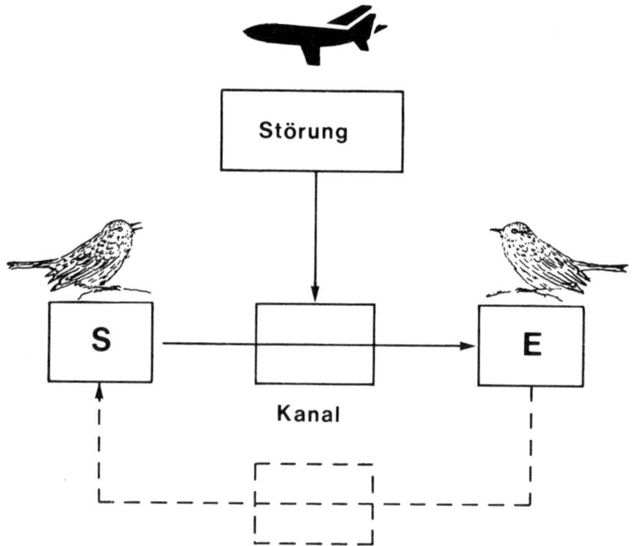

Abb. 98: Kommunikationssystem: Sender (S) und Empfänger (E) sind durch den Kanal miteinander verbunden. Dieser ist störanfällig. Zyklische Kommunikation liegt dann vor, wenn der Empfänger wieder auf den Sender zurückwirkt (gestrichelt). Original

13.6.2 Kanäle und Störungen

Zwischen Sender und Empfänger liegt der Kanal (Abb. 98). Damit ist die Strecke gemeint, die das Signal zurücklegen muß, um den Empfänger zu erreichen. Im Falle unseres obigen Taubenbeispiels mußte das akustische Signal einen Weg durch die Luft zurücklegen, um die Täubin zu erreichen. Streng genommen können wir zum Kanal sogar noch das Außen- und Mittelohr des Empfängers rechnen, also den gesamten Weg bis zu den Rezeptoren im Innenohr. Je nach Art der Signale kommen auch andere Transportmedien in Frage, wie z.B. Wasser oder festes Substrat.

Vögel bedienen sich hauptsächlich des optischen und des akustischen Kanals. Der optische läßt gerichteten und schnellen Informationsfluß zu. Der akustische Kanal transportiert ebenfalls viel Information, selbst dann, wenn der optische nicht funktioniert: um die Ecke, bei Nacht. Dafür ist er auch leichter störbar und anzapfbar, weil die Schallwellen sich ringförmig um den Sender ausbreiten. Der taktile Kanal bedient sich der Berührung und kann demnach nur auf kürzeste Entfernung benutzt werden, beispielsweise wenn Schleiereulen mit geschlossenen Augen Beute überreichen oder übernehmen. Daß auch der olfaktorische Kanal unter Umständen bei Vögeln eine Rolle spielt, ist anderswo (S. 194) nachlesbar.

Jeder Kanal ist in unterschiedlicher Weise störbar (Abb. 98). Um einen wirkungsvollen Signalfluß zu erreichen, muß sich das Signal von den Störungen abheben, z.B. vom Geräuschhintergrund im Falle der akustischen Kommunikation.

Im folgenden Kapitel werden Bedeutung und Probleme der akustischen Verständigung am Beispiel der Vogelstimmen behandelt.

14 Vogelstimmen: akustische Signale

Wären alle Vögel stumm, so würde uns die Landschaft im Frühsommer tot erscheinen. Sie wird erst durch Vogelgesang und -rufe lebendig. Vögel, vor allem Singvögel, verständigen sich miteinander großenteils akustisch. Zur Fortpflanzungszeit spielt der Gesang der Männchen die Hauptrolle in der Menge der Lautäußerungen. Darüber hinaus kennen wir bei Männchen, Weibchen und Jungvögeln verschiedene Rufe, die nicht so kompliziert sind wie die Gesänge und meist auch andere Funktionen haben (s. S. 231). Singen viele Vögel in einem städtischen Park zu gleicher Zeit, so fällt es sogar dem Geübten schwer, die einzelnen Arten herauszuhören. Selbst bei allbekannten Formen wie dem Buchfinken gibt es zudem in Gesang und Rufen noch viel Neues zu entdecken. Allerdings ist ein Buchfinkenschlag oder ein anderer Vogelgesang, so laut und präzise er auch unser Ohr erreichen mag, viel zu rasch verklungen, als daß wir ihn in allen Einzelheiten wahrnehmen könnten. Akustische Signale sind wie alle Verhaltensweisen vergänglich, und wir müssen sie uns „sichtbar" machen, um sie recht begreifen zu können.

14.1 Eine Lautschrift für Vogelstimmen: Das Sonagramm

Schon seit langer Zeit hat man sich bemüht, Vogelstimmen schwarz auf weiß darzustellen, z. B. durch Notenschrift und andere davon abgeleitete Verfahren (Abb. 99). Besonders unzuverlässig ist das Ergebnis, wenn wir mit Hilfe unserer Sprache oder Schrift eine Umschreibung versuchen. Das Sonagramm liefert dagegen ein objektives Bild der Schallereignisse. Seit etwa 30 Jahren hat sich aus den USA kommend der Sonagraph (lat.-griech. „Schallschreiber") in der Bioakustik eingebürgert (Abb. 100). Er produziert Aufzeichnungen, die wie unsere Schrift von links nach rechts gelesen werden. Das Standardsonagramm analysiert einen Zeitraum von 2,5 s. Man kennt heute allerdings auch schon kontinuierlich arbeitende Geräte.

In einer zweiten Dimension senkrecht zu der horizontalen „Zeitachse" analysiert der Sonagraph die Schallereignisse nach ihrer Tonhöhe. Je höher ein Ton ist, desto weiter von der Grundlinie entfernt wird er aufgezeichnet. Da Vögel ebenso wie wir Menschen meist im Bereich zwischen 0 und 8 kHz (1 kHz = 1 000 Hz = 1 000 Schwingungen pro s) ihre Laute äußern, wählen wir diesen Bereich für die Analysen. Das Gerät schreibt, wie es modellartig Abb. 101 zeigt, mit einem in der Vertikalen etwa 300 Hz breiten

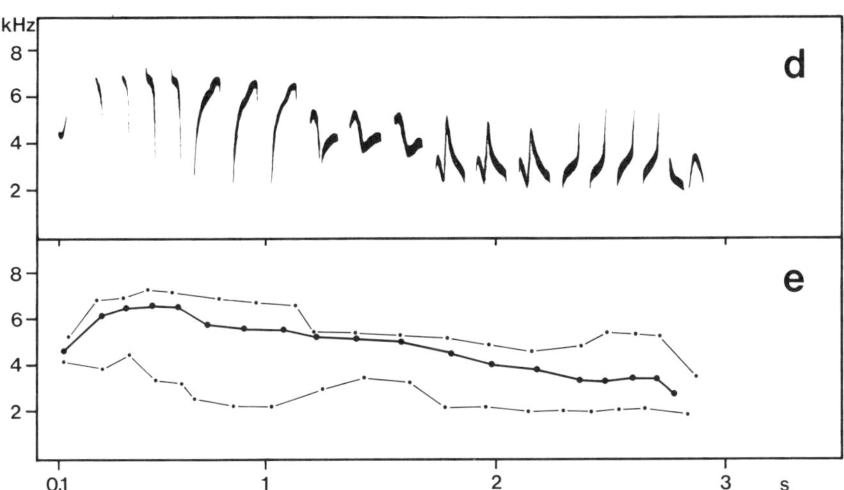

Abb. 99: Auf verschiedenste Weise hat man versucht, die Gesangsstrophe des Fitis *(Phylloscopus trochilus)* auf Papier darzustellen: **a** Notenschrift, **b** Schematischer Verlauf von Tonhöhen und Tonlängen, **c** Sprachliche Umschreibung, **d** Sonagramm, **e** Sonagramm-Auswertung durch obere und untere Hüllkurve (dünne Linien) sowie Lautstärkeschwerpunkte (dicke Linie). Aus BERGMANN & HELB 1982

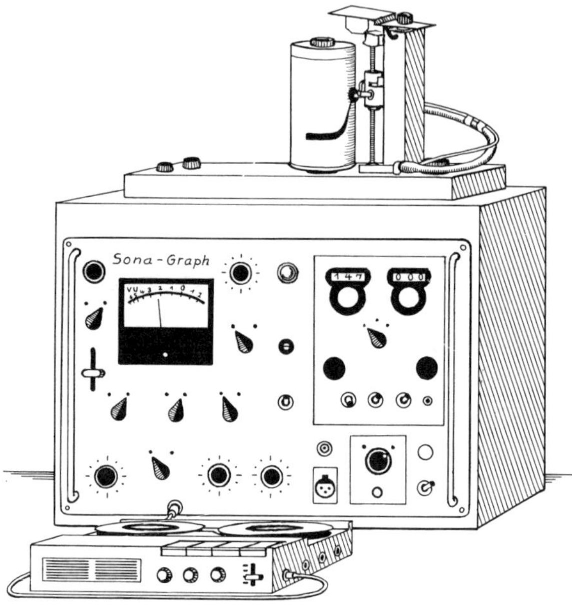

Abb. 100: Schemazeichnung des Sonagraphen mit Tonbandgerät (vorn), aus dem das Signal eingespielt worden ist. Auf der Trommel (oben) wird es vom Schreiber analysiert. Aus BERGMANN & HELB 1982

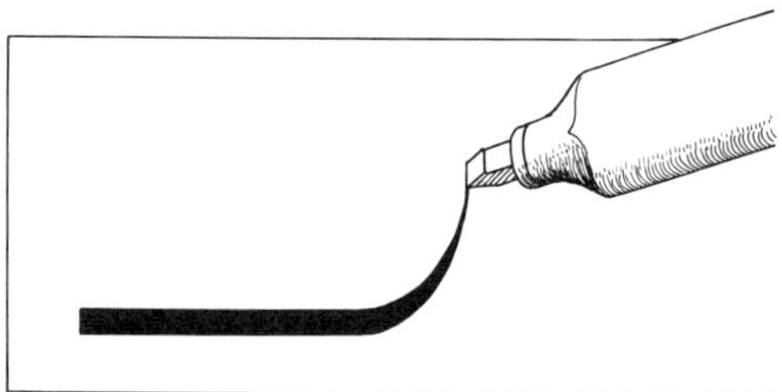

Abb. 101: Der Schreiber des Sonagraphen schreibt in der Horizontalen mit etwa 300 Hz breiter Feder, die Zeitauflösung (vertikal) ist besser. Aus BERGMANN & HELB 1982

Stift. Es gibt noch eine dritte Dimension im Sonagramm. Je lauter ein Signal aufgenommen ist, desto schwärzer wird es dargestellt. Wir können diese Dimension im allgemeinen nur relativ auswerten und vernachlässigen sie daher in unserer Betrachtung.

14.2 Ton, Klang, Geräusch

Physikalisch reine Töne gibt es selbst in der Musik nicht sehr häufig. Sie werden hauptsächlich von der Flöte hervorgebracht. Im Sonagramm stellen sie sich als horizontale Balken dar, wie in Abb. 102 a sichtbar. Wir erkennen die stufenweise ansteigende Tonhöhe in den ersten Elementen der geflöteten Melodie des Kinderliedes „Alle meine Entchen". Die Breite der Balken liegt, wie oben beschrieben, etwa bei 300 Hz. Die beiden letzten Elemente tragen schon einen Oberton, sind also nicht mehr rein. Eine ganze Serie solcher Obertöne bringt die Geige (Abb. 102 b) hervor, wenn sie den ersten „Ton" des Kinderliedes spielt. Wir nennen dieses Gebilde

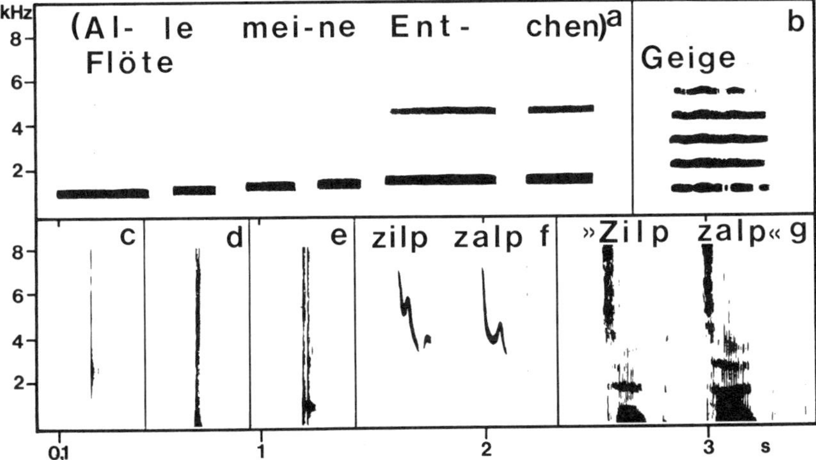

Abb. 102: So stellt der Sonagraph Lautereignisse dar: **a** Kinderlied aus Tönen, mit der Flöte gespielt. Die beiden letzten Elemente tragen schon Obertöne. **b** Die Geige, die den ersten Ton des Kinderliedes nachspielt, erzeugt einen Klang aus vielen Obertönen. **c** Das Fingerschnippen ist ein typisches Geräusch, ebenso das Händeklatschen **d** und das Zungenschnalzen **e** (Doppelgeräusch). **f** Zwei Elemente aus dem Gesang des Zilpzalps *(Phylloscopus collybita)* stellen frequenzmodulierte Töne dar. **g** „Zilpzalp", von einer männlichen Stimme (Autor) gesprochen: Ein kompliziert zusammengesetzes Signal aus Geräuschkomponenten **z** und Klängen mit rhythmischer Frequenzmodulation (Vibrato). Aus BERGMANN & HELB 1982

einen Klang. Geräusche schließlich sind breitbandig über alle Tonhöhenbereiche verteilt, wie beim Fingerschnippen (Abb. 102 c), Händeklatschen (d) und Zungenschnalzen (e, Doppelgeräusch).

Wenn Vogelstimmen aus Tönen bestehen, so sind diese fast immer moduliert, d. h. sie steigen an oder fallen ab. Das einfache Element des Zilpzalp-Gesangs weist schon ein kompliziertes Muster auf (Abb. 102f).

Vogellaute können auch durch andere Schwingungen (Vibrato) überlagert sein, was entweder zu rauhem oder zu nasalem Klang führt. Auch die menschliche Stimme läßt sich sonagraphisch analysieren (Abb. 102g). Die Ähnlichkeit mit dem nachgeahmten Vogelvorbild ist bei dem menschlichen Wort „Zilpzalp“ allerdings gering. Wir erkennen jedoch, daß das „z“ sich als Geräusch im oberen Frequenzbereich darstellt. Der Rest ist ein

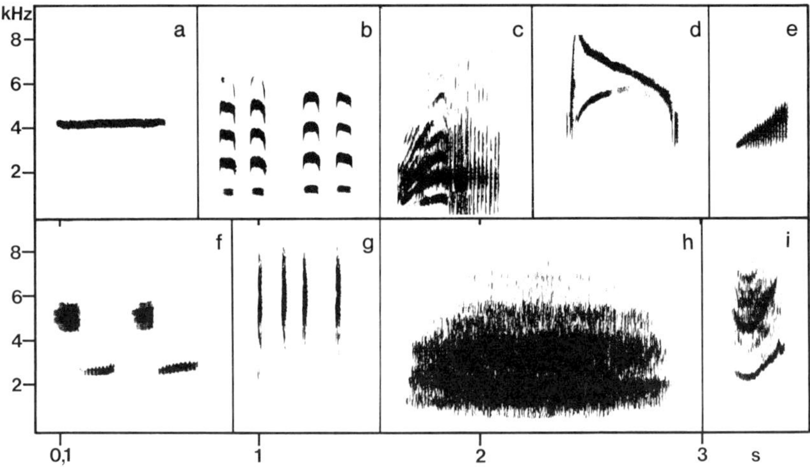

Abb. 103: Formensprache der Vogelstimmen im Sonagramm: **a** Schlußton einer Strophe des Grauortolans *(Emberiza caesia)*. **b** Nasale Flugrufe der Pfuhlschnepfe *(Limosa lapponica)* als Beispiel für Klänge. **c** Frequenzmodulierter Klang mit Vibrato: Ruf des Höckerschwans *(Cygnus olor)* („aiarr“).**d** Zweistimmiges Gesangselement des Rotkehlpiepers *(Anthus cervinus)*: die beiden Töne nehmen einen unterschiedlichen Verlauf. **e** Schnelle rhythmische Frequenzmodulation beim Regenruf („wrüt“) des Buchfinken *(Fringilla coelebs)*. **f** Seitenbänder klingen scharf und durchdringend. Sie kommen durch eine feine Frequenzmodulation zustande. Strophenende des Ortolans *(Emberiza hortulana)*. **g** Die Alarmrufe der Mönchsgrasmücke *(Sylvia atricapilla)* klingen wie „tak“ und stellen kurze Geräusche dar. **h** Das gedehnte Geräusch ist ein Abwehrzischen des Höckerschwans *(C. olor)* am Nest. **i** Klang und Geräusch als Mischform im Aggressionsruf des Fitis *(Phylloscopus trochilus)*. Aus BERGMANN & HELB 1982

frequenzmodulierter Klang mit ausgeprägtem Vibrato, wie es für Stimme des Mannes charakteristisch ist. Zur Formensprache der Vogelstimmen s. Abb. 103.

14.3 Zeitstruktur des Gesangs

Am Beispiel des Buchfinken (Abb.104A) führen wir uns die zeitliche Verteilung und Aufteilung des Vogelgesangs vor. Die meisten Vogelarten bei uns singen nur zur Fortpflanzungszeit im Frühjahr und Sommer. Mit dem Beginn der Mauser im Juli/August endet der Gesang, kann aber im Herbst nochmals kurze Zeit aufleben (Abb. 104 Ba). Der Buchfink ist wie die Mehrzahl unserer Vogelarten ein Tagvogel. Er singt von der Morgendämmerung bis in den Abend hinein (Abb. 104 Bb), am frühen Morgen am intensivsten, über den Tag hin mit allmählich nachlassender Häufigkeit. Viele Arten pausieren in den wärmsten Mittagsstunden. Der Gesang des Buchfinken besteht aus einer Folge von Strophen (Abb. 104 Bc). Eine solche Strophenfolge nennen wir einen Schub oder eine Serie, wenn sie durch Gesangspausen begrenzt wird. Manche Vogelarten, wie z.B. die Feldlerche oder der Sumpfrohrsänger, noch auffälliger die Schwirlarten,

Abb. 104A: Buchfinken-Männchen beim Singen (ähnlich wie beim Äußern eines Regenrufs). Original nach Foto des Autors

singen minuten- oder gar viertelstundenlang kontinuierlich, ehe sie eine Pause einlegen.

Die Buchfinkenstrophe setzt sich aus verschiedenen Anteilen zusammen (Abb. 104 Bd). Als Element bezeichnen wir die kleinste durch Intervalle begrenzte Einheit im Sonagramm, also eine zusammenhängende

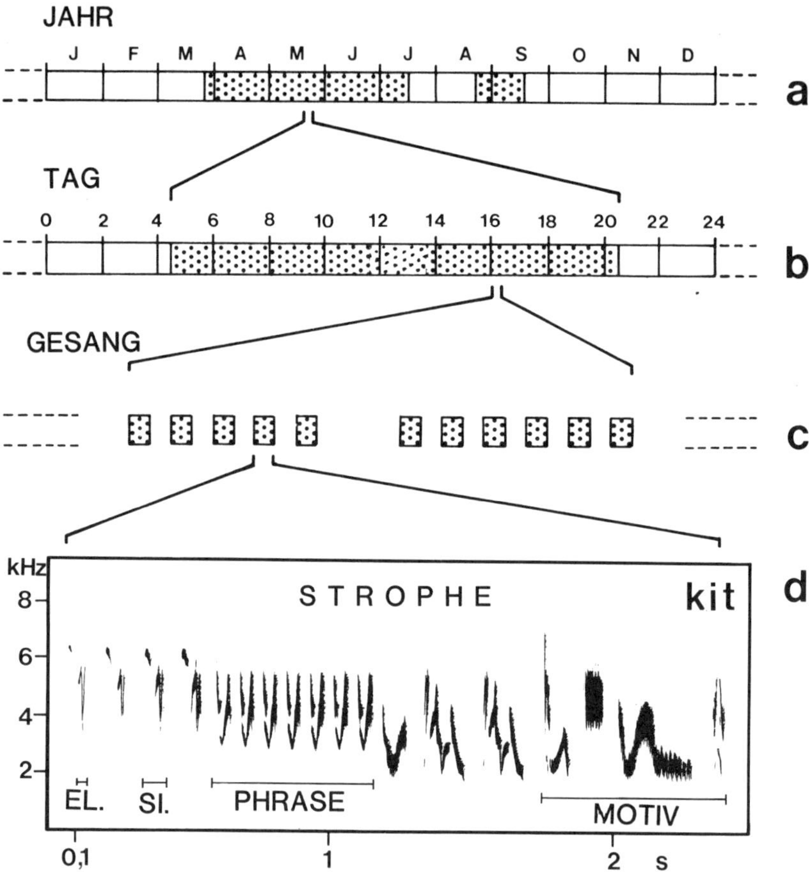

Abb. 104 B: Zeitliche Anordnung und Struktur des Gesangs am Beispiel des Buchfinken *(Fringilla coelebs)*. **a** Die meisten Vögel singen im Frühjahr und Sommer, einige noch einmal im Herbst. **b** Tageszeiten: Die meisten Vögel singen frühmorgens und gegen Abend, der Buchfink aber den ganzen Tag über. **c** Der Gesang besteht aus Strophen und kürzeren oder längeren Pausen. **d** Die Strophe des Buchfinken besteht aus verschiedenen Untereinheiten. Das Motiv am Strophenende bezeichnet man bei dieser Art als Endschnörkel. Ganz am Schluß steht ein „kit“, welches eine Fremdimitation darstellt (s. S. 255 ff.). Aus BERGMANN & HELB 1982

Schwärzung. Solch ein Element kann gleichwohl in Untereinheiten zerlegt werden. Mehrere verschiedene Elemente bilden eine Silbe. Oft kann man die Elemente einer Silbe mit dem Gehör nicht voneinander trennen. Mehrere aufeinanderfolgende gleichartige Elemente oder Silben bezeichnen wir als eine Phrase. Je nach Elementart und – dauer klingt sie schwirrend, schnarrend oder trillernd, bzw. wir nehmen sie einfach als rhythmische Elementfolge wahr.

Eine wiedererkennbare Folge von verschiedenen Elementen nennen wir ein Motiv. Der Endschnörkel der Buchfinkenstrophe ist ein typisches Motiv. Unter einer Strophe verstehen wir eine zeitlich begrenzte zusammenhängende Folge von Elementen, Silben, Phrasen oder Motiven, die durch eine längere Pause von der nächsten abgesetzt ist. Die Abfolge der Strophen wird zusammenfassend als Gesang bezeichnet (Abb. 104 Bc).

14.4 Lauterzeugung

Das Stimmorgan der Vögel sitzt nicht im Kehlkopf, dem Larynx, wie bei uns Menschen, sondern viel tiefer, dort wo sich die Luftröhre (Trachea) in die beiden Bronchien gabelt, die die Lungenflügel versorgen (Abb. 105). Wir nennen diese Gabelungsstelle Syrinx nach dem griechischen Wort für Panflöte.

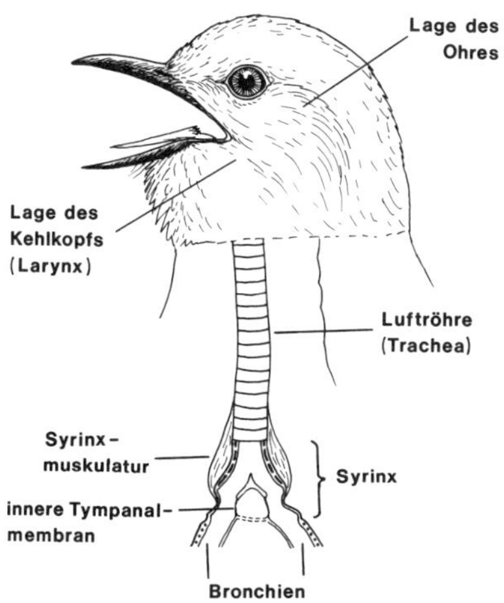

Abb. 105: Bau und Lage des Stimmorgans der Singvögel. Die Syrinx ist in der Schemazeichnung gegenüber dem Kopf um 90° gedreht. Aus BERGMANN & HELB 1982

An der Innenseite der Gabelung sitzt bei Singvögeln auf jeder Seite eine etwa oval geformte dünnhäutige Membran, die innere Tympanalmembran. Sie kann beim Ausatmen des Vogels, d.h. wenn er die Luft aus den entsprechenden Luftsäcken herausdrückt, in Schwingung geraten und Schall erzeugen.

Auf die Eigenschaften dieses Schalls wirken sich sowohl der Druck in den umgebenden Luftsäcken als auch die Länge der Trachea, die Tätigkeit der Syrinx-Muskulatur, die Geschwindigkeit der vorbeistreichenden Luft und anderes aus. Für zusätzliche Effekte wie das Vibrato müssen wir weitere schallerzeugende Mechanismen in der Syrinx annehmen. Bemerkenswerterweise können die beiden symmetrischen Hälften der Syrinx auch unabhängig voneinander arbeiten. Der Vogel kann also zweistimmig singen oder rufen. Meist verteilt er die Lautäußerung zu ungleichen Teilen auf die beiden Hälften. Die linke Hälfte der Syrinx dominiert dabei ebenso wie die entsprechenden Regionen im Gehirn (vgl. S. 131 f.). Auch bei der menschlichen Sprache dominiert die linke Hirnhälfte.

Die Lauterzeugung geschieht bei Vögeln ebensowenig wie beim Menschen allein mit dem Stimmorgan. Schon unsere Sprache enthält in großer Zahl Laute, die wir nicht mit den Stimmbändern des Kehlkopfes erzeugen, wie z.B. p, t, k, aber auch den stimmlosen Zischlaut s und den Doppelkonsonanten z.

Allerdings können Vögel allem Anschein nach auch Geräusche mit der Syrinx herstellen. Sie verwenden aber darüber hinaus eine Reihe anderer Organe für die instrumentelle Lauterzeugung: Der Specht trommelt mit dem Schnabel auf einem körperfremden Resonanzwerkzeug. Die Bekassine erzeugt in einer schrägen Absturzphase ihres Revierfluges mit den äußeren Schwanzfedern ein wimmerndes Meckern („Himmelsziege"). Viele Entenarten bringen mit den Flügeln pfeifenden Flugschall hervor. Der Buchfink produziert mit dem Schnabel bei aggressiven Auseinandersetzungen serienweise klappernde Geräusche (Abb. 113h). Wir fassen alle diese nichtvokalen Lautsignale als Instrumentallaute zusammen und stellen sie den Vokallauten gegenüber.

14.5 Das Lautinventar des Buchfinken

Da der Buchfink *(Fringilla coelebs)* einer der häufigsten Singvögel in Mitteleuropa ist und überdies in seinen Lautäußerungen eine der am besten bekannten Arten (MARLER 1956), wollen wir an seinem Beispiel versuchen, einen Überblick über das Lautinventar eines Singvogels zu gewinnen. Rufe und Gesänge verschiedener anderer Vogelarten, insbesondere von Amsel und Kohlmeise, zusammen mit Sonagrammen findet man auf Platten von THIELCKE (o. J.). Insgesamt sind im Handel inzwischen zahlreiche Platten und Tonbandkassetten mit Aufnahmen von Vogelstimmen erhältlich, die eine Übersicht über die Vielfalt der Vogelstimmen geben und zum Erkennen der Vögel im Freiland eine Hilfe darstellen.

14.5.1 Die Gesänge

14.5.1.1 Vollgesang

Wir haben den strophigen Vollgesang des Buchfinken schon oben kennengelernt. So gut man im allgemeinen eine Buchfinkenstrophe als solche erkennen kann, so viel Variation taucht bei den Strophen im einzelnen auf. Manche enden beispielsweise mit einem kurzen „kit" oder „ken" (vgl. Abb. 104d, S. 216). Anderen fehlt dieses Element. THIELCKE (1962) stellte fest, daß es weitgehend mit einem häufig zu hörenden Buntspechtruf übereinstimmt. Die Aussage, daß hier eine Fremdimitation vorliegt, würde an Sicherheit gewinnen, wenn man an dieser Stelle der Strophe auch noch andere Imitationen vorfände. In Nordostgriechenland fügen die Buchfinkenmännchen ihren Strophen z. T. ein kurzes „tjip" an, das sich genau mit dem

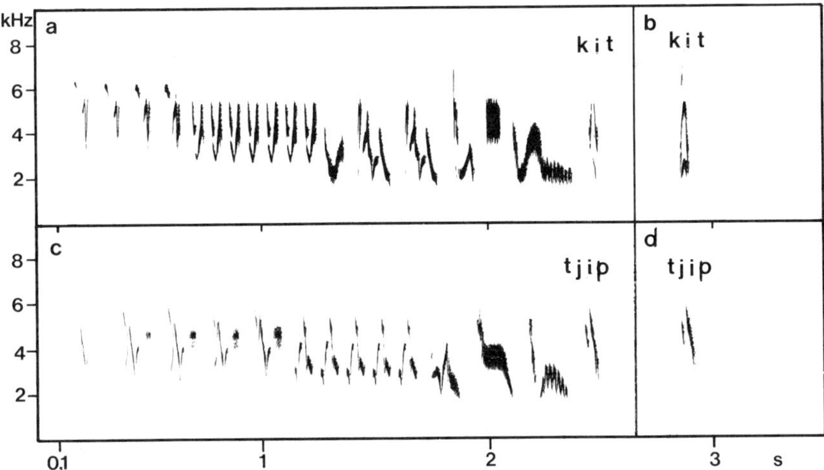

Abb. 106: Gesangsstrophen von Buchfinken *(Fringilla coelebs)* mit Fremdimitation am Ende. **a** Aufn. 6. 7. 1972, Hessen, mit „kit" am Ende. **b** „kit" oder „kix" des Buntspechts (1. 7. 78, Hessen). **c** Aufn. 21. 5. 1976, Leptokarya, Thrazien, mit „tjip" am Ende. **d** „tjip" eines Berglaubsängers *(Phylloscopus bonelli)*, 20. 5. 1976, Mega Dereion, Thrazien. Original

Erregungsrufdialekt der dortigen Berglaubsänger deckt (Abb. 106). Die Buchfinken haben also am Strophenende eine Tendenz, artfremde Kurzrufe zu übernehmen. Wahrscheinlich werden diese von Buchfink zu Buchfink lokal weitertradiert.

Hört man zwei Buchfinkenmännchen nebeneinander singen, so kann man sie meist an ihrem Strophentyp voneinander unterscheiden. Die Strophen klingen schon an ihrem Beginn verschieden. Vor allem aber sind die Endschnörkel unterschiedlich ausgebildet.

Welche Rolle der Gesang im Leben eines Buchfinken-Männchens spielt, kann man an der von ihm dafür aufgewendeten Zeit ablesen. Eine Strophe hat eine Dauer von ca. 3,0 s. Ein eifrig singender Buchfink trägt davon an einem Frühsommertag ca. 4000 vor. Daraus ergibt sich eine Zeit von 12000 s, das sind 200 min oder 3 Stunden und 20 min. Nehmen wir pauschal an, der Vogel sei 16 Stunden am Tag aktiv, so verwendet er mehr als 20% seiner Zeit allein auf Singen. In dieser Zeit kann er weder Nahrung aufnehmen noch sein Gefieder pflegen oder schlafen. Leider wissen wir nicht genau, wieviel Energie es ihn kostet, drei oder vier Stunden zu singen. Wir müssen aber vermuten, daß so häufiger und intensiver Gesang immer noch ein kostengünstigeres Mittel ist, sein Revier zu markieren, als ständige Aufmerksamkeit in alle Richtungen und viele Angriffe gegen Eindringlinge.

14.5.1.2 Singflug

Nur bei sehr hoher Erregung trägt der Buchfink eine Strophe auch einmal während des Fluges vor. Singflug ist für manche andere Vogelarten eine typische Erscheinung. Er ist besonders bei solchen Arten ausgebildet, die offene Lebensräume bewohnen. Hier lohnt es sich, das akustische Signal mit visueller Schaustellung zu kombinieren. Ein bekanntes Beispiel ist der Baumpieper (*Anthus trivialis,* Abb. 107), der nach steilem Anstieg mit gestelztem Schwanz und weit ausgebreiteten Flügeln unter lautem Gesang herabgleitet und auf einer Singwarte landet. Während eine Reihe von Vogelarten auf diese Weise als Flugsänger auftreten, singen andere vorwiegend von Warten aus (Wartensänger), einige wenige aber nur aus der Deckung heraus (Deckungssänger).

14.5.1.3 Buchfinkengesang als Steckenpferd

An einem Junisonntag treffen sich die Buchfinkenliebhaber einer Region an einem vorbestimmten Ort. Sie tragen die Käfige mit ihren Vögeln wohlverhüllt mit buntgestickten Tüchern herbei und stellen sie in regelmäßigen Abständen auf. Dann bekommt jeder „Finker" den Käfig eines fremden Buchfinken zum Zählen zugewiesen. Eine halbe Stunde lang wird in

Abb. 107: Baumpieper *(Anthus trivialis)* während der absteigenden Phase des Singflugs. Auch Baumpieper neigen zu Fremdimitationen und Dialektbildung im Gesang. Zeichnung Dr. F. MÜLLER nach Foto von K. WOTHE.

der Kampfklasse, dem ersten Wettbewerb, auf ein gegebenes Startzeichen hin jede vollständig gesungene Strophe des Vogels auf einer Strichliste festgehalten. Sieger ist der Sänger, der in der vorgegebenen Zeit die meisten Strophen hervorbringt. Unter günstigen Bedingungen können das bis zu etwa 400 sein.

Nur sehr stabile und singkräftige Vögel nehmen am Wettbewerb der Starkklasse teil. Hier werden die Käfige schrittweise immer näher aneinandergerückt, so daß sich die Vögel gegenseitig immer lauter hören müssen. Viele jüngere oder weniger erfahrene Vögel verschweigen unter solchen Bedingungen. Sieger ist hier der Vogel, der in fünf Minuten die größte Strophenzahl singt.

Eine eigene Konkurrenz stellt der „Schönheitswettbewerb" dar. Als Sieger wird der Buchfink gekürt, der die längste, am klarsten gegliederte und harmonischste Strophe singt. Drei Schiedsrichter vergeben für jede Eigenschaft der Strophe ihre Punkte. Als Sieger gilt der Vogel mit der höchsten Punktzahl. Den Siegerpreis nimmt freilich hier wie in den anderen Fällen der Besitzer in Empfang.

Für die verschiedenen Strophentypen haben die Finker eigenartige sprachliche Umschreibungen gefunden. Sie beziehen sich meist auf den Endschnörkel, den man mit einer Silbenkombination wiedergibt. Da treten Strophen auf, die „Zerrweide" heißen, andere nennen sich „Lisgroben", „Schätzchen-Weidau", „Reiterspazier", „Reitzier", „Tiefer Groben" oder „Harz-Groben", „Putzebart" und anderes mehr. Die althergebrachten Bezeichnungen wechseln von Ort zu Ort. Unklassische, nicht recht ausgearbeitete Schläge werden verächtlich als „Latscher" deklassiert.

Die Finker benötigen ein reiches Wissen über die Biologie ihrer Vögel, um Erfolg zu haben. Sie müssen sie in Volieren züchten, die Jungen mit dem geeigneten Futter aufziehen, ihnen zur rechten Zeit ein Gesangsvorbild zugesellen und verhindern, daß das junge Männchen andere Gesänge hört.

14.5.1.4 Das Strophenrepertoire des Buchfinken

Wir sind bisher davon ausgegangen, daß jeder Buchfink nur einen Strophentyp von sich gibt. Hören wir einem frei lebenden Buchfinkenmännchen eine Weile zu, so werden wir bald eines besseren belehrt. Der Vogel singt erst eine Zeitlang den Strophentyp a, dann wechselt er plötzlich zu b, um schließlich Typ c anzuhängen. Er kann nun zu einem vierten oder wieder zum zweiten oder ersten Typ wechseln (Abb. 108 a, c).

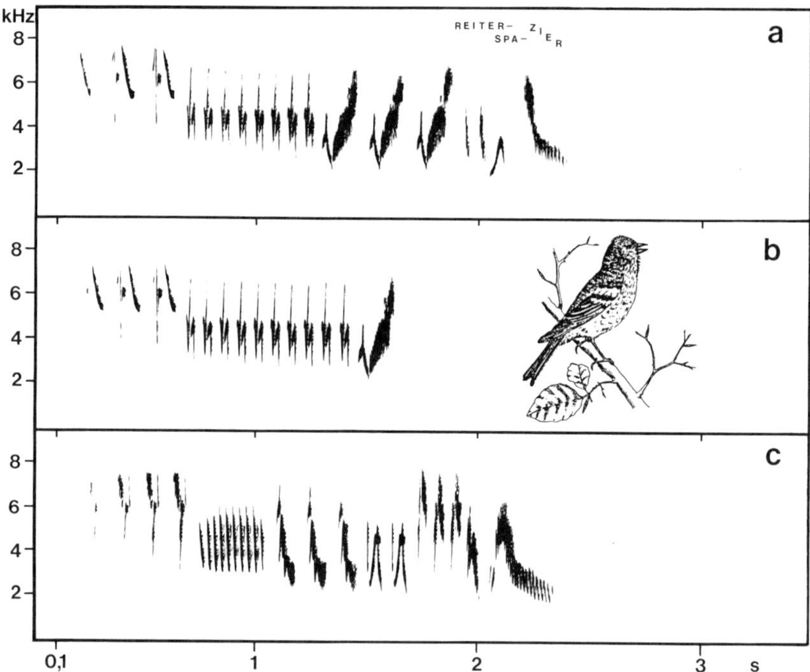

Abb. 108: Gesänge eines Buchfinken *(Fringilla coelebs)*, aufgenommen am Dümmer, Niedersachsen, am 29. 5. 1981. **a** Der erste Strophentyp ist ein typischer „Reiterspazier" nach einer lautmalerischen Umschreibung des Endschnörkels. **b** Derselbe Strophentyp abgebrochen. **c** Zweiter Strophentyp desselben Buchfinkenmännchens, kenntlich an dem Triller nach der ersten Phrase. Aus Bergmann & Helb 1983

Einen seiner Strophentypen singt er am häufigsten. Eine bestimmte Reihenfolge gibt es nicht. Bis zu 6 verschiedene Strophentypen hat man bei einzelnen Männchen aufgefunden. Die „Einschaller", die nur einen Typ singen, sind verhältnismäßig selten. Diese Tatsache erschwert es uns im allgemeinen sehr, die Individuen voneinander zu unterscheiden, zumal oft zwei Vögel den gleichen Strophentyp in ihrem Repertoire haben. Dementsprechend ist es schwierig, Dialekte aufzufinden (SLATER et al. 1984), wie wir sie bei anderen Singvögeln feststellen können (s. S. 236). Je variabler die Vögel einer Gegend singen, umso schwieriger sind Unterschiede zu anderen zu bestimmen. Die einzelnen Strophentypen sind im Areal der Buchfinken weit verbreitet. Der Bielefelder Ornithologe K. CONRADS (1966) hat allerdings im Eggegebirge, einer südöstlichen Fortsetzung des Teutoburger Waldes, einen lokalen Strophentyp mit auffälligem Beginn entdeckt, den er als „Eggedialekt" bezeichnet.

Ein derartiges Repertoire von im Prinzip gleichwertigen Strophentypen hat man bei einer größeren Anzahl von Vogelarten gefunden. Goldammern *(Emberiza citrinella)* singen meist 2 bis 3 Typen im Wechsel, Kohlmeisen und Zaunkönige ebenso wie Buchfinken bis zu 6, Blaumeisen gar 11. Größere Zahlen von Strophentypen beherrschen Arten wie Nachtigall und Amsel. Wir fragen uns nach dem Sinn dieser Variabilität. Der Amerikaner HARTSHORNE (1973) meinte, dem singenden Vogel sei das ewige Wiederholen einer einzigen Strophe selbst zu monoton, und deshalb müsse er wechseln. Nur Vögel, die ihre Strophen mit größerem Zeitabstand singen, wie bei uns Haselhühner, könnten es ertragen, immer das gleiche Motiv vorzubringen. Der Engländer J. KREBS (1977) hat dem eine andere Hypothese entgegengesetzt, die er nach einem Roman die „Beau-Geste"-Hypothese taufte. In diesem Roman täuschen die Verteidiger einer Festung eine starke Besatzung vor, indem sie auch gefallene Kameraden mit ihren Gewehren gut sichtbar an Schießscharten postieren. Die Vögel mit mehreren Strophentypen sollen dementsprechend dem Eindringling eine größere Anzahl von Revierbesitzern vorspielen, als wirklich vorhanden sind. Diese Hypothese würde in der Psychologie als kognitiv bezeichnet werden, weil sie mit Vorstellungen, nicht aber mit Mechanismen arbeitet. Der eindringende Artgenosse soll sich eine größere Zahl von Revierinhabern „vorstellen", als wirklich vorhanden sind.

Heute kennen wir von der Verhaltensforschung her einen Mechanismus, der eine Erklärung für das Phänomen bietet. Wir bezeichnen ihn als Gewöhnung oder Habituation (vgl. S. 239). Auf ein Signal, das sich häufig in gleicher Form ohne Konsequenz wiederholt, wird der Empfänger bald nicht mehr reagieren. Das gilt sogar für Alarmrufe des Buchfinken (s. S. 240). Je variabler das Signal ist, desto geringer die Habituation. Bei jedem Signalwechsel wird der Zuhörer wieder aktiviert. SEARCY & MARLER

(1981) u.a. haben inzwischen bei verschiedenen Vogelarten gefunden, daß die Weibchen im Experiment stärker auf ein Repertoire von Männchengesängen reagieren als auf eine einzelne, ständig wiederholte Strophe.

Gewöhnung ist zugleich die Grundlage für das individuelle Erkennen von Reviernachbarn. Ein Revierinhaber reagiert vermindert auf den ständig hörbaren Gesang seines Nachbarn. Tritt dagegen ein Individuum mit neuem Gesangsmotiv auf, so zeigt er sein volles territoriales Verhalten. In dieser Weise mit seinen Reserven sparsam umzugehen, ist sicher energetisch vorteilhaft. Doch kann das individuelle Erkennen nur funktionieren und ist auch vorwiegend bei solchen Arten gefunden worden, die nur einen Strophentyp singen. Beim Buchfinken mit seinem Strophenrepertoire ließ es sich nicht nachweisen (PICKSTOCK & KREBS 1980).

Nach diesen Vorstellungen ist Repertoiregröße nur eine Angelegenheit, die den Sender und den arteigenen Empfänger angeht. Wir können uns allerdings noch nicht erklären, wie so große Unterschiede im Repertoireumfang zwischen den verschiedenen Arten zustandekommen. Auch verstehen wir nicht, warum nicht alle Männchen einer Art ein gleich großes Repertoire haben. Verursacht ein großes Repertoire soviel „Unkosten", daß nicht jedes Männchen es sich leisten kann? Kündet das große Repertoire von besonderer Leistungsfähigkeit? Bei Kanarengirlitzen *(Serinus canaria)* haben die älteren, erfahreneren Männchen im allgemeinen ein größeres Repertoire. Sie lernen von Jahr zu Jahr hinzu, wenn sie auch manche Elemente wieder vergessen (GÜTTINGER 1980). Bei manchen Vogelarten scheinen die Weibchen sich tatsächlich bei der Partnerwahl des Repertoireumfangs der Männchen zu bedienen. Wenn Teichrohrsänger *(Acrocephalus scirpaceus)* im Frühjahr in ihre Brutgebiete zurückkehren, konkurrieren sie um die Weibchen. Die Weibchen wählen unter den singenden Männchen ihren zukünftigen Partner aus, ohne sich allzu sehr um die Revierqualität zu kümmern. Nach CATCHPOLES (1980) Ergebnissen werden die Männchen mit dem umfangreichsten Repertoire am frühesten gewählt und schreiten zuerst zur Brut. Wahrscheinlich bietet ihnen das die besten Fortpflanzungschancen. Wenn die Konkurrenz um die Weibchen – bei polygamen Arten – noch höher ist, sollte sich die sexuelle Zuchtwahl, die die Weibchen treiben, noch stärker auswirken. CATCHPOLE hat dies im Vergleich verschiedener Rohrsängerarten wahrscheinlich gemacht.

14.5.1.5 Gesang lockt Weibchen an

Während wir anhand ihres Verteidigungsverhaltens recht gut beurteilen können, wie Gesang auf Vogelmännchen wirkt, wissen wir wenig über seine Wirkung auf die Weibchen. ERIKSSON & WALLIN (1986) haben hierzu ein Freilandexperiment durchgeführt – diesmal allerdings an Trauer- und Halsbandschnäppern *(Ficedula hypoleuca* und *F. albicollis)*. Sie montierten ausgestopfte Männchen im Frühjahr nahe bei unbesetzten Nistkästen. Wenn ein Weibchen in die Nisthöhle einflog, wurde es drinnen kurzfristig gefangen. Bei einem Teil der Höhlen wurde vom Tonband Gesang vorgespielt, bei den übrigen nicht. Von den 10 Weibchen, die sich fingen, hatten 9 eine Höhle mit Gesang gewählt, nur eines eine solche ohne. Bei den Schnäppern hat der Gesang also hauptsächlich die Bedeutung, Weibchen zur Nisthöhle zu locken. Das zeigt sich auch darin, daß er beendet wird, sobald das Männchen eine Partnerin gefunden hat. Bei Buchfinken und vielen anderen Vogelarten steht sicher die territoriale Funktion mehr im Vordergrund.

14.5.1.6 Strophenabbruch

Buchfinken singen oft ihre Strophen unvollständig, d. h. sie brechen sie vor ihrem Ende ab. Es kann sein, daß sie nur das „kit“ als letztes Element weglassen, sie können aber auch mitten im Endschnörkel abbrechen oder den ganzen Endschnörkel unterdrücken. Der Abbruch kann noch früher, mitten in einer Phrase oder zwischen den Phrasen, geschehen (Abb. 108b). Es gibt keinen bevorzugten Ort. Doch werden die dem Abbruch vorangegangenen Elemente fast in allen Fällen vollständig gebildet, d. h. der Abbruch erfolgt so gut wie immer zwischen den Elementen. Die kürzesten abgebrochenen Strophen bestehen nur aus einem Element, dem ersten Element der ersten Phrase.

Interessanterweise folgt auf eine abgebrochene Strophe eine verkürzte Pause. Bei einer extremen Strophe, die nur aus einem einzigen Element besteht, folgt die nächste Strophe unmittelbar nach einer winzigen Verzögerung. Auf diese Weise wird erreicht, daß das Angebot von Elementen pro Zeiteinheit, das der Sänger produziert, ungefähr konstant gehalten wird, ganz gleich wie lang seine momentan gesungenen Strophen sind. J. Heymann (1983) hat gezeigt, daß der Strophenabbruch beim Buchfinken auch durch unspezifische Reize induziert werden kann. Wenn man sich als menschlicher Beobachter dem singenden Buchfinkenmännchen annähert, so beginnt der Vogel, seine Strophen zunehmend zu verkürzen. Bleibt man stehen und der Fink gewöhnt sich an die Anwesenheit des Menschen, so werden die Strophen Stufe für Stufe wieder vollständiger. Das Gleiche geschieht, wenn man mitten im Revier eine Buchfinkenstrophe vom Tonband erklingen läßt. Der Revierinhaber singt meist zuerst eine noch vollständige Strophe, danach folgen abgebrochene, die sich allmählich über mehrere Stufen wieder zu vollständigen ergänzen (Abb. 109). Begegnet ein singender Buchfink einem Nachbarn nahe der Revier-

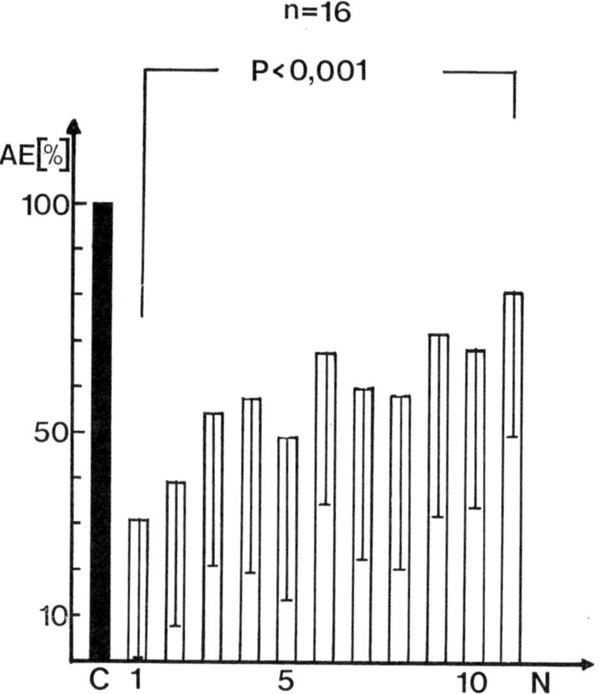

Abb. 109: Bei 16 Buchfinkenmännchen wurde die Gesangsreaktion nach Vorspiel einer arteigenen Strophe im Revier getestet. Gegenüber den vorher gesungenen Vollstrophen (100%, Ordinate) sind die Folgestrophen nach dem Reiz stark verkürzt, die Strophenlänge jedoch nimmt allmählich wieder zu. Standardabweichungen in die Säulen eingezeichnet. Nach HEYMANN & BERGMANN, in Vorb.

grenze, so verkürzen sich seine Strophen allmählich, ehe es zur Gesangsunterbrechung und zur Grenzauseinandersetzung kommt. Danach setzt der Revierinhaber wieder mit abgebrochenen Strophen ein, die sich allmählich vervollständigen. Wir haben also im Vollgesang des Buchfinken ein gegen artspezifische wie gegen fremde Störreize sehr sensibles Reaktionssystem vor uns.

Wie reagieren Buchfinken auf unvollständige Strophen? Wir haben in einem Laborversuch herausgefunden, daß die Gesangsreaktion ebenso wie andere Reaktionsparameter gegenüber unvollständigen Strophen sogar noch stärker als gegenüber vollständigen zu sein scheint. Am stärksten wirken Strophen, die nur aus dem Phrasenanteil bestehen (KUTSCHER, unveröff.). Dieses Ergebnis konnte allerdings im Feld nicht bestätigt werden (STEIN 1985).

Der Endschnörkel, der auch in seiner Form ganz andersartig als der Phrasenanteil ist, scheint die territoriale Strophenwirkung wieder abzuschwächen.

14.5.1.7 Jahreszeitliche Änderungen im Gesang

Wenn die Buchfinkenmännchen im frühen Frühjahr zu singen beginnen, enthält ihr Gesang relativ viele abgebrochene Strophen (Abb. 110). Dann sinkt die Abbruchrate allmählich ab. Im Juni treten am wenigsten abgebrochene Strophen auf. Im Juli, gegen den Beginn der Mauser, nimmt die Abbruchrate wieder bis auf etwa 40 % zu (NÜRNBERGER et al. in Vorb.). Auffällig ist, daß im April noch einmal eine Zeit hoher Abbruchquoten auftritt, allerdings nicht bei allen Sängern gleichzeitig. Wir haben beobachtet, daß diese vorübergehende Steigerung mit dem Paarungsverhalten der einzelnen Paare einhergeht. Diese Zeit scheint besondere äußere und innere Bedingungen zu schaffen, die die Produktion vollständigen Gesangs stört.

Grundsätzlich liegt dem jahreszeitlichen Verlauf des Strophenabbruchs wahrscheinlich eine hormonale Komponente zugrunde. Wie sollte auch ein so kompliziertes Verhalten wie der Gesang in jeder Hinsicht von inneren Schwankungen unabhängig sein? Hormondaten bzw. Experimente, die diese Deutung stützen, liegen allerdings noch nicht vor. Vielleicht wird

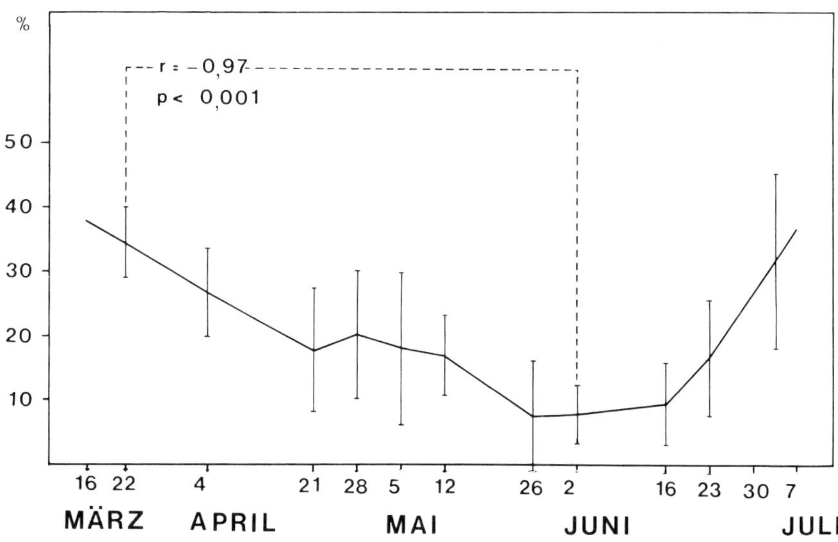

Abb. 110: Der Prozentsatz abgebrochener Strophen ist zu Beginn und Ende der Fortpflanzungszeit hoch, dazwischen niedrig. Nach NÜRNBERGER et al. in Vorb.

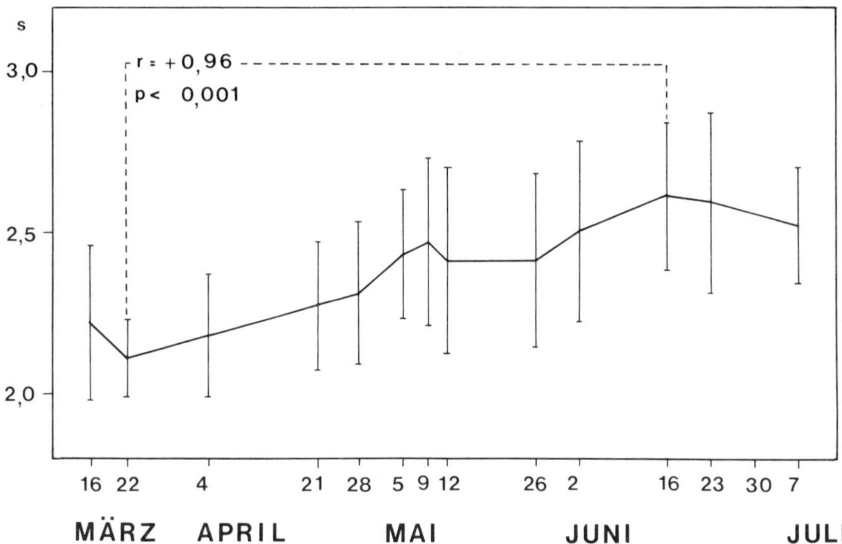

Abb. 111: Während der Saison verlängert sich die durchschnittliche Stophendauer (Ordinate) um einen geringen Betrag. Aus NÜRNBERGER et al. in Vorb.

es uns eines Tages möglich sein, beim ungestörten Vogel aus der Abbruchhäufigkeit seines Gesangs auf innere Zustände zurückzuschließen. Die Buchfinkenstrophe bleibt ansonsten über den Fortpflanzungszyklus hin recht konstant. Bei sehr genauer Analyse kann man feststellen, daß die Strophen sich im Laufe der Saison in geringem Umfang verlängern (Abb. 111). Das beruht darauf, daß in den Phrasen, besonders in der ersten, zusätzlich 1 bis 3 Elemente eingebaut werden. Wir haben auch beobachtet, daß Buchfinkenmännchen ihr Strophenrepertoire im Laufe der Saison ändern. Sie können Strophentypen dazugewinnen oder welche verlieren. Wir vermuten, daß dies vor allem bei vorjährigen Jungvögeln der Fall ist, während alterfahrene Sänger ihr Repertoire auch quantitativ in bestimmten Grenzen konstanthalten (NÜRNBERGER u. a. in Vorb.).

14.5.1.8 Gesangslernen

Als Begründer der wissenschaftlichen Vogelforschung der Neuzeit wußte schon VON PERNAU (1702) sehr genau, daß Buchfinken „die Gesänger ... in der Jugend einander ablernen". „Absonderlich aber/ ist dies auch hoch zu schätzen an diesem Vogel/ daß/ wenn man ihn jung bekommt/ und im Winter/ vom Februario an/ biß im April/ zu einer Nachtigall hänget/ er neben seinen angebohrnen Gesang/ den er gar nicht hinterlässet/ von derselben unterschiedliche Schläge annimt“ (S. 40). Auch die Begrenzung des Lernens kannte VON PERNAU: „Dann was sie das erste Jahr nicht annehmen/ das lernen sie hernach nicht mehr/ wann sie schon 30 andere Vögel singen hörten“ (S. 38).

Daß Buchfinken ihr Gesang nicht angeboren ist, wissen am besten die Buchfinkenliebhaber oder Finker (s. S. 220). Nur wenn ein junges Männchen Gelegenheit hat, einen arteigenen Vorsänger zu hören, bildet es normalen Gesang aus, und zwar übernimmt es recht genau den Strophentyp seines Vorbildes. Seit den Untersuchungen von THORPE (1958) wissen wir, daß jugendliche Buchfinken zwei sensible Lernphasen haben: Die erste im Sommer ihres ersten Lebensjahres, die zweite im nachfolgenden Frühjahr. Unter Umständen genügt schon die erste Lernphase, um den Speicher im Gehirn des Vogels zu füllen. Er bildet dann im kommenden Frühjahr vollgültigen Buchfinkengesang aus. Normalerweise übernimmt er aber noch im Frühjahr des zweiten Lebensjahres Strophentypen in sein Repertoire, während er schon singt. Es kann umgekehrt auch geschehen, daß er Strophentypen „vergißt“.

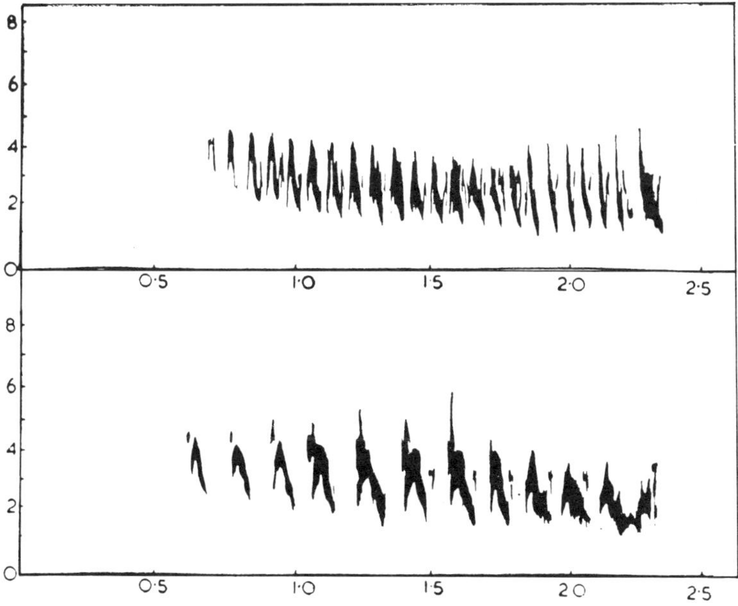

Abb. 112: Bei Buchfinken *(Fringilla coelebs)*, die einzeln und schallisoliert als Kaspar-Hauser aufgezogen worden sind, entwickelt sich ein Gesang, der zwar eine annähernd arttypische Dauer und Elementzahl aufweist, aber die Gliederung in verschiedene Phrasen und den Endschnörkel vermissen läßt (nach THORPE 1958)

Was geschieht, wenn ein Buchfink ohne Vorbild aufwächst? Im Extremfall ist er ein Kaspar-Hauser. Im Experiment zeigt sich, daß derartige Buchfinken einen Gesang ausbilden, der gegenüber der Wildform stark vereinfacht ist. Er hat zwar etwa die Länge natürlicher Strophen und stimmt auch in der Elementzahl annähernd überein. Es fehlen ihm aber die klare Differenzierung der Elemente, die Phrasengliederung und der Endschnörkel (Abb. 112). Dennoch ist dies nicht ein „angeborener" Gesang. Der Buchfink hat hier schon viel Improvisation und Übung investiert.

14.5.1.9 Mischsänger

Im Freiland findet man gelegentlich einen Buchfinken, der zwar eine buchfinkentypische Strophe singt, sie aber aus Elementen zusammensetzt, die anderen Vogelarten entlehnt sind. Solche Individuen nennen wir Mischsänger.

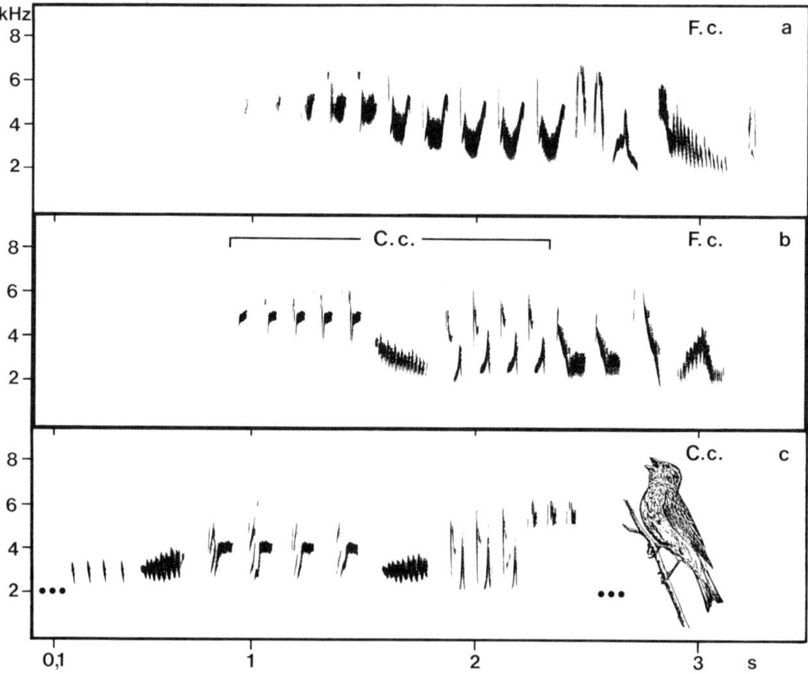

Abb. 113: Der Buchfink *(Fringilla coelebs)* als Mischsänger: **a** Normale Buchfinkenstrophe, **b** Buchfinken-Mischsänger: die ersten drei Phrasen sind Nachahmungen von Grünfinkengesang *(Carduelis chloris)* **c** Gesang eines Grünfinken mit entsprechenden Passagen. Aus HELB et al. 1985

Auch hier zeigt sich, wie ein angeborenes Strophengerüst auf der Basis einer vorgegebenen Lerndisposition mit fremden Elementen gefüllt werden kann (Abb. 113). Es ist bemerkenswert, daß die Elemente oder Phrasen nur von Vogelarten übernommen werden, die ihren Gesang auch aus Phrasen zusammensetzen (HELB et al. 1985). Mischgesang ist eine Form des Nachahmungslernens (vgl.S. 247).

14.5.1.10 Subsong

An einem sonnigen Februarmorgen sitzt ein Buchfinkenmännchen in den schon wärmenden Strahlen der Mittagssonne, plustert sein Gefieder auf und singt leise vor sich hin. Dies ist die erste Gesangsform, die wir im Jahresablauf von ihm hören. Der Gesang ist kontinuierlich, d.h. nicht in Strophen gegliedert. Er ist vielfältig in seiner Struktur. Bei genauem Hinhören können wir eingeschobene Elemente und Motive wahrnehmen, die wir von anderen Vogelarten kennen (THORPE 1955). Der Vogel imitiert oder „spottet“. Hin und wieder unterbricht ein hartes Rattern den Schwatzgesang (Abb. 114i). Den leisen, kontinuierlichen und variationsreichen Gesang bezeichnen wir mit einem englischen Begriff als Subsong. Wir finden ihn auch am Ende der Saison und zu Zeiten, wenn der strophige Vollgesang gehemmt wird, beispielsweise wenn das Männchen vor der Begattung um das Weibchen wirbt.

14.5.2 Die Rufe des Buchfinken

Gesänge sind meist kompliziert zusammengesetzte Lautäußerungen mit den Funktionen der Reviermarkierung, des Anlockens eines Weibchens und der Synchronisation zwischen Partnern. In der Regel treten sie spontan, d.h. ohne spezifische auslösende Situation in Erscheinung. Rufe dagegen bestehen meist aus einem oder wenigen Elementen und werden in bestimmten, mehr oder weniger spezifischen Situationen ausgelöst. Meist sind sie nicht an die Fortpflanzungsperiode gebunden (s. THIELCKE 1970).

Der typischste, für beide Geschlechter bezeichnende Buchfinkenruf ist derjenige, der ihm auch den Namen gab: ein helles durchdringendes „pink“ (Abb. 114a). Er tritt in Störungssituationen auf, z.B. wenn sich ein Mensch oder ein anderer Bodenfeind dem Nest der Vögel nähert. Ein zweisilbiges „pink-pink“ entspricht einer mäßigen Erregung. Wird der Ruf dreisilbig, so steigt die Erregung an. Vier- und fünfsilbige oder gar kontinuierlich gerufene „pink“-Serien treten bei höchster Erregung auf. Das einsilbige „pink“, oft relativ weich gerufen, ist nicht mehr so spezifisch. Man hört es nicht selten im Winter aus Buchfinkentrupps, und es wird als „Sozialruf“ bezeichnet. Kohlmeisen (*Parus major*) imitieren das Pinken der

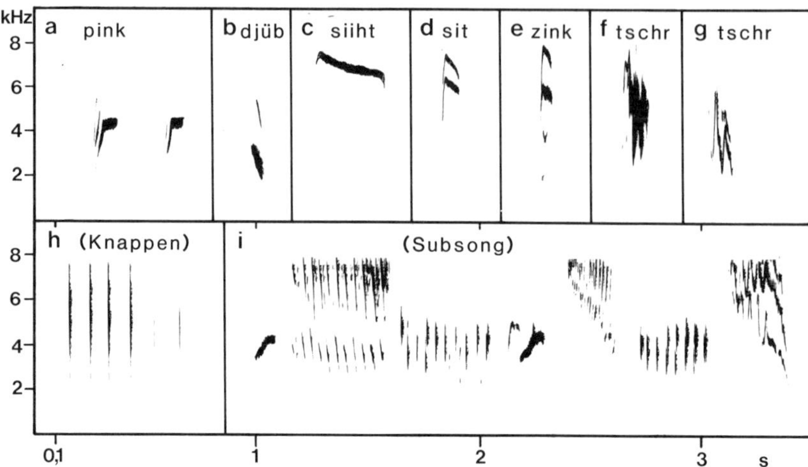

Abb. 114: Aus dem stimmlichen Repertoire des Buchfinken *(Fringilla coelebs)*. **a** Alarmruf „pink“ zweisilbig, **b** Flugruf „djüb“, **c** Luftfeindalarmruf „siiht“, **d** Ruf bei Begattungsforderung des Weibchens, **e** erregter Aggressionsruf des Männchens „zink“, **f** Frühlingsruf des Buchfinken-Männchens „tschr“, **g** Bettel- und Standortlaut des flüggen Jungvogels „tschr“, **h** Schnabelknappen bei Abwehr und Aggression, **i** Subsong mit Schnarrphrasen im frühen Frühjahr. Original

Buchfinken oft täuschend ähnlich, verraten sich aber meist dadurch, daß sie ein feines hohes „zi“ davorsetzen.

Beim Abflug eines Buchfinken oder während des Streckenflugs hört man oft ein einzelnes weiches „djüb“ (Abb.113 b), das wir der unverkennbaren Situation entsprechend als Flugruf bezeichnen.

Ein hochspezifischer Ruf ertönt dann, wenn sich am Himmel ein fliegender Greifvogel zeigt, z.B. ein Sperber *(Accipiter nisus).* Dann äußern Buchfinken beiderlei Geschlechts einen feinen, sehr hohen, gedehnten Ruf, den man mit „zieh“ oder „siiht“ umschreiben kann (Abb. 114c). Artgenossen und Artfremde reagieren darauf, indem sie schnell Deckung aufsuchen oder unbeweglich erstarren. Ganz ähnliche Flugfeindrufe findet man auch bei anderen Singvögeln, wie z.B. der Amsel, der Rohr- und Goldammer, der Kohl- und Blaumeise. Ihren akustischen Eigenschaften nach sind diese Rufe für Menschen wegen ihres schmalen Frequenzbandes und ihres unmerklichen Ein- und Ausschwingens nicht gut zu orten.

Lange Zeit dachte man, bei Greifvögeln sei dasselbe Prinzip wirksam wie bei uns Menschen: Sie wissen nicht, woher der Ruf kommt und reagieren deshalb nicht darauf. KLUMP & SHALTER (1984) haben jedoch gezeigt, daß Sperber und auch Eulen die Rufe recht recht gut lokalisieren können und trotzdem nicht reagieren. Die Lösung liegt bei den Hörschwellen (KLUMP et al. 1986): Während Kohlmeisen bei einer Frequenz von 8 kHz noch gut hören, liegt die entsprechende Hörschwelle beim Sperber schon recht hoch. Einen Luftfeindalarmruf von der Kohlmeise oder vom Buchfinken kann der eigene Artgenosse wohl auf etwa 40 m noch wahrnehmen, der Sperber aber nur auf 10 m Entfernung. Auf diese Weise kann der Rufer Artgenossen (ja sogar auch Artfremden) das Erscheinen des Flugfeindes mitteilen, ohne dessen Angriff auf sich zu ziehen.

Die Buchfinkenweibchen äußern vor der Paarung ein hohes feines „sit" (Abb. 114d). Schärfer hört sich ein kurzer hoher Ruf des Männchens an („zink"), den es bei starker territorialer Erregung bringt (Abb. 114e). Er könnte sich vom „pink" ableiten, zumal er auch gereiht werden kann. Im Frühjahr hört man von paarungswilligen Buchfinkenmännchen zuweilen ein oft wiederholtes „tschr". Einen ganz ähnlichen Ruf äußern die flüggen Jungvögel nach Verlassen des Nestes und tun dadurch den Altvögeln ihren Standort kund (Abb. 114f und g).

14.5.3 Instrumentallaute

Sowohl beim Schnappen nach einem Insekt während des Fangfluges als auch bei Abwehr gegen einen unmittelbar bedrohlichen Angriff hört man von Buchfinken Schnabelknappgeräusche, im letzteren Fall gereiht (Abb. 114h).

14.5.4 „Regenruf" – ein Thema mit geographischen Variationen

Als wir den Waldbestand verlassen, haben wir noch die Regenrufe des Buchfinken im Ohr. „Wrüt ... wrüt ... wrüt ...", so klingt es etwa im Abstand einer Sekunde. Der Vogel sitzt in halber Höhe in einer Buche. Bei jedem Ruf öffnet er weit den Schnabel und sträubt das Oberkopfgefieder. Er hebt den Kopf etwas, so daß er aufrechter dazusitzen scheint. Ganz genauso sieht er aus, wenn er eine Strophe singt (Abb. 104a, S. 215). Regenruf hat man diese Lautäußerung des Buchfinken wahrscheinlich deshalb genannt, weil er sie oft auch zu einer Zeit hören läßt, wenn andere Vogelarten bei schwülem oder regnerischem Wetter schweigen. Dennoch wird er damit nicht zum Wetterpropheten, weil der Ruf keineswegs auf solche Situationen beschränkt ist. Wie betreten ein anderes Waldstück, noch in Sichtweite des eben verlassenen Bestandes. Wie überall im Wald gibt es auch hier Buchfinken. Doch rufen sie nicht „wrüt" (Abb. 115a, b), sondern ein klares hochgezogenes „hüid" (Abb. 115d). Nur der Rhythmus und die Rufdauer sind annähernd gleich. – Wenn Vogelpopulationen sich durch Gesänge oder Rufe voneinander unterscheiden, nennen wir diese Erscheinung wie bei der menschlichen Sprache Dialekt (s.u.), in unserem Fall Rufdialekt. Die Regenrufe des Buchfinken stellen wohl das seit längstem bekannte Beispiel für einen Rufdialekt bei Vögeln dar (SICK 1939). In der Umgebung der niedersächsischen Stadt Osnabrück gibt es nicht nur die beiden genannten Dialekte. Sehr weit verbreitet ist ein weiches nasales „dschäd" (Abb. 115c). Wenige km weiter südlich findet sich im Teutoburger Wald in einem anscheinend relativ kleinen Gebiet ein kurzes „dlüt" (Abb. 115e). In der weiteren Umgebung gibt es lokal auch zweisilbige Regenrufe. M. SCHWARZ (briefl. Mitt.) hat in der Schweiz sogar dreisilbige Formen gehört.

Griechenland, Delphi: Manch ein Besucher mag schon verwundert nach dem Vogel Ausschau gehalten haben, der gut im Laubwerk der Bäume versteckt anhaltend ein monotones „hiid" äußert. Auch dies ist ein Regenrufdialekt des Buchfinken (Abb. 115f), den man in ganz Griechenland und auf Cypern, erstaunlicherweise aber auch auf der Ostseeinsel Bornholm findet. Auf Kreta hört man stattdessen ein absinkendes „fiü" (Abb. 115g). Während die Dialekte im Südosten Europas verhältnismäßig großräumig verteilt zu sein scheinen, fällt in Mitteleuropa das kleinräumige Mosaik auf. Das „wrüt" kommt in nur schwach verschiedenen Varianten (Abb. 115a, b) z.B. in Südniedersachsen, in Nordhessen, aber auch im Harz, bei Kaiserslautern, in der Eifel, im Thüringer Wald bei Jena und in Ostpolen vor, um nur einige Beispiele zu nennen.

Eine Basis für die Dialektbildung des Regenrufs ist ohne Zweifel die Tradition. Buchfinken beherrschen diese Rufe nicht angeborenermaßen, sondern müssen sie von einem Vorbild lernen. Dies hat NOTTEBOHM (1972) zuerst in exakten Experimenten nachgewiesen. Ein von mir aufgezogenes Buchfinkenmännchen hatte kein arteigenes Vorbild, hörte aber ständig die Distanzrufe von Wellensittichen. Es übernahm diese in leicht abgewandelter Form und machte sie zu seinem Regenruf. Auch die verschiedenen Regenrufdialekte, die wir im Freiland gefunden haben, weisen wenigstens teilweise überraschende Übereinstimmungen mit Rufen anderer Vogelarten auf. Das „hüid" beispielsweise erinnert sehr stark an den Erregungsruf des Zilpzalps *(Phylloscopus collybita)*. Das „hiid" der Bornholmer Buchfinken stimmt in Tonhöhe und Dauer mit den Alarmrufen der dort häufigen Sprosser *(Luscinia luscinia)* überein, wie CONRADS (1982) herausgefunden hat.

Das „dlüt" aus dem Teutoburger Wald leitet sich anscheinend von Kreuzschnabelrufen ab. So ergibt sich auch hier ein Eindruck, den wir schon beim Gesang gewonnen haben. Buchfinken sichern sich nicht besonders gegen fremde Vorbilder ab. Diese Vorbilder müssen nur bestimmte akustische Bedingungen erfüllen, werden aber nicht nach ihrem Aussehen geprüft. Äußern sie einsilbige, relativ einfache Rufe, so sind sie

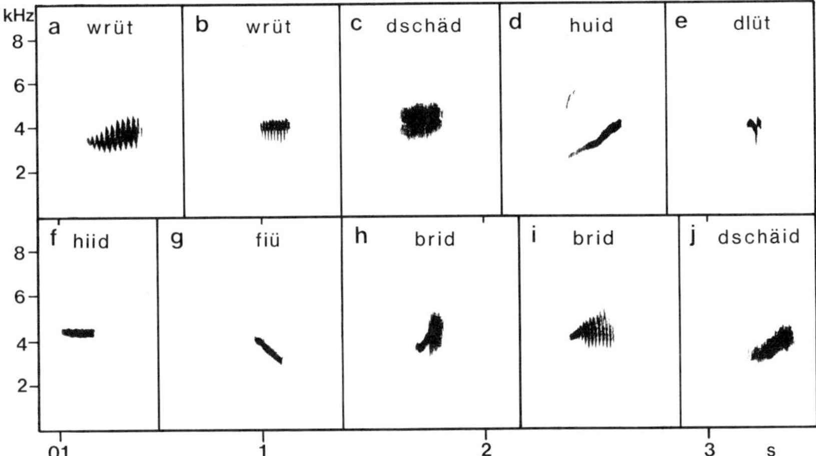

Abb. 115: Regenrufdialekte von Buchfink-Männchen aus verschiedenen Regionen Europas. **a–d** Umgebung Osnabrück, Niedersachsen, **e** „dlüt“ Teutoburger Wald südlich Osnabrück, **f** „hiid“ Griechenland und Cypern, **g** „fiü“ Kreta, **h–i** Mischformen von **b** und **d** (siehe S. 236). Original

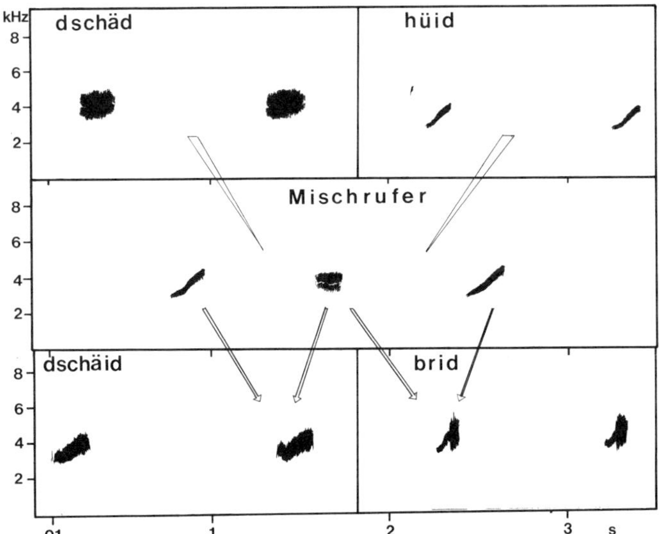

Abb. 116: Regenrufe von Buchfinken *(Fringilla coelebs)*: Die Dialekte „dschäd“ und „hüid“ (oben) kommen auf verschiedene Individuen verteilt in der Nähe von Osnabrück vor. Mischrufer (Mitte) wechseln zwischen beiden ab. Andere Mischrufer kombinieren die beiden Formen zu einem Mischdialekt (unten). Nach Detert & Bergmann 1984

schon als möglicher Regenruflieferant für den Buchfinken geeignet. Allerdings haben wir weder für das weitverbreitete „wrüt“ noch für das „dschäd“ bisher ein artfremdes Vorbild finden können (DETERT & BERGMANN 1984).

Buchfinken scheinen auch Dialekte zu kombinieren. Wir haben in der Nähe von Osnabrück ein Gebiet gefunden, in dem ein Großteil der Vögel zwei Dialekte („dschäd“ und „hüid“) nebeneinander im Wechsel rief. Wir nennen solche Individuen Mischrufer. Die beiden Dialekte können sogar zu einem Ruf kombiniert werden, der mit einem kurzen Stück „hüi“ beginnt und mit einem Stück „dschäd“ endet. Dieser Ruf hört sich dann wie „brid“ an (Abb. 115h, i).

Eine weitere Entwicklung trat in dem Mischsängergebiet ein, als ein Vogel beide Rufe gleichzeitig rief. Superponiert man in dieser Weise das „hüid“ und das „dschäd“, so entsteht ein „dschäid“ (Abb. 116). Es ist zu erwarten, daß angesichts solcher Plastizität ein ständiger Wechsel der Dialekte in den Populationen vor sich geht. Möglicherweise kehren die Teilpopulationen auch wieder zu ursprünglichen oder generellen Mustern der Umgebung zurück, nachdem sie einen Fremdeinfluß verarbeitet haben.

14.5.5 Regenruf – Ruf oder Gesang?

Wir sind allerdings fern davon, die Bedeutung dieses Dialektsystems wie grundsätzlich die Funktion des Regenrufs zu durchschauen. Regenrufe haben vieles mit dem Gesang gemeinsam: sie müssen erlernt werden, bilden Dialekte, werden eher spontan als mit Bezug auf bestimmte Situationen vorgetragen, sind nur den Männchen zu eigen und dabei an die Fortpflanzungszeit, d. h. die gesangsaktive Phase des Jahres gebunden. Auch der Vergleich mit dem verwandten Bergfinken *(Fringilla montifringilla)* weist in diese Richtung. Der Vollgesang besteht bei dieser Art allein aus gedehnten rätschenden Einzelelementen, die an die Regenrufe des Buchfinken erinnern. Wir haben im Regenruf einen Teil des Lautrepertoires einer Vogelart vor uns, der uns in der Einteilung der Lautäußerungen in Gesänge und Rufe verunsichert. Die lebendigen Wesen richten sich oft nicht nach dem Schematismus unserer Einteilung.

14.6 Was ist ein Dialekt?

Von Dialekten bei Tieren darf man laut WICKLER (1986) nur dann sprechen, wenn die unterschiedlichen Formen erwiesenermaßen durch Tradition, also durch Lernen am Vorbild, weitergegeben werden. Dies ist zwar eine für den Vergleich mit Dialekten unserer menschlichen Sprache theoretisch wichtige Forderung, aber sie ist unpraktisch.

Erstens liegt auch tradierten Lautäußerungen wie dem Buchfinkengesang und den Regenrufen eine angeborene Teilinformation zugrunde, so daß der in dieser Weise definierte Dialektbegriff, streng genommen, nur den tradierten Überbau, nicht die Gesamterscheinung betrifft. Zweitens findet man in der Natur bei verschiedensten Gesängen und Rufen von Vogelarten in großer Zahl geographische Variationen groß- oder kleinräumiger Art; nur in den wenigsten Fällen weiß man aus früheren Experimenten, ob sie angeboren oder tradiert sind. Ein solches Experiment durchzuführen, ist zudem ein mühsames und langwieriges Unterfangen. Man muß Jungvögel möglichst vom Ei ab unter Erfahrungsentzug als Kaspar-Hauser oder mit spezifischem Lernprogramm aufziehen. Es bedarf aus Tierschutzgründen hierzu einer besonderen Erlaubnis.

Wir benötigen einen Begriff, den man schon gleich bei der Entdeckung für das Phänomen verwenden kann und nicht erst nach Jahren oder Jahrzehnten, wenn einmal ein derartiger Versuch durchgeführt worden ist. Daher verwenden wir hier für alle Erscheinungen örtlicher Variation von Lautäußerungen den Begriff Dialekt. Sobald die nötige Information vorliegt, können wir dann tradierte von nicht-tradierten (ererbten) Dialekten unterscheiden, je nach dem Ergebnis des Versuchs.

Mischsänger und Mischrufer sind dann keine Dialektträger, wenn sie nur einzeln auftreten. Zum Dialekt gehört, daß wenigstens zwei Individuen, die auch möglichst gleichzeitig leben sollten, ihn beherrschen. Das in Rede stehende Verhalten muß der Kommunikation dienen. Nicht notwendig für die Dialektdefinition sind nach WICKLER (1986) klare Grenzen oder bestimmte Mindestentfernungen zwischen Dialektgebieten, Funktionen der Dialekte, Zeiten ihrer Existenz und genetische Unterschiede zwischen ihren Trägern. Selbst ein Individuum kann, wie wir bei Dialekt-Mischrufern am Beispiel des Buchfink-Regenrufs gesehen haben, mehrere Dialekte beherrschen.

Was aber bedeuten Dialekte in den Lautäußerungen der Vögel und letzten Endes auch beim Menschen? Möglicherweise haben sie gar keine biologische Funktion, sondern beherrschen die Organismen als Informationseinheiten, vergleichbar mit Genen. Sie müßten dann im Sinne von DAWKINS (1983) Meme genannt werden, die nach nichts anderem trachten, als sich auf Kosten von Konkurrenten ungehemmt und möglichst zahlreich zu vermehren. Sie können ihrem Träger durchaus nützlich, in anderen Fällen aber auch unwillkommene Parasiten sein (siehe WICKLER 1986). Dies gilt für die tradierten Dialekte. Bei den angeborenen kann es sich um Varianten handeln, die zufällig aufgrund von Mutation entstanden sind und beibehalten wurden, sie können aber auch im Sinne einer Anpassung selektiert worden sein.

15 Lernen: Erfahrungsbedingte Verhaltensänderung

Jeder Vogel verfügt schon angeborenermaßen über viele Fertigkeiten und Kenntnisse. Ein Hühnerküken schafft es ohne alle Erfahrung, das Ei, in dem es erbrütet wurde, von innen zu öffnen und sich mittels bestimmter Bewegungsweisen aus der Schale zu befreien. Danach kann es sehr bald laufen, verschiedene Rufe äußern, sich putzen und strecken und Nahrung aufnehmen.

Dennoch reicht diese angeborene Verhaltensausstattung nicht zur Bewältigung aller Lebenssituationen aus. In vielen Fällen muß Lernen hinzutreten. Lernen ist erfahrungsbedingte Verhaltensänderung. Angeborenes[1] Verhalten wird durch Lernprozesse modifiziert oder ergänzt. Dazu sind Mechanismen der Aufnahme, Einspeicherung, Aufbewahrung und Abrufung von Informationen im Zentral-Nervensystem notwendig (BUCHHOLTZ 1982). Lernen kann für die Entstehung des fertigen Verhaltens in unterschiedlichem Umfang notwendig sein. Wir trennen obligatorische Lernvorgänge, die für das Überleben des Tieres unabdingbar sind, von den fakultativen, auf die es auch verzichten kann.

Die Wissenschaftler unterscheiden eine große Zahl verschiedener Lernformen. Inwieweit diesen Formen auch verschiedene Mechanismen im Organismus zugrundeliegen, ist unklar.

Dennoch wollen wir im folgenden versuchen, uns einen Überblick über die wichtigsten Lernformen anhand von Beispielen aus der Vogelwelt zu verschaffen. Allgemeine Darstellungen über das Lernen der Tiere findet man in den Büchern von BUCHHOLTZ (1973, 1982).

15.1 Klassische Konditionierung (Bildung bedingter Reaktionen)

Ein junges Auerhuhn *(Tetrao urogallus)* erkennt seine Feinde nicht. Es reagiert nicht darauf, wenn ein Habicht über es hinwegfliegt. Wenn jedoch der Luftfeindruf der Mutter ertönt, ein gedehntes tiefes und verhaltenes

1 Streng genommen ist „angeboren" nicht mit „ererbt" gleichzusetzen, da schon im Ei Lernvorgänge möglich sind.

„urrr", dann erstarrt der Jungvogel sofort oder stürzt sich in die nächste Deckung, ganz gleich, ob ein Feind zu sehen ist oder nicht. Allmählich lernen es die Jungen dann, das Alarmsignal der Mutter mit bestimmten Außenreizen wie dem Flugbild eines Greifvogels zu verbinden.[1] Dieses Lernen kann u. U. sehr schnell vor sich gehen, wie bei einem Prägungsprozeß. Jedenfalls gewinnen vorher neutrale Reize durch Koppelung an einen auslösenden Reiz selbst auslösende Wirkung. Rein formal kann man diesen Ablauf als eine klassische Konditionierung auffassen. Solche Konditionierungen finden allenthalben statt, wo relevante Ereignisse sich regelmäßig durch Vorzeichen ankündigen. Gefangen gehaltene Vögel eilen schon zum Futternapf, wenn dort noch kein Futter ist, sondern wenn der Pfleger erst die Tür aufschließt, um das Futter zu bringen. An das klassische Beispiel des Pawlowschen Hundes sei hier nur nebenbei erinnert.

15.2 Gewöhnung (Habituation)

15.2.1 Ein „negatives" Lernen

Ein revierbesitzender Singvogel wäre überfordert, wollte er auf jeden Gesang eines benachbart siedelnden Artgenossen in vollem Umfang reagieren. Er müßte dann ständig zur Reviergenze hinfliegen, dort nach dem Rivalen suchen, vielleicht besonders intensiv singen und sich bemühen, den Gegenspieler durch Angriff oder Markierverhalten zu vertreiben. Viele Vögel zeigen diese Intensivreaktion nur dann, wenn sie einen ihnen unbekannten Reviergesang eines Artgenossen hören. Auf die bekannten Gesänge der Nachbarn reagieren sie nur noch wenig (vgl. S. 223). Die allmähliche Reaktionsminderung auf spezifische Reize, die sich häufig wiederholen und weder positive noch negative Folgen haben, nennen wir Gewöhnung oder Habituation. Daß Gewöhnung auch gegenüber arteigenen Alarmrufen auftritt, wenn diese nur monoton genug angeboten werden, hat H. ZUCCHI (1979) gezeigt.

Bekommt ein Buchfinkenmännchen in Gefangenschaft die arttypischen, meist mehrsilbigen Alarmrufe („pink-pink-pink ..." s. S. 231) zu hören, so kann es nacheinander oder in individuell unterschiedlicher Kombination die folgenden Reaktionen zeigen (FLEUSTER 1973, ZUCCHI 1979): eigener „Pink"-Alarm; Regenrufe, Verharren (Stillsitzen), Aufstellen der

1 Wahrscheinlich können an die Stelle dieses Lernens auch Reifungsprozesse treten, da handaufgezogene junge Auerhühner nach einiger Zeit ebenfalls auf fliegende Luftfeinde reagieren.

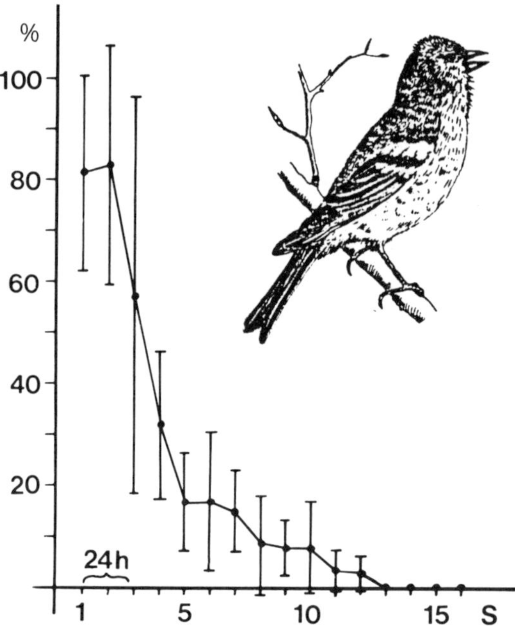

Abb. 117: Ein Buchfink *(Fringilla coelebs)* gewöhnt sich an zweimalige tägliche Darbietung von arteigenen Alarmrufen („pink-pink-pink"). S-Sequenz der Versuchsereignisse. Die auf 100% bezogene Reaktion des Verharrens vermindert sich drastisch und erlischt beim 13. Reizversuch ganz. Aus ZUCCHI & BERGMANN 1975

Scheitelfedern, Verdecken der Flügelsignale, Schwanzzucken. Weitere Reaktionen treten nur im Freiland auf.

Wir beachten im folgenden Beispiel nur die Dauer des Verharrens nach dem Erklingen des vom Tonband zweimal pro Tag vorgespielten Reizes. Abb. 117 zeigt, daß die zunächst normale Reaktion schon sehr bald abfällt. Nach fünfmaligem Reiz, also schon nach 2,5 Tagen, erreicht sie ein Niveau von nur noch 20% des Ausgangswertes. Sie sinkt noch weiter, und nach 6 Tagen, also 12 Versuchen, reagiert der Vogel überhaupt nicht mehr auf die vorgespielte Klangattrappe des arteigenen Alarms (ZUCCHI & BERGMANN 1975). Dies gilt auch für die anderen Reaktionen.

Solche Versuche funktionieren genauso gut im Freiland, obwohl man erwarten würde, daß dort die Vielzahl der Störfaktoren aus der Umwelt einen regelmäßigen Versuchsverlauf unterbinden. Bevor man mit den Reizversuchen beginnt, muß man allerdings die freilebenden Buchfinkenpaare in ihren Territorien an die Versuchsanordnung gewöhnen, d. h. an das

Auftauchen des Versuchsleiters mit dem Tonbandgerät und seiner Registriereinrichtung (ZUCCHI 1979). Während die Vögel auch hierbei zu Anfang heftig Alarm rufen (Abb. 118 a), senkt sich ihr Reaktionsniveau sehr rasch ab und nähert sich nach einiger Zeit dem Nullwert. Dieser Verlauf wird unter bestimmten Umständen unterbrochen: Im Versuch von Abb. 118 tauchte an einem Tag während der Durchführung ein fliegender Mäu-

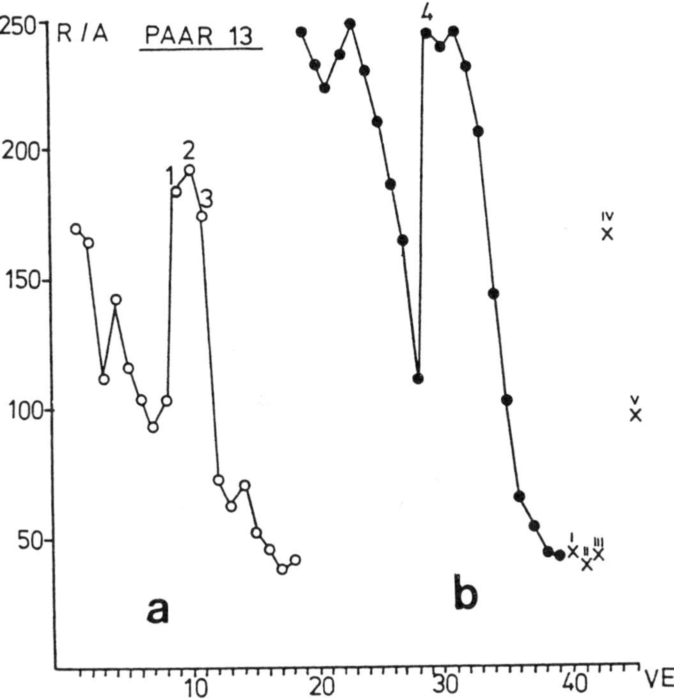

Abb. 118: Gewöhnung eines freilebenden Buchfinkenpaares an das Auftreten des Versuchsleiters **(a)** und an die Darbietung einer Serie von Alarmrufen **(b)**. Abszisse: Serie der Versuchsereignisse (VE), Ordinate: Anzahl der Rufe pro Reizversuch (R/A). Der Gewöhnungsablauf wird mehrmals gestört: **1** ein Mäusebussard *(Buteo buteo)* kreist über dem Revier, **2** ein Rotmilan *(Milvus milvus)* kreist über dem Revier, **3** eine Elster *(Pica pica)* hält sich in Nestnähe auf. **4** Schlüpfen der Jungen. Die römischen Ziffern bezeichnen die Spezifitätstests: **I** Attrappe wie Gewöhnungsattrappe, aber etwas andere Klangqualität. **II** wie **I,** aber halbe Lautstärke, **III** wie **I,** aber verlängerter Abstand zwischen den Rufgruppen der Attrappe; diese drei Spezifitätstest brachten kein abweichendes Ergebnis. Der Vogel reagierte auf diese Attrappen ebensowenig wie auf die Gewöhnungsattrappe. **IV** Während die bisherigen Attrappen immer aus dreisilbigen „pink"-Rufen bestanden, werden jetzt zweisilbige vorgespielt. Die Vögel zeigen intensive Reaktion. **V** wie **I,** aber doppelte Lautstärke: Die Vögel reagieren ebenfalls. Aus ZUCCHI 1979

sebussard (1) im Gebiet auf, am folgenden Tag ein Rotmilan (2), anschließend eine Elster (3). Doch als danach diese Störungen ausblieben, ging die Gewöhnung weiter. Bei gleichzeitiger Störung durch Feinde verhält sich der Vogel so, als habe er nichts gelernt. Bisher haben wir nur die Gewöhnung an die Versuchsanordnung herbeigeführt. Wenn nun die Vorspielexperimente mit dem Alarm vom Tonband einsetzen, ist die Reaktion wieder hoch. Sie liegt sogar höher als das anfangs durch den Versuchsleiter erzeugte Reaktionsniveau (Abb. 118 b). Auch hier stellt sich sehr rasch Gewöhnung ein. Diese wird am 11. Tag der Serie aber plötzlich unterbrochen. Die Reaktion schießt wieder zum Anfangsniveau hinauf und bleibt auch einige Tage so hoch, ohne daß man dafür eine Ursache in Gestalt eines Feindes im Revier entdecken könnte. Bei genauerer Untersuchung stellte sich aber heraus, daß genau an diesem 11. Versuchstag die Jungen im Nest des Paares geschlüpft waren. Dies scheint sofort eine starke Erhöhung der Alarmrufbereitschaft und eine Blockierung der vorher gespeicherten Gewöhnungsinformation herbeizuführen.

Erst einige Tage nach diesem biologisch wichtigen Ereignis sinkt die Reaktion wieder steil ab. Die gleiche Erscheinung fand sich bei den anderen untersuchten Buchfinkenpaaren.

15.2.2 Reizspezifität der Gewöhnung

An allen Versuchstagen ist den Buchfinken nur ein und dieselbe Klangattrappe vorgespielt worden. Sie besteht aus 20 im Abstand von je 2,5 s aneinandergereihten dreisilbigen „pink"-Rufen (vgl. Abb. 114a). Die Attrappe hat eine Dauer von 1 min 15 s.

Nun möchten wir wissen, ob die Buchfinken nur an die spezifische Attrappe gewöhnt sind, oder ob sie ihre Reaktion auf jegliche Form des „pink"-Alarms eingestellt haben. Über die Spezifität des Gewöhnungsprozesses kann man eine Aussage machen, wenn man den gewöhnten Tieren veränderte Attrappen vorspielt. Zucchi (1979) hat dies im einzelnen durchgeführt. Einige Ergebnisse sind aus Abb. 118b (lateinische Ziffern) ersichtlich.

- Spezifitätstest I: wie Gewöhnungsattrappe, aber von einem anderen Individium, schwacher klanglicher Unterschied: keine Reaktion.
- Spezifitätstest II: wie Gewöhnungsattrappe, aber halbe Lautstärke: keine Reaktion.
- Spezifitätstest III: wie Gewöhnungsattrappe, aber Intervall zwischen den dreisilbigen Rufen verdoppelt auf 5 s. Keine Reaktion.
- Spezifitätstest IV: wie Gewöhnungsattrappe, aber Rufe nur zweisilbig. Hier zeigt der Buchfink eine Reaktion. Er ist also nicht gewöhnt.

- Spezifitätstest V: wie Gewöhnungsattrappe, aber doppelte Lautstärke. Deutliche Reaktion.

Wir entnehmen diesen Ergebnissen, daß Gewöhnung im großen und ganzen als reizspezifischer Lernprozeß betrachtet werden kann, wenn nur das angebotene Signal genügend spezifisch gehalten worden ist. Ein im Freien lebender Vogel wird natürlich kaum je derartig monoton wiederholte Rufe zu hören bekommen, sondern viel variablere. Dieser

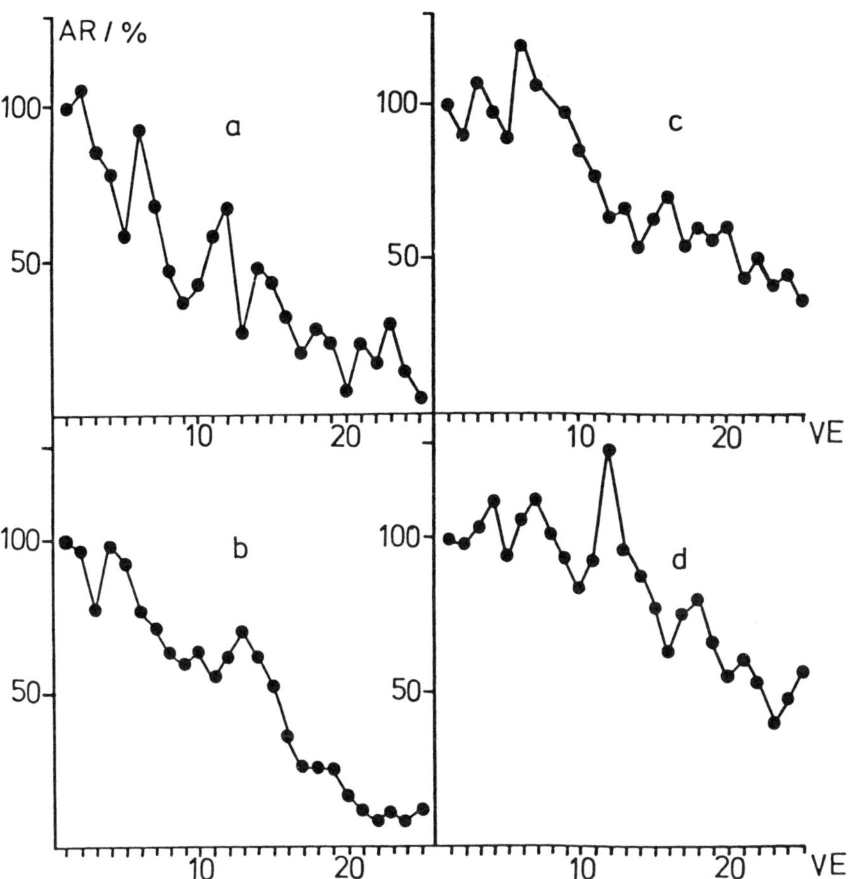

Abb. 119: 4 verschiedenen Buchfinkenmännchen wurden im Laborversuch 3 verschiedene Alarmrufattrappen vorgespielt, bei Vogel **a** und **b** immer in der gleichen Reihenfolge, bei **c** und **d** in unvorhersehbarer Reihenfolge. Darstellungweise wie Abb. 118. Die Gewöhnung an die wechselnde Signalfolge geht langsamer vor sich. Aus ZUCCHI 1979

Tatbestand wurde von ZUCCHI (1979) in Laborexperimenten (Abb. 119) nachgestaltet.

Vögel, die mehrere verschiedene Attrappen im Wechsel zu hören bekamen, gewöhnten sich viel langsamer daran. Wurden ihnen die Attrappen in unvorhersehbarer Reihenfolge (Abb. 119c, d) angeboten, so war die Gewöhnung noch stärker verzögert als bei fester Reihenfolge (Abb. 119a, b). Hatte man in dieser Weise eine Serie verschiedener Attrappen lange Zeit im Gewöhnungsversuch angeboten, so bestand keine Spezifität mehr. Der Vogel reagierte am Schluß auch auf Attrappen nicht mehr, die er vorher nie gehört hatte (Generalisation oder Invariantenbildung).

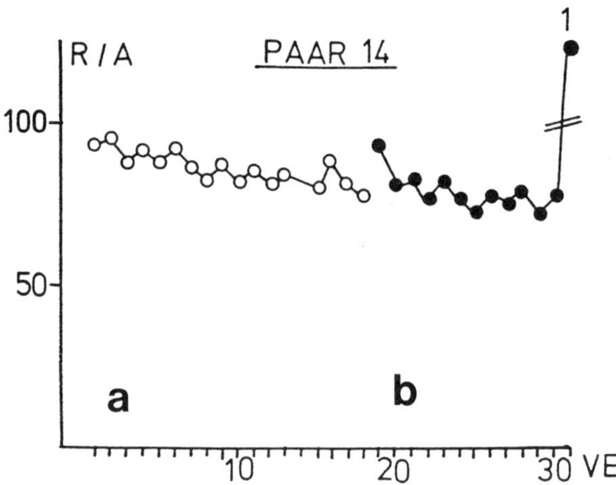

Abb. 120: Bei Paar 14 der Buchfinken-Versuchsgruppe trat kaum Gewöhnung ein, an das Auftreten des Versuchsleiters **(a)** ebensowenig wie an die vorgespielten Alarmrufe **(b)**. Darstellung wie Abb. 118. In unmittelbarer Nähe des Reviers hielt sich ständig ein Paar Elstern *(Pica pica)* auf. 1 An diesem Versuchstag war nur noch das Weibchen im Revier anzutreffen. Die Rufrate ist erhöht. Nach ZUCCHI 1979

Man kann aber vermuten, daß unter Freilandbedingungen die Gewöhnung an arteigene Alarmrufe durch die Variation der Signale (verschiedene Silbigkeit, Lautstärke, Unvorhersehbarkeit der Abfolge u. a.) gemindert oder ganz vermieden wird. Dazu wirken auch störende Außenreize (Abb. 120) hemmend ein, möglicherweise aber nur auf den Abruf der Information, nicht auf die gespeicherte Information direkt oder auf den Fortgang des Lernprozesses.

Gewöhnung ist ein universeller Lernprozeß sehr einfacher Art. Er trägt dazu bei, daß der Organismus unter den Reizen, die er wahrnimmt, wichtige von unwichtigen zu unterscheiden lernt. Auch Menschen gewöhnen sich an vielerlei monotone Reize, die keine besondere Nachwirkung haben (GLASER 1968). Man sollte aber Gewöhnung in dem besprochenen spezifischen Sinn nicht mit der Ausbildung von Gewohnheiten verwechseln. Gewohnheiten sind (oft hartnäckige) Folgen von positiven Lernprozessen nach Art des Lernens am Erfolg.

Selbst wichtige Signale der innerartlichen Kommunikation werden vom Empfänger unweigerlich als irrelevant klassifiziert und unterliegen damit der Gewöhnung, wenn sie in eintöniger Form und ohne biologische Konsequenz ständig wiederholt werden. Die tierlichen Organismen (vielleicht auch Pflanzen?) wehren sich auf diese Weise gegen Reaktionen auf überflüssige Reize. Die natürliche Signalübermittlung trägt diesem Prinzip Rechnung, indem die Signale in vieler Hinsicht variiert oder für seltene Gelegenheiten aufgespart werden (vgl. HARTSHORNE 1973).

15.3 Lernen am Erfolg

Bisher haben wir uns mit einfachen linearen Lernprozessen befaßt. Ein immer wiederholter Reiz ohne Konsequenz führt zum Erlöschen einer vorhandenen Reaktion: Gewöhnung. Ein mit einem auslösenden Reiz gekoppelter, primär wirkungsloser Reiz gewinnt bei häufiger Wiederholung selbst auslösende Wirkung: klassische Konditionierung. Immer dann aber, wenn Belohnung oder Bestrafung im Spiele ist, haben wir es mit Lernen am Erfolg zu tun. Man verwendet hierfür auch die Begriffe „operante Konditionierung“ oder „instrumentelle Konditionierung“.

Jede Winterfütterung ist ein operantes Konditionierungsexperiment in großem Stil. Der Einzelvogel findet anfänglich per Zufall das neu angelegte Futterhaus (Versuchs- und Irrtumsphase). Hier wird er für sein Kommen durch eine Futtergabe belohnt. Er zeigt dieses Verhalten künftig häufiger. Neben diesem Lernerfolg durch positive Erfahrung kann auch eine negative Erfahrung zu einem Lerneffekt führen: Fliegt ein Käfigvogel, dem man erstmals im Zimmer freien Flug gewährt, von innen gegen das geschlossene Fenster, so wird er schmerzhaft für dieses Verhalten bestraft. Er zeigt es künftig seltener oder meidet es ganz. Belohnung und Bestrafung sind positive bzw. negative Verstärker für das vorhergehende Verhalten. Da die nachfolgende Reizsituation (Futter, Schmerz) auf das Verhalten zurückwirkt, liegt ein zyklischer Lernprozeß vor. Er ist komplizierter als Gewöhnung oder klassische Konditionierung. Wenn ein Vogel andere beobachtet, wie sie sich am Futterhaus mit Nahrung versorgen, und dann selbst hinfliegt, so kommt die Komponente des Nachahmungslernens (s. S. 247) hinzu. Dennoch findet auch dieses hier im Rahmen des Lernens am Erfolg statt, weil der Vogel eine Belohnung bekommt.

15.3.1 Dressur als Leistungsmesser

Auch Dressuren sind operante Konditionierungen. Man kann Dressur als Methode verwenden, um die Sinnes- oder Lernleistungen eines Vogels zu beurteilen. Oft setzt man dabei die simultane Zweifachwahl ein: Der Vogel sieht gleichzeitig zwei ähnliche Reize, er bekommt aber die Belohnung nur, wenn er auf den einen davon reagiert. So kann man seine Fähigkeit zum Unterscheiden prüfen. In zahllosen Versuchen hat O. KOEHLER (1955) an Rabenvögeln, Papageien und selbst Tauben auf diese Weise eine besondere Fähigkeit untersucht: die des unbenannten Zählens.

Einer Dohle *(Corvus monedula)* wird eine Gruppe von 3 und eine von 4 Körnern vorgelegt. Sie darf die 3 fressen, bei 4 wird sie verscheucht. Auf diese Weise lernt sie, immer die 3 zu bevorzugen, die 4 liegenzulassen. Das geht auch mit abstrakten Mustern: Vor der Dohle stehen zwei Schälchen mit Deckeln, von denen der eine mit 3, der andere mit 4 Punkten versehen ist. Die Dohle öffnet das Schälchen mit den 3 Punkten und findet darin eine Belohnung. Was geschieht, wenn die alten Zahlen in Gestalt völlig neuer Objekte angeboten werden? „SCHIEMANNs Dohle... stand unverhofft zwei Deckeln gegenüber, auf denen statt der Punkte 3 bzw. 4 lebende Mehlwürmer zu sehen waren. Sie erschrak heftig, wagte sich lange nicht heran, ging endlich doch herzu, pickte die 3 Mehlwürmer auf und ließ die 4 liegen." (KOEHLER 1955, S. 593).

Der Vogel abstrahiert also von den Objekten und kann es lernen, allein die Zahl zu beachten. Die Objekte können beinahe in beliebiger Anordnung, Form, Farbe und Größe geboten werden. Man spricht auch von der Fähigkeit zur Generalisation oder Invariantenbildung (BUCHHOLTZ 1982).

Diese Leistungen sind bei dem Vogel nicht wie bei uns Menschen mit einem Zahlwort verbunden. KOEHLER spricht daher von „unbenanntem" Zählen oder, in weiterem Sinne, von „unbenanntem" Denken.

Tauben konnten auf diese Weise lernen, sicher Zahlen bis 5 zu unterscheiden, Wellensittiche und Dohlen bis 6, Kolkraben und der Graupapagei bis 7 (und ebenso der Mensch, wenn er es unbenannt tun mußte) (KOEHLER 1955). Gleiche Leistungen zeigen die Vögel beim sukzessiven Zählen, wenn es nämlich gilt, einen Zahlbegriff durch nacheinander folgende Bewegungsweisen abzuhandeln. Eine Dohle kann es lernen, aus einem Haufen Körner 5 herauszupicken und nicht mehr. Selbst wenn sie einmal daneben gepickt hat, nimmt sie schließlich doch die richtige Anzahl. Möglicherweise hat sie das Schlucken „gezählt".

Das simultane und das sukzessive Zählvermögen können bei geeigneter Dressur auch kombiniert werden. Ein Vogel lernt es, 3mal zu picken, wenn ihm anstelle von Körnern oder Mehlwürmern nur ein Bild mit 3 Punkten vorgelegt wird.

15.4. Nachahmungslernen

Denkt man an Vogelgesang, so fällt einem oft zuerst das Imitieren ein. Tatsächlich gibt es kaum besser untersuchte Beispiele für diese Lernleistung als die des akustischen Nachahmungslernens bei Vögeln.

Imitation oder Nachahmung nennt man die lernende Umsetzung eines bei einem anderen Lebewesen wahrgenommenen Verhaltens in eigene Motorik. Singvögel und Papageien sind besonders für ihre Fähigkeit zu stimmlichem Nachahmen z.T. arteigener, z.T. aber auch artfremder Vorbilder bekannt. Nahezu alle Singvögel müssen ihren Gesang wenigstens zu bestimmten Anteilen von arteigenen Vorbildern lernen. Manche müssen sogar Rufe auf diese Weise lernen. Die fertige Lautäußerung kombiniert jeweils angeborene und erworbene Komponenten (vgl. S. 228).

Gesänge und Rufe werden also von Generation zu Generation tradiert wie bei uns Menschen die Sprache und viele Verhaltensweisen und Normen. Lokal unterschiedliche Gesänge und Rufe einer Art bezeichnen wir als Dialekte (s.S. 234 und 236). Auch sie bilden sich gemeinhin auf der Basis solcher Tradierungsprozesse.

Dem Lernen artspezifischer Muster steht die Fremdimitation (s.S. 255) gegenüber. Viele Vögel nehmen artfremde Motive in ihr Reper-

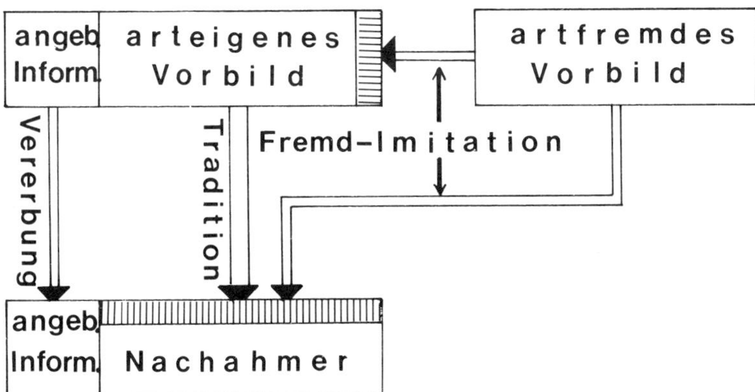

Abb. 121: Fremdimitation ist die Nachahmung eines artfremden Vorbildes, Tradition die eines arteigenen. Fremdimitate können aber auch sekundär von Artgenosse zu Artgenosse tradiert werden. Aus BERGMANN 1977

toire auf. Von Graupapageien *(Psittacus erithacus)* wissen wir allerdings, daß sie dies nur in Gefangenschaft tun, im Freiland dagegen arteigene Lautäußerungen lernen und weitergeben. Tradierung und Fremdimitation stellen keine Gegensätze dar. Auch Fremdimitationen können von Generation zu Generation weitertradiert werden. Die Beziehungen zwischen diesen Imitationsprozessen sind in Abb. 121 zusammengestellt.

15.4.1 Tradition und Lerndisposition im Gesangslernen von Grasmücken

Grasmücken stellen eine formenreiche Familie (Sylviidae) aus der Verwandtschaft der Schnäpperartigen (Muscicapidae) und Drosseln (Turdidae) dar. Die Gattung *Sylvia* ist bei uns in Mitteleuropa durch 4 häufige Arten vertreten: die Mönchs-, Garten-, Dorn- und Klappergrasmücke. Ihre Gesänge sind verschieden, wenn auch für den Ungeübten nicht in allen Fällen leicht auseinanderzuhalten.

Die Mönchsgrasmücke, in Bayern und Österreich auch „Schwarzplattl" genannt (Abb. 122), trägt, abgesehen von ihrer schwarzen (beim Weibchen braunen) Kopfplatte, ein unscheinbar grau-oliv gefärbtes Kleid. Der Gesang der Männchen ist umso auffälliger. Die Strophe beginnt mit einem leisen, in Tonlage und Ausdehnung variablen, oft etwas schrillen Vorgesang. Daran schließt sich ein Motiv an, der sogenannte Überschlag, der aus reinen, flötenden Tönen besteht und sehr laut und wohlklingend vorgetragen wird (Abb. 123a).

Abb. 122: Singendes Mönchsgrasmückenmännchen *(Sylvia atricapilla)*. MÜLLER in BERGMANN & HELB 1982

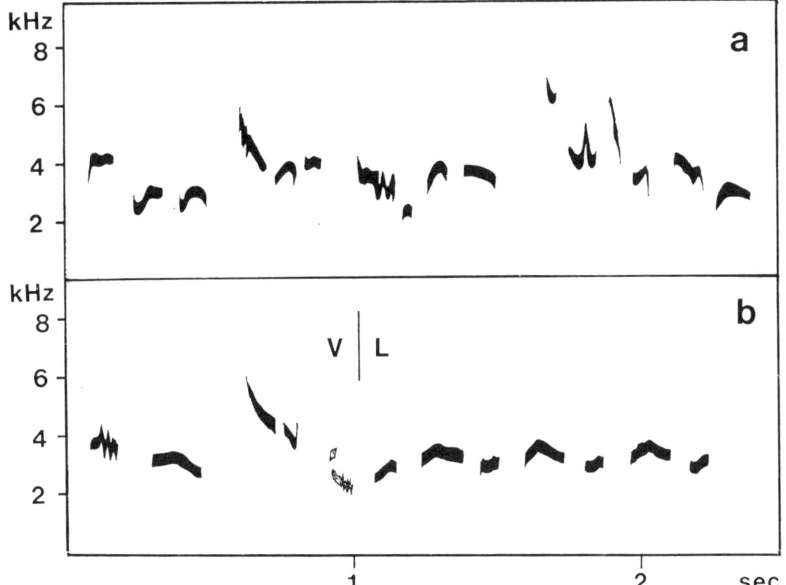

Abb. 123: Sonagramme von Motivgesängen (Überschlägen) von Mönchsgrasmücken. **a** Normaler Mönchsgrasmückengesang aus Hessen **b** Leierstrophe aus Teneriffa (Kanar. Inseln), V Vorspann, L Leiermotiv. Aus BERGMANN 1977

Jedes Männchen verfügt über mehrere unterschiedliche Motive, wie wir es auch bei anderen Vogelarten beobachten (s. S. 222). Die Motive variieren von Region zu Region, bilden also Dialekte. In manchen Gebieten, besonders auf Inseln und Halbinseln, hört man sehr häufig sogenannte „Leierdialekte". Hier besteht das vereinfachte Motiv meist aus einer Folge zweier abwechselnder Elemente unterschiedlicher Tonhöhe (Abb. 123b). Diese Leiermotive wirken wegen ihrer Prägnanz sehr eindringlich. Vor einigen Jahrzehnten tauchte ein solcher Dialekt vom Tessin her kommend in Süddeutschland auf und wurde an immer mehr Orten entdeckt (SCHWARZ 1953). Die Vogelkundler machten sich schon Sorgen, der normale vielgestaltige Mönchsgrasmückengesang könne ganz und gar durch das monotone Geleier ersetzt werden. Diese Sorgen haben sich als unbegründet erwiesen. Offenbar gibt es in der Population selbst Mechanismen, die die Dominanz eines einzigen Motivs wieder einschränken. Im folgenden studieren wir das Gesangslernen vergleichend bei der Mönchs- und der Klappergrasmücke.

15.4.1.1 Versuch 1: Mönchsgrasmücke[1]

Ein junges hessisches Mönchsgrasmücken-Männchen haben wir kurz vor dem Flüggewerden aus dem Nest genommen und ihm von einer Endlosbandkassette im Juni und Juli des ersten Lebensjahres im Labor täglich eine Stunde lang ein Leiermotiv vorgespielt, das auf der Kanarischen Insel Teneriffa aufgenommen worden war, also einen Dialekt einer völlig fremden Mönchsgrasmückenpopulation (Abb. 124 a). Schon im Januar des folgenden Jahres fing die junge Grasmücke an zu singen, jedoch brachte sie zunächst nur Vorgesang bis zum Ende des Monats. Im Februar begann sie, auch Motive einzufügen, die an eine verlangsamte, etwas ungeschickte Form des Teneriffa-Leiermotivs erinnerten. Im Juni sodann sang sie das Vorbild perfekt mit allen Einzelheiten einschließlich der Einleitung nach (Abb. 124c). Wir stellen also fest: Der Vogel hat das Motiv eine Zeit-

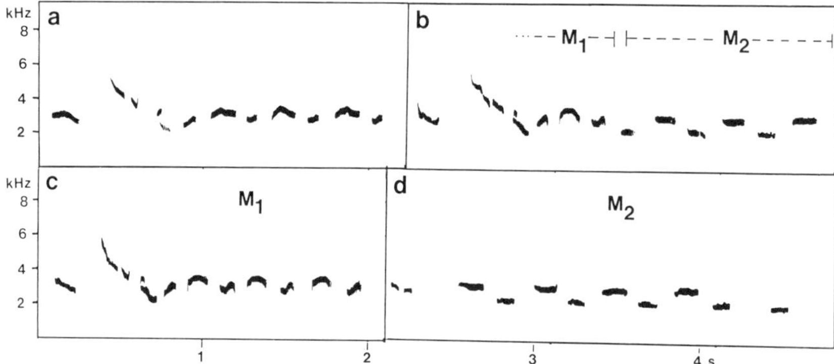

Abb. 124: Mönchsgrasmücke *(Sylvia atricapilla)* lernt Leiergesang. **a** Vorbild, Leierstrophe aus Teneriffa (s. Abb. 123b), **b** Nachahmung im folgenden Jahr, zwei Strophentypen (M_1, M_2, gemischt) **c** Exakte Nachahmung des Vorbilds, etwas beschleunigt gesungen **d** Abgeleitetes Motiv 2, etwas langsamer und tiefer als das Vorbild. Aus THIELCKE & BERGMANN (o.J.)

lang gehört, als er selbst noch jung war und nicht singen konnte (Abb. 125). Ein halbes Jahr später begann er selbst zu singen und gelangte nach einiger Übung zu vollendeter Nachahmung des Vorbilds. Er mußte es also zunächst aufgenommen und gespeichert (Lernvorgang I), das Gelernte erst später nachahmend in die eigene Motorik übersetzt haben (Lernvorgang II). Diese Verhältnisse sind in Abb. 126 zusammengefaßt.

1 Tonaufnahmen auf Schallplatte zu diesem Kapitel in THIELCKE & BERGMANN III.

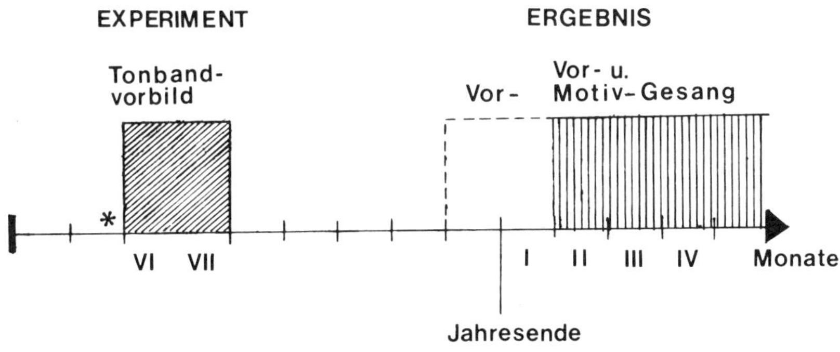

Abb. 125: Schema des Lernexperiments bei der Mönchsgrasmücke. Zwischen der Darbietung des Vorbilds und dem Beginn der Nachahmung liegen mehrere Monate. Es sind zwei Lernvorgänge anzunehmen. Aus BERGMANN 1979

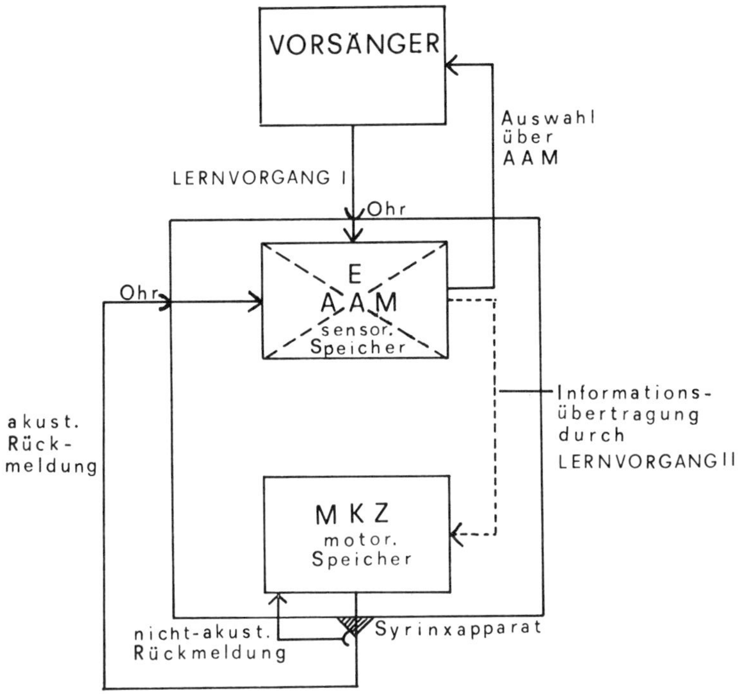

Abb. 126: Informationsfluß beim Traditionslernen des Gesangs. Der Vorsänger wird nach AAM oder EAAM ausgewählt. Im Lernvorgang I wird die Gesangsinformation sensorisch gespeichert. Über den Lernvorgang II wird sie dann durch Übung in die Motorik eingespeist. Der Vogel kontrolliert den Erfolg mit dem Ohr, vielleicht auch nicht-akustisch. Aus BERGMANN 1973

Imitation ist bei Vögeln im allgemeinen kein unmittelbar ablaufender Vorgang, wie wenn ein Mensch ein einmal vorgepfiffenes Motiv sofort nachpfeift. Der Vogel wählt ein Vorbild aus und nimmt dessen Gesang in sein Gedächtnis auf. Die Auswahl des Vorbilds geschieht wohl nach Kriterien eines AAM (Angeborener Auslösemechanismus). Dieser wird in unserem Modell durch die aufgenommene Information zu einem EAAM (durch Erfahrung erweiterter Angeborener Auslösemechanismus) modifiziert. Der oft viel später anschließende Lernvorgang II geht durch Übung vor sich. Das motorische Muster im Gehirn (MKZ, s. S. 201) wird unter akustischer und nicht-akustischer Kontrolle (Abb. 126) so lange verfeinert, bis es mit dem sensorisch gespeicherten Vorbild übereinstimmt. Wir haben nun erfahren, daß die Unterschiede zwischen den Gesängen verschiedener Mönchsgrasmücken durch Lernen eines verschiedenen Vorbilds zustandekommen.

Mönchsgrasmücken singen allerdings nicht nur ein Motiv, sondern deren mehrere im Wechsel. Unser Vogel verfügt aber nur über ein Vorbild. Wie bewältigt er diese Situation?

Im Juni seines zweiten Kalenderjahres singt er neben der alten (M_1) Strophe eine zweite Leierstrophe (M_2), die sich von der ersten ableitet, aber deutlich verschieden ist. Sie liegt in der Tonhöhe etwas tiefer und wird in langsamerem Tempo vorgetragen (Abb. 124d). Beide Motive können auch in einer Strophe kombiniert werden (Abb. 124b). Im nächstfolgenden Jahr haben sie sich in gleicher Form erhalten, das zweite ist jedoch noch durch einige vorgesetzte Elemente erweitert worden. Die beiden Motive sind ansonsten klar getrennt. Es gibt keine Zwischenformen zwischen ihnen.

Wir ersehen daraus, daß Mönchsgrasmücken einerseits über die Fähigkeit verfügen, in ihrer Jugend, wenn sie noch nicht singen, Motive aufzunehmen, die sie vielleicht lebenslang in ihrem Repertoire behalten. Andererseits sind sie auch befähigt, diese abzuwandeln und durch Ergänzungen zu bereichern. Sie verfügen über die Fähigkeit zur Imitation, aber auch über diejenige zur Improvisation.

15.4.1.2 Versuch 2: Klappergrasmücke

Die Klappergrasmücke *(Sylvia curruca)* auch Zaungrasmücke oder Müllerchen genannt, ist unsere kleinste heimische Grasmücke (Abb.127). Sie bewohnt offeneres Gelände als die Mönchsgrasmücke und ist seltener als diese. Ihren Namen hat sie vom Klappermotiv in ihrem Gesang. Die Strophen beginnen mit einem leisen, schwätzenden und variablen Vorgesang, der allerdings meist kürzer ist als bei der Mönchsgrasmücke. Daran schließt sich das Klappermotiv an. Es läßt sich mit „lilili ...“ nur sehr unzureichend umschreiben. Im Sonagramm zeigt sich, daß im Motiv zwei unterschiedlich geformte Elemente alternierend miteinander abwechseln (128a, b). Dieses Alternieren von Elementen haben wir schon beim Leiermotiv der Mönchsgrasmücke kennengelernt. Es findet sich mehr oder weniger deutlich ausgeprägt auch bei anderen Arten der Gattung *Sylvia*, z. B.

Abb. 127: Singende Klappergrasmücke *(Sylvia curruca)*. Ihr Gesang ist klar verschieden von dem der Mönchsgrasmücke. MÜLLER in BERGMANN & HELB 1982

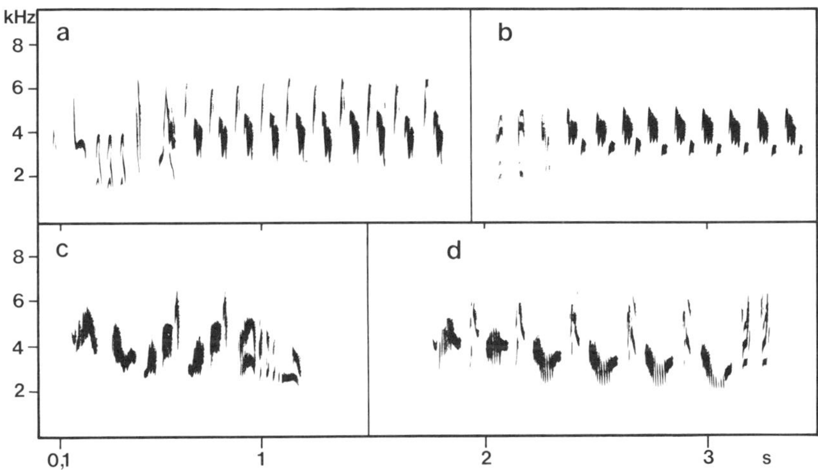

Abb. 128: Auch die Klappergrasmücke *(Sylvia curruca)* verfügt über zwei verschiedene Gesangsmotive **(a, b)**, die sie im Wechsel vorträgt. Jedes Motiv ist leiernd, d. h. zwei unterschiedliche Elemente wechseln sich alternierend ab. Zum Vergleich zwei Strophen der Dorngrasmücke *(Sylvia communis)*, von denen die eine normal ist **(c)**, die andere, aufgenommen in Griechenland, deutlich leiert. Original

der Dorngrasmücke (Abb. 128 c, d), der Orpheusgrasmücke *(S. hortensis)* und der Samtkopfgrasmücke *(S. melanocephala)* (vgl. BERGMANN & HELB 1982). Ein solches in einer Gattung verbreitetes Merkmal nennen wir g e - n e r i s c h (Genus = Gattung).

Jede Klappergrasmücke verfügt überdies über zwei verschiedene Motivformen, die sich auch in den Einzelelementen voneinander unterscheiden (Abb. 128 a, b). Die beiden Motive können zuweilen sogar in einer Strophe nacheinander vorkommen.

Lassen sich die Klappergrasmücken in ihrer Gesangsentwicklung genauso beeinflussen wie die Mönchsgrasmücken?

Im Mönchsgrasmückenexperiment haben wir gleichzeitig zwei Klappergrasmücken ohne arteigenes Vorbild mit aufgezogen. Sie haben den leiernden Mönchsgrasmückengesang (Abb. 129 a) ebenso oft gehört wie die junge Mönchsgrasmücke aus Versuch 1.

Im Ergebnis zeigte sich, daß beide Vögel den Leiergesang der Mönchsgrasmücke nicht übernommen haben. Anstelle dessen bildete jeder von ihnen zwei unterschiedliche individuelle Klappermotive aus (Abb. 129 b

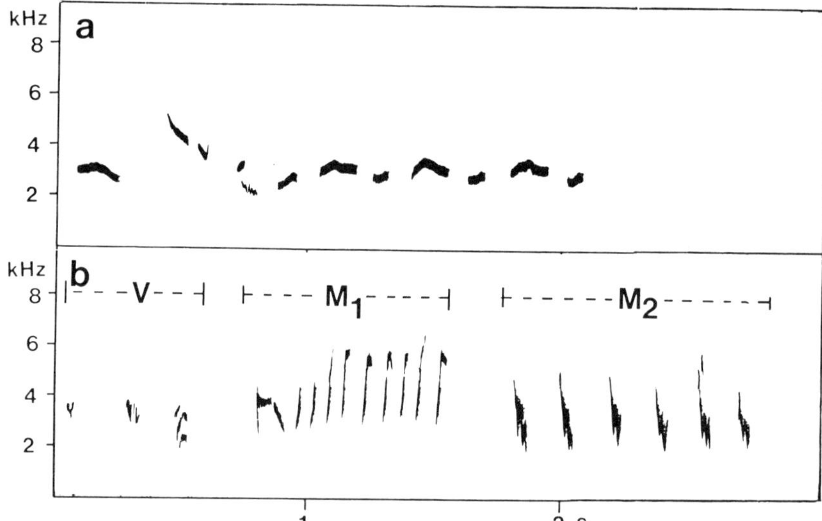

Abb. 129: Auch zwei Klappergrasmücken wurde das Mönchsgrasmücken-Leiermotiv **(a)** in ihrer frühen Jugend häufig vorgespielt. Sie sangen später nicht dieses Fremdvorbild nach, sondern bildeten Klappermotive aus, die aber nicht den Wechsel zwischen zwei verschiedenen Elementen aufweisen, sondern wie bei Kaspar-Hauser-Buchfinken vereinfacht sind. **(b)** Jeder der beiden Versuchsvögel verfügte über zwei verschiedene Motive (M_1, M_2). Vor den Strophen brachten sie meist einen kurzen Vorgesang (V), was arttypisch ist.

M_1, M_2). Auch ein kurzer Vorgesang war vorhanden (V). Die Motive setzen sich aber nicht aus jeweils zwei verschiedenen Elementen zusammen, sondern es wird nur ein Element in Reihung wiederholt (BERGMANN 1979).

Das vorliegende Ergebnis unterscheidet sich klar von dem bei der Mönchsgrasmücke gewonnenen. Die Klappergrasmücke hat das Vorbild nicht übernommen. Allerdings handelte es sich nicht um ein nur populationsfremdes Motiv, sondern es war für sie artfremd. Die Klappergrasmücke hat anstelle dessen ein Klappermotiv ausgebildet, das mehr dem Artgesang entspricht. Allerdings weicht es auch vom populationstypischen Klappergrasmückengesang ab. Wir haben hier ein Tier vor uns, das als „Kaspar-Hauser unter erschwerten Bedingungen" groß geworden ist. Es mußte seinen Gesang entgegen der Einwirkung eines fremden Vorbilds ausbilden. Daß es grundsätzlich auch lernen muß, um populationstypisch zu singen, zeigt sich darin, daß sein Gesang nicht mit dem normalen Klappergrasmückengesang übereinstimmt. Aber die Klappergrasmücke kann nicht jedes beliebige Vorbild nachsingen. Sie hatte eine begrenzte Lerndisposition für ihren Motivgesang. Sie kann nur Vorbilder nachsingen, die ungefähr der arttypischen Norm entsprechen. Umgekehrt würde eine Mönchsgrasmücke auch nicht die Klappergrasmückenmotive lernen können.

Lerndisposition bedeutet ein vorhandenes Lernvermögen, aber immer in einem materiell oder zeitlich eingegrenzten Bereich. Auch die Fähigkeit zum Lernen hat angeborene oder genetisch festgelegte Grenzen. Doch kann sich das Lernvermögen im Laufe des Lebens ändern. Die Lerndisposition ist eine dynamische Eigenschaft. Im Falle der Prägung (s. S. 264) gehört zur Lerndisposition auch die sensible Phase, ein zeitlich begrenzter Entwicklungsabschnitt, in dem bestimmte Lernprozesse ablaufen müssen.

15.4.2 Fremdimitation

Vogelarten, die in ihrem Vollgesang viele artfremde Motive nachahmen, nennen wir Spottsänger.[1] Zu ihnen gehören in Mitteleuropa z.B. Sumpfrohrsänger, Teichrohrsänger (wenig), Gelbspötter, Singdrossel, Blaukehlchen, Braunkehlchen, Gartengrasmücke, Grünfink, Erlenzeisig, Feldlerche, Star, Neuntöter und Rotkopfwürger. Manche Arten wie z.B. Schwarzkehlchen und Dorngrasmücke spotten im strophigen Vollgesang nur wenig, im kontinuierlichen Fluggesang aber sehr intensiv. Andere Arten zeigen ihre Spottbegabung, auch wenn sie im normalen Gesang nicht

---

1 Demgegenüber sind Spötter die Angehörigen der Gattung *Hippolais*, also Gelbspötter, Orpheusspötter, Olivenspötter, Blaßspötter, um einige europäische Arten zu nennen.

zutage tritt, im leise schwätzenden Subsong, so z. B. der Buchfink, der Grauschnäpper und der Zwergschnäpper.

Der berühmteste Spottsänger in Mitteleuropa ist allerdings der Sumpfrohrsänger *(Acrocephalus palustris).* Sein Gesang steckt voller Fremdimitationen, so daß man gar nicht weiß, ob er auch Eigenes enthält. Die Imitationen sind so qualitätvoll, daß man sie mit genügender Sicherheit identifizieren kann. Die Belgierin Françoise DOWSETT-LEMAIRE (1974) hat untersucht, wie groß das Repertoire der von ihr beobachteten Sumpfrohrsänger war. Sie fand, daß im Durchschnitt nicht weniger als 30 verschiedene Vogelarten nachgeahmt wurden, z. T. sogar in mehreren Lautäußerungen. Dabei sind die Sänger nicht besonders wählerisch. Sie ahmen so ziemlich alles nach, was sie an Vogelstimmen in ihrer Umgebung hören. Nur Ringeltauben- und Kuckucksgesang scheinen ihnen zu tief zu sein, während sie das Quarren der Rabenkrähe in etwas verzerrter Form noch bewältigen. Der Formenreichtum des Sumpfrohrsängergesangs ist aber noch viel größer als bisher beschrieben – nur Kenner afrikanischer Vogelstimmen konnten das herausfinden. Françoice DOWSETT-LEMAIRE gehört dazu. Sie stellte fest, daß ihre belgischen Rohrsänger zu den 30 europäischen Vogelstimmen noch etwa 45 afrikanische Vogelrufe oder -gesänge beherrschten. Diese mußten sie während ihres winterlichen Aufenthaltes im tropischen Afrika gelernt haben. Sie hatten z. T. sogar Vogelstimmen aufgenommen, die sie nur in bestimmten Durchzugsgebieten auf dem

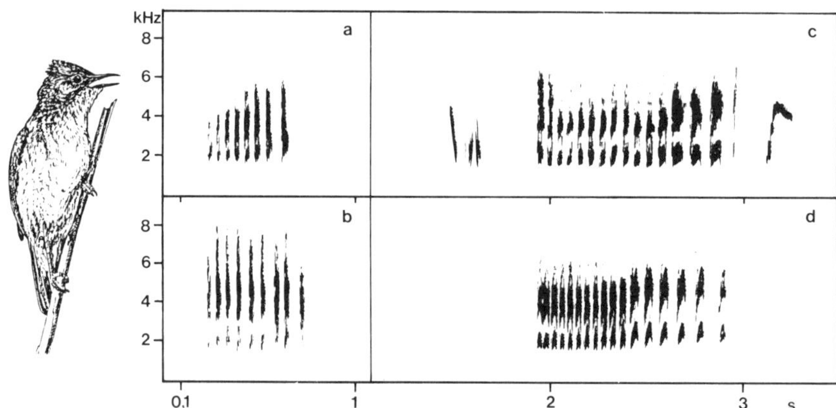

Abb. 130: Einer der besten Spottsänger in Mitteleuropa ist der Sumpfrohrsänger *(Acrocephalus palustris)*. **a** und **c** zeigen die Nachahmungen, **b** und **d** die zugehörigen Artvorbilder: **a**, **b** Alarmrufe des Haussperlings *(Passer domesticus)*, **c**, **d** Alarmrufstrophe der Blaumeise *(Parus caeruleus)*. Die Nachahmung **c** ist in andere Elemente eingebettet. Aus BERGMANN & HELB 1981

Zugweg gehört haben konnten. Auf diese Weise hatten sie ihren Zugweg in ihrem akustischen Gedächtnis abgebildet (Abb. 130).

Hin und wieder ahmen Vögel auch menschengemachten technischen Schall nach. In England wurde vor Jahren ein neuer Telefontyp mit einem charakteristischen zweisilbigen Klingeln eingeführt. Dieses Klingeln ist von Singdrosseln *(Turdus philomelos)* und Amseln *(Turdus merula)* teilweise so perfekt nachgeahmt worden, daß die Telefonbesitzer getäuscht wurden und vergeblich zu ihrem Telefon eilten, wenn der Vogel nahe dem Hause sang (SLATER 1983).

15.4.2.1 Bedeutung des Spottgesangs

Stellt das Nachahmen eine Beziehung zwischen Nachahmer und Vorbild her, wie es bei der echten Mimikry der Fall ist (vgl. WICKLER 1968)? Ist das Vorbild vielleicht ein Signalempfänger in einem zwischenartlichen Kommunikationssystem? Manche Autoren haben geäußert, daß der Spottsänger artfremde Konkurrenten über zwischenartliche Territorialität aus seinem Revier fernhält. Doch ist dazu die Nachahmung viel zu unselektiv. Es werden mögliche Konkurrenten wie Nicht-Konkurrenten, Gesänge wie Rufe nachgeahmt. Überdies reagieren die Vorbilder im allgemeinen nicht auf das babylonische Sprachgewirr, in das ihre nachgeahmten Lautsignale eingebettet sind. Nur wenn man diese isoliert und wiederholt vorspielt, erkennen sie sie und antworten darauf.

Eher muß man eine an innerartliche Wirkung des formenreichen Gesangs denken. Bei der amerikanischen Spottdrossel *Mimus polyglottos* hat HOWARD (1974) festgestellt, daß die Männchen mit dem umfangreichsten Repertoire sich am frühesten im Jahr verpaaren und die besten Reviere besetzen. Die Weibchen können die Qualität eines Männchens am Gesang beurteilen und durch geschlechtliche Zuchtwahl den Trend zur Variabilität des Gesangs noch verstärken.

Ähnliches stellte CATCHPOLE (1980) für den Schilfrohrsänger *(Acrocephalus schoenobaenus)* fest. Hier reagieren die Weibchen signifikant stärker auf formenreichen als auf den ärmeren Gesang. Beim Kanarengirlitz *(Serinus canaria)* reagieren die Weibchen auf ein umfangreiches Repertoire im Männchengesang, indem sie schneller ihre Nester bauen und mehr Eier hineinlegen, als wenn sie nur einen ärmlichen Gesang hören (KROODSMA 1976). Hier wird der Wirkungsmechanismus der weiblichen Selektion sehr deutlich.

Für die Weitergabe der einzelnen Imitation gilt aber möglicherweise, was anderswo über Dialekte gesagt worden ist (s. S. 234 und 236). Sie könnte als funktionsloser Gedächtnisinhalt tradiert werden.

15.4.3 Anderes Nachahmungslernen

Nachahmungslernen ist die Basis aller Tradition. Dabei stellt das Spotten der Vögel einen extremen Fall dar. Es gibt genügend handfeste Beispiele, in denen die biologische Bedeutung der Nachahmung klar erkennbar ist.

Ein berühmtes Vogelbeispiel stammt von den sehr lernfähigen Meisen. Vor vielen Jahren beobachtete man in England, daß die Deckel der vor der Haustür vom Milchmann abgestellten Milchflaschen aufgehackt waren und etwas von der Sahne fehlte, die sich oben abgesetzt hatte. Urheber dieses Verhaltens waren Kohlmeisen *(Parus major)* und Blaumeisen *(Parus caeruleus)*. Es breitete sich ziemlich rasch aus und tauchte zum Ärger der Milchmänner und ihrer Kunden überall auf. Es hatte sich durch Tradition in der Meisenpopulation durchgesetzt (FISHER & HINDE 1949).

Dabei ist für den Effekt relativ unwichtig, ob die Meisen durch direkte Beobachtung zu dem neuen Verhalten kamen, oder ob sie offene Milchflaschen vorfanden und dann am Erfolg lernten, selbst welche aufzuhacken.

Bei Blaumeisen *(Parus caeruleus)* hat HELLMANN (1983) im Versuch das Beobachtungslernen nachgewiesen. Blaumeisen können durch operante Konditionierung (s. S. 245) lernen, eine Futterapparatur zu öffnen, um an das Futter zu gelangen. Beispielsweise können sie mit dem Schnabel an einem Faden ziehend ein Türchen öffnen („Schöpfen"), den Faden dann mit dem Fuß festhalten und das im offenen Türchen erscheinende Futter zu sich nehmen. Blaumeisen, die zugesehen hatten, wie in ihrem Nachbarkäfig ein Artgenosse erfolgreich mit dem Futterautomaten umging, kamen mit dem Automaten in ihrem eigenen Käfig viel besser zurecht als Kontrolltiere, denen diese Beobachtungserfahrung fehlte.

Schließlich können Vögel auch durch Tradition lernen, was Feinde sind und was nicht. Unerfahrene Amseln *(Turdus merula)*, die zusehen und zuhören, wie andere auf einen Feind hassen, tun dies künftig auch (CURIO et al. 1978). Auch junge Rauhfußhühner lernen am Beispiel ihrer Mutter, Feinde zu erkennen (s. S. 238f.).

15.5 Komplexes Lernen: Ein Baumläufer orientiert sich am Nest

Die strenge Trennung von Lernformen wie Gewöhnung, operante und klassische Konditionierung ist ein Kunstprodukt der experimentellen Anordnung. Frei lebende Tiere und Menschen richten sich nicht nach den

Einteilungen der Wissenschaft, sondern setzen ihr Lernvermögen in unvorhersehbaren und manchmal unentwirrbaren Kombinationen ein.

Ein Brutpaar des Gartenbaumläufers *(Certhia brachydactyla)* baute sein Nest im Frühjahr 1981 im Inneren eines Hohlblocksteins in der Mauer eines Schuppens. Der Nistplatz – auf die Ferne schwer zu erkennen – war über einen Riß im Stein zugänglich. In einer Entfernung von 1,50 m hing seitlich versetzt in gleicher Höhe eine Halbhöhle aus Holzbeton (Abb. 131), die später von einem Paar Grauschnäpper *(Muscicapa striata)* besiedelt wurde. In dieser Situation hat ZUCCHI (in Vorb.) Beobachtungen und einige einfache Experimente zum Orientierungsverhalten der Baumläufer durchgeführt.

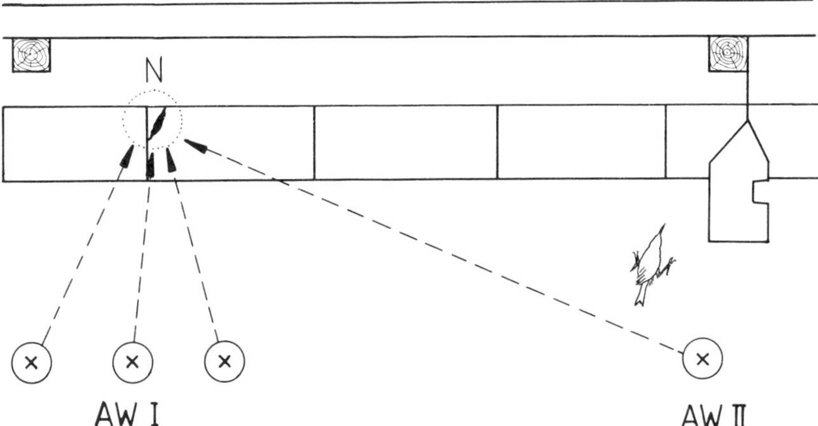

Abb. 131: Nistplatz (N) des Gartenbaumläufers *(Certhia brachydactyla)* in einer Mauer. Es gibt zwei Anflugwege (AW I und II). Bei II orientiert sich der Vogel an einem aufgehängten Nistkasten. Aus ZUCCHI (in Vorb).

Die Vögel benützten, je nachdem aus welcher Richtung sie mit Baumaterial herangeflogen kamen, zwei unterschiedliche Wege zum Nest. Entweder sie landeten an der Mauer unmittelbar unterhalb des Nistplatzes und kletterten dann zu dem Niststein hinauf (Abb. 131, AW I); oder sie landeten unterhalb der Halbhöhle, um von dort aus seitlich kletternd den Nestort zu erreichen (Abb. 131, AW II). Wir befassen uns von nun an nur noch mit diesem zweiten Weg. Um diesen zurückzulegen, brauchte das Weibchen am ersten Bautag (15.4.) zwischen 20 und 65 s, im Durchschnitt 44 s (n = 30). Am folgenden Tag lagen die Werte in der gleichen Größenordnung (Durchschnitt 41 s, n = 30). Nun war es naheliegend anzunehmen, daß die Halbhöhle als Orientierungsmarke für die Vögel diente. Deswegen hängte ZUCCHI sie etwa gleich weit entfernt auf die linke Seite des

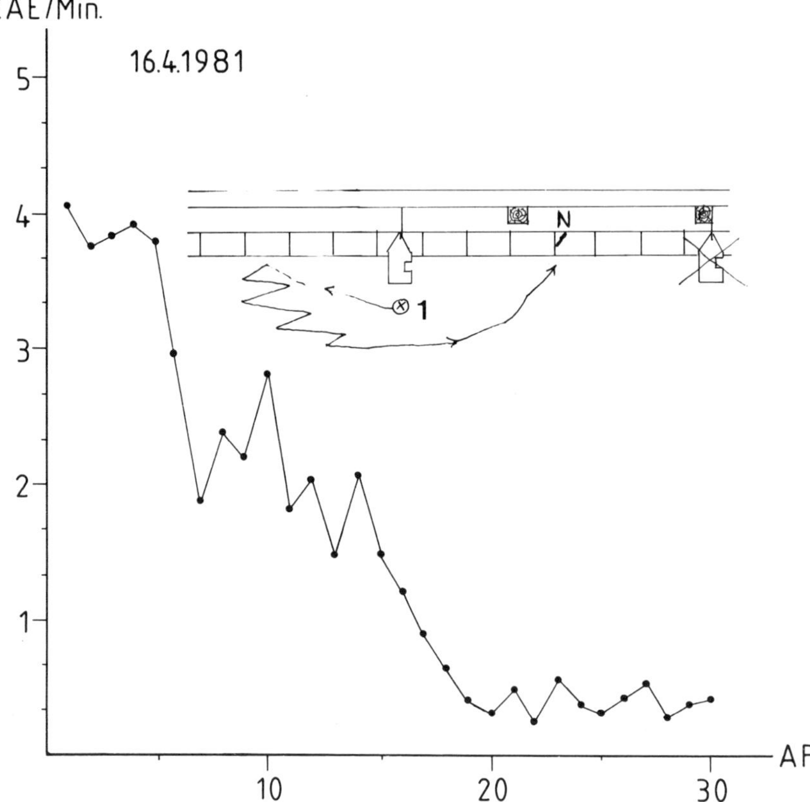

Abb. 132: Als der Nistkasten auf die andere Seite des Nestes gehängt wird, erhöht sich sprunghaft die Zeit zwischen Anflug und Einschlupf ins Nest (ZAE/Min.). **1** Erster Anflug in der neuen Versuchssituation. Der Vogel stellt sich schnell auf die neue Lage ein. Aus ZUCCHI in Vorb.

Niststeines. Beim nächsten Anflug landete das Gartenbaumläufer-Weibchen tatsächlich unterhalb der Halbhöhle und kletterte gezielt in der Richtung, in der eigentlich sein Nistplatz sein sollte (Abb. 132). Dort angekommen verharrte es, kletterte nach rechts und nach links und erreichte erst nach längerem Suchen auf der anderen Seite der Halbhöhle seinen Nistplatz. Dieser Ablauf dauerte 4 min 5 s. Ergebnis: Der Vogel hatte tatsächlich die Halbhöhle als Orientierungsmarke verwendet. Jetzt mußte ein Prozeß des Umlernens einsetzen. Wie Abb. 132 zeigt, benötigten auch die 4 nächsten Anflüge noch verhältnismäßig lange Zeit. Danach wurde ein mittleres Niveau erreicht und schließlich nach etwa dem 20. Anflug Werte um 30 s, d. h. ein Kann-Niveau. Wir haben hier eine typische Lernkurve

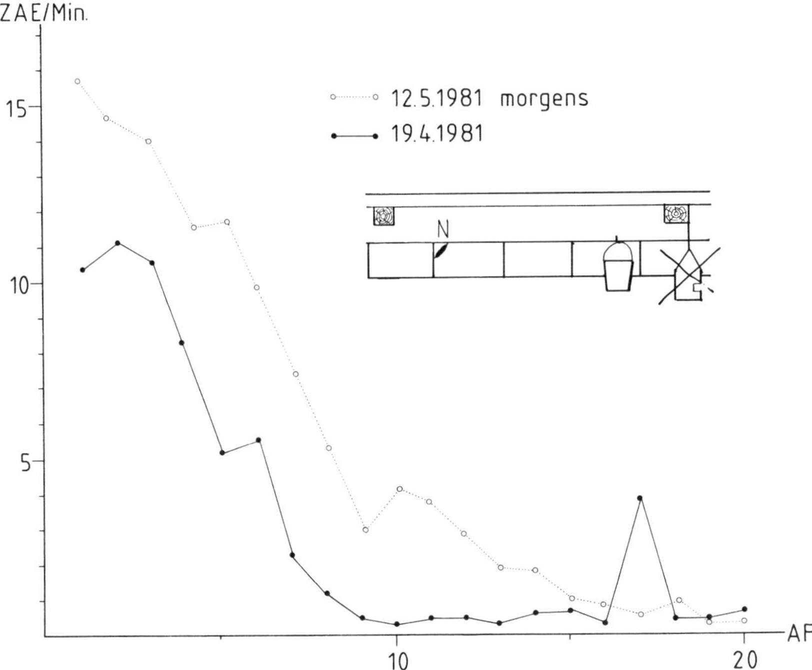

Abb. 133: Statt des Nistkastens wird etwas näher zum Nistplatz des Gartenbaumläufers ein Plastikeimer (rot) aufgehängt. Die Tiere sind zuerst stark gestört, gewöhnen sich aber bald. Aus ZUCCHI in Vorb.

vor uns. Sie beginnt mit einer Nullphase, in der die Situation für den Vogel völlig neu ist. Darauf folgt die Lernphase, die u. U. Stufen aufweisen kann. An sie schließt sich die Kannphase an, in der der Lernprozeß abgeschlossen ist und das Leistungsniveau nicht mehr verbessert wird. In dieser Kannphase landete das Weibchen unmittelbar rechts von der Halbhöhle und kletterte gezielt zu seinem Nistplatz hin.

Als am nächstfolgenden Tag (17.4.) der Kasten wieder an seinen alten Platz zurückgehängt wurde, gab es zunächst Verwirrung. Doch konnten sich beide Baumläufer rasch der alten Situation erinnern und erreichten schnell wieder ihre Kannphase. Am nächsten Tag konnte der Kasten mehrfach hin- und hergehängt werden. Beide Baumläufer landeten höchstens einmal in einer Serie von Anflügen auf der falschen Seite der Halbhöhle, verfügten aber sonst perfekt über die Fähigkeit, beide Situationen der Orientierungsmarke richtig auszuwerten.

Wie genau werden die besonderen Eigenschaften des Merkzeichens beachtet? Am 19.4. morgens nahm ZUCCHI die Halbhöhle ab und hängte an ihrer Stelle, aber nur 1 m vom Nistplatz entfernt, einen roten 5 l-Eimer aus Kunststoff auf. Das vorwiegend beobachtete Weibchen zeigte sich zunächst stark gestört. Es flog unruhig zwischen verschiedenen Bäumen der Umgebung hin und her. Beim ersten Anlauf benötigte es vom Anflug an der Mauer bis zum Einschlüpfen ins Nest 10 min 25 s (Abb. 133). Schon der vierte Anflug ging viel rascher vonstatten. Vom 9. Anflug ab landete das Weibchen unmittelbar unter dem Eimer. Von hier konnte es rasch das Nest erreichen. Die nächsten 10 Anflüge benötigten 22–30 s. – Der Eimer wurde wieder abgenommen und durch die Halbhöhle ersetzt. Sogleich trat die alte Orientierungsform wieder hervor.

Als am Abend desselben Tages wieder der Eimer aufgehängt wurde, beherrschten die Baumläufer die Situation sogleich richtig und orientierten sich an diesem Objekt.

Ein völlig fremdartiges auffälliges Objekt in Nestnähe muß bei den Vögeln zunächst Fluchtbereitschaft hervorrufen. Wenn dieses Fremdobjekt sich nicht als gefährlich erkennen läßt, wird der Vogel sich rasch daran gewöhnen. Anschließend benutzt er es sogar als Orientierungsmarke. Beide Prozesse sind hier in e i n e r Lernkurve (Abb. 133) verschmolzen. Das höhere Ausgangsniveau im Vergleich zum Umlernverhalten macht deutlich, daß die Gewöhnung an das neue Objekt Zeit kostet – aber nur am Anfang. Das Umlernen auf ein neues Objekt geht hier wahrscheinlich rascher vor sich, weil Umlernen im Prinzip schon vorher geübt wurde.

Es wird also Information aus den vorherigen Lernvorgängen in den späteren verwendet. Man spricht in solchem Fall auch von T r a n s f e r l e r n e n oder L e r n t r a n s f e r, wobei es sich um eine Art Generalisation handelt (vgl. S. 246).

Was geschieht, wenn zwei verschiedene Orientierungsmarken miteinander konkurrieren? ZUCCHI brachte am 21.4., als die alte Ausgangssituation (Halbhöhle rechts vom Nest) wieder hergestellt war, ein weiteres Objekt ins Spiel. Er befestigte direkt unter dem Nesteingang der Baumläufer ein Grasbüschel (Abb. 134). Dieses Objekt wirkte sich anfangs wieder stark störend aus. Beim ersten Anflug benötigte das Weibchen 16 min 40 s für den Weg zwischen Landestelle an der Halbhöhle und Nistplatzeingang. Bei den Anflügen 2–7 wurde ebenfalls viel Zeit verbraucht. Schließlich aber ist Gewöhnung eingetreten, und der Vogel benötigte die üblichen Zeiten zwischen 25 und 57 s. Bis zum 21. Anflug hat er sich ausschließlich an der Halbhöhle orientiert. Deswegen ist die Lernkurve (Abb. 134) eine reine Gewöhnungskurve. Beim 22. Anflug aber geschah etwas Neues: Der Vogel landete direkt beim Grasbüschel und schlüpfte nach 3 s ins Nest. Dieses Verhalten wurde bei allen folgenden Anflügen beibehalten. Nun war das Grasbüschel, zunächst ein Fremdobjekt, an das man sich gewöhnen muß, plötzlich zum optimalen, zeitsparenden Orientierungsmittel

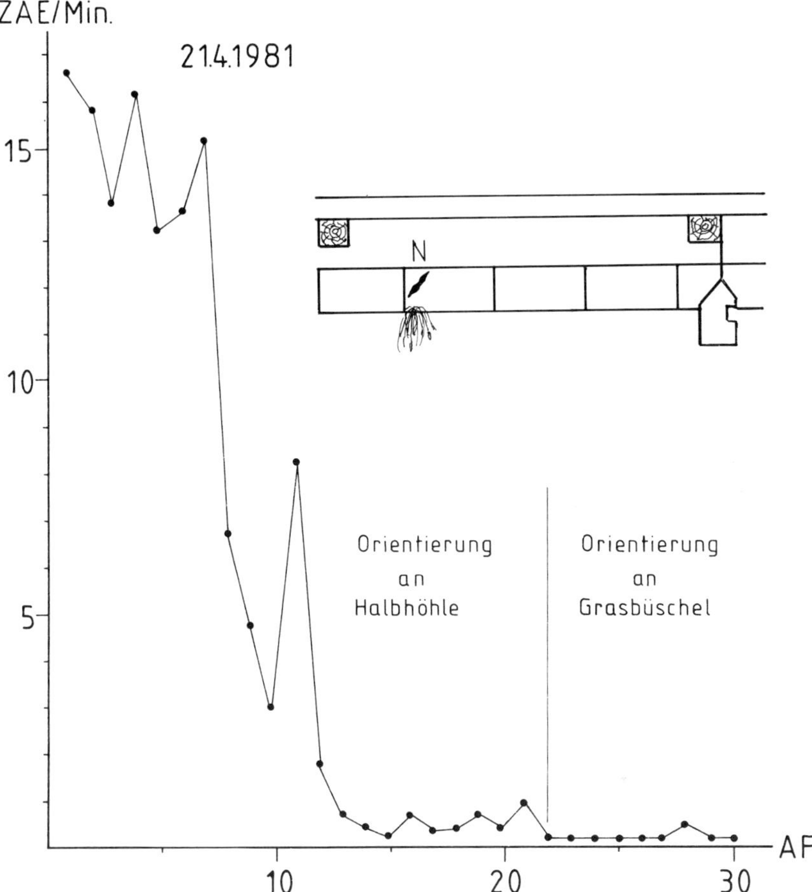

Abb. 134: Zwei Objekte konkurrieren. Das Grasbüschel wirkt zuerst störend (lange Zeit zwischen Anflug und Einschlupf ins Nest; ZAE/Min.). Doch tritt bald Gewöhnung ein, der Vogel orientiert sich aber weiterhin am Nistkasten. Beim 22. Anflug ändert er seine Strategie und benutzt fortan das Grasbüschel als zeitsparende Orientierungsmarke. Aus ZUCCHI in Vorb.

geworden. Das ließ sich auch experimentell beweisen: Die Halbhöhle wurde beseitigt. Für das Verhalten der beiden Baumläufer brachte dies keine Änderung mehr.

Als zwei Wochen später die Baumläufer erfolgreich gebrütet hatten und Junge fütterten, ließ sich in mehreren Versuchen zeigen, daß Orientierung anhand der Halbhöhle sofort möglich war, wenn das Grasbüschel fehlte, daß aber das Grasbüschel bevorzugt wurde, wenn beide Orientierungsmarken nebeneinander zur Auswahl standen. Die Gewöhnung an den Eimer ging allerdings auffallend langsam vor sich (vgl. Abb. 133). Das dürfte mit der geänderten Handlungsbereitschaft während der Jungenpflege zu tun haben (vgl. S. 242).

Die geschilderten Versuche haben durchaus eine natürliche Entsprechung. In monotoner Umgebung müssen die Baumläufer Landmarken verwenden, um verläßlich und schnell ihr Nest zu finden. Treten Veränderungen in den Orientierungsmitteln auf, ist einerseits Vorsicht angebracht, andererseits muß dann, wenn keine Gefahr besteht, zügiges Umlernen möglich sein. Viele Vögel verlassen allerdings bei massiver Störung in der Nestumgebung ihre Brut.

Während im letzten Versuch die Gewöhnung an ein neues Objekt gut zu erkennen ist, kann man beim Umlernen nicht sicher sein, um welcher Art Lernprozeß es sich handelt. Gewinnt ein anfangs (oder sekundär durch Gewöhnung) neutraler Reiz im Sinne der klassischen Konditionierung eine neue Bedeutung? Oder handelt es sich um Lernen am Erfolg, weil auf die richtige Bewertung des Orientierungsreizes eine Belohnung folgt, indem der Vogel rasch sein Nest erreicht? So einfach in vorgeplanten Anordnungen im Laborversuch die Zuordnung zu einem Lerntyp ist, so schwierig erscheint sie unter natürlichen Bedingungen, wenn nicht weitere Analysen vorgenommen werden.

15.6 Weitere Lernformen

Sehr berühmt und wichtig ist die von K. LORENZ (1935) an der Graugans entdeckte Prägung: Ein Gössel lernt in einer sehr kurzen sensiblen Phase unmittelbar nach seiner Geburt aus dem Ei ein Objekt kennen, dem es künftig nachfolgt (Übersicht bei HESS 1975). Prägungsartig werden auch bei manchen Vogelarten Gesänge erlernt (KROODSMA 1982). Von den vielen früher gesammelten Prägungsmerkmalen hat sich als durchgängiges nur die sensible Phase erhalten, jener begrenzte Entwicklungsabschnitt, in dem die notwendige Information aufgenommen werden kann (IMMELMANN & SUOMI 1982).

Übung ist ein Lernvorgang, bei dem ein motorisches Muster geformt wird. Er tritt bei Nachahmungsvorgängen (s. S. 247), aber auch beim Lernen am Erfolg auf.

Vögel können wahrscheinlich auch im Spiel lernen, was aber relativ selten zu beobachten ist (FICKEN 1977).

Daß manche als intelligent geltende Vogelarten wie Kolkraben *(Corvus corax)*, Graupapageien *(Psittacus erithacus)* und Schamas *(Copsychus malabaricus)* erlernte Laute nicht nur situationsgemäß, sondern auch zweckdienlich anwenden können (GWINNER & KNEUTGEN 1962), rückt sie schon in die Nähe einsichtigen Verhaltens. Beispielsweise äußerte ein von O. KOEHLER gehaltener Graupapagei immer dann situationsgemäß einen erlernten Ruf „kuducks", wenn abends zum Schlafen sein Käfig mit einem Tuch abgedeckt wurde. Später lernte er, den Ruf auch schon vorher zweckdienlich anzuwenden, selbst wenn ihn niemand hören konnte. Er hörte erst auf zu rufen, wenn er glücklich zugedeckt war.

Echtes einsichtiges Verhalten bedeutet nach unserer oben gegebenen Definition des Lernens nicht unbedingt einen Lernprozeß. Wer durch unmittelbare Einsicht ein Problem spontan lösen kann, der braucht nicht mehr durch Erfahrung zu lernen.

16 Nahrungserwerb: Zeige mir deinen Schnabel, und ich nenne dir deine Nahrung

Wie wir in Kap. 3 am Beispiel der Darwinfinken gesehen haben, bestehen häufig enge Zusammenhänge zwischen der Form des Vogelschnabels und der Art der Nahrung bzw. der Nahrungsgewinnung. So kann man schon auf den ersten Blick den kräftigen Schnabel eines Körnerfressers von dem langen spitzen eines „Stocherers" unterscheiden, oder den zierlichen, relativ weichen Schnabel eines Insektenfängers von dem scharfen, gebogenen eines Greifvogels. Derartige nahrungsbezogene Unterschiede treten aber nicht nur beim Vergleich von Schnäbeln verschiedener Arten auf, man kann sie bei genauer Analyse auch finden, wenn man die Schnäbel bei ein und derselben Vogelart untersucht. Form und Ursachen solcher Unterschiede wollen wir im folgenden am Beispiel des Austernfischers erkunden.

16.1 Das Geheimnis des Austernfischerschnabels

Der Austernfischer *(Haematopus ostralegus)* ist ein gedrungener, gut taubengroßer Strandvogel mit ca. 500 g Körpergewicht. Als geschlechtsreifes Alttier, im Alter von mindestens 3–5 Jahren, weist er eine ziemlich auffällige Färbung auf. Kopf und Hals sind tiefschwarz, ebenso die Flügel (im Flug fällt in ihnen eine breite weiße Binde auf) und das Schwanzende. Der Rest des Gefieders hebt sich leuchtend weiß ab. Die Zehen und der Lauf sind tiefrot, ein rotbraunes Auge und ein orangerot leuchtender Schnabel vervollständigen das Bild. Der Schnabel unterscheidet bei genauer Betrachtung die beiden Geschlechter. Beim Weibchen ist er durchschnittlich etwas länger als beim Männchen (Weibchen ca. 80 mm, Männchen ca. 72 mm). Das kann man im Feld nur dann erkennen, wenn beide Partner nebeneinander stehen. Den nicht geschlechtsreifen Jungvögeln vom Vorjahr fehlt der Kontrast der Färbung. Das Gefieder ist mehr bräunlich, die Füße grau-rosa, der Schnabel rötlich mit dunkler Spitze.

Obwohl ein sicherer experimenteller Beleg fehlt, dürfen wir annehmen, daß der Schnabel auch Signalfunktion besitzt. Beim arttypischen Trillerturnier wird er geöffnet und demonstrativ zum Boden gesenkt, beim Übersprungschlafen im Konflikt im Gefieder verborgen. Seine Hauptfunktion erfüllt er aber als Werkzeug bei der Nahrungssuche. Den Begriff „Werkzeug“ darf man hier nur im übertragenen Sinn verwenden. Eigentlicher Werkzeuggebrauch oder sogar Werkzeugherstellung bei Tieren bezieht sich immer auf ein körperfremdes Instrument (s. S. 48). Dabei sollen auch vom Körper selbst erzeugte Gegenstände wie Spinnennetze ausgeschlossen sein (ALCOCK 1972).

Der Schnabel eines Vogels ist demgegenüber ein körpereigenes Organ. Da Vögeln die Hand zum Greifen, Klettern und Sichputzen fehlt, muß der Schnabel auch hierfür herhalten. Mit ihm werden Gegenstände betastet, transportiert, zerlegt, geformt; Papageien halten sich beim Klettern mit ihm fest; er ist das Hauptinstrument bei der Pflege des Gefieders. Entsprechend seiner Funktion ist der Schnabel mit einer harten Hornscheide *(Rhamphotheca)* versehen, die sich abnutzt und stets nachwächst. Vogelschnäbel sind in den verschiedensten Anpassungsformen entwickelt worden (z. B. Abb. 95 bei ZISWILER 1976).

Der lange und gerade gestreckte rote Schnabel des Austernfischers hat einen Teil seiner Geheimnisse bei eingehender Untersuchung durch die holländischen Wissenschaftler C. SWENNEN und Mitarbeiter verraten.

16.1.1 Deformierte Schnäbel

Bei einem harten winterlichen Kälteeinbruch kommen an den Küsten Mitteleuropas zuweilen ziemlich viele Austernfischer um. Man kann die toten Vögel einsammeln und ihren Zustand untersuchen. Dabei fiel als erstes auf, daß unter den verhungerten Vögeln auffällig viele (bis zu 60 %) mit mißgebildetem Schnabel waren. In einer nicht ausgelesenen Stichprobe überwinternder Vögel fanden sich solche Mißbildungen nur in 3,9 % der Fälle (SWENNEN & DUIVEN 1982). Den mißgebildeten Vögeln fehlte entweder die Spitze des Oberschnabels oder des Unterschnabels; beide konnten auch unproportional verlängert oder sogar überkreuzt sein (Abb. 135). Dabei war der Meißeltyp (s. u.) besonders häufig betroffen, der Hammertyp so gut wie nie. Mögen auch die feineren Mißbildungen teils durch unglückliche Umstände bei der Nahrungssuche oder auch durch die kältebedingte Sprödigkeit der Schnabelspitze verursacht sein, zeigt sich bei den gröberen Aberrationen deutlich und aus erster Hand, wie die Schnabelform sich auf die Überlebens- und damit auch die Fortpflanzungschancen des Individuums auswirken kann. Vögel mit mißgebildetem Schnabel verhungern eher als normale.

Das werden wir besser verstehen, sobald wir uns mit dem Nahrungserwerb des Austernfischers näher beschäftigt haben. Zum Nahrungserwerb gehören die Nahrungssuche bzw. Nahrungswahl oder auch das Er-

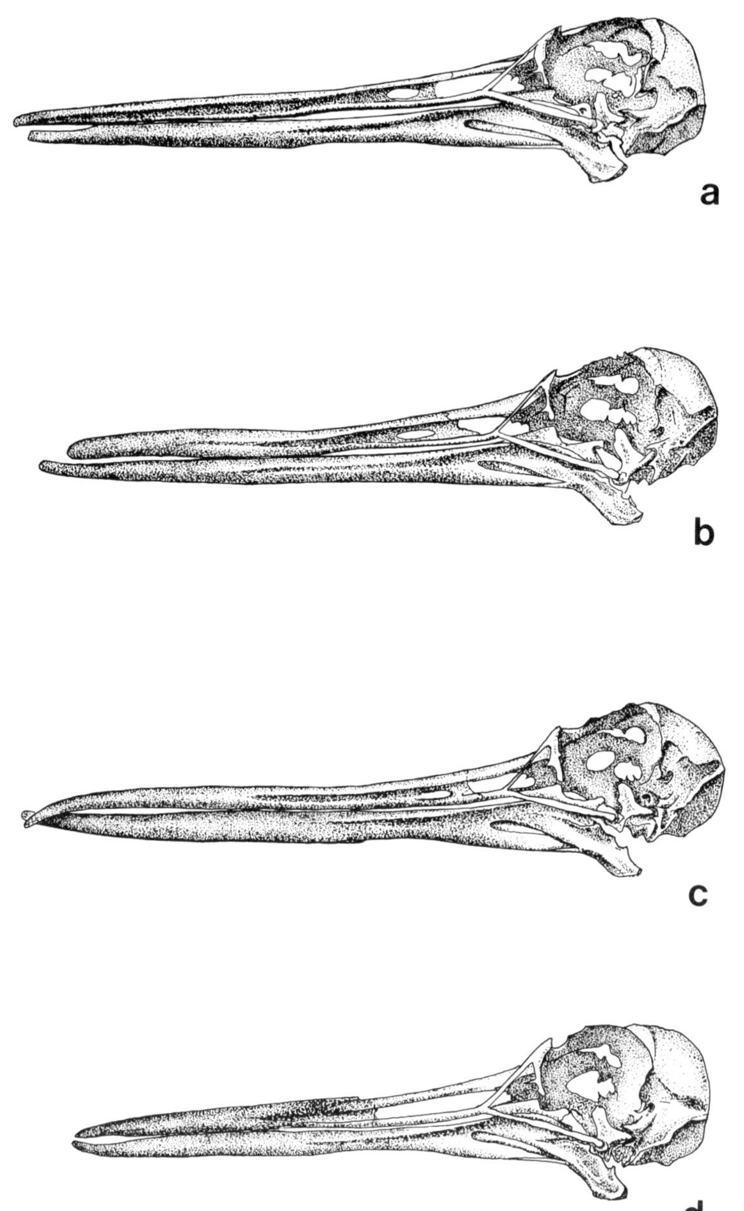

Abb. 135: Schädel in Frostperioden umgekommener Austernfischer *(Haematopus ostralegus)* von Texel (NL). Alle weisen Mißbildungen oder Schäden auf: **a** abgebrochener Unterschnabel, **b** abgebrochener Oberschnabel, **c** Überkreuzung der Schnabelspitzen, **d** Spalt in der Schnabelspitze. Original

beuten eines Objektes als erste Stufe, dann die Nahrungsbearbeitung und schließlich das Verzehren.

Zur Brutzeit nutzen viele Austernfischer die unmittelbare Nestumgebung als Nahrungsraum. Sie stochern in der Wiese oder im Dünensand und erbeuten dort vorwiegend Regenwürmer, daneben auch Insekten und deren Larven. Auf solchen Nahrungserwerb sind besonders die gelegentlich im Binnenland brütenden Individuen angewiesen. Viele Brutvögel in Küstennähe scheuen aber nicht den Weg zum Wattenmeer, um dort das reichliche Nahrungsangebot zu nutzen. Wenn sie Junge führen, tragen sie ihnen oft von dort aus im Schnabel Würmer oder Muscheln zu, ganz so wie eine Eule oder ein Singvogel die Nestjungen versorgt. Solchen Transport von Nahrungsobjekten beobachtet man übrigens auch, wenn die Vögel aus dem Watt zum Hochwasserruheplatz fliegen (LEOPOLD et al. 1985).

Wenn sie aber nicht zur Brut schreiten, was bei Jungvögeln die Regel ist und auch bei Altvögeln gelegentlich geschieht, außerdem grundsätzlich außerhalb der Brutzeit, ernähren sich Austernfischer fast ausschließlich aus dem Wattenmeer. Sie können dort aber nur bei Niedrigwasser Nahrung finden. Bei Hochwasser sammeln sich die Vögel auf Ruheplätzen, wo sie abwarten, bis die Nahrungsgründe wieder frei werden. Die am günstigsten gelegenen Ruheplätze werden von den hochrangigen kräftigen Vögeln benutzt. Niederrangige und junge müssen sich mit zweitklassigen Plätzen begnügen (SWENNEN 1984).

16.1.2 Pfriem-, Hammer- und Meißelschnabel

Einem Austernfischer kann man am Schnabel ansehen, welche Nahrung er bevorzugt bzw. wie er sie bearbeitet (Abb. 136). Da gibt es erst einmal Individuen mit einem relativ langen, allseits zugespitzten Pfriemschnabel (Abb. 136a). Beim Nahrungserwerb stochern sie im Wattboden und fördern Würmer zutage. Das sind vorwiegend Ringelwürmer, an erster Stelle der Wattringelwurm *(Nereis spec.)* und der Sandpierwurm *(Arenicola marina)*, der vor allem im Mischwatt lebt und dort die charakteristischen Kothäufchen auf der Oberfläche ablagert. Austernfischer sind in der Lage, solche Würmer mit dem vorsichtig eingestochenen Schnabel zu ertasten (vielleicht spielt auch der Geschmackssinn eine Rolle, wie bei manchen anderen Watvögeln). Dann ziehen sie das Beutetier mit aller Sorgfalt möglichst unbeschädigt heraus, ehe sie es mit ruckartigen Bewegungen in den Rachen befördern und hinunterschlucken. Reißt ein solcher Wurm doch einmal ab, so stochert der Austernfischer noch nach dem Rest. Schmutzige Nahrung wird vor dem Verzehren im flachen Wasser gewaschen. Das tun sogar kleine Küken, wenn ihnen die Eltern verschmutzte Nahrung zutragen.

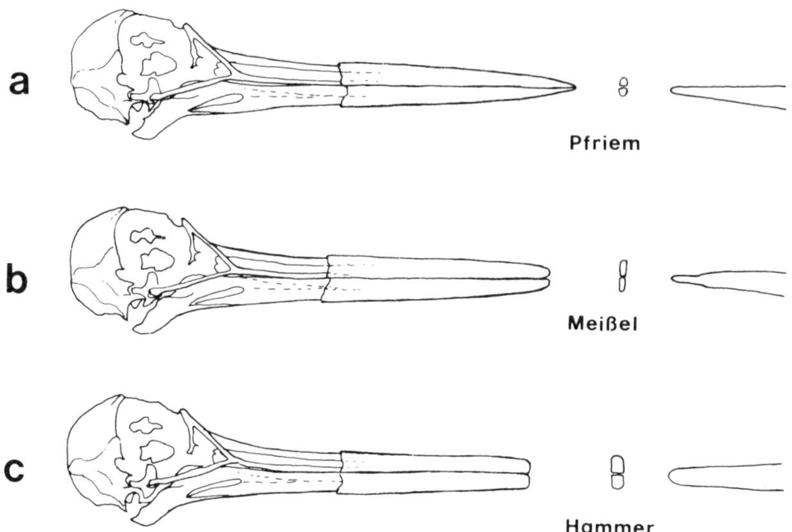

Abb. 136: Schnabeltypen von Austernfischern *(Haematopus ostralegus)* nach SWENNEN et al. (1983). Links Seitenansicht, Mitte Vorderansicht, rechts Aufsicht. Die Modifikationen beziehen sich ausschließlich auf die nachwachsende Hornscheide (Rhamphotheca) des Schnabels, die beim präparierten Schädel oft fehlt, hier angeschnitten dargestellt ist.

Doch gibt es viele Austernfischer, die sich nicht auf Würmer spezialisieren, sondern die im Wattenmeer ebenfalls in großer Zahl auftretenden Muscheln nutzen. Austern spielen dabei nur regional eine gewisse Rolle. Im Nordseeraum werden hauptsächlich Miesmuscheln *(Mytilus edulis)* und Herzmuscheln *(Cerastoderma = Cardium edule)*, daneben auch die Sandklaffmuschel *(Mya arenaria)*, die Baltische Plattmuschel *(Macoma balthica)*, ja sogar die neu eingewanderte Amerikanische Schwertmuschel *(Ensis directus)* (SWENNEN et al. 1985) und einige andere erbeutet. Je nach Art verfolgen die Austernfischer unterschiedliche Strategien, um die Abwehr der gepanzerten Schalentiere zu durchbrechen. Die eine Strategie heißt „Rohe Gewalt". Miesmuscheln sind bei Niedrigwasser geschlossen. Austernfischer können sie nur dann öffnen, wenn sie die Schale aufbrechen. Normalerweise liegt die Muschel mit ihrer Dorsalseite nach oben und durch Byssusfäden befestigt in einem Muschelklumpen auf der Muschelbank fest. Beim dorsalen Hämmern setzt der Vogel den Schnabel an der dünnsten Schalenstelle, etwa in Höhe der innen liegenden Ansatzstelle des Schließmuskels an (Abb. 137) und zertrümmert die Schale. Danach schneidet er, falls noch notwendig, den Muskel durch, so daß er die Schalen nun leicht aufhebeln kann. Beim ventralen

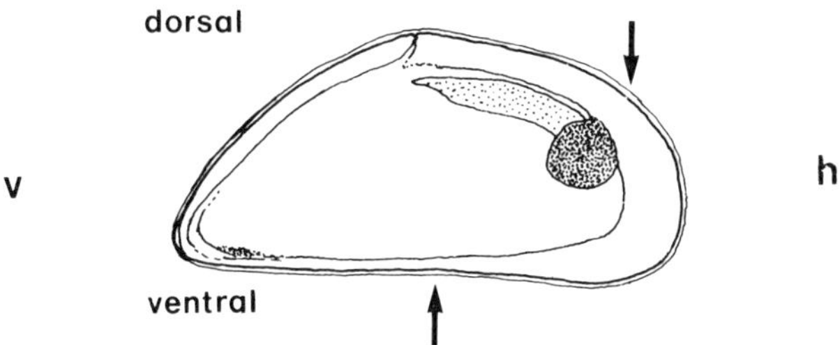

Abb. 137: Miesmuscheln *(Mytilus edulis)* haben nur einen hinteren Schließmuskel (dunkel punktiert). Die Pfeile bezeichnen die Stellen, an denen der Austernfischer in die Schale eindringen kann. Das Schloß liegt auf der gerade gestreckten Ventralseite. v vorne, h hinten. Original

Hämmern löst er die Muschel aus ihrem Verband, bringt sie an eine Stelle mit festem Untergrund (oft einige Meter von der Fundstelle entfernt), legt sie dann mit der Ventralseite nach oben hin und schlägt sie mit einigen Hammerschlägen des Schnabels auf. Die Anzahl der benötigten Schläge variiert zwischen 1 und 26, meist genügen 5. Die gesamte Bearbeitung einer Miesmuschel dauert oft nur 10 bis 15 s, bei 31 ca. 5 cm langen Muscheln zwischen 24 und 107 s (Mittelwert 52,5 s) (HULSCHER in GLUTZ, BAUER & BEZZEL 1975). Ein solcher Hammerschnabel ist kürzer als ein Pfriemschnabel. Seine Spitze ist deutlich abgestumpft (Abb. 136c).

Eine dritte Strategie finden wir sowohl bei Mies- und Tell- als auch bei Herzmuscheljägern. Sie arbeiten mit Überraschungswirkung. Bei der Herzmuschel orten sie das im Watt steckende Beutetier entweder visuell oder taktil und stoßen blitzschnell die meißelförmig seitlich abgeflachte

Abb. 138: Austernfischer *(Haematopus ostralegus)* beim Transport und Öffnen von Herzmuscheln *(Cerastoderma edule)* im Watt. Aus GLUTZ et al. (1975)

Abb. 139: Von Austernfischern geöffnete Herzmuschel (oben) und eine Miesmuschel, die ventral aufgebrochen worden ist. Aus GLUTZ et al. 1975

Schnabelspitze zwischen die beiden Schalenhälften (Dolchen). Der Schnabel dringt dort ein, wo in der Höhe des hinteren Schließmuskels der Muschel ein Spalt für die beiden Siphone offensteht, über die die Muschel Atemwasser austauscht und Nahrung aufnimmt. Notfalls dreht sich der Vogel ganz um seine Achse, um die richtige Position zum Zustoßen zu erreichen. Danach ist es für ihn ein Leichtes, die beiden Schließmuskeln zu durchtrennen, so daß die Muschel sich öffnet. Der Inhalt wird vom Austernfischer rasch pickend verzehrt (Abb. 138). Zurück bleiben, entweder noch im Boden steckend oder auf der Oberfläche, die klaffenden Muschelschalen (Abb. 139). Manchmal geschieht es bei großen Muscheln, daß sie sich um den eindringenden Austernfischerschnabel schließen und an ihm festklemmen. Es kann stundenlang dauern, bis der Vogel die Muschel wieder loswird.

Die auf das Dolchen spezialisierte Schnabelform bezeichnen wir als Meißelschnabel. Er weist die schmal meißelförmige Gestalt nur in seinem Spitzenbereich auf. Weiter basalwärts verbreitert er sich (Abb. 136b).

Pfriem-, Hammer- und Meißelschnabel sind die Schnabelformen, die SWENNEN et al. (1983) für die holländische Küste beschrieben haben. Binnenlands brütende Austernfischer haben meist einen Pfriemschnabel.

16.1.4 Spezialisierung und Plastizität

Die Differenzierung der Schnabelform geht Hand in Hand mit einer Spezialisierung des Verhaltens. Je nach Jahreszeit, Region und Nahrungsangebot sind die Vögel auf unterschiedliche Beute eingestellt. Nun fragt sich, wie fest diese Spezialisierung ist. Eine erste Beobachtung hierzu kann man schon bei der Betrachtung der Schnabelformen gewinnen. Nicht alle Schnäbel sind eindeutig dem einen oder anderen der beschriebenen Typen zuzuordnen. Einige stellen Übergänge dar. Dies läßt an eine Modifizierbarkeit der Schnabelform denken. Das wahre Ausmaß der Spezialisierung kann man nur an individuell bekannten Vögeln unter sehr günstigen Beobachtungsbedingungen feststellen, am besten in Gefangenschaft. GOSS-CUSTARD & SUTHERLAND (1984) beobachteten 10 gefangen gehaltene Austernfischer, denen sie ausschließlich Miesmuscheln anboten. Von diesen verwandten drei allein die Dolchmethode. Sechs waren ventrale Hämmerer, die aber in durchschnittlich 10,5 % der Fälle auch durch Dolchen zum Erfolg kamen. Ein ventraler Hämmerer verwandte in 13,7 % der Fälle das dorsale Hämmern, in 1,3 % auch das Dolchen. Die Spezialisierung ist also in der Mehrzahl der Fälle nicht vollkommen. Man hat den Eindruck, daß die Vögel grundsätzlich mehrere Methoden beherrschen und sie auch gelegentlich anwenden, obwohl sie eine davon weitgehend bevorzugen. Wieweit sie durch die Schnabelform dauernd auf eine bestimmte Beute bzw. eine Strategie der Beutebearbeitung festgelegt sind, werden wir im folgenden sehen.

16.1.4 Umspezialisierung

Muß ein auf ventrales Hämmern spezialisierter Austernfischer in einem Käfig verhungern, wenn ihm nur noch Würmer angeboten werden? SWENNEN et al. (1983) haben hierzu gezielte Experimente vorgenommen. Der Vogel „Weiß“ mit Hammerschnabel und der Vogel „Blau“ mit Meißelschnabel wurden in einem Käfig ohne Muscheln, aber mit reichlichem Angebot an Ringelwürmern eingesetzt. Beide begannen zunächst, Würmer von der Sandoberfläche abzusammeln, doch war dieser Vorrat bald erschöpft. Danach stocherten sie bedächtig im Boden. Schon nach 10 Tagen war der Meißelschnabel von „Blau“ in einen typischen spitzen Pfriemschnabel übergegangen. Der Vogel „Weiß“ hatte bis zu diesem Zeitpunkt aus seinem Hammerschnabel eine Zwischenform entwickelt. Bei der nächsten Kontrolle nach Ablauf von weiteren 15 Tagen wurden in beiden Fällen typische Pfriemschnäbel klassifiziert.

Anschließend erhielten beide Vögel wieder Miesmuscheln im Überfluß. 10 Tage später wiesen sie beide stumpfe Hammerschnäbel auf. „Blau“ entwickelte in der Folge daraus einen Meißelschnabel, während er allmählich vom Hämmern zum Dolchen überging. Eine Reihe weiterer Ergebnisse bestätigten diese Feststellungen. Die spezifische Schnabelform ist also keineswegs genetisch oder durch sonstige Faktoren festgelegt, sondern im Zusammenhang mit der Nahrungsbearbeitung modizifierbar. Ändert sich das Verhalten der Nahrungsbearbeitung, so folgt dem innerhalb von ca. 10 bis 20 Tagen der Schnabeltyp.

Das Verhalten stellt den Schrittmacher für die Morphologie dar. Angeboren ist nicht die Schnabelform im einzelnen, sondern die Reaktionsnorm, der ganze Spielraum der Modifizierbarkeit.

Wie kann sich die harte Hornscheide innerhalb so kurzer Zeit an neue Anforderungen anpassen? Ein Austernfischer-Schnabel ist in ständigem Wachstum begriffen. Er verlängert sich täglich um ca. 0,4 mm, d.h. in 10 Tagen um ca. 4mm (HULSCHER 1985). Dieser Zuwachs wird normalerweise durch die tägliche Abnutzung verbraucht. Verändert sich die Abnutzungsart, so zieht dies eine baldige Veränderung der Schnabelform nach sich. Wachstum und Abnutzung als zwei gegensätzlich wirkende Prozesse formen das aktuell benötigte Austernfischer-„Werkzeug". Jungvögel bekommen zuerst einen Pfriemschnabel. Dieser ist wohl nicht so stark durch den Gebrauch geformt wie die anderen Typen. Ein nicht benutzter Schnabel wächst sehr bald übermäßig lang aus und wird unbrauchbar.

16.1.5 Das Auffinden im Wattboden verborgener Beute

Die offen sichtbar auf Muschelbänken, an Pfählen oder Buhnen oder auf anderem hartem Untergrund der Gezeitenzone in dichten Kolonien siedelnden Miesmuscheln sind leicht zu entdecken. Wie aber lokalisiert ein Austernfischer seine Beute, wenn er auf Herz- oder Tellmuscheln spezialisiert ist?

Diese Arten halten sich im Wattboden verborgen; sie erreichen bestenfalls mit ihren einziehbaren Siphonen die Oberfläche und hinterlassen dort zuweilen Spuren. Aus Beobachtungen in sehr geringer Entfernung an zahmen Vögeln kann man entnehmen, daß der Austernfischer auf kleine Unebenheiten, Verfärbungen und Schalenstücke auf dem Wattboden mit einem einzelnen Picken reagiert. Dabei wird der Schnabel schräg oder sogar ganz flach gehalten, ist so gut wie geschlossen und dringt bis etwa 2 cm Tiefe ins Substrat ein. Meist führt dies nicht zu einem Erfolg, es sei denn, ein Wurm, eine kleine Garnele oder ein Schlickkrebs werden direkt auf der Wattoberfläche ergriffen. Bei Pickserien steht der Schnabel mehr senkrecht und ist leicht geöffnet. Er dringt einige mm weit oder bis zur ganzen Schnabellänge ein, und dies etwa 3–7mal pro s (HULSCHER 1976, 1982). Dabei geht der Vogel langsam vorwärts. Jeweils nach einigen s zieht er den Schnabel heraus und setzt neu an. Oft aber hält er auch während der Pickserie abrupt inne und ändert sein Verhalten. Er hat dann eine Muschel gefunden und beginnt sie entweder im Boden direkt zu bearbeiten, oder er zieht sie heraus und setzt sein Werk an der Wattoberfläche fort.

In der Nacht verwendet der Austernfischer eine abgewandelte Form der Pickserie. Dabei dringt der Schnabel in einem Winkel von ca. 70° schräg nach vorn in den Boden ein und wird wie die Nadel einer Nähmaschine im Vorwärtsschreiten ständig gehoben und gesenkt. So entstehen bis zu 1,50 m lange Grabspuren. Auch hier hält der Vogel plötzlich inne, wenn er an eine Muschel stößt.

Aus diesen Beobachtungen können wir folgendes entnehmen: Das einzelne Picken wird im wesentlichen über den Gesichtssinn ausgelöst. Es dient entweder dem Erkunden oder dem Aufnehmen einer an der Oberfläche gesehenen Beute. Die im Wattboden verborgenen Muscheln werden „blind“ lokalisiert, entweder mit der Pickserie oder mit der davon abgeleiteten „Nähtechnik“. Dabei spielt anscheinend der Tastsinn die entscheidende Rolle, während Geschmack, Geruch oder Gehör wohl nur in zweiter Linie beteiligt sind. Die für den Tastsinn zuständigen Herbstschen Körperchen finden sich beim Austernfischer wie bei anderen Watvögeln vorwiegend in der Schnabelspitze (HEPPLESTON 1970), doch nicht in so großer Dichte wie z. B. beim Knutt. Da diese Tastkörperchen vor allem an der Grenze zwischen Knochen und Horn auftreten, werden sie auch durch die Abnutzung beim Hammerschnabel nicht in ihrer Funktion gestört.

16.1.6 Ontogenese der Muschelbearbeitung

Miesmuscheln stellen offenbar eine hochwertige, aber nicht leicht zugängliche Nahrung für Austernfischer dar. Dies läßt sich am leichtesten bei Jungvögeln beobachten, die es am Beispiel der Eltern (NORTON-GRIFFITH 1967) oder aber auf eigene Faust durch Lernen am Erfolg (vgl. S. 245) erst mühsam erlernen müssen, die richtige Nahrung auf die richtige Art und Weise zu behandeln. Im Mündungsdelta des Exe in England finden sich zu Ende der Brutzeit alljährlich etwa 2000 adulte Austernfischer aus der näheren und weiteren Umgebung ein. Sie beherrschen die Muschelbänke und lassen den juvenilen und subadulten Vögeln dort wenig Chancen zu wirkungsvoller Nahrungssuche. Nur während der Brutzeit selbst, wenn die Altvögel abwesend sind, haben die Tiere dieser Altersklassen die Möglichkeit, sich auf Miesmuscheln als Beute einzustellen. Von 30 farbmarkierten Jungvögeln stellten sich in der Zeit zwischen ihrem ersten und vierten Winter immer mehr auf Miesmuschelnahrung um, bis sie schließlich alle darauf spezialisiert waren. Die größeren Fortschritte machten sie jeweils im wegen der Brutzeit „konkurrenzfreien“ Sommer (Abb. 140) (GOSS-CUSTARD & DURELL 1983). Beim Vergleich von Jung- und Altvögeln zeigt sich entsprechend, daß Jungtiere generell eine größere Zahl verschiedener Nahrungsobjekte und Habitate nutzen als die

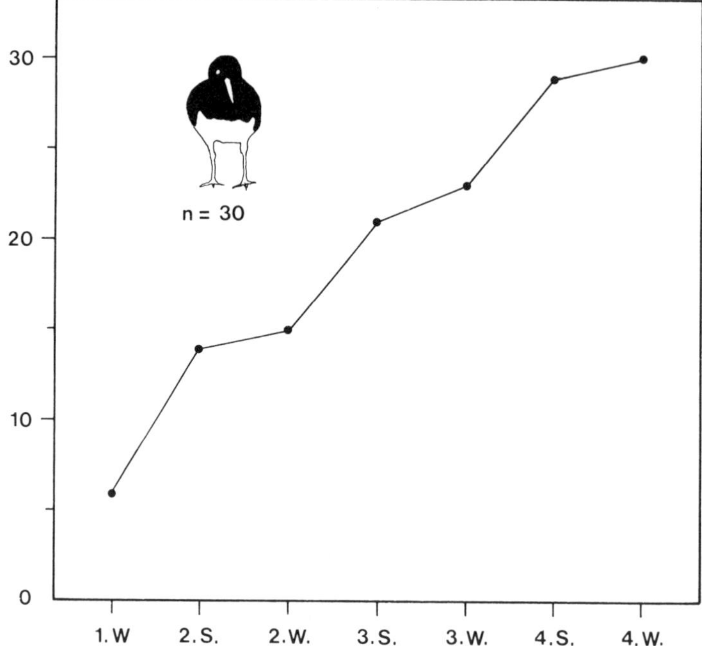

Abb. 140: Von 30 individuell über mehrere Jahre hin beobachteten Austernfischern *(Haematopus ostralegus)* gingen mit zunehmendem Alter immer mehr zur Ernährung mit Miesmuscheln über. Abszisse: Aufeinanderfolgende Winter (W.) und Sommer (S.). Nach GOSS-CUSTARD & DURELL 1983

adulten Artgenossen (Abb. 141) (GOSS-CUSTARD u. DURELL 1983). Die Jungtiere erweisen sich damit mehr als Generalisten, die Altvögel als Spezialisten. Umspezialisierungen müssen aber auch die Altvögel hinnehmen, wenn sie sich zur Brutzeit von der Küste entfernen und im Grünland stochernd Nahrung suchen.

16.2 Optimalität im Verhalten

Merkmale des Verhaltens ebenso wie diejenigen der Gestalt werden ständig durch die Selektion überprüft und angepaßt. Anpassung in diesem Sinn ist ein qualitativer Begriff. Will man Verhalten quantitativ beurteilen, so nimmt man in der Verhaltensökologie nach einem aus der Wirtschaftslehre stammenden Verfahren eine Kosten-Nutzen-Rechnung vor. Ein Verhalten ist demnach in seinem natürlichen Kontext umso vorteilhafter, je größer sein Nutzen ist und je geringer gleichzeitig die damit verbun-

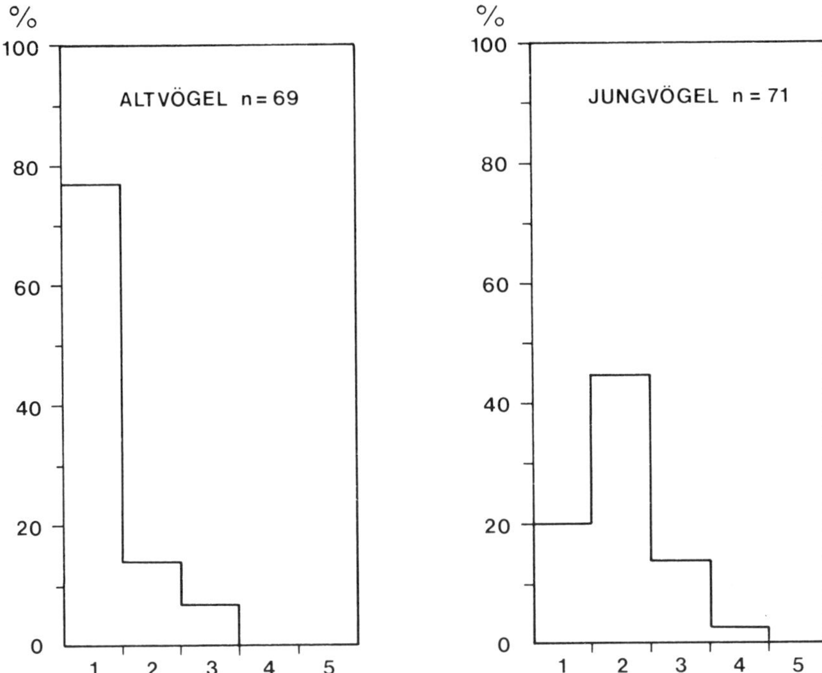

Abb. 141: Spezialisierung bei Austernfischern: Anzahl der verschiedenen Beutetiere je Individuum (Abszisse). Bei den Altvögeln bevorzugt der größte Teil nur eine Art Beute, bei den Jungvögeln nehmen die meisten zwei verschiedene. Altvögel sind Spezialisten, die Jungen mehr Generalisten. Aus GOSS-CUSTARD & DURELL 1983

denen Kosten sind. Die Kosten-Nutzen-Relation sollte einen bestimmten Grenzwert nicht unterschreiten. Am ehesten lassen sich solche Kosten-Nutzen-Rechnungen für den Nahrungserwerb aufmachen. Man kann für die gewonnene Nahrung Energiewerte ermitteln und sie mit dem Energieaufwand beim Nahrungserwerb vergleichen. Dabei sollte der Organismus danach streben, einen möglichst hohen Energiegewinn pro Zeiteinheit zu erzielen (KREBS & DAVIES 1984). Dieses Schema darf nicht zu kurzsichtig verwendet werden. Es gibt beim Nahrungserwerb eines Vogels Phasen, die sich nicht unmittelbar in Energie auszahlen. Kleinvögel beuten nicht nur bekannte Nahrungsquellen aus, sondern sind auch ständig – und oft vergeblich – auf der Suche nach neuen. Hier wird Energie in die Suche nach künftigen Nahrungsquellen investiert (GLÜCK, mündl. Mitt.). Die Optimalitätstheorie behauptet nicht, feststellen zu können, daß ein Tier optimal konstruiert ist. Sie formuliert Modelle, deren Wirklichkeitsgehalt an den Tieren geprüft wird.

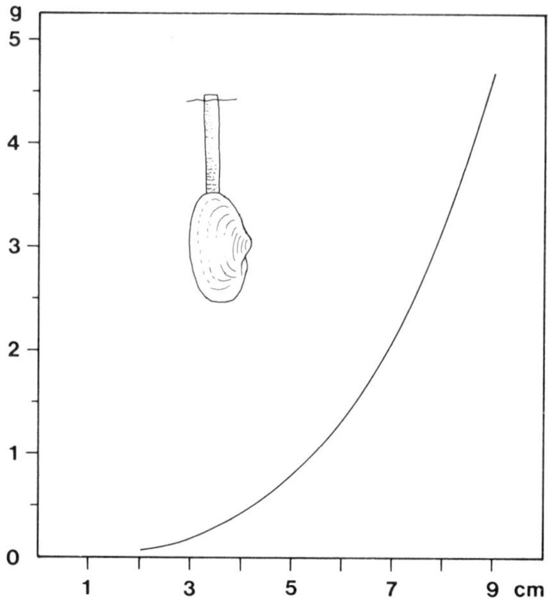

Abb. 142: Sandklaffmuschel *(Mya arenaria)*: Je länger die Schale (Abszisse), desto stärker steigt der durchschnittliche Gehalt an Fleisch (Ordinate). Nach ZWARTS & WANINK 1984

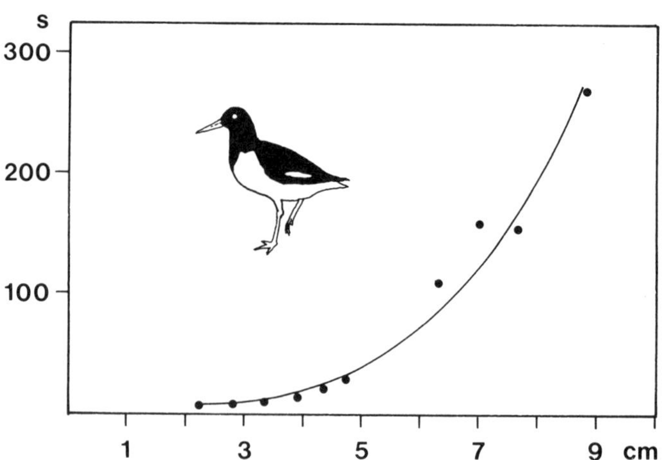

Abb. 143: Je länger die Muschel ist (Abszisse), desto längere Zeit (Ordinate) benötigt der Austernfischer, um sie zu öffnen. Nach ZWARTS & WANINK 1984

16.2.1 Die optimale Muschelgröße

Es ist für einen Austernfischer nicht gleichgültig, wie groß die Muschel ist, die er bearbeitet. Kleine Muscheln sind zwar leicht zu öffnen, u. U. kann er sie einfach aufbeißen, aber sie enthalten wenig Fleisch, das auch nicht immer vollständig zu gewinnen ist. Der Nutzen der Beutebearbeitung ist also, gemessen an den Kosten, relativ gering.

Große Muscheln bringen einen viel größeren Nutzen (Abb. 142). Aber die Kosten für das Öffnen der Schale sind auch größer. Sie steigen mit der Größe der Muschel nicht etwa linear, sondern exponentiell an. Das läßt sich an der aufgewandten Zeit für das Öffnen ermessen (Abb. 143). Silbermöwen, die die größten Muscheln bevorzugen, können sie nur öffnen, indem sie sie in die Luft emportragen und auf hartem Untergrund zerschellen lassen. Das ist für Austernfischer im Watt nicht möglich. Es gibt also eine Untergrenze und eine Obergrenze der Muschelgröße, jenseits derer es sich nicht mehr lohnt, die Muscheln überhaupt zu öffnen (Abb. 144). In dem dazwischenliegenden Bereich sollte man ein Optimum der Muschel-

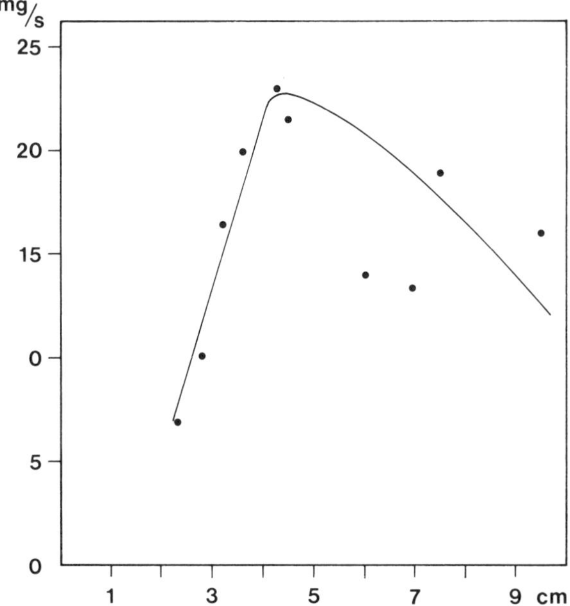

Abb. 144: Aus den Kosten für das Öffnen und dem Nutzen (dem Gewinn an Fleisch) ergibt sich eine Optimumskurve. Bei einer Muschellänge von ca. 4 cm ist der Gewinn gemessen am Aufwand (mg/s) am größten. Nach ZWARTS & WANINK 1984

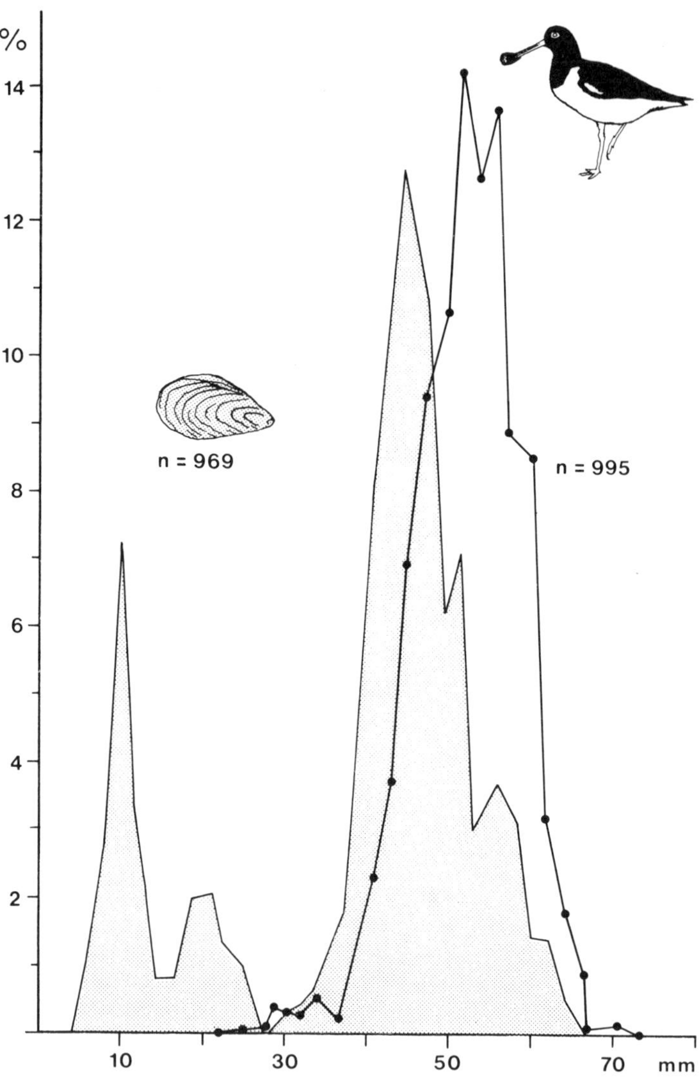

Abb. 145: Größenangebot (grau) und Größenwahl von Miesmuscheln durch Austernfischer. Die Austernfischer wählen die größten Muscheln aus. Daten von August bis November 1973 von Schiermonnikoog (NL). Abszisse: Muschellänge, Ordinate: Prozentsätze der gewählten Muscheln nach Größenklassen von 2 mm. Nach ZWARTS & DRENT 1981

größe erwarten, bei dem die Relation zwischen Nutzen und Kosten am günstigsten ist. Austernfischer bevorzugen in der Tat eine mittlere Muschelgröße (Abb. 145) doch schwankt der Vorzugswert je nach Angebot.

Nach Untersuchungen von ZWARTS & DRENT (1981) im holländischen Wattenmeer lag für Sandklaffmuscheln die Vorzugsgröße in einem günstigen Jahr und an einem günstigen Ort bei ca. 50 mm Muschellänge, in einem Jahr mit schlechtem Muschelangebot aber nur bei 30 mm. Da die Sandklaffmuschel mit zunehmender Größe immer tiefer in den Boden einwandert, wird sie bei einem Grenzwert von ca. 7 cm Tiefe für den Austernfischer ohnehin unerreichbar. Nur der Großbrachvogel *(Numenius arquata)* kann ihr je nach Schnabellänge bis 12 oder 14 cm Tiefe folgen (ZWARTS & WANINK 1983).

16.2.2 Noch mehr Spezialisierung

Austernfischer belassen es nicht dabei, die richtige Muschelgröße auszuwählen. Sie berücksichtigen auch die Schalendicke, und zwar genau an den für sie entscheidenden Stellen der Muschelschale. Nach DURELL & GOSS-CUSTARD (1984) selektierten die ventralen Hämmerer vorwiegend jene Miesmuscheln, die auf der Ventralseite in der Nähe des Gelenks auffallend dünnschalig waren, eine durch Abrieb bräunliche Färbung und einen relativ geringen Besatz mit Seepocken aufwiesen. Dorsale Hämmerer kümmerten sich nicht um die Ventralseite, fanden aber nahezu unfehlbar diejenigen Muscheln heraus, deren Schalen durch Abnutzung im Dorsalbereich dünn waren (s. Abb. 137). Nur die Austernfischer mit der Dolchmethode arbeiteten unabhängig von der Schalendicke.

Das Suchbild der beiden Hämmerertypen enthält also auch Merkmale oder Anzeiger für die lokale Schalendicke. Wie sich diese verfeinerte Strategie auf die Kosten-Nutzen-Rechnung des Nahrungserwerbs auswirkt, ist noch nicht bekannt.

16.2.3 Austernfischer im Streß

Am Meer lebende Austernfischer sind für ihre Nahrungssuche im Watt darauf angewiesen, die Zeit um Niedrigwasser zu nutzen. Bei Hochwasser ist ihre Nahrung nicht zugänglich.

Wenn man künstlich in einem Tidenkäfig die für sie nutzbare Zeit verkürzt, werden sie dann verhungern müssen oder verfügen sie über Verhaltensreserven, um bei Zeitstreß doch noch die notwendige Nahrungsmenge aufzunehmen? Nach SWENNEN et al. (in Vorb.) gilt das zweite! Die Vögel können selbst noch in einem Drittel der normalerweise zur Verfügung stehenden Zeit genügend Nahrung aufnehmen. Sie verzichten dann auf alle Ruhepausen zwischendurch; sie suchen nicht so lange und sind nicht so wählerisch wie sonst; insbesondere geben sie schwierige Beute rasch wieder auf. Wenn außer einer kurzen Zeit auch noch wenig Beute zur Verfügung steht, dann kommen am ehesten noch die Vögel mit dem Hammerschnabel zurecht. Das Dolchen kostet mehr Zeit.

Austernfischer verfügen also über eine Anpassungsreserve, um unter den schwankenden Bedingungen im Wattenmeer ohne Verlust weiterleben zu können.

16.3 Räuber und Beute: Beziehungen zwischen Austernfischer- und Muschelpopulationen

Bisher haben wir uns hauptsächlich mit der Frage beschäftigt, wie der einzelne Austernfischer sich gegenüber der einzelnen Muschel verhält. Nun stellt sich die Frage, was auf der Ebene der Populationen abläuft. Wie wirkt sich das Tun der Beutegreifer auf die Beutetier-Teilpopulation in einem begrenzten Raum aus? Wird die Tätigkeit der Vögel auf einer Muschelbank überhaupt spürbar, wenn Hunderttausende von Muscheln heranwachsen? Rotten sie die Miesmuscheln einer Muschelbank aus, wenn diese groß genug sind? Oder verschonen sie einen großen Teil davon, der sich wieder fortpflanzt, so daß ein „biologisches Gleichgewicht" besteht?

Um diese Fragen zu beantworten, müssen wir uns zunächst mit der Fortpflanzungsbiologie der beiden beteiligten Tierarten befassen.

16.3.1 Wachstum auf einer Miesmuschelbank

Miesmuscheln pflanzen sich nicht alljährlich erfolgreich fort. In günstigen Jahren erzeugen sie große Mengen von Eizellen und Spermien. Nach der Befruchtung bilden sich aus den Zygoten freischwimmende planktische Veliger-Larven, die mit dem Wasser weit verdriftet werden können. Viele von ihnen gehen zugrunde, z.B. werden sie von Miesmuscheln selbst eingestrudelt und verzehrt. An günstigen Orten lassen sie sich ca. 4 Wochen später massenweise nieder und beenden ihre Metamorphose zur Muschel. An solchen Orten können sich Muschelbänke bilden.

Auch kleine Muscheln werden in großer Zahl gefressen, vor allem von Plattfischen. Doch sind sie im folgenden Sommer mit einer Länge von ca. 1 cm immer noch zu klein, um für Austernfischer eine lohnende Nahrung darzustellen. Zu dieser Zeit werden sie heftig von Silbermöwen dezimiert, von denen sie in großen Mengen verzehrt werden und die nur die Schalen als Speiballen wieder abgeben. Erst ein oder gar zwei Jahre später haben die Überlebenden die richtige Größe von ca. 4 cm erreicht. Sie wachsen dann weiter und werden maximal 9–11 cm lang, wenn sie bis dahin allen Feinden entgehen. Große Miesmuscheln sind meist reichlich mit Seepokken besetzt. Das verleiht ihnen Schutz sowohl gegen Austernfischer, die nur „nackte" Muscheln aussuchen, wie auch gegen die Silbermöwen, deren Methode, die Muscheln durch Fallenlassen auf hartem Untergrund zu öffnen, durch Seepocken an Wirksamkeit verliert (DÜTTMANN et al. 1985). Große Miesmuscheln sind auch sonst weniger durch Trockenfallen oder winterliche Frostwetterlagen als durch Eisgang gefährdet. Eisschollen, die sich über das Wattenmeer schieben, können ganze Muschelbänke zerstören.

16.3.2 r- und K-Strategie der Fortpflanzung

Muscheln sind im Hinblick auf die Ökologie ihrer Fortpflanzung typische r-Strategen. Sie leben unter relativ unsicheren Klimabedingungen und haben z. T. unter Eiskatastrophen zu leiden. Sie können allerdings neu zur Verfügung stehende Lebensräume durch große Fortpflanzungszahlen rasch erschließen und stoßen dabei kaum auf Konkurrenten. Sie produzieren, wann immer möglich, Nachkommenschaft im Überschuß (zur r- und K-Strategie vgl. REMMERT 1980b). Demgegenüber sind Austernfischer K-Strategen. Ihr Lebensraum ist trotz allen Wechsels insgesamt gut berechenbar; sie können ungünstigen Winterbedingungen weiträumig ausweichen; die Populationsgröße liegt nahe der Trägerkapazität (K) des Lebensraums. Die intraspezifische Konkurrenz ist groß, ebenso die interspezifische. Austernfischer werden erst im Alter von 3-4 Jahren geschlechtsreif, sie erzeugen über lange Zeit nur wenige Nachkommen und erreichen eine hohes Alter (GLUTZ, BAUER & BEZZEL 1975). Begrenzender Faktor scheint weniger das Nahrungsangebot im Wattenmeer als der Brutplatz zu sein. Insgesamt sind Mortalität (Sterblichkeit) und Natalität (Fortpflanzungsrate) ausgeglichen.

Was geschieht, wenn zwei Teilpopulationen so unterschiedlicher Charakteristik als Räuber und Beute aufeinander stoßen?

16.3.3 Austernfischer ernten eine Miesmuschelbank ab

Die Miesmuscheln auf Probefläche 13 südlich der westfriesischen Insel Schiermonnikoog (Niederlande) waren in den siebziger Jahren nicht durch den Menschen beeinflußt, jedenfalls nicht durch direkten Zugriff. In den Jahren 1970, 1976, 1978 und 1979 kam es zu Massenvermehrungen der Muscheln. 1973 war der Nachwuchs von 1970 für die Austernfischer erntereif. Im August dieses Jahres war die Muschelbank gespickt mit über 4 cm langen Muscheln in einer Dichte von 2300 pro m^2 (Abb. 146A). Zu dieser Zeit fielen hier bei Niedrigwasser fast 80 Austernfischer pro ha ein. Im September/Oktober waren es sogar 120 pro ha. Zu diesem Zeitpunkt hatte allerdings die Zahl der für sie brauchbaren Miesmuscheln schon erheblich abgenommen (Abb. 146A). Im Mai des folgenden Jahres gab es nur noch knapp 30 Austernfischer pro ha, die die Muschelbank zur Nahrungssuche nutzten. Die Zahl der geeigneten Muscheln lag bei 500 pro m^2 (Abb. 146B). Zwei Jahre später, 1976, hatte sich die Zahl der Muscheln

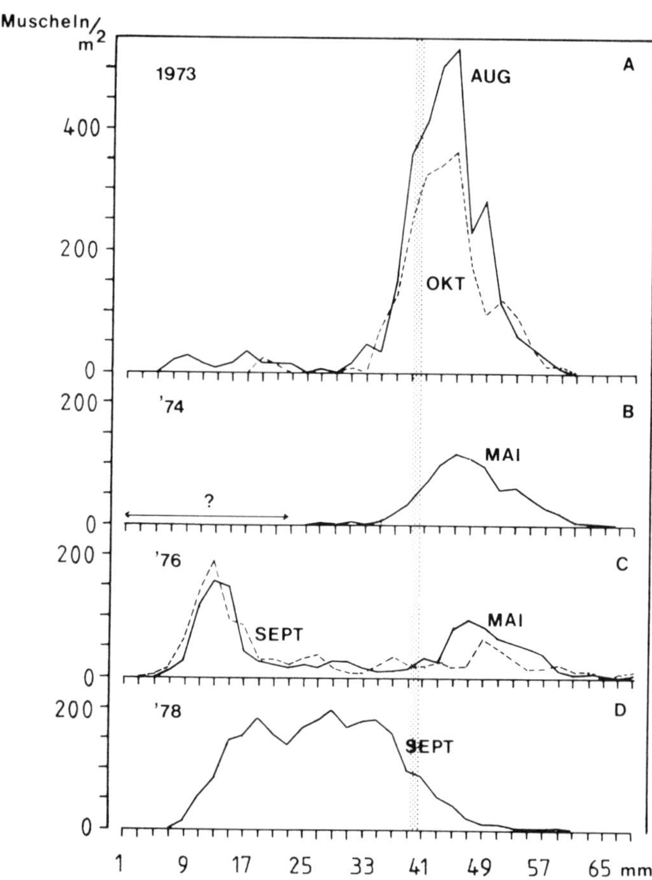

Abb. 146: So veränderte sich die Miesmuschelpopulation auf Probefläche 13 bei Schiermonnikoog (NL) im Laufe der Jahre. Dargestellt ist die Dichte der einzelnen Größenklassen auf der Muschelbank. Der graue senkrechte Balken bezeichnet die Grenze, unterhalb derer die Muscheln von den Austernfischern meist nicht mehr angenommen werden. Im Laufe der Zeit sind alle rechts davon liegenden größeren Muscheln auf der Muschelbank von den Austernfischern aufgefressen worden (nach ZWARTS & DRENT 1981)

ebenso weiter verringert wie die der Austernfischer (Abb. 147, 148). Doch kündigte sich eine große Menge von Jungmuscheln an, die den Vorrat hätten auffüllen können. Wohl durch den Eingriff der Silbermöwen kam es hierzu nicht. Im Herbst 1978 waren daher auf der Muschelbank nur noch etwa 200 Miesmuscheln pro m^2 in der eben noch brauchbaren Größe knapp über 4 cm Schalenlänge vorhanden (Abb. 146D).

Ein Jahr später war das Angebot gleich Null, auch weil der Nachwuchs ständig durch Silbermöwen geplündert wurde. Obwohl die Austernfischer 1978 und 1979 nur noch in sehr geringer Dichte auftraten (ca. 5 pro ha) und obwohl sie zu jener Zeit schon auf kleinere Muscheln von ca. 2,5 cm Länge ausgewichen waren und diese in großer Zahl verzehrten, war ihre durchschnittliche Nahrungsaufnahme (gemessen in g pro 10 min) auf ein Drittel der früheren Werte von 1973 gefallen. Die Muschelbank lohnte sich nicht mehr (ZWARTS & DRENT 1981).

Insgesamt waren jährlich etwa 40 % der Miesmuschel-Teilpopulation durch die Austernfischer abgeerntet worden. Im Laufe der Jahre führte

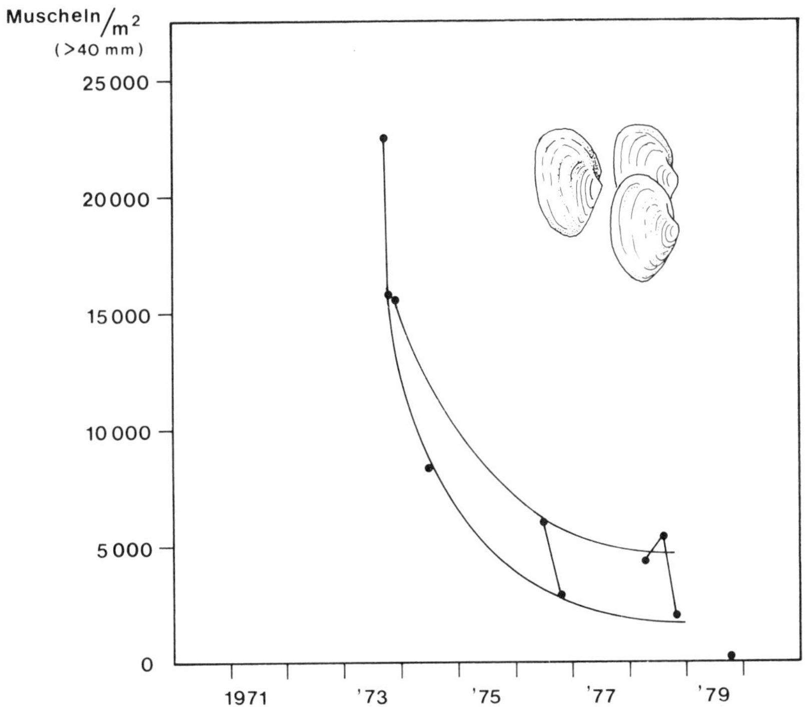

Abb. 147: Von 1973 bis 1979 nahm die Dichte der Miesmuscheln über 4 cm Länge auf dieser Muschelbank fast bis auf Null ab (nach ZWARTS und DRENT 1981)

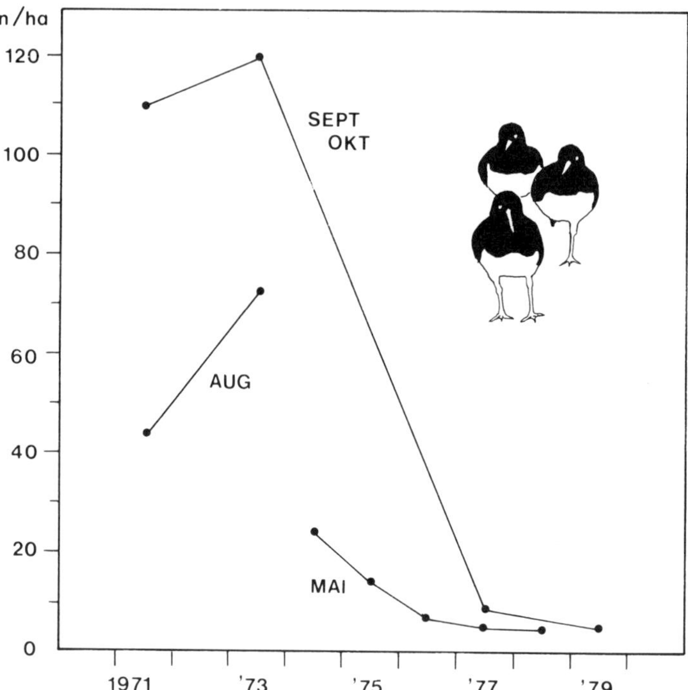

Abb. 148: Nicht nur die Muscheln, sondern auch die dort Nahrung suchenden Austernfischer nahmen im Untersuchungszeitraum exponentiell ab. Ordinate: Anzahl von Austernfischern pro ha. Nach ZWARTS & DRENT 1981

dies zu einem völligen Auslöschen der Muschelbank, einst die beste Nahrungsquelle für Austernfischer weit und breit. Der zusätzliche Eingriff der immer häufiger auftauchenden Silbermöwen schnitt den Nachwuchs ab, so daß die Miesmuschelbank schließlich für Austernfischer unbrauchbar geworden war.

Das führte allerdings nicht zum Aussterben der Austernfischer in der Region. Regelmäßige Zählungen auf den Hochwasserruheplätzen im SW von Schiermonnikoog ergaben Werte, die über die Jahre hin konstant um 9000 lagen (Abb. 149).

Beutegreifer können auf ein sich veränderndes Angebot ihrer Beute funktionell oder numerisch reagieren (REMMERT 1980). Unter funktioneller Reaktion versteht man am Beispiel des Austernfischers folgende Möglichkeiten:

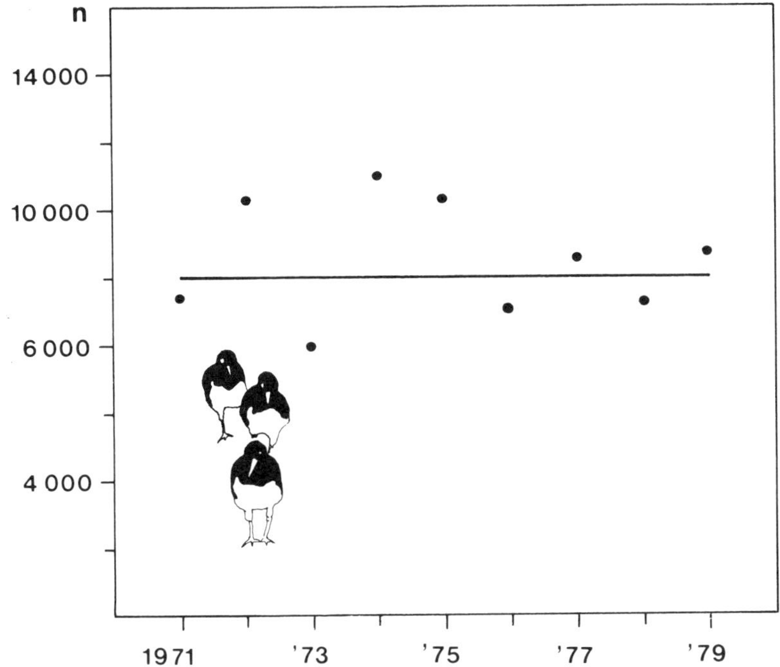

Abb. 149: Während auf der Muschelbank von Probefläche 13 bei Schiermonnikoog (NL) die Anzahl der Nahrung suchenden Austernfischer ebenso abnahm wie die Zahl der für sie nutzbaren Miesmuscheln, blieb doch die Gesamtpopulation von Austernfischern auf dem Hauptrastplatz der Insel konstant. Aus ZWARTS & DRENT 1981

1. Beuteklassenwechsel (andere Beutetiergröße)
2. Beutewechsel (andere Beutetierart)
3. Ortswechsel (gleiche Beutetierart an anderem Ort)

Unter numerischer Reaktion ist eine Zu- oder Abnahme in der Populationsgröße des Beutegreifers zu verstehen.

Die Austernfischer der Region haben nicht numerisch, sondern funktionell reagiert. Sie haben zunächst kleinere Miesmuscheln auf der Muschelbank gefressen (Beuteklassenwechsel), während die meisten Artgenossen schon auf andere Nahrung an anderem Ort ausgewichen waren. Zu jener Zeit wurden die Vögel in zunehmender Zahl abseits der Muschelbank im Wattenmeer beobachtet, wo sie sich von Herzmuscheln, Baltischen Plattmuscheln, Muscheln anderer Arten und Wattringelwürmern ernährten (Beute- und Ortswechsel).

Fassen wir zusammen: Die Austernfischer haben das Riesenangebot von Miesmuscheln auf Probefläche 13 im Zusammenwirken mit den Silbermöwen und einigen anderen Beutegreifern, die hier nicht genannt wurden, innerhalb weniger Jahre einfach aufgefressen. Sie nutzen ihre Nahrung also ganz anders als beispielsweise die Ringelgänse, die von ihren regenerierenden Nahrungspflanzen immer nur den Zuwachs ernten (s. S. 298). Daß Austernfischer ganze Muschelpopulationen nach und nach abernten, ist auch für die Sandklaffmuschel (ZWARTS & WANINK 1984), die Tellmuschel (HULSCHER 1982) und die Herzmuschel (O'CONNOR & BROWN 1977) belegt. Dennoch sterben die Muscheln nicht aus. Sie sind in der Lage, mit überraschendem Fortpflanzungspotential die geplünderten Regionen wieder neu zu besiedeln. Der Kahlfraß durch die Beutegreifer ist in der Biologie der Muscheln ebenso kalkuliert wie ein gelegentliches Absterben von ganzen Beständen durch strengen Frost und Eis. Wenn nicht eine menschengemachte Riesenkatastrophe im Nordseeraum eintritt, werden auch künftig die Austernfischer soviele Muscheln übriglassen, daß einige noch für Gerichte wie Fruits de mer, Mouilles à la marinière und Muschelgulasch für uns abfallen.

Die Beziehungen zwischen Räuber und Beute sind meist nicht nach einem einfachen Modell zu beurteilen, wie die Hypothese vom „biologischen Gleichgewicht" uns lehren möchte.

Viele Beutegreifer werden mit den zyklischen oder unvorhersehbaren Massenentwicklungen ihrer Vorzugsbeutetiere nicht fertig. Sie finden nicht Zeit genug, um numerisch zu reagieren. Andere fressen ihre Beutetiere in so großen Mengen und mit so nachhaltigem Erfolg auf, daß sie sie lokal ausrotten.

Das „biologische Gleichgewicht" zwischen einer Räuber- und einer Beuteart stellt einen Sonderfall dar, der nur bei etwa gleicher Größe von Räuber und Beute funktionieren kann (vgl. REMMERT 1980b) und dann, wenn nicht weitere Räuber, Beutetiere, Konkurrenten oder Parasiten beteiligt sind. Im Fall des Austernfischers und der Muschelbänke kann man nur über lange Frist und in großem Raum von einem Gleichgewicht reden unter der Bedingung, daß man auch andere Beutetiere und Nahrungsräume des Austernfischers, die auftretenden Konkurrenten und Parasiten und schließlich die Vernetzung im ganzen Ökosystem berücksichtigt.

16.3.4 Wenn die Beute infektiös ist ...

Wenn ein Tier sich von einer Vorzugsbeute ernährt, bedeutet dies eine günstige Situation für einen Parasiten. Er kann das Beutetier als Zwischenwirt nutzen und gelangt mit verhältnismäßig großer Wahrscheinlichkeit in seinen Endwirt. Die Baltische Tell- oder Plattmuschel *(Macoma bal-*

thica) ist eine im Watt häufige, relativ kleine Muschelart mit gelben, grünlichen oder rosafarbigen Schalen. Sie wird von manchen Austernfischern gern verzehrt. Der Vogel lokalisiert die Muschel meist mittels einer Pickserie (s. S. 274) im Wattboden, zieht sie heraus und öffnet sie mit ein paar Hammerschlägen des Schnabels, wobei in der Regel eine Schale zertrümmert wird oder beide Schalen sich ein wenig gegeneinander verschieben, so daß ein Spalt entsteht. Nun kann der Vogel leicht weiter vordringen und sich des Schaleninhalts bemächtigen. HULSCHER (1982) beobachtete jedoch, daß manchmal eine große Muschel geöffnet und erstaunlicherweise liegengelassen wurde, ohne daß der Austernfischer sie verzehrte. Wenn schon soviel Energie für das Auffinden und Öffnen des Beutetieres investiert ist, muß die Ablehnung verwundern.

Sehr bald zeigte sich, daß die verschmähten Muscheln einem Saugwurm (Trematoda) als Zwischwirt dienten. Dieser Parasit namens *Parvatrema affinis* wird auf seine Endwirte, verschiedene Seevogelarten, übertragen, wenn diese die Muscheln fressen. In den Gonaden bzw. der Mitteldarmdrüse der Muschel, besonders in größeren Exemplaren, finden sich zahlreiche weißliche, etwa 0,5 mm lange Sporocysten, deren jede etwa 40 Cercarien-Larven enthält. Diese Cercarien wandeln sich bald zu Metacercarien und sind damit infektionsreif. Stark infizierte Plattmuscheln verlassen manchmal die sichere Deckung im Wattboden und beginnen knapp unter oder in der Oberfläche zu kriechen. Dies setzt sie besonders stark dem Feinddruck der muschelfressenden Vogelarten aus, weil sie Spuren hinterlassen, an deren Ende der Vogel sie leicht auffindet (SWENNEN & CHING 1974). Der Parasit hat sein Ziel erreicht, indem er eine Verhaltensänderung beim Zwischenwirt (vielleicht durch erhöhten Sauerstoffbedarf) hervorruft. (Ähnlich bewirkt der Saugwurm *Leucochloridium macrostomum* bei der Bernsteinschnecke eine Veränderung der Tentakel zu auffällig bunten Signalen und ein Herauskriechen aus der Deckung, so daß die Singvögel als Endwirte angelockt werden und sich beim Verzehren der Schnecke infizieren. Siehe WICKLER 1968). Sobald die Metacercarien im Endwirt angekommen sind, wandeln sie sich in das eierlegende Reifestadium um, den eigentlichen Leberegel.

Wie wir oben gesehen haben, sind die Austernfischer auf der Hut vor übermäßiger Infektion. An einem gefangenen Vogel führte HULSCHER (1982) Wahlversuche durch, indem er ihm gleich viele infizierte und infektionsfreie Muscheln geöffnet auf einem Teller anbot. In insgesamt 18 Fällen ließ sich eine Wahl feststellen. Der Vogel fraß von den „sauberen" Muscheln 5 und wies keine zurück. Von den infizierten fraß er nur 2, lehnte sie aber in 11 Fällen ab.

Noch deutlicher waren die Ergebnisse, wenn er nur das Muschelfleisch anbot. Offenbar unterscheiden die Austernfischer die infizierten Muscheln von den gesunden entweder am Geschmack oder an der Konsistenz oder sogar am Aussehen des Fleisches, können dies aber nur bei geöffneter Muschel erkennen.

Der Austernfischer versteht es anscheinend, auf diese Weise die Infektion zu meiden, wenn auch nicht mit vollständiger Sicherheit. Ein solches Ablehnungsverhalten gegenüber infizierten Beutetieren scheint bisher bei keiner anderen Vogelart beobachtet worden zu sein (HULSCHER 1982). Es begrenzt zugleich auch die Fortpflanzungschancen und die Populationsgröße der Parasiten. Wenn alle Muscheln Überträger wären, würden die Austernfischer sich wahrscheinlich einer anderen Beutetierart zuwenden. Daher dürfen die Parasiten nur einen bestimmten Prozentsatz der Muschelpopulation befallen.

Abb. 150: Junge Ringelgänse (iuv.) im ersten Herbst sind sehr dunkel gefärbt, ihnen fehlt noch der Halsring, sie haben dafür breite helle Bänder im Flügel. Subadulte im Winter und Frühjahr bekommen einen Halsring, die jugendliche Flügelbänderung bleibt aber noch erhalten (subad.). Adulte haben einen einheitlich dunkelgrau gefärbten Flügel sowie einen ausgeprägten Halsring (ad.).

17 Verhalten und Umwelt: Öko-Ethologie

Besonders faszinierende Einsichten entstehen für uns immer dann, wenn zwei verschiedene Sachgebiete miteinander verbunden werden. Dies gilt auch für die Öko-Ethologie, die das Verhalten aus ökologischer Sicht verstehen möchte (KREBS & DAVIES 1984).

17.1 Wie Ringelgänse Biotopmanagement betreiben

Die Ringelgans *(Branta bernicla)* (Abb. 150) ist in mehreren Rassen als Brutvogel in den arktischen Tundren der Alten und Neuen Welt verbreitet. Die Vögel der Nominatform *(B. b. bernicla)* brüten im nördlichen Westsibirien und auf einigen Eismeerinseln, z.B. Sewernaja Semlja. Wegen der unwirtlichen Bedingungen in ihrem Brutgebiet halten sie sich dort nur zur Brut und zur Mauser von Mitte Juni bis Ende August auf. Die übrige Zeit des Jahres verbringen sie zum größten Teil in Westeuropa, und zwar im Küstenbereich der Nordsee, des Ärmelkanals und der französischen Atlantikküste. Hier nutzen die Vögel primär das Wattenmeer als Nahrungsquelle und Aufenthaltsort. Sie ernähren sich von Seegräsern der Gattung *Zostera* und von Grünalgen *(Ulva, Enteromorpha).* Sind die Vorräte an grünen Pflanzen im Wattenmeer erschöpft, so weichen sie auf Salzwiesen oder auch bewirtschaftetes Weideland nahe der Küste aus. Besonders im Frühjahr nutzen sie auf Halligen und Inseln der Nordseeküste das frisch sprießende Grün, wodurch es zu Konflikten mit der Landwirtschaft kommt.

17.1.1 Pflanzen als Nahrung

Grüne Pflanzen zu fressen ist für Vögel keineswegs die geeignetste Form des Nahrungserwerbs. Müssen sie doch grundsätzlich darauf bedacht sein, ihr Körpergewicht möglichst gering zu halten, um stets flugfähig und im Gleichgewicht zu bleiben und den Energieaufwand beim Flug zu minimieren. Pflanzennahrung ist im allgemeinen nicht so gehaltvoll wie tierliche Nahrung. Die darin in großen Mengen vorhandene Zellulose zu verdauen ist ein langwieriger Prozeß, der nur mit Hilfe von Mikroorganismen bewältigt werden kann. Um von pflanzlicher Nahrung zu existieren, muß man vergleichsweise viel größere Mengen aufnehmen als von tierlicher. Das wirkt sich ungünstig auf das Körpergewicht aus. Um die Verdaulichkeit pflanzlicher Nahrung zu verbessern, zerkleinern die Wiederkäuer unter den Säugetieren sie in einem langdauernden Kauvorgang während der Ruhepause. Ein Nachteil ist auch, daß große Mengen aufgenommenen Pflanzenmaterials die ganze Zeit über mit herumgeschleppt werden müssen, damit dann mittels eines Gärungsprozesses unter Mithilfe der Mikroorganismen die Zellulose langsam abgebaut werden kann. Die Hasenartigen geben die vorverdaute Pflanzennahrung als „Ökotrophe" ab, nehmen sie noch einmal auf und führen sie erst jetzt der endgültigen Verdauung zu. Viele Vegetarier unter den Vogelarten, wie z. B. die Finkenvögel, halten sich vorwiegend an Samen oder Früchte der Pflanzen, die reich an Reservestoffen sind.

Gänse und manche Hühnervögel haben keine dieser Möglichkeiten, müssen also auf andere Weise mit den Bedingungen des Pflanzenfressens fertig werden. Über die Zelluloseverdauung bei Rauhfußhühnern sind wir schon verhältnismäßig gut unterrichtet (s. S. 99ff.). Von Gänsen glaubte man noch vor kurzer Zeit, sie seien dazu gar nicht imstande, obwohl sie auch Blinddärme haben, in denen solche anaeroben mikrobiellen Abbauprozesse vor sich gehen können. Heute wissen wir, daß Gänse sowohl Zellulose als auch Hemizellulose abbauen können, dies aber vor allem nach Ankunft im arktischen Brutgebiet unter Hungerbedingungen zu tun scheinen. Hemizellulosen sind komplizierter zusammengesetzt als Zellulose, kommen aber mit dieser zusammen als Reserve- und Stützsubstanzen in der pflanzlichen Zellwand vor. Bei freilebenden Atlantischen Ringelgänsen *(Branta bernicla nigricans)* und Kanadagänsen *(Branta canadensis)* haben BUCHSBAUM et al. (1986) geprüft, wie sich die aufgenommene Nahrung von dem abgegebenen Kot im Gehalt an einzelnen Nahrungskomponenten unterscheidet. Im Vergleich zu anderen Pflanzenfressern erwiesen sich die Gänse als schlechte Nahrungsverwerter: Nur 37% (bezogen auf die aschefreie Trockensubstanz) des Gesamtgehalts an organischen Stoffen entnahmen sie der Nahrung. Das beruht vor allem darauf, daß von den Zellwandpolysacchariden Zellulose und Hemizellulose nur ein Anteil von 28 bzw. 25% abgebaut wird. Dennoch ist dies viel mehr, als man je bisher annehmen konnte! Da diese Substanzen etwa 40% der Trockensubstanz in der pflanzlichen Nahrung ausmachen, liefern sie der Gans immerhin bis zu 31% ihres Energieverbrauchs. Bei den anderen Nahrungskomponenten ist die Verdaulichkeit höher: Lösliche Kohlenhydrate wie z. B. Zucker wurden zu 69–85%, Rohprotein zu 61–80% verdaut. Diese Werte entsprechen den bei anderen pflanzenfressenden Wirbeltieren gefundenen.

17.1.2 Ortsbindung und Geselligkeit

Ringelgänse sind, wie durch Beringungen erwiesen wurde (z. B. PROKOSCH 1981), außerordentlich ortstreu. Sie kehren unfehlbar, nachdem sie den Winter in England oder an der französischen Atlantikküste verbracht haben, im März an bestimmte Plätze der deutschen Nordseeküste zurück, um sich dort noch etwa zwei Monate aufzuhalten. Der Grad ihrer Ortstreue und auch die Weitergabe (Tradierung) ihrer Ortskenntnis an die nächste Generation läßt sich aus dem folgenden Beispiel ersehen (nach PROKOSCH 1981):

Die Gans W8R wurde am 26. Februar 1974 in Nord-Norfolk (England) mit dem Kanonennetz gefangen und beringt. Sie bekam am linken Fuß einen weißen Ring mit der Beschriftung 8, rechts einen roten Ring ohne Aufschrift. Gleichzeitig mit ihr wurden ihre beiden Eltern und ein Bruder markiert. Zu diesem Zeitpunkt war sie vorjährig, d. h. im Jahre 1973 geschlüpft, und hielt sich das erste Mal im Überwinterungsgebiet auf. Am 30. 4. und 1. 5. desselben Jahres wurde sie erstmals auf dem westlichen Föhrer Vorland gesichtet, noch immer in Begleitung von Eltern und Bruder. Ein Jahr später fand sie sich für mindestens einen Monat, vom 24. 4. bis 22. 5. 1975, immer noch zusammen mit ihren Verwandten am gleichen Platz auf der Insel Föhr ein. Am 15. 3. 1976 wurde sie zunächst auf dem östlichen Föhrer Vorland gesehen, bis 24. 4. aber 28mal wieder an der alten Stelle. Jetzt war ihre Mutter nicht mehr dabei, wohl aber Vater und Bruder. Am 26. 4. 1976 tauchte sie einmal im Südwesten der Insel in der Witsumer Bucht auf, danach war sie bis 12. 5. am alten Platz. Ein Jahr später, im Jahre 1977, hielt sich das Weibchen, immer noch im gleichen Trupp mit Vater und Bruder, in der Zeit vom 27. 3. bis 22. 5. dort auf. In der Zeit zwischen dem 10. 3. bis 16. 5. 1978 wurde es ebenfalls dort kontrolliert. Diesmal hatte es einen Partner ohne Ring dabei. Der Vater war immer noch im gleichen Trupp anwesend, der Bruder fehlte. Auch vom 25. 3. bis 19. 5. 1979 und vom 12. 4. bis 4. 5. 1981 war der Vogel auf Föhr. 1980 wurde dort nicht kontrolliert, dafür ließ sich das Weibchen am 23. 10. 1981 11 km entfernt auf Sylt sehen, wo es vielleicht alljährlich seinen Herbstaufenthalt genommen hatte.

Während ihres Frühjahrsaufenthaltes nehmen die Gänse innerhalb von ca. 2 Monaten um etwa 30 % ihres Körpergewichtes zu. Täglich lagern sie ungefähr 13 g Fett an. Dies ist eine unabdingbare Voraussetzung dafür, daß sie anschließend den 4000 km weiten Zugweg bewältigen, danach die unwirtlichen Wetterbedingungen bei ihrer Ankunft im Brutgebiet überstehen und schließlich erfolgreich brüten können.

Ringelgänse sind nicht nur ortstreu, sondern zugleich sehr sozial. Sie halten in großen Scharen zusammen. Wie wir bald sehen werden, hat das u.a. mit ihrem „Biotopmanagement" zu tun. Wenn eine Ringelgans irgendwo einzeln auftritt, ist sie so gut wie sicher krank.

Die Art, wie diese sozialen Pflanzenfresser mit ihrem Lebensraum und ihren Nahrungsressourcen umgehen, ist in vieler Hinsicht interessant. Sie wurde vorwiegend von dem Holländer DRENT und seinen Schülern auf der niederländischen Wattenmeerinsel Schiermonnikoog untersucht.

17.1.3 Wahl des Weidegebietes

Nicht jedes gut bewachsene Gebiet in den Salzwiesen oder im Grünland binnendeichs ist für die Gänse gleich gut geeignet. Wenn man untersucht, wie dicht die Kotwürstchen auf den Flächen liegen, so bekommt man einen guten Eindruck davon, wie häufig sich Gänse auf einer Fläche aufgehalten haben, selbst wenn man sie dort nie beobachtet hat. Grundsätzlich suchen sie bestimmte Flächen nie, andere immer wieder auf. Dabei spielt auch ihre Störungsempfindlichkeit eine Rolle. Nach den Beobachtungen von DIJKSTRA & DIJKSTRA DE VLIEGER (1977) halten sie gegenüber Wegen und Straßen, die durch ein Weidegebiet führen, weite Distanzen ein (Abb. 151).

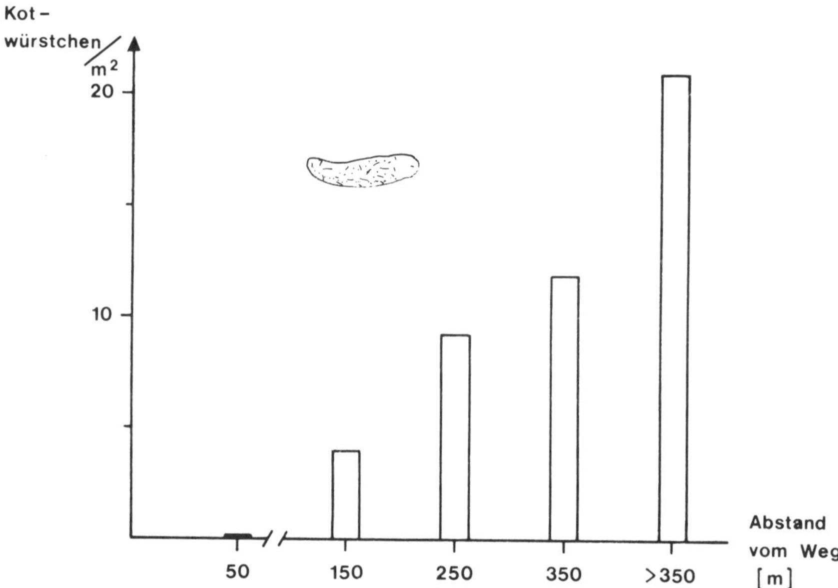

Abb. 151: Man kann die Aufenthaltswahrscheinlichkeit von Ringelgänsen an einem Ort an der Zahl der dort liegenden Kotwürstchen erkennen. Sie nimmt von einem Weg aus gleichmäßig zu. Befahrene Wege stören also auf mehrere hundert m Entfernung die Gänse. Nach Daten von DIJKSTRA & DIJKSTRA DE VLIEGER (1977)

Nähert sich den Gänsen eine Störung oder ist das Weidegebiet erschöpft, so heben immer mehr Tiere ihren Kopf („Aufmerken"). Je mehr der Vögel das tun, desto höher wird die Bereitschaft des ganzen Trupps, davonzufliegen. Man kann sagen, daß sie sich „melden", wenn die Zeit zum Abflug gekommen ist oder daß sie eine Art Abstimmung mit erhobenem Kopf durchführen.

17.1.4 Nahrungswahl

Ringelgänse fressen nicht wahllos grüne Pflanzen, die zu ihren Füßen wachsen, sondern wählen aus. In den auf der Insel Schiermonnikoog untersuchten Salzwiesen gab es vorwiegend Andelgras, Rotschwingel, Meerstrandbeifuß, Schuppenmiere, Widerstoß (Strandflieder), Strandaster und Strandmilchkraut. Diese Pflanzen wuchsen in sehr unterschiedlicher Dichte (Abb. 152).

Gefressen wurden von den Gänsen aber fast ausschließlich das zartblättrige Andelgras und der sukkulente Meerstrandwegerich, in geringerem Maße Rotschwingel. Dies ließ sich aus der mikroskopischen Analyse

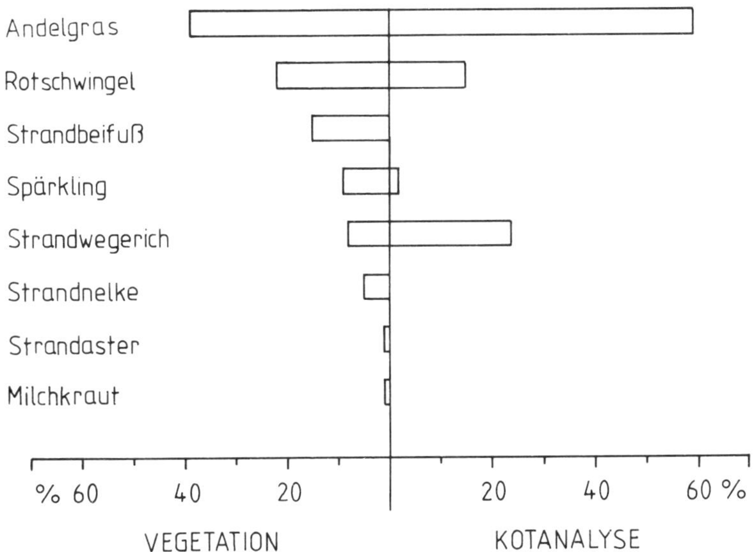

Abb. 152: Angebot (links) und Nahrungswahl (rechts) von Ringelgänsen auf einer Salzwiese von Schiermonnikoog (NL) am 16.5.1975. Wie die Kotanalyse in Häufigkeits-% zeigt, weiden die Gänse selektiv. Andelgras *(Puccinellia maritima)* und Meerstrandwegerich *(Plantago maritima)* werden bevorzugt, andere Pflanzen z. T. ganz gemieden (nach DIJKSTRA & DIJKSTRA DE VLIEGER 1977)

der Kotwürstchen ersehen. Vollständig abgelehnt wurden der weißfilzige, streng duftende Meerstrandbeifuß (Gänse haben ein gutes Riechvermögen, s. S. 192) und der großblättrige etwas sukkulente Strandflieder, der nicht einmal Salz speichert, sondern es über Salzdrüsen ausscheidet. Die Bleiwurzgewächse, zu denen er gehört, verfügen über Anthrachinone als Inhaltsstoffe, die möglicherweise Durchfall erzeugen. Ähnlich beim Meerstranddreizack *(Triglochin maritimum).* Hier enthalten die ausgewachsenen Pflanzen viel Phenol und werden gemieden. Die jungen dagegen werden sehr gern gefressen (DRENT, mündl. Mitt.). Im Grünland fressen die Gänse fast ausschließlich die Rispengräser *Poa annua* und *P. pratensis,* das Einjährige und das Wiesenrispengras.

17.1.5 Gänsetrupp als Erntemaschine

Wenn die Gänse über eine Fläche gehen und eine bestimmte Menge der Vegetation abernten, dann sollten sie sich dazu um so mehr Zeit nehmen, je größer das Nahrungsangebot ist. Tatsächlich besteht eine positive Korrelation zwischen der Dauer eines Besuchs und der Zeit, die seit dem letzten Besuch vergangen ist. Anders gesagt, je länger die Gänse eine Fläche nicht abgeweidet haben, desto mehr Nahrung ist nachgewachsen und desto länger können sie jetzt dort verbleiben. Die Aufenthaltsdauer läßt sich sogar sehr genau vorhersagen, wenn man die grüne Biomasse direkt über ein Refraktionsverfahren mißt (DRENT 1980). Schützt man ein Stück Weidefläche künstlich eine Zeitlang durch ein Gitter gegen Gänsefraß, so wird sie nachher viel ausgiebiger beweidet (Abb. 153). Auch durch zusätzliche Düngung und damit verbundenes Pflanzenwachstum ließ sich eine längere Aufenthaltsdauer der Gänse herbeiführen. Sinkt das Angebot an Nahrung unter eine bestimmte Dichte, dann lohnt es sich für die Vögel nicht mehr, diese Fläche aufzusuchen.

Wenn die Gänse in sehr großer Gruppe auf einer Salzwiese einfallen, so bewegt sich der Verband allmählich in einer Richtung grasend fort. Das bedeutet, daß es in vorderster Front des Verbandes Tiere gibt, die den angebotenen Nahrungsvorrat am besten ausschöpfen können, daß aber für die nachfolgenden Gänsereihen die Bedingungen allmählich ungünstiger werden. Durch Einzelbildanalyse eines Filmes konnten DRENT und Mitarbeiter feststellen, daß die erste Gans auf einer Standardfläche von 100 cm^2 durchschnittlich ca. 3 s verbrachte. Die fünfte Gans weidete dort nur noch etwa 1 s. Die nachfolgenden Gänse müssen also viel mehr hin- und herlaufen, um gleich viel Nahrung aufzunehmen wie die ersten. Es scheint so, als ob sich hier ein soziales Gefälle im Trupp andeutet, was auch durch die Ergebnisse von TEUNISSEN et al. (1985) bestätigt wird (s. u.). Weiter wird sich daraus ergeben, daß Gänsetrupps eine bestimmte

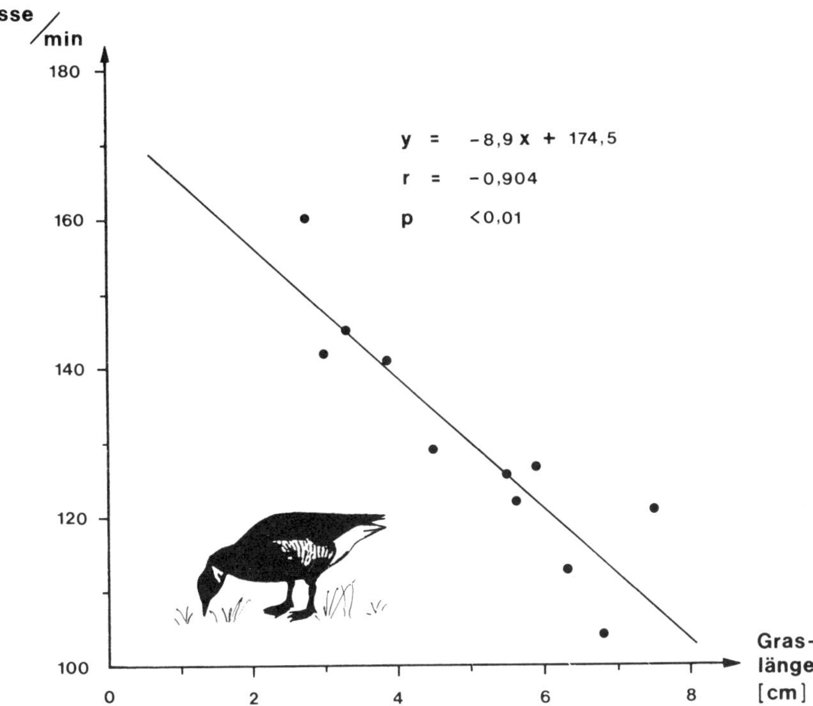

Abb. 153: Je länger das Gras gewachsen ist, desto weniger Bisse pro Minute kann man bei den Ringelgänsen sehen. Nach DIJKSTRA & DIJKSTRA DE VLIEGER 1977

Größe nicht überschreiten. Je mehr Tiere nämlich nicht mehr genügend Nahrung finden, desto eher wird sich eine Tendenz zum Abfliegen ergeben. Dann könnte sich ein großer Trupp in zwei Teile teilen, von denen der eine bleibt, der andere davonfliegt. Gänsetrupps dürfen also nahrungsbedingt eine gewisse Größe nicht überschreiten. Die Konkurrenz begrenzt die Gruppengröße (s. S. 315).

17.1.6 Individualität in der Masse

Ein Gänsetrupp ist alles andere als eine anonyme Schar, in der die Individuen austauschbar sind. Es herrschen klar geregelte individuelle Beziehungen. Aus den häufig zu beobachtenden aggressiven Auseinandersetzungen ergeben sich Rangunterschiede, die wichtige Konsequenzen haben (TEUNISSEN et al. 1985). Der Ganter V 5 konnte in einer zusammenhaltenden Gruppe von 8 Ringelgänsen von 1976 bis 1982 alljährlich beobachtet werden. Er hatte nach seinen erfolgreichen Auseinandersetzungen den höchsten Rang in seiner Gruppe. Sein Fortpflanzungserfolg lag über dem Durchschnitt. Er kam 1976 mit 2, im folgenden schlechten Jahr ohne Junge ins Winterquartier, 1978 hatte er wieder 2 Junge, 1979 sogar 6, 1980 gab es in der gesamten Teilpopulation keinen Fortpflanzungserfolg, dafür hatte er 1981 und 1982 wieder jeweils 3 Sprößlinge. Wie sich auch an anderen genau beobachteten Gänsen zeigte, bevorzugen hochrangige Tiere die besten Nahrungsplätze. Sie riskieren auf Flächen, die durch zusätzliche künstliche Düngung verbessert worden sind, mehr Auseinandersetzungen und gehen langsamer vorwärts, so daß sie dort länger fressen können. Dies gilt an erster Stelle für die Ganter. Aber die zugehörigen Weibchen profitieren davon. Sie gehen ebenfalls langsamer vorwärts und werden weniger oft in der Wahl ihres Weges durch das Weideland gestört. Dabei fressen sie sehr intensiv, geben aber interessanterweise in größeren Abständen Kotwürste ab. Möglicherweise deutet dies auf eine wirkungsvollere Nahrungsauswertung hin. Die Kotanalyen lassen erkennen, daß die erfolgreichen Weibchen in hohem Prozentsatz den proteinreichen Meerstranddreizack (*Triglochin maritimum*) verzehren.

Aus dem Fortbewegungstempo des Gänsetrupps und der individuellen Geschwindigkeit der Einzelpaare ergibt sich ihre relative Position im Trupp. Die hochrangigen und erfolgreichen Gänse laufen weder an der Spitze noch am Ende, sondern vorwiegend im zweiten Viertel. Die am wenigsten produktiven Paare hielten sich vorzugsweise am Ende des weidenden Gänsetrupps auf (TEUNISSEN et al. 1985).

In diesem Beispiel einer etho-ökologischen Untersuchung kann das Verhalten eines Einzeltieres bzw. eines Paares in der freien Wildbahn direkt mit dem Bruterfolg, d.h. der Fitness korreliert werden. Sollten sich die Ergebnisse dieser Korrelation noch experimentell bestätigen lassen, so hätten wir eine hervorragende Methode vor uns, den Selektionswert von Nahrungswahl und Rangverhältnissen quantitativ zu bestimmen.

17.1.7 Wachsen lassen und ernten

Würden die Gänse jeden Tag eine Weidefläche aufsuchen und dort gleich viel ernten, so würden sie u. U. Raubbau treiben, so daß die Fläche nach einiger Zeit überhaupt nicht mehr beweidet werden kann. Es lohnt sich also nur in bestimmten Zeitabständen, eine abgeerntete Fläche wieder aufzusuchen. Aus Abb. 154 geht hervor, daß die Ringelgänse auf Schiermonnikoog eine bestimmte Fläche nur alle drei bis fünf Tage aufsuchten. Im Durchschnitt lag zwischen den Besuchen ein Zeitabstand von 4,7 Tagen. Das hat im Wachstum der bevorzugten Nahrungspflanzen seine Entsprechung (PRINS et al. 1980).

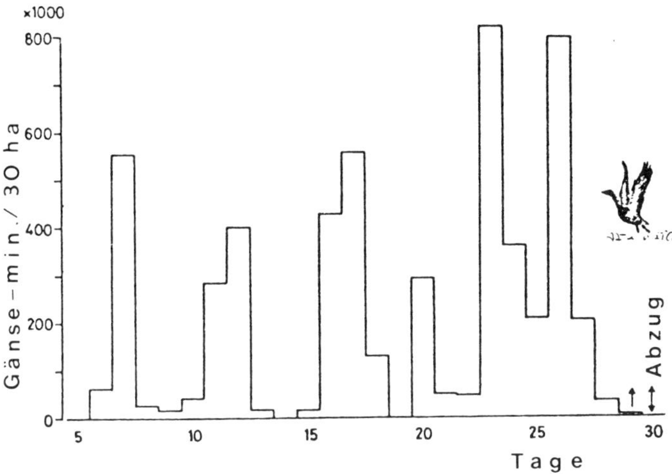

Abb. 154: Besuch von Ringelgänsen auf einer Salzwiese von Schiermonnikoog, Holland, zwischen 6. und 30. Mai 1978. Die Gänse besuchten die Fläche etwa alle 4,7 Tage. Am 30. Mai zogen sie ab. Abszisse: Tage im Mai 1978; Ordinate: Anzahl der sich dort aufhaltenden Gänse multipliziert mit der Aufenthaltsdauer in Minuten. Nach DRENT 1980

17.1.8. Wachstum der Nahrungspflanzen

Kein spezialisierter Räuber rottet seine Hauptbeute aus. Fleischfresser verzehren aber im allgemeinen ein ganzes Beutetier, nachdem sie es vorher getötet haben. Pflanzenfresser dagegen nehmen meist nur Teile einer Pflanze, d.h. einen Teil des Vegetationskörpers (im allgemeinen Blätter) oder gar nur Früchte und Samen. Sie haben auf die Dauer umso mehr von einer Futterpflanze, je besser diese nachwächst. Der Meerstrandwegerich, eine Lieblingsnahrungspflanze der Ringelgänse, verfügt über ein ausgezeichnetes Regenerationsvermögen. Aus Messungen auf unbeweideten Teilflächen ergibt sich, daß pro Tag und m^2 im Mai die Meerstrandwegerichpopulation 0,6 g Biomasse erzeugt, das sind nach 4,7 Tagen 2,8 g. Die Gänse hielten sich auf jedem Quadratmeter 6,6 Minuten lang auf, was sich sowohl aus direkter Beobachtung als auch aus der Zahl der hinterlassenen Kotwürstchen ermitteln ließ. An gefangen gehaltenen Gänsen hatte man gemessen, daß sie pro Minute 0,3 g Biomasse aufnehmen. Daraus ergibt sich für die Untersuchungsflächen eine Entnahme von 2,0 g pro m^2 und Besuch. Von den nachgewachsenen 2,8 g werden also beinahe ¾ wieder entfernt. Das bedeutet: Es wird systematisch das nachgewachsene Material geerntet und nichts darüber hinaus, ja sogar etwas weniger (PRINS et al. 1980).

17.1.9 Management der Nahrungspflanzen

Wie schaffen es die Gänse, in der begrenzten Zeit das Maximum an Wachstum aus den von ihnen beweideten Pflanzen herauszuholen? Sicher wäre es kein gutes Verhalten, diese mit Stumpf und Stiel auszureißen. Die optimale Regenerationsrate haben DRENT und Mitarbeiter durch gezielte Abschneideexperimente ermittelt. Die Meerstrandwegerichpflanzen wachsen im Mai in Rosettenform heran und verfügen meist über 3 Blattpaare, ein oberes, ein mittleres und ein unteres. Schneidet man von den Blättern unterschiedliche Anteile ab, so variiert auch das nachfolgende Regenerationswachstum, ausgedrückt in der Wachstumsrate von mm pro Tag (Abb. 155). Das maximale Wachstum von rund 10 mm pro Tag wird induziert, wenn man etwa 40 % der Blattlänge abschneidet (DRENT 1980).

Was tun die Gänse? Sie verkürzen bei einem Weidevorgang das Blatt um etwa 35 % seiner Länge. Dieser Wert stimmt mit dem ermittelten Optimalwert für die Regeneration erstaunlich gut überein. Nach 4–5 Tagen hat das Blatt seine volle Länge wieder erreicht und könnte erneut abgeweidet werden. Doch kann man nicht davon ausgehen, daß ein bestimmtes Blatt jedesmal wieder abgebissen wird. Wahrscheinlich würde ein so sorgfältiges Abweiden aller verfügbaren Blätter zuviel Zeit erfordern.

Hinzu kommt, daß es nicht gleichgültig ist, von welchem Blattpaar ein Stück abgeschnitten wird. Beim obersten Paar erzielt man eine

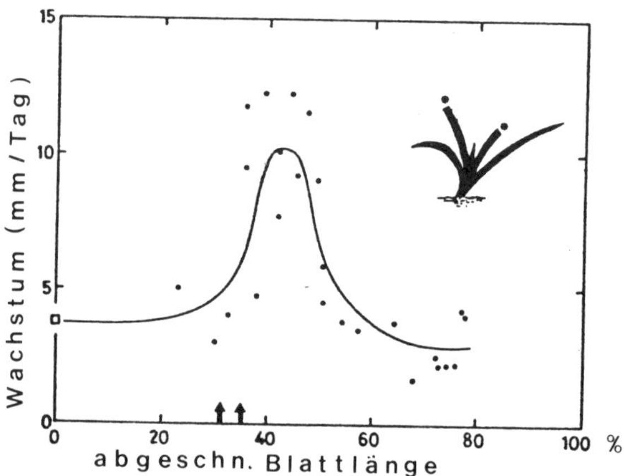

Abb. 155: Das Regenerationswachstum des Strandwegerichs *(Plantago maritima)* wird am stärksten angeregt, wenn man von den oberen Blättern der Rosette etwa 30–50% der Länge abschneidet. Die Ringelgänse selbst fressen etwa 35 % der Blattlänge ab (Pfeile). Nach DRENT 1980

Wachstumsförderung um den doppelten Betrag, wenn man es stark beschneidet. Beim mittleren Blattpaar bewirkt ein ebenso starkes Beschneiden keine Förderung des Wachstums, ein mäßiges Beschneiden wirkt schwach fördernd. Beim untersten Blattpaar wirkt Beschneiden eher wachstumshemmend.

Die Gänse konzentrieren sich beim Abbeißen tatsächlich auf das oberste Blattpaar, von dem sie durchschnittlich 13 mm (die genannten 35 % der Länge) entnehmen (PRINS et al. 1980, DRENT 1980). Aus anderen Untersuchungen ist bekannt, daß sich nach Beschneiden der Nährstoffgehalt des nachwachsenden frischen Materials erhöht. Oft läßt sich auch zeigen, daß regenerierende Pflanzen sich besser bestocken, d.h. verzweigen, und später in höherem Maße fruchten. Man muß hier zwischen Langzeit- und Kurzzeiteffekten für die Pflanzenpopulation unterscheiden. Von einem erhöhten Proteingehalt des nachwachsenden Pflanzenmaterials könnten die Gänse direkt profitieren, sobald sie dieselbe Fläche wieder zu einem Weidegang aufsuchen. Der Langzeiteffekt könnte sich im Folgejahr auswirken.

Die Gänse haben sich an die Wachstumsbedingungen und Regenerationsfähigkeit des Meerstrandwegerichs in der Weise angepaßt, daß sie die Pflanzen zu ihrem Nutzen in optimaler Weise modifizieren. Schäden durch die Beweidung entstehen u.a. dann, wenn auf landwirtschaftlichen Kulturen, z.B. auf wachsenden Getreidefeldern, der Boden zu stark festgetreten wird oder die Getreidepflänzchen ausgerissen werden, wenn sie nicht tief genug eingesät sind (HOLZ & SELLIN 1981). In Nordschottland, einem klimatisch extremen Getreideanbaugebiet, führte allerdings eine Beweidung der Getreideschläge durch Gänse im Frühjahr zu einer späteren Ertragsminderung zwischen 7 und 15 % (I. PATTERSON, mündl. Mitt.).

Ein effektives Management der beweideten Flächen ist, wie sich gezeigt hat, nur möglich, wenn möglichst viele Pflanzen zu vermehrter Produktion angeregt werden. Das können die Gänse nur dann erreichen, wenn sie in großer Zahl auftreten und ortstreu sind. Außerdem garantiert der Gruppenverband, daß nicht zwischendurch schon einzelne Tiere verfrüht mit der Ernte begonnen haben. Natürlich hat ein Leben in der Gruppe auch noch andere Vorteile als den, eine effektive Erntemaschine darzustellen (s. S. 314).

17.1.10 Recycling auf den Salzwiesen

Als spezialisierte Pflanzenfresser haben Ringelgänse eine sehr schnelle wenn auch etwas oberflächliche Verdauung. Sie nehmen beträchtliche Mengen pflanzlicher Nahrung zu sich, so daß sie u.U. einen großen Teil des Tages (Abb. 156) und sogar zeitweise noch nachts weiden

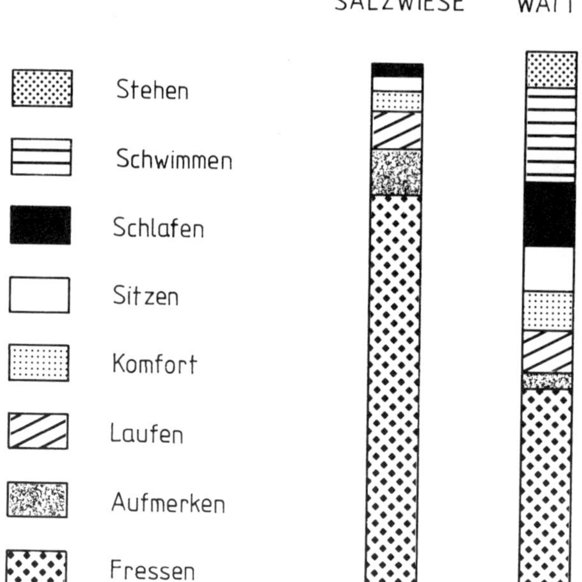

Abb. 156: Ringelgänse verwenden in den Salzwiesen mehr Zeit auf Fressen und Aufmerken als im Wattenmeer. Das geht zu ungunsten anderer Verhaltensweisen. Nach DIJKSTRA & DIJKSTRA DE VLIEGER 1977

müssen, um ihren besonders im Frühjahr ansteigenden Nahrungsbedarf zu befriedigen. Erschwert wird das Problem dadurch, daß sie nicht in der Lage sind, Zellulose, die Skelettsubstanz der Pflanzen, in genügender Menge abzubauen. Diese wird zusammen mit dem sonstigen unverdaulichen Material nach relativ kurzer Zeit (1,5 bis 2 Stunden) als Kot wieder abgegeben. Es entstehen die charakteristischen Kotwürstchen, die nur am stumpfen Ende einen schwachen weißen Überzug aus Harnsäure tragen (Abb. 157). Weiden die Ringelgänse auf den Salzwiesen, so geben sie durchschnittlich alle 3 min 11 s ein Kotwürstchen ab; das macht 18,8 Würstchen pro Stunde. Findet man an einer Stelle 5 solcher Würstchen zusammen, so kann man sicher sein, daß hier ein solcher Vogel eine Viertelstunde geruht hat. Wenn sich eine Gans im Frühjahr knapp 9 Stunden täglich zum Weiden auf den Salzwiesen aufhält, so gibt sie in dieser Zeit etwa 170 Kotwürstchen ab. Allein das aschefreie Trockengewicht (ohne Sand und Mineralgehalt) dieser Menge beläuft sich auf ca. 135 g. Dennoch entspricht dieser Wert, für alle Gänse addiert, nur etwa 13% des gleichzeitigen Pflanzenwachstums im Lebensraum der Gänse (DIJKSTRA & DIJKSTRA DE VLIEGER 1977).

Abb. 157: Gänsekot auf der Wiese: Wirkt nicht verbrennend, düngt aber gut. Foto Verf.

Wie wirken sich nun diese erheblichen Mengen von anfallendem Gänsekot auf das Ökosystem Wiese aus? Wird die Vegetation verbrannt, wie die Bauern es oft behaupten? Oder kommt sie durch mitgebrachtes Meersalz zu Schaden?

17.1.11 Zusammensetzung des Kotes

Der Ringelganskot (Abb. 157) ist weder ätzend noch giftig noch enthält er Keime, die Krankheiten erregen könnten (HOLLÄNDER 1982). Er hat einen pH-Wert von ca. 7, d. h. er ist fast neutral. Der Salzgehalt ist gleichgroß wie bei Graugänsen, die im Binnenland leben, oder bei Schafen. Eine Verbrennungswirkung des Kotes haben wir nie beobachtet, auch wenn der Gänsekot in einem Versuch kurzfristig die gesamte Vegetation bedeckte. Wenn allerdings Gänse auf zu kleiner Fläche lange Zeit gehalten und mit zusätzlichem Futter versorgt werden, dann kann der festgetretene Kot im Lauf der Zeit die Vegetation völlig zudecken. Bei starker Dauerbeweidung entsteht u. U. ein Rasen von Laub- und Lebermoosen.

17.1.12 Düngewirkung

Um die Wirkung des Gänsekots auf die nachwachsende Vegetation zu prüfen, haben wir im März auf Texel in großen Mengen frischen Ringelganskot eingesammelt und diesen auf Probeflächen ausgebracht. Die Kotwürstchen zerfielen nach einigen Wochen unter dem Einfluß von Witterung und Organismen. Anhand einiger Stichproben ließ sich auch sehr gut verfolgen, wie im ausgelegten Kot innerhalb weniger Wochen der Gehalt an Rohprotein, Kalium, Natrium, Chlorid und anderen Inhaltsstoffen abnahm.

Zum Vergleich haben wir auf einer Probefläche auch den in der Landwirtschaft üblichen mineralischen Volldünger ausgebracht. – Nach 6 Wochen wurde auf allen Flächen erstmals geerntet. Das Erntegut wurde sortiert und getrocknet. Die Ergebnisse sind in Abb. 158a ersichtlich. Je mehr Kot wir auf eine 1 m^2 große Probefläche eingebracht hatten, desto höher

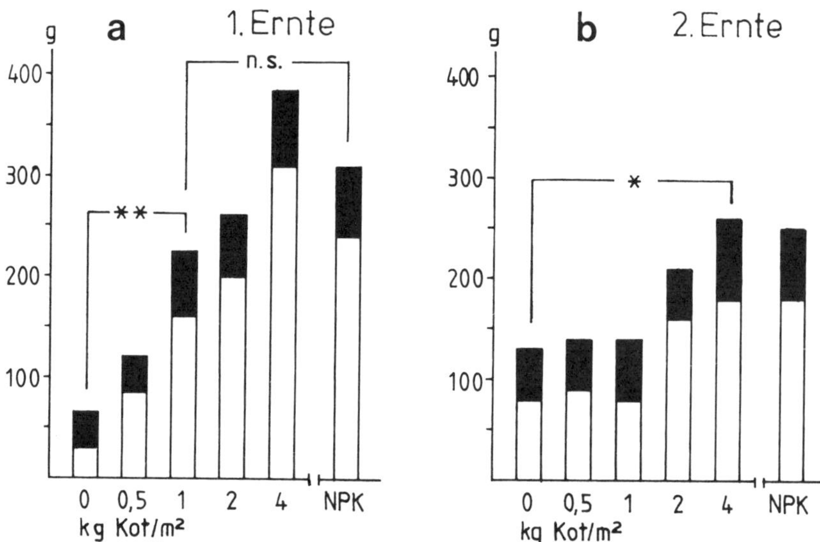

Abb. 158: Düngeversuch mit Ringelganskot: Je größer die Menge von Gänsekot auf einer 1 m^2-Probefläche ist, desto höher die Ernteerträge (Trockensubstanz in g/m^2). Der relative Anteil an einkeimblättrigen Pflanzen (weiß) steigt mit der Düngung. Die mineralische Volldüngung (NPK) bringt einen Ertrag, der etwa demjenigen von 1–2 kg Gänsekot entspricht. Dies gilt für die erste Ernte (**a**). Bei der zweiten Ernte nach sechs Wochen (**b**) sind die Unterschiede zwischen den unterschiedlich gedüngten Teilflächen geringer geworden, aber noch erkennbar. Die Signifikanz von Unterschieden ist angegeben: 1 Stern: signifikant, 2 Sterne: hochsignifikant, n. s. nicht signifikant. Nach BALKENHOL et al. 1974

lag der Ernteertrag (Gesamthöhe der Säule). Schon 1 kg Kot/m^2 ergibt eine hochsignifikant erhöhte Ernte gegenüber der Kontrolle (ohne Kot). Der Ertrag ist hier genauso hoch wie auf der mit Mineraldünger versehenen Fläche (NPK).

Die schwarzen Anteile der Säulen stellen den jeweiligen Anteil an Zweikeimblättrigen dar. Ihr relativer Anteil nimmt mit zunehmender Düngung ab. Das Verhältnis verschiebt sich zugunsten der Einkeimblättrigen, das sind vor allem die Gräser. Die Gänse fördern also durch ihren Kot das Wachstum der Gräser mehr als das der Kräuter. Daraus ergibt sich eine Verschiebung in der Pflanzengemeinschaft der Probeflächen, wie sie auch sonst als Folge von Düngung bekannt ist. Vier Wochen später, bei der zweiten Ernte (Abb. 158b), hat sich die Düngewirkung des eingebrachten Kotes schon abgeschwächt. Ein signifikanter Unterschied besteht nur noch zwischen der Kontrolle und der mit 4 kg Kot gedüngten Fläche. Bei der dritten und vierten Ernte nach jeweils weiteren vier Wochen ebnen sich die Unterschiede noch weiter ein.

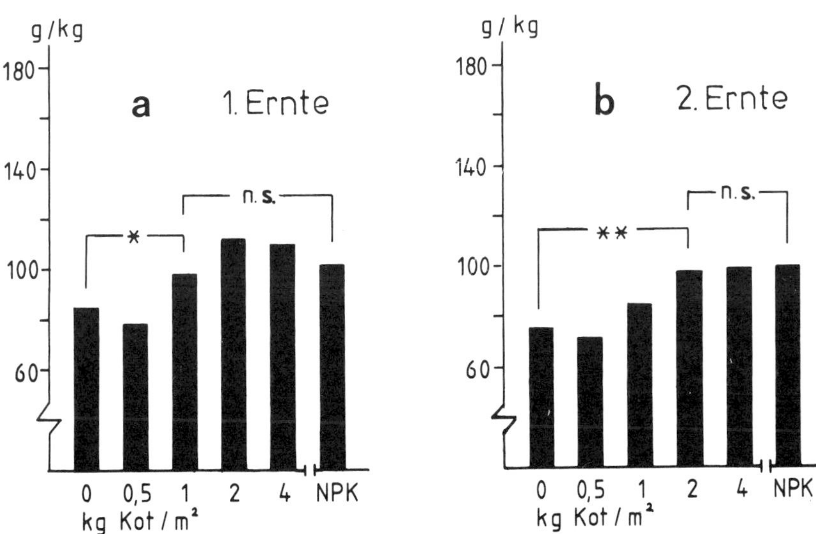

Abb. 159: Auch der Proteingehalt im Erntegut (ausgedrückt in g pro kg Trockensubstanz) steigt durch die Düngung an. 1 kg Kot bringt den gleichen Effekt wie eine mineralische Volldüngung (NPK). Die ungedüngte Fläche weist in ihrem Bewuchs einen unerwartet hohen Proteingehalt auf, was auf proteinreichen Klee *(Trifolium spec.)* zurückzuführen ist, der sich mit Hilfe von Knöllchenbakterien selber düngt (nach BALKENHOL et al. 1984)

Durch die Düngung wird also einerseits das Wachstum allgemein angekurbelt, andererseits werden die als Nahrung auf Weideland von den Gänsen bevorzugten Gräser besonders gefördert.

Verändert sich auch die Zusammensetzung des Pflanzenmaterials nach verdaulichen Komponenten? Wie Abb. 159 zeigt, wird bei der ersten und zweiten Ernte auch der Rohproteingehalt der pflanzlichen Substanz dosisabhängig erhöht. Auch die Brennwerte steigen an (Abb. 160). Bei der ersten Ernte erreicht man schon mit 1 kg Gänsekot in dieser Hinsicht den gleichen Effekt wie mit der mineralischen Volldüngung.

Wir sehen also, daß die Ringelgänse mit ihrem Kot eine erhebliche Düngewirkung auf die Wiesenvegetation erzielen. Sie verbessern nicht nur die M e n g e des nachwachsenden Futters, sondern auch die Q u a l i t ä t.

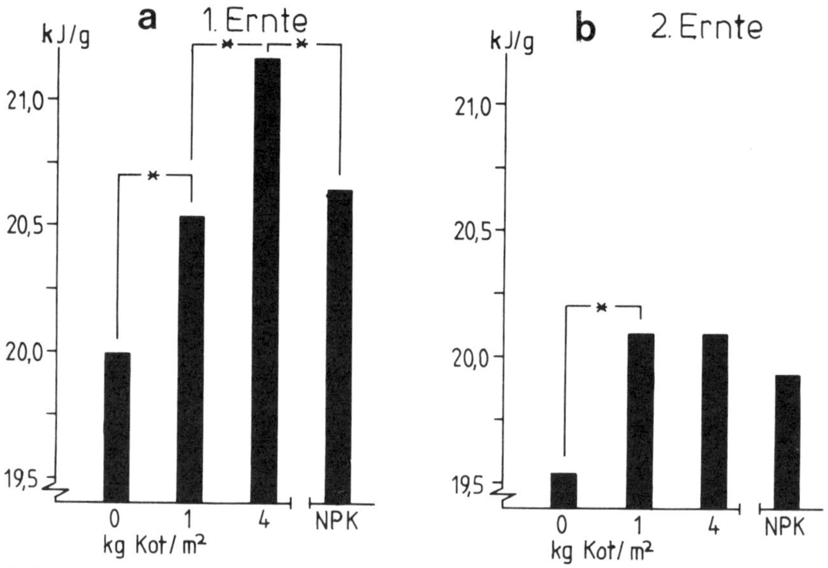

Abb. 160: Auch der Brennwert des Aufwuchses wird durch die Düngung mit Gänsekot gefördert. Angaben in kJ/g Trockensubstanz. Sonstige Darstellung wie in Abb. 158. Nach BALKENHOL et al. 1984

17.1.13 Modellrechnung

Aus Beobachtungen an verschiedenen Gänsearten hat man errechnet, daß sie pro 1000 g aufgenommenes Grünfutter etwa 800 g Kot abgeben. Aus unseren Daten ergibt sich, daß durch die Düngewirkung dieses Kots ein zusätzlicher Grünfutterertrag von ca. 680 g erzielt wird. Also werden 68 Gewichts-% der aufgenommenen Biomasse durch Recycling dem System wieder zugeführt (Abb. 161).

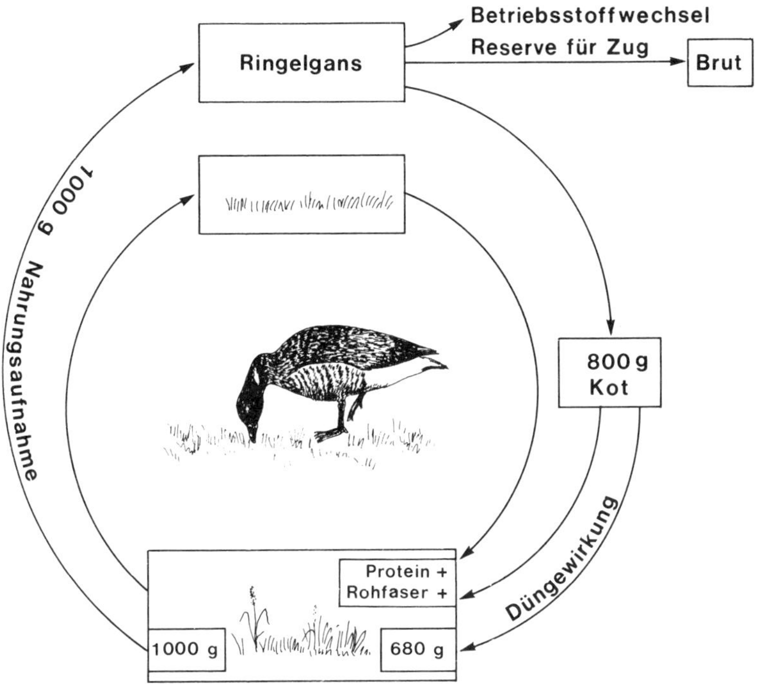

Abb. 161: Modellrechnung zur Düngewirkung von Ringelganskot. 1 000 g entnommene Nahrung verhelfen der Ringelgans dazu, ihren Betriebsstoffwechsel aufrechtzuerhalten, aber auch Fettreserven für Zug und Brut anzulegen. Dafür gibt sie 800 g Kot an das beweidete Land zurück. Hierdurch wird der Ernteertrag um 680 g gesteigert. Außerdem nehmen Protein- und Rohfasergehalt der nachwachsenden Vegetation zu. Der Weideschaden kann also um mindestens 68 % geringer angesetzt werden als es zunächst den Anschein hat. Nach BALKENHOL et al. 1984

Dieser zusätzliche Ertrag wird noch für die weidenden Tiere, gleich ob Gänse oder Vieh, durch Qualitätsverbesserung und erhöhten Grasanteil veredelt. Er kommt allerdings den Gänsen nur zum kleineren Teil zugute, da sie nach spätestens 8 Wochen Aufenthalt im Frühjahr in die Brutgebiete abziehen. Es könnte sein, daß sie im nachfolgenden Frühjahr noch Nutzen aus der vorjährigen Düngung ziehen. Fest steht, daß der von ihnen angerichtete Weideschaden geringer ist, als man zunächst glauben möchte, wenn man die Vögel in großen Scharen auf dem Grünland einfallen sieht. Von Nachteil für die Landwirtschaft ist jedoch vor allem der Zeitfaktor. Die Ringelgänse ziehen häufig erst Ende Mai ab. Bis zu diesem Zeitpunkt können die betroffenen Weidegründe nicht durch Weidevieh genutzt werden.

18 Ein Vogel ist kein Vogel

18.1 Sozialstrukturen

Ein Amselmännchen dringt in das Revier eines Artgenossen ein. Es kommt zum Kampf zwischen beiden. Der Revierbesitzer besiegt den Eindringling und verjagt ihn.

Ein Huhn pickt am Futternapf gegen ein anderes, das ausweicht und wartet, bis das erste gefressen hat.

Ein Trupp Stare fliegt beim Erscheinen eines Sperbers auf, rottet sich zu einer dichten Formation zusammen und schließt den Sperber solange in einer „Vakuole" ein, bis dieser das Weite sucht.

Drei Erscheinungen sozialen Verhaltens bei Vögeln. Zum Sozialverhalten gehören nicht nur solche Verhaltensweisen, die die Distanz unter Artgenossen vermindern, sondern auch solche, die sie erhöhen, z. B. Angriff und Flucht. Aus dem Einsatz der sozialen Verhaltensweisen ergeben sich für die einzelnen Arten vorübergehend oder als Dauereinrichtung bestimmte Sozialstrukturen. Wir unterscheiden folgende Formen:

- Solitärer Status: Ein Einzeltier lebt für sich allein ohne Kontakt zu einem anderen, aber auch ohne andere spezifisch zu meiden. Möglicherweise handelt es sich hier nur um einen Grenzfall zum nächsten Typ.
- Territorialsystem: Einzeltiere oder Paare oder Gruppen verteidigen bzw. markieren einen Raum (Revier = Territorium), den sie beanspruchen.
- Rangordnung: Unter je zwei Tieren in einer Gruppe ist eines dem anderen überlegen und hat als erstes Zugang zu bestimmten Ressourcen (Nahrung, Wasser, Schlafplatz, Weibchen u. a.).
- Gruppe: Mehrere oder viele Artgenossen vereinigen sich und bilden einen entweder offenen (für andere zugänglichen) oder geschlossenen Sozialverband.

Die einzelnen genannten Typen können bei einer Art auch abwechselnd oder in Mischformen auftreten.

Wenn Vögel sich mehr oder weniger zufällig an einem Ort treffen, z. B. an einer Pfütze, um dort zu trinken und zu baden, so hat das nichts mit einem sozialen System oder sozialer Anziehung zu tun. Solche durch einen äußeren Faktor herbeigeführten Zusammenscharungen nennt man Aggregationen (EIBL-EIBESFELDT 1968).

Im folgenden wollen wir uns mit dem Territorialsystem und mit den Vorteilen des Gruppenlebens befassen.

18.2 Revierverhalten und Revier

Spiele ich einem Buchfinken, einem Zaunkönig oder einem Fitis zur Fortpflanzungszeit in seinem Revier arteigenen Gesang vom Tonband vor, so erhalte ich u. U. sehr intensive Reaktionen. Das revierbesitzende Männchen nähert sich der Schallquelle, sucht einen Rivalen, vergißt alle Scheu und greift sogar pickend den Lautsprecher an (HELB & CRUSE 1974, 1980).

Wenn ich mich nun mit meinem Gerät allmählich zurückziehe, lassen die Angriffe des mich verfolgenden Vogels nach. Über eine bestimmte

Abb. 162: Territorialverhalten eines Auerhahns *(Tetrao urogallus)* **a** Normale Singhaltung auf niedriger Warte **b** Aggressive Haltung beim Drohen gegen einen Artgenossen mit Lautäußerung Worgen **c** Flattersprung. Aus MÜLLER 1980

Entfernung hinaus fliegt er nicht mit. Dies ist die Grenze seines Reviers. Es kann sein, daß sich hier ein Nachbarrevier anschließt.

Ein Revier [1] oder ein Territorium ist ein von einem Vogelindividuum bzw. -paar verteidigter bzw. markierter Raum. Verteidigung geht durch Angriffe vor sich, Markierung durch Signale, bei Vögeln vorwiegend durch Gesang (Abb. 162). Verteidigt wird nur dann, wenn wirklich ein Konkurrent eindringt, Markierung durch Gesang tritt häufig auch sozusagen „ins Leere" auf, unabhängig davon, ob ein Artgenosse in der Nähe ist oder nicht. Allerdings singen isoliert brütende Vögel weniger intensiv als solche, die Nachbarn haben.

Durch zwischenartliche Aggression werden Reviere in einigen Fällen auch gegen artfremde Konkurrenten, meist nahe verwandte Arten, verteidigt. Die später im Brutgebiet eintreffenden und größeren Gartengrasmücken *(Sylvia borin)* meiden im allgemeinen die schon besetzten Reviere der Mönchsgrasmücken *(Sylvia atricapilla).* Sie reagieren aggressiv auf Mönchsgrasmückengesang und ahmen ihn nicht selten nach, worauf auch die Mönchsgrasmücken besonders aggressiv werden (GARCIA 1983). Ähnliche Formen zwischenartlicher Aggression treten auch zwischen Fitis *(Phylloscopus trochilus)* und Zilpzalp *(Ph. collybita)* auf.

Im allgemeinen richtet sich die Aggression aber bevorzugt gegen Artgenossen.

Hierdurch kommt es zustande, daß sich die Reviere von Artfremden im allgemeinen überdecken können, nicht jedoch die von Artgenossen (ALTUM 1937). Dies haben CRIVELLI & BLANDIN (1977) an Waldvögeln gezeigt (Abb. 163). Ein Revier hat eine Vielzahl möglicher Bedeutungen. Als erstes denkt man an die Ernährungsfunktion. Das Revier sollte für beide Partner eines Paares (u. U. auch anschließend noch für die heranwachsenden Jungvögel) genügend Nahrung bieten. Wenn das so ist, müßte bei reichlichem Nahrungsangebot die beanspruchte Revierfläche kleiner sein als bei Nahrungsmangel. Für den Kleiber *(Sitta europaea)* läßt sich diese Tatsache in Abb. 164 ablesen. Auch wenn man künstlich zufüttert, verkleinern sich Vogelreviere. Beim Buchfinken kann man, wenn man alle Singwarten miteinander verbindet, durch Polygonzug ein Singrevier abstecken, in dem auch die meiste sonstige Aktivität stattfindet und worin das Nest liegt. Hin und wieder fliegt das Buchfinkenmännchen aber bis zu einige 100 m weit weg, um eine günstige Nahrungsquelle außerhalb des Reviers zu nutzen. Es singt dann dort nicht und kehrt nach kurzer Zeit wieder zurück, um seinen Reviergesang wieder aufzunehmen. Stare brüten in Höhlen und verteidigen nur ein kleines Nistrevier gegen Artge-

1 Der Begriff des Brutreviers ist von ALTUM (1868/1937) in die wissenschaftliche Literatur eingeführt worden.

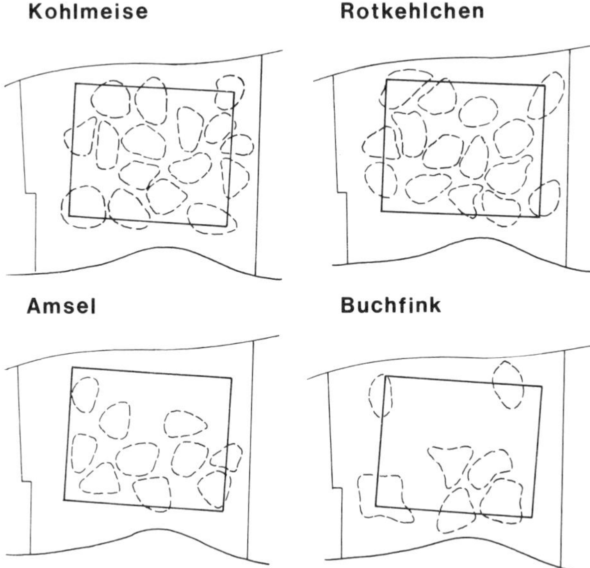

Abb. 163: Singvogelreviere in einem niedrigen Eichenbestand in Frankreich. Alle Revierkarten beziehen sich auf dieselbe Probefläche. Reviere von Artfremden überdecken sich, was die von Artgenossen nicht tun. Nach CRIVELLI & BLANDIN 1977

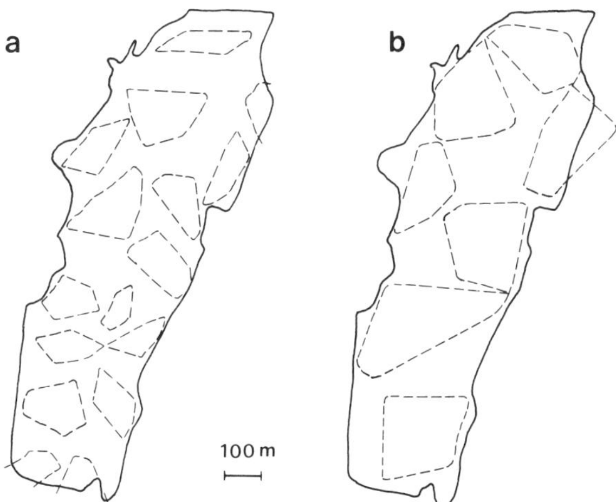

Abb. 164: Reviere ändern ihre Größe mit dem Nahrungsangebot. In einem Herbst mit vielen Bucheckern waren die Reviere des Kleibers *(Sitta europaea)* klein (a), in einem Herbst mit wenig Bucheckern größer (b). Nach ENOKSSON & NILSSON 1983

nossen. Ihre Nahrung dagegen suchen sie fern davon auf Wiesen und anderen Nahrungsgründen, wobei mehrere oder viele Individuen sich zum Trupp zusammenschließen (vgl. S. 314ff.). Ähnlich sind die Verhältnisse in Brutkolonien von Möwen und Seeschwalben, wo die Brutreviere nur so groß sind, daß die Nachbarn einander mit ihren Schnäbeln nicht erreichen, aber natürlich keinerlei Nahrungsvorrat enthalten.[1]

Eine Zusammenscharung von Kleinterritorien finden wir auch bei den Arenaarten. Hierzu gehören bei uns der Kampfläufer *(Philomachus pugnax)* sowie Birk- und Auerhühner (Abb. 165). Die Territorien auf der Arena sind viel zu klein, als daß sie ihren Besitzer ernähren könnten. Dennoch werden sie heftig und anhaltend u. U. schon früh in der Fortpflanzungssaison markiert und verteidigt. Beim Auerhuhn *(Tetrao urogallus)* finden sich in gesunden Populationen schon im Herbst mehrere Hähne auf solch einem Gemeinschaftsbalzplatz zusammen und zeigen Revierverhalten. Im frühen Frühjahr setzt dann die sogenannte „Balz" (es handelt sich um Reviermarkierung mit Gesang) wieder ein (s. Abb. 162, S. 309). Erst im Mai tauchen für wenige Tage die Hennen auf, wählen einen Hahn und werden dann begattet. Sie wandern in die Umgebung ab, bringen ein Gelege hervor und ziehen die Jungen groß. Die Hähne haben mit dem Führen und Bewachen der Küken nichts zu tun (MÜLLER 1974, KLAUS et al. 1986).

Hier kommt den Revieren auf den traditionellen Arenen also vorwiegend Fortpflanzungsfunktion zu, und sie stehen im Dienste der Auswahl eines hochrangigen Partners durch die Hennen. Als Folge dieser Sozialstruktur ergibt sich der starke Geschlechtsdimorphismus, der auf der sexuellen Selektion beruht (vgl. PAYNE 1984).

Die Hähne kämpfen um den höchsten Rang, und unterlegene haben geringere Fortpflanzungschancen (intrasexuelle Selektion), bzw. die Hennen wählen von sich aus den stärksten Partner aus (intersexuelle Selektion).

Es gibt viele Faktoren, die in die Kosten-Nutzen-Rechnung für die Verteidigung eines Territoriums eingehen können. Der Vogel lernt ein bestimmtes Gebiet besser kennen und nutzen. Er vermag sich besser gegen Feinde zu schützen als in einem unbekannten Gebiet. Der Revierbesitzer kann relativ ungestört der Nahrungssuche nachgehen, sich paaren und Junge großziehen. Die Ansteckungsgefahr durch Krankheiten und Parasiten ist verhältnismäßig gering. Andererseits macht der Revierinhaber mögliche Feinde durch seine Reviermarkierung (Gesang) auf sich aufmerksam. Und er entbehrt den Schutz und die übrigen Vorteile, die die Gruppe bietet.

---

1 Eine Klassifikation der verschiedenen Reviertypen hat zuerst M. M. NICE (1941) vorgenommen.

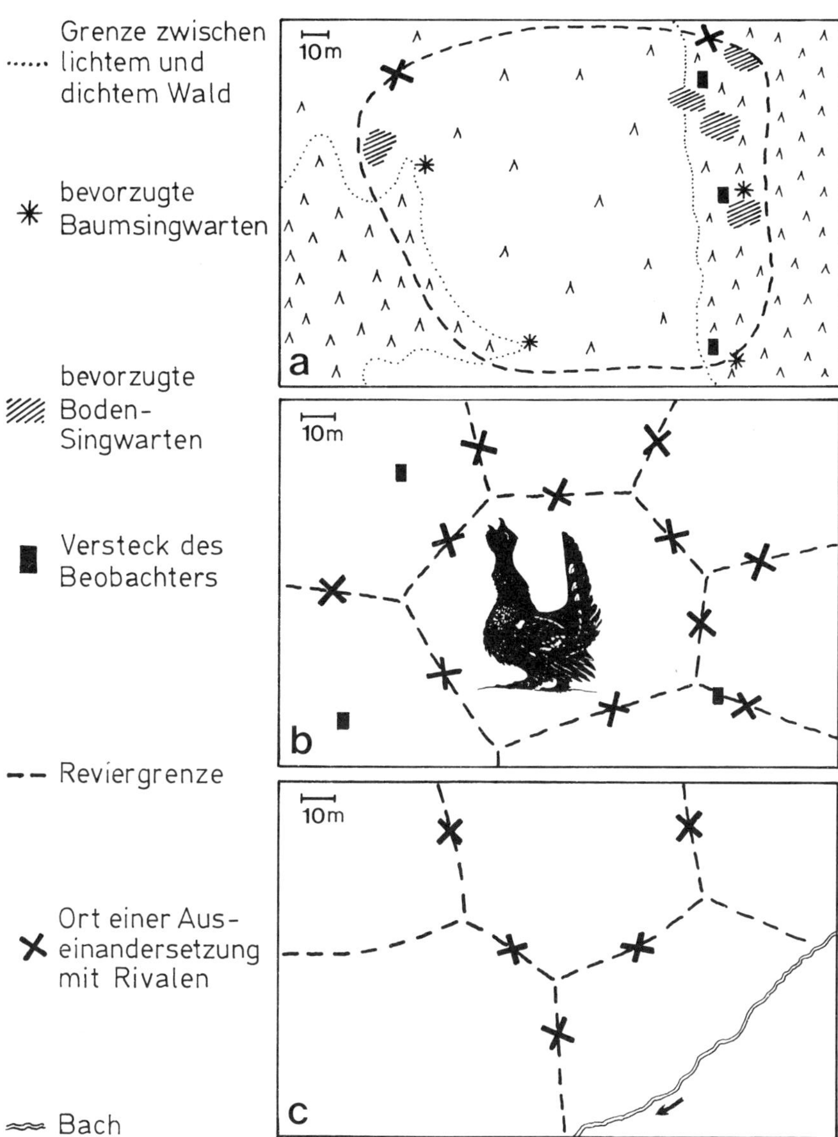

Abb. 165: Je nach der Anzahl der territorialen Hähne ändert sich die Struktur der Arena beim Steinauerhahn *(Tetrao urogalloides)*. **a** Einzelhahn **b** Arena mit 7 Hähnen **c** Arena mit 5 Hähnen. Bei **b** gibt es ein Zentralrevier. Halbschematisch nach ANDREEV in KLAUS et al. 1986

18.3 Leben in der Gruppe – warum?

Das Reviersystem scheint die Bedürfnisse vieler Vogelarten zu befriedigen. Doch zahlreiche andere Arten tauschen es vorübergehend im Jahr oder ganzjährig gegen das Leben in der Gruppe. Warum mag das so sein? „Warumfragen" wie die eben gestellte können verschieden beantwortet werden, je nachdem, welcher Art die Frage war. Ebenso wie bei vielen anderen Beispielen müssen wir auch hier zwischen zwei Antworten unterscheiden, die sich gegenseitig ergänzen. Die eine beschreibt den Mechanismus. Bezogen auf unser Problem des Gruppenlebens nennt sie die Faktoren, durch die eine Gruppe gegenwärtig zusammengehalten und organisiert wird. Die zweite Antwort bezieht sich auf den stammesgeschichtlichen Hintergrund, die „biologische Bedeutung" oder den Selektionswert des Gruppenlebens. Mit diesem Aspekt wollen wir uns im folgenden befassen. Wir wollen also wissen, welchen Vorteil die Art, die Gruppe, das Individuum bzw. das Gen vom Gruppenleben der Individuen hat.

Dies ist eine typische Fragestellung der Öko-Ethologie oder der Verhaltensökologie (s. KREBS & DAVIES 1984) bzw. der Soziobiologie, die einen Teil der Verhaltensökologie darstellt und Verhalten im Zusammenhang mit der Populationsgenetik untersucht. Eine Zusammenstellung über das Gruppenleben bei Vögeln mit vielen Beispielen haben YDENBERG & PRINS (1984) geliefert.

Um die oben genannte Frage zu beantworten, kann man mit verschiedenen Methoden vorgehen. Die eine ist beschreibend-korrelativ. Die zugehörige Arbeitshypothese lautet z. B.: Wenn die Gruppe der Feindabwehr dient, sollte ein Individuum in der Gruppe um so sicherer sein (und sich auch entsprechend verhalten), je größer die Gruppe ist. Nehmen wir uns eine Gruppe von Haussperlingen *(Passer domesticus)* vor und beobachten ihr Feindverhalten. Vögel begegnen dem plötzlichen Zugriff eines Feindes, indem sie immer wieder „aufmerken", d.h. den Kopf heben und ihre Umgebung mustern. Dies tun sie auch dann, wenn gar kein Feind zu sehen ist, sozusagen zur Vorbeugung, um ihn im Ernstfall möglichst frühzeitig zu erspähen. Taucht wirklich einer auf, flüchten sie so rasch als möglich in die schützende Deckung. Der Engländer BARNARD (1980) hat die Haussperlinge näher beobachtet. Er fand zunächst, daß ein einzelner Sperling kaum die schützende Nähe einer Hecke verläßt. Er entfernt sich höchstens einen halben Meter weit zur Nahrungssuche. Ein Feld, in dessen Mitte viel Futter liegt, kann er nicht nutzen. Hierzu bedarf es einer größeren Zahl von Sperlingen, die sich in einer Gruppe weiter von der Hecke wegzufliegen getrauen.

Sind mehrere Sperlinge auf Nahrungssuche, so beschäftigen sich stets einige von ihnen mit Aufmerken. Jedes Tier ist zu etwa gleichen Anteilen daran beteiligt.

Aber: Mit steigender Gruppengröße nimmt der Zeitaufwand des einzelnen Tieres für das Aufmerken ab. Dies gilt bis zu einer gewissen Grenze, unter die das Aufmerken nicht absinkt, selbst wenn die Gruppe noch größer wird (Abb. 166).

Das Aufmerken vermindert die Nahrungsaufnahme. Man kann feststellen, daß die Individuen in der Gruppe (bei weniger Aufmerken) häufiger picken, als wenn sie allein sind. Steigt die Gruppengröße allerdings weiter an, so kann sie u. U. auch wieder durch zunehmende Konkurrenz den Nahrungserwerb stören. Daraus läßt sich eine mittlere Gruppengröße als Optimum postulieren – ein Kompromiß aus Wachsamkeit und Konkurrenz.

Ähnliche Ergebnisse sind bei vielen verschiedenen Vogelgruppen, z. B. dem Stieglitz *(Carduelis carduelis)* dem Großbrachvogel *(Numenius arquata),* ja sogar dem Afrikanischen Strauß *(Struthio camelus)* gefunden worden.

Wie wirkt sich dieser Wachsamkeitseffekt bei wirklichen Feindbegegnungen aus?

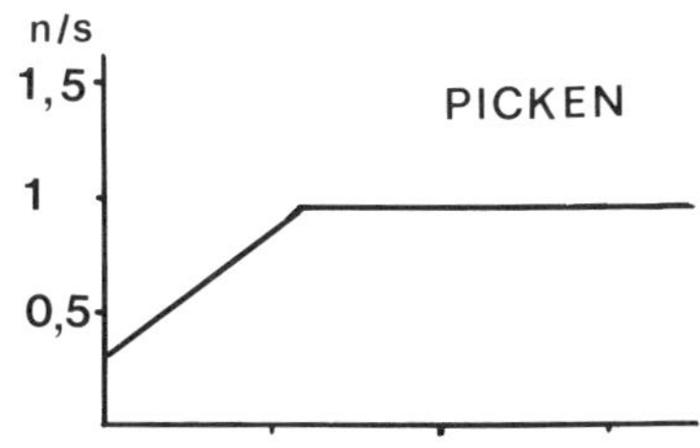

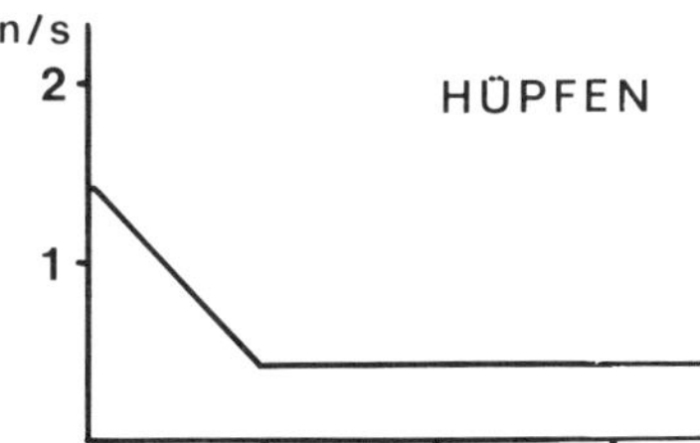

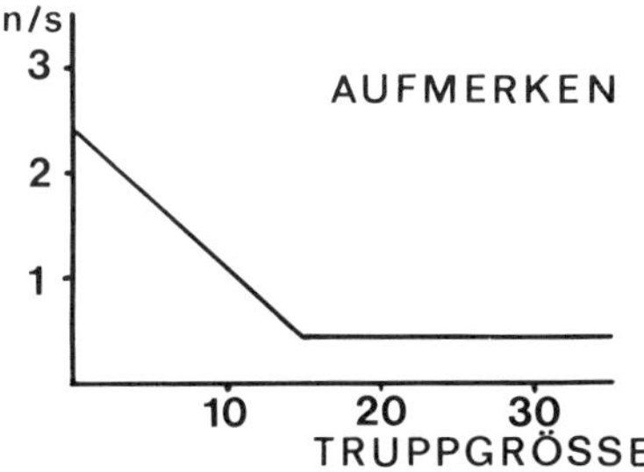

Abb. 166: In einem Trupp von Haussperlingen *(Passer domesticus)* nimmt mit der Truppgröße das Aufmerken ab, ebenfalls das Umherhüpfen, dagegen nimmt das Picken zu, jeweils bis zu einem Grenzwert. Nach BARNARD 1980

Man könnte hier wieder nach der Methode von Beschreibung und Vergleich vorgehen und zufällig beobachtete Angriffe von Habichten oder Sperbern auf Vogeltrupps auswerten. Der Engländer KENWARD (1978) hat diese Situation jedoch experimentell hergestellt, indem er einen männlichen Beizhabicht aus bestimmter Entfernung auf Nahrung suchende Trupps von Ringeltauben losließ. Und tatsächlich: Je größer der Taubentrupp war, desto geringer die Chance des Habichts, einen Vogel zu erbeuten (Abb. 167). Hierfür ließ sich eine der Ursachen schon darin feststellen, daß große Trupps den Angreifer auf größere Entfernung entdeckten und dementsprechend früher abflogen. Waren die Vögel mehr als 50 an der Zahl, so bemerkten sie den Habicht schon auf eine Entfernung von ca. 40 m. In dieser Situation hatte der Habicht nur bei ungefähr jedem 15. Angriff einen Erfolg zu verzeichnen. Im allgemeinen aber gelang es den Tauben ohne weiteres, ihm durch Aufsteigen und schnellen Flug zu entgehen. Nur wenn eine sehr schwache Taube dabei war, konnte er sie absondern und erbeuten. Bei kleineren Trupps kam er oft näher heran. Bei solchen Überraschungsangriffen spielt die Kondition der Tauben keine Rolle mehr. Er greift dann die erste beste unter ihnen.

Wenn die Gruppe für das Individuum einen so großen Schutz darstellt, fragt man sich, wieso die einzelnen Individuen sich dann nicht stets einer Gruppe anschließen. Schließlich sind sie als Einzeltier gegenüber dem Habicht so sehr gefährdet, daß dieser sie in etwa 80 % der Angriffe schlägt. Als KENWARD solche erbeuteten Einzelvögel untersuchte, gab es allerdings eine Überraschung. Sie waren durchweg sehr mager, hatten alte Verletzungen, z. B. verheilte Schußwunden, und erwiesen sich zum Teil als überhaupt nicht in der Lage, aufzufliegen. Wahrscheinlich hatten sie wegen ihrer miserablen Kondition nicht die Chance, in einem Trupp von Ringeltauben mitzuhalten. Der Erfolg des Habichts bei Einzeltieren beruht also in diesem Fall nicht auf der geringen Truppgröße von 1 und der damit verbundenen geringen Wachsamkeit, sondern vorwiegend auf der schlechten Kondition des Beutetieres.

Eine Gruppe von Artgenossen bietet gegenüber einem Beutegreifer wahrscheinlich auch noch einen anderen Vorteil: Den Konfusionseffekt. Selbst für uns Menschen ist es bezeichnenderweise sehr schwer, aus einem Käfig mit mehreren darin herumflatternden Vögeln einen herauszufangen. Dagegen gelingt es uns viel leichter, einen einzelnen Käfigvogel einzufangen, weil wir uns auf dieses Individuum besser konzentrieren können. Ähnliches dürfte für den Habicht gegenüber einem großen Taubentrupp gelten, wenn die Vögel alle zugleich auffliegen und keine der Tauben sich durch besonderes Verhalten oder besondere Färbung von den anderen unterscheidet.

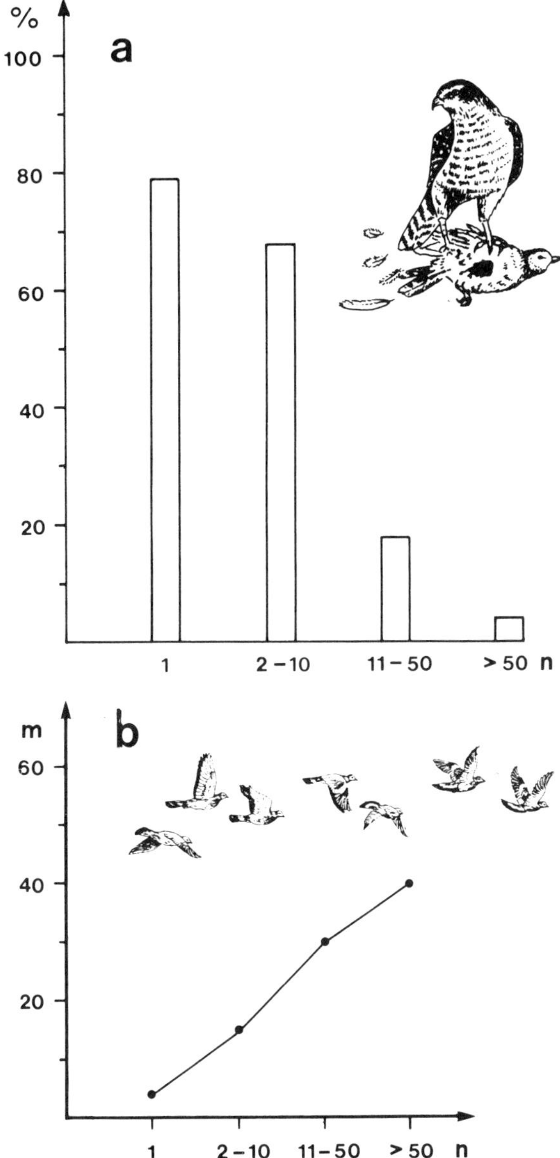

Abb. 167: **a** Der Jagderfolg des Habichts *(Accipiter gentilis)* sinkt mit steigender Truppgröße der Nahrung suchenden Ringeltauben *(Columba palumbus)*. Allerdings sind die einzelnen Ringeltauben (1) meist krank und können nicht verglichen werden. **b** Der geringe Erfolg des jagenden Habichts bei größeren Trupps beruht darauf, daß die Vögel ihn auf größere Entfernung (Ordinate) schon entdecken. (nach KENWARD 1978 in KREBS & DAVIES 1984)

Die soziale Organisation von Vögeln kann auch unmittelbar mit der Nahrungssuche zusammenhängen. Küstenbewohnende Rotschenkel *(Tringa totanus)* ernähren sich bei Tage vorwiegend von Schlickkrebsen *(Corophium volutator)* im Watt. Sie tun dies einzeln oder in lockerem Verband. Kämen sie dicht zusammen, so würde dies ihren Erfolg mindern, da sie die Beutetiere visuell jagen und diese auch auf die Annäherung der Vögel durch Flucht reagieren. Bei Nacht dagegen stochern die Vögel im Schlick und erbeuten rein taktil vor allem kleine Wattschnecken *(Hydrobia ulvae)* . Dann behindern sie sich nicht gegenseitig und gehen der Nahrungssuche in dichten Trupps nach (GOSS-CUSTARD 1976). Während der Vorteil der Gruppenbildung tags von den Nachteilen überwogen wird, kommt er nachts zur Geltung und setzt sich durch. Allerdings wissen wir nicht, welcher Feind ihnen nachts im Watt gefährlich werden könnte.

Sanderlinge *(Calidris alba)* sind Brutvögel hocharktischer Küstentundren und Inseln der Alten und Neuen Welt. Sie vagabundieren außerhalb der Brutzeit truppweise an den südlicheren Küsten bis in die Tropen. In Kalifornien haben MYERS et al. (1979) ihre Sozialstruktur untersucht. Sie ernähren sich vorwiegend von einer Strandassel, die aber an der Küste in unterschiedlicher Dichte vorkommt. Nur bei mittlerer Dichte verteidigen die Sanderlinge Territorien gegen ihre Artgenossen. Bei geringer und bei sehr hoher Dichte der Asseln gehen sie der Nahrungssuche im Trupp nach. Ist die Beutetierdichte zu gering, lohnt sich die Begründung eines Territoriums nicht. Ist sie zu hoch, wird die Verteidigung gegen die ständig eindringenden Konkurrenten zu aufwendig.

Eine Gruppe von Artgenossen kann auch als Informationszentrum wirken. Hier werden wie an einer Börse die besten Tips für geeignete Nahrungsplätze gehandelt. Das geht nicht per sprachlicher Kommunikation oder über eine sprachartige Mitteilung wie bei den Honigbienen vor sich. Auf eine uns noch nicht durchschaubare Art erkennen die Vögel, vielleicht an bestimmten Lautäußerungen oder an dem Termin bzw. der Art und Weise des Abfliegens einer Gruppe, ob sie einen günstigen Nahrungsplatz aufsuchen. Sie können ihnen dann folgen oder gar vorausfliegen. Ob die Entdecker der Nahrungsquelle Vorteile oder Nachteile von den Nachfolgern haben, ist ebenfalls noch nicht bekannt. Es fehlen hier Untersuchungen an mitteleuropäischen Vögeln. Stare und andere Arten mit Gemeinschaftsschlafplätzen wären geeignete Untersuchungsobjekte.

Hin und wieder tragen auch ganz basale physiologische Erfordernisse zur Gruppenbildung bei. Wir haben schon gesehen, daß Baumläufer bei ungünstigen Witterungsbedingungen in Gruppen übernachten und dabei viel Energie einsparen (vgl. S. 115). Ähnliches scheint zuzeiten auch für Austernfischer zu gelten, die im Wattenmeer der Nordsee überwintern. Auf der Hallig Langeneß konnten STOCK et al. (i. Dr.) feststellen, daß die Truppgröße der Vögel auf den Hochwasser-Rastplätzen in charakteristischer Weise mit der Temperatur schwankte. Bei niedriger Temperatur unter 0° C konzentrierten sich die überwinternden Vögel auf wenige große Rastplätze. Bei höherer Temperatur verteilten sie sich mehr auf kleinere und zahlreichere Plätze, wo sie aber den wärmenden Schutz der Großgruppe entbehrten.

Schließlich hat HUMMEL (1973) gezeigt, daß auch gemeinschaftliches Fliegen in Verbandsform Energie einsparen hilft, da in der Umgebung eines abwärts schlagenden Flügels ein Aufwindfeld entsteht. Mit Ausnahme des Spitzenvogels profitieren also die in Keil- oder anderer Formation fliegenden Vogelarten wie Kraniche, Gänse, Enten und Möwen von der gemeinschaftlich organisierten Fortbewegung.

19 Überleben oder Aussterben? Ein Stück Populationsbiologie

Wir haben uns schon oben im Kapitel über Nahrungserwerb mit wichtigen populationsbiologischen Fragen beschäftigt, z. B. mit dem Problem der Fortpflanzungsstrategie und mit Räuber-Beute-Beziehungen (s. S. 282). In diesem Abschnitt soll eine kurze allgemeine Einführung in populationsbiologische Grundbegriffe mit einigen konkreten Beispielen verbunden werden, die sich vor allem mit der Zunahme und dem Aussterben von Vogelpopulationen befassen.

19.1 Was ist eine Population?

Unter einer Population verstehen wir die Gesamtheit der Individuen einer Art, die einen bestimmten Raum besiedeln. Über die räumliche Begrenzung einer Population gibt es keine strengen Vorschriften. Man kann von der Population der Buchfinken der Paläarktis sprechen, man kann aber auch die Buchfinken der Stadt Frankfurt eine Population nennen. MAUERSBERGER (1984) hat neuerdings wiederholt und eindringlich darauf aufmerksam gemacht, daß der Begriff im allgemein biologischen Sinne eigentlich nur dann verwendet werden darf, wenn die Gesamtheit der im genetischen Austausch durch geschlechtliche Fortpflanzung stehenden Individuen gemeint ist. Für die Individuen eines kleineren Raumes sollte man eher Begriffe wie Teilpopulation oder Bestand verwenden.

Allerdings ist üblich, auch einen kleinen lokalen Bestand einer Vogelart als Population zu bezeichnen. Der strenge Populationsbegriff ist überdies oft nicht leicht anzuwenden, da er Kenntnisse über den Genfluß voraussetzt. Schließlich deckt er sich weitgehend mit dem biologischen Artbegriff: Eine Art besteht aus der Gesamtheit aller Individuen, die unter natürlichen Bedingungen miteinander fruchtbare Nachkommen erzeugen können.

19.2. Populationen: Struktur und Dynamik

Eine Population läßt sich durch Strukturmerkmale charakterisieren. Sie weist z. B. eine bestimmte Zusammensetzung nach Alter und Geschlecht, eine Dichte (Abundanz, Siedlungsdichte) und eine Verteilung im Raum (Dispersion) auf. Die Populationsgröße gibt an, aus wieviel Individuen eine Population besteht. Populationen sind nicht nur zufällige Ansammlungen von Artgenossen. Sie weisen bei sexueller Fortpflanzung einen genetischen Zusammenhang auf, der im Genfluß besteht. Eine Teilpopulation kann dementsprechend nicht eine völlig unabhängige Anpassung an ihre spezifischen Lebensbedingungen vollziehen, solange sie nicht gegen andere sexuell isoliert ist. Ist dies der Fall, haben wir zwei artverschiedene Populationen vor uns, also zwei verschiedene Arten.

Wenn ich alle Strukturelemente einer Vogelpopulation kenne, erfasse ich damit nur ein Momentbild. Die Populationsmerkmale ändern sich in der Zeit. Eine Population kann ihre Alterszusammensetzung ebenso wie ihre Anteile an Männchen und Weibchen verändern, sie kann eine höhere oder niedrigere Siedlungsdichte erreichen, sie kann durch Wanderungen ihre Verteilung ändern.

Alle diese Erscheinungen fassen wir unter dem Begriff Populationsdynamik zusammen. Weitere Begriffsdefinitionen zur Ökologie der Vögel findet man im Glossar von BERNDT & WINKEL (1983). Zwei Beispiele aus dem Bereich der Populationsdynamik sollen uns im folgenden beschäftigen.

19.2.1 Einfluß der Jagd

Um das Jahr 1931 kam es zu einem weltweiten Zusammenbruch der Ringelganspopulation (*Branta bernicla,* s. S. 291). Waren sie früher in Scharen aufgetreten, die den Himmel verfinsterten[1], so gab es nun kaum mehr als 15000 Individuen. Diese Populationsgröße liegt schon im Gefährdungsbereich. Als Ursache für den starken Rückgang wird genannt, daß zu jener Zeit die Bestände des Großen Seegrases *Zostera marina*, einer der hauptsächlichen Nahrungspflanzen der Ringelgänse im Winter, in großem Umfang durch einen Pilz, den Myxomyceten *Labyrinthula spec.*, befallen wurden und ausstarben (nach PROKOSCH 1984).

---

1 „Soweit das Auge reicht, sieht man die Watten oder die Sandbänke, welche von der Ebbe bloß gelegt werden, bedeckt von diesen Gänsen; ihr Geschrei übertönt das Rollen der Brandung; ihre Massen gleichen, von fern gesehen, wenn sie auffliegen, einem dichten, weit verbreiteten Rauche und lassen jede Schätzung als unzulässig erscheinen" (BREHM 1867).

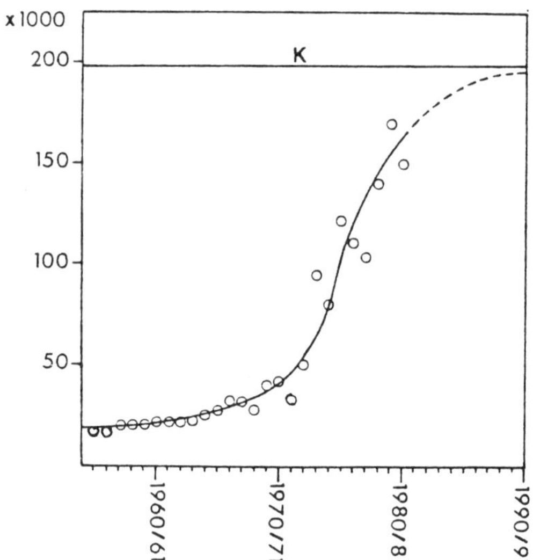

Abb. 168: Das Populationswachstum Dunkelbäuchiger Ringelgänse *(Branta bernicla bernicla)* ist in den letzten 30–40 Jahren exponentiell verlaufen, scheint sich aber jetzt einem Endwert (K=Kapazität) anzunähern. Aus PROKOSCH 1981

Seit man Anfang der 50er Jahre begonnen hatte, die in Westeuropa überwinternden Ringelgänse exakt zu zählen, ließ sich ein zunächst sehr langsamer und regelmäßiger Anstieg der Populationsgröße feststellen (Abb. 168). 1972 wurde die traditionelle Ringelgansjagd in Dänemark verboten. Hier waren bis dahin alljährlich etwa 9 % aller Dunkelbäuchigen Ringelgänse abgeschossen worden. Von nun an stiegen ihre Zahlen steil an, d.h. das Populationswachstum geriet in eine exponentielle Phase. Erst in der jüngsten Vergangenheit scheint sich die Wachstumskurve wieder abzuflachen und einem neuen konstanten Wert (K = Kapazität der Umwelt) zuzustreben (Abb. 168). Man nennt eine solche sigmaförmige (sigmoide) Wachstumskurve einer Population auch logistisch (s. REMMERT 1980b).

Angesichts dieser rapiden Entwicklung der Bestandszahlen könnte man auf den Gedanken kommen, daß es natürliche Ursachen wie z.B. günstige Ernährungsbedingungen im Brutgebiet gewesen seien, die ihre Zunahme bewirkt haben, nicht jedoch der nachlassende Jagddruck. Diese Behauptung ist leicht zu widerlegen. Aus dem alljährlichen Jungvogelanteil läßt sich ablesen, daß eine Veränderung im Fortpflanzungserfolg nicht stattgefunden hat. Er schwankt nach wie vor um den gleichen Mittelwert (Abb. 169). Kalkuliert man umgekehrt die Populationsentwicklung der jüngsten Zeit und zieht die jährliche Abschußquote von 9% ab, so bliebe

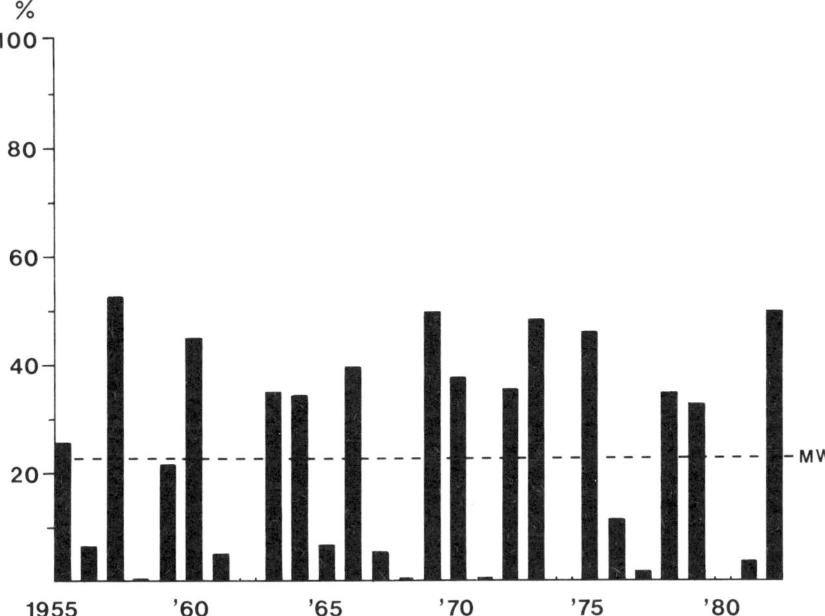

Abb. 169: Der Fortpflanzungserfolg der Ringelgänse, gemessen an dem Prozentsatz von Jungvögeln im Überwinterungsgebiet (Ordinate), schwankt von Jahr zu Jahr erheblich. Der Mittelwert von etwas über 20 % wird allerdings nur selten erreicht, da die Prozentsätze an Jungvögeln entweder deutlich höher oder niedriger liegen. Nach Daten aus PROKOSCH 1984

die Population konstant. Die Jagd scheint also lange Jahre das effektive Populationswachstum der Ringelgänse verhindert zu haben. Dabei wirkt sie sich nicht allein durch den abgeschöpften Teil von Individuen, sondern auch durch Störung, z. B. durch Vertreiben der Tiere von den nahrungsökologisch günstigen Plätzen, und auf andere Weise aus.

Eine massenhafte Vermehrung von Arten wird nicht ganz selten auch unter „natürlichen" Bedingungen beobachtet. Sie tritt nicht nur bei abnehmendem Feinddruck auf, sondern auch dann, wenn eine Art einen neuen Lebensraum erobert. Der Eissturmvogel *(Fulmarus glacialis)* hat etwa 1880 die Küsten der Britischen Inseln besiedelt. Er hat in gut 70 Jahren seine Brutbestände dort von 0 auf fast 100000 um 1950 erhöht. Heute liegen die Zahlen über 300000. Auch in der Bretagne, in Norwegen und auf Helgoland deutet sich eine Zunahme an (BEZZEL 1985). Die Faktoren, die diese Erscheinung verursacht haben, sind weitgehend unbekannt. Man kann aber vermuten, daß das erhöhte Nahrungsangebot durch Abfälle aus der Fischindustrie dabei eine Rolle spielt.

Es gibt weitere Beispiele für die Zunahme von Vogelarten im Zusammenhang mit der Kolonisation neuer Lebensräume bzw. der Erweiterung des Areals. Eindrucksvolle Fälle stellen der Girlitz *(Serinus serinus)*, die Wacholderdrossel *(Turdus pilaris)*, die Reiherente *(Aythya fuligula)* und die Türkentaube *(Streptopelia decaocto)* dar. Die Wacholderdrossel hat im vorigen Jahrhundert beginnend ihr Brutgebiet ständig westwärts ausgedehnt. Sie hat heute Island und Grönland erreicht (LÜBCKE & FURRER 1985). Die Türkentaube hat sich seit den 30er Jahren dieses Jahrhunderts vom Balkan her kommend nach NW ausgebreitet. Sie ist heute zu einem der häufigsten Kulturfolger in Mitteleuropa geworden, hat Island erreicht und stößt auf der Iberischen Halbinsel südwestwärts vor (BEZZEL 1985). Anstöße für solche Arealveränderungen mögen einerseits in der Veränderung der Kulturlandschaft, andererseits auch in den Vögeln selbst liegen, die geringere Ortsbindung mit hoher Produktivität verbinden. Weitere Arten mit Bestandszunahme in Westeuropa sind der Karmingimpel *(Carpodacus erythrinus)*, die Beutelmeise *(Remiz pendulinus)*, der Cistensänger *(Cisticola juncidis)* und der Seidensänger *(Cettia cetti)*.

19.2.2 Fortpflanzungsrate und Sterblichkeit

Bei der Ringelgans kann man glücklicherweise sehr gut die Jungvögel bis zum Alter von einem Jahr von den älteren Vögeln unterscheiden. Bei den Jungen ist zunächst der weiße Halsring nicht so deutlich ausgebildet; außerdem weisen sie an den oberen Flügeldecken lichte Endsäume auf, so daß der Flügel als Ganzes hell gebändert, bei den Altvögeln dagegen einheitlich dunkel erscheint (s. Abb. 150, S. 290). So kann man im Herbst bei der Rückkehr der Vögel in das Überwinterungsgebiet und bis zum Abzug im Mai in einem Trupp jederzeit auszählen, wieviele Jung- und wieviele Altvögel vorhanden sind. Hieraus läßt sich der Fortpflanzungserfolg (Fertilität) der vergangenen Saison ermitteln (Abb. 169).

Die auftretenden Schwankungen könnten ihre Ursache darin haben, daß Kälteeinbrüche während der Brut oder der frühen Jungenaufzucht in den arktischen Brutgebieten auftreten und den Bruterfolg zunichte machen. Auffällig ist allerdings, daß nicht selten zwei Jahre mit schlechtem Bruterfolg auf ein Jahr mit gutem Erfolg folgen. Eine derartige Regelmäßigkeit könnte eher mit der Kondition der Altvögel zu tun haben, die nach einer gelungenen Brut so erschöpft sind, daß sie nicht so rasch wieder die Kraft und Energie finden, sich fortzupflanzen. Auch die Ernährungsbedingungen am Ende des Winters spielen eine wichtige Rolle für den Bruterfolg (TEUNISSEN et al. 1985). Über die Sterblichkeit (Mortalität) in der Population kann man nur anhand von individuell markierten Individuen etwas aussagen, die man über längere Zeit studiert (PROKOSCH 1981).

19.2.3 Aussterben einer Population

Im Zusammenhang mit der noch anhaltenden Trockenlegung und Ausbeutung der Hochmoore Norddeutschlands durch Torfabbau sind die hier siedelnden Teilpopulationen spezialisierter Vogelarten nach und nach ausgestorben, so daß nur noch kleine Restbestände von Goldregenpfeifer, Birkhuhn und anderen Arten übriggeblieben sind. Abb. 170 zeigt, wie das Aussterben einer Birkhuhnpopulation im Hahnenmoor (Niedersachsen) vor sich gegangen ist. In den 60er Jahren war die Population noch so groß, daß man Abschüsse von Hähnen genehmigen zu können glaubte. Dann schloß sich der rapide Populationsrückgang an, der in diesem Ausmaß das Gegenteil einer ungehemmt anwachsenden Population (Ringelgans, Abb. 169) darstellt. Am Schluß, wenn nur noch wenige Tiere übrig sind, ist keine Fortpflanzung mehr möglich. Die verbleibenden Hähne sind überaltert, außerdem fehlt es an Hennen. Ähnliches spielt sich auch beim

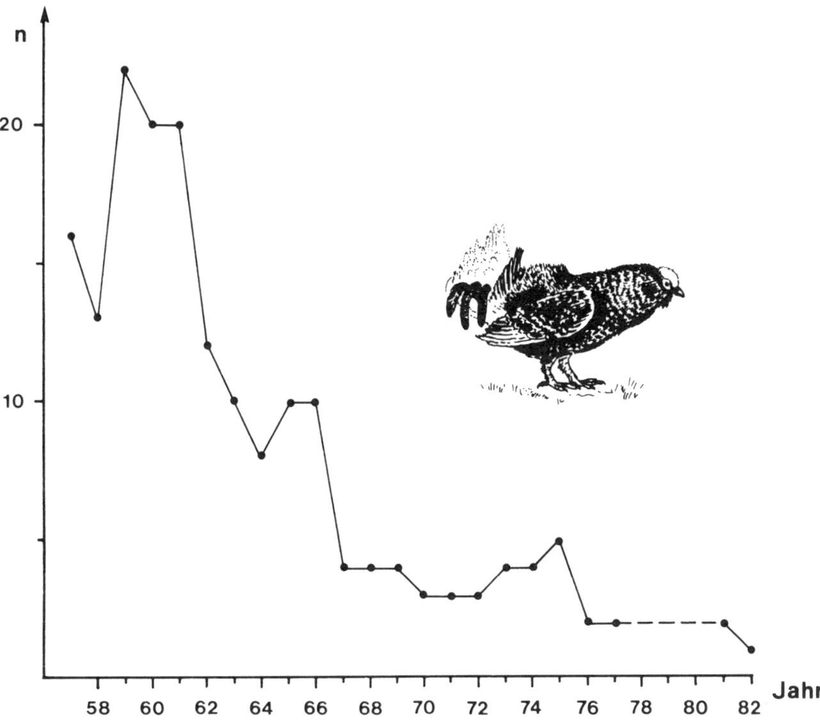

Abb. 170: So nahm die Zahl der singenden Birkhähne *(Tetrao tetrix)* in den 60er und 70er Jahren im Hahnenmoor in Niedersachsen ab. Nach H. O. BECKER, briefl.

Auerhuhn ab (KLAUS et al. 1986). Hier bleiben am Schluß an den Balzplätzen jedoch nur einige Hennen übrig, die vergeblich auf den Hahn warten. Der allgemeine Rückgang der Population führt immer mehr zur Zersplitterung des ehemaligen Verbreitungsgebiets (MARTI 1986). Der fehlende Genfluß in der Population ist auch aus genetischer Sicht bedenklich. Beim Großbrachvogel *(Numenius arquata)* sieht man zwar in trockengelegten Teilen ehemaliger Lebensräume noch über Jahre hin Paare überdauern, die aber keine Möglichkeit mehr haben, sich erfolgreich fortzupflanzen. So ist zu einer Zeit, in der man noch einzelne Tiere beobachten kann, die Population schon als ausgestorben anzusehen. Neuerdings versucht man an mehreren Stellen in Mitteleuropa mit großer Mühe und erheblichem finanziellen Aufwand, durch Aussetzen („Ausbürgern") in Gefangenschaft aufgezogener Vögel Populationen von Auerhuhn, Birkhuhn, Haselhuhn und anderen Arten wieder aufzubauen (ASCHENBRENNER 1985). Derlei Experimente sind dann meist von vornherein zum Scheitern verurteilt, wenn sie nicht durch geeignete Biotopgestaltungsmaßnahmen vorbereitet und flankiert werden. Grundsätzlich aber ergibt sich das Problem, ob nicht in Gefangenschaft aufgezogene und über Generationen hin gezüch-

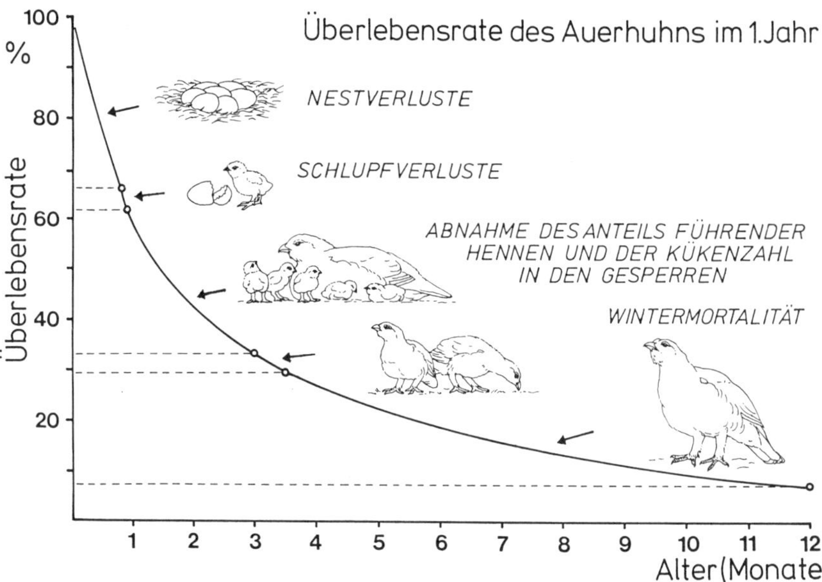

Abb. 171: Aus 100 abgelegten Auerhuhneiern schlüpfen nur etwas mehr als 60 Küken. Von diesen leben nach einem Jahr nur noch 8. Die Mortalität ist bei allen Vögeln in den frühen Entwicklungsstadien hoch. Nach Daten von LINDÉN 1981, aus KLAUS et al. 1986

tete Vögel unabsichtlich so auf Zahmheit und andere in der Voliere erwünschte Eigenschaften ausgelesen werden, daß sie im Freiland nicht mehr existieren können. Ein Umstellen der Arten auf neue Lebensräume und Lebensbedingungen in der Kulturlandschaft, wie wir sie beim Kiebitz *(Vanellus vanellus),* teils auch bei der Rohrweihe *(Circus aeruginosus)* und anderen Arten beobachten, ist wohl bei den Waldhühnern nicht zu erwarten. Welche Schwierigkeiten aus der Populationsökologie selbst freilebender Rauhfußhuhnpopulationen entstehen, soll an Abb. 171 gezeigt werden. Geht man von der Anzahl abgelegter Eier aus und setzt diese 100%, so lassen sich während der gesamten Jugendentwicklung im ersten Lebensjahr Verluste feststellen. Das beginnt während der Brut und setzt sich im Prozeß des Ausschlüpfens aus dem Ei fort; erhebliche Verluste treten in der Kükenzeit auf, aber viele Jungvögel überstehen auch ihren ersten Winter nicht (nach KLAUS et al. 1986). Der Anteil der gemessen an der Eizahl überlebenden Individuen liegt unter 10%! Und dies bei einer Teilpopulation, die in freier Natur lebt und angepaßt ist. Bei der künstlichen Aufzucht vermeidet man zwar weitgehend Eiverluste und Kükensterblichkeit, dafür werden die Risiken nach dem Aussetzen der Jungvögel umso größer.

Zur Populationsbiologie haben wir im vorstehenden Kapitel sehr einfache Beispiele besprochen. Sie stellen aus dem gesamten Forschungsgebiet nur einen winzigen Ausschnitt dar. Allein um die Ergebnisse der Populationsforschung an der Kohlmeise darzustellen, brauchte man zum gegenwärtigen Zeitpunkt schon mehrere Bücher, die dicker sind als dieses.

Literatur

ALCOCK, J. (1972): The Evolution of the Use of Tools by Feeding Animals. Evolution **26:** 464–473

ALTUM, B. (1937): Der Vogel und sein Leben. Schöningh, Paderborn.

ARNOLD, A. P., F. NOTTEBOHM & D. W. PFAFF (1976): Hormone Concentrating Cells in Vocal Control and Other Areas of the Brain of the Zebra Finch *Poëphila guttata).* J. Comp. Neurol. **165:** 487–512

ASCHENBRENNER, H. (1985): Rauhfußhühner – Lebensweise, Zucht, Krankheiten, Ausbürgerung. Schaper, Hannover

ASCHOFF, J. (1979): Circadian Rhythms: Influences of Internal and External Factors on the Period Measured in Constant Conditions. Z. Tierpsychol. **49**: 225–249

ASCHOFF, J. (1981): Der Tagesgang der Körpertemperatur von Vögeln als Funktion des Körpergewichts. J. Orn. **122**: 129–151

ASCHOFF, J. (1984): Tages- und Jahresuhren zur Orientierung in Raum und Zeit. Nova Acta Leopoldina NF **57**, 9–47

ASCHOFF, J., & R. WEVER (1962): Beginn und Ende der täglichen Aktivität freilebender Vögel. J. Orn. **103**: 2–27

BAIRLEIN, F. (1978): Über die Biologie einer südwestdeutschen Population der Mönchsgrasmücke (*Sylvia atricapilla).* J. Orn. **119:** 14–51

BAKER, J. R. (1938): The evolution of breeding seasons. In: Evolution: Essays on aspects of evolutionary biology. Clarendon Press, Oxford

BAKER, M. C., & L. R. MEWALDT (1978): Song Dialects as Barriers to Dispersal in White-crowned Sparrows. Evolution **32**: 712–722

BALKENHOL, B., H.-H. BERGMANN, R. HOLLÄNDER & M. STOCK (1984): Über den Einfluß von Gänsekot auf die Vegetation von Grünflächen. Ökol. Vögel **6**: 223–247

BANG, B. & S. COBB (1968): The size of the olfactory bulb in 108 species of birds. Auk **85**: 55–61

BALTHAZART, J. & E. SCHOFFENIELS (1979): Hormones are Involved in the Control of Sexual Behaviour in Birds. Naturwiss. **66:** 55–56

BALTHAZART, J., E. PRÖVE & R. GILLES (1983): Hormones and Behaviour in Higher Vertebrates. Springer, Berlin

BARNARD, C. J. (1980): Flock Organization and Feeding Budgets in a Field Population of House Sparrows (*Passer domesticus).* Acta XVII Congr. Int. Orn. II: 1117–1121

BARRENTINE, C. D. (1980): The ingestion of grit by nestling Barn swallows. J. Field Ornithol. **51:** 368–371

BARROWCLOUGH, G. F. & F. C. SIBLEY (1980): Feather Pigmentation and Abrasion: Test of a Hypothesis. Auk **97**: 881–883

BECKER-CARUS, C., C. BUCHHOLTZ, A. ETIENNE, D. FRANCK, J. MEDIONI, H. SCHÖNE, P. SEVENSTER, R. A. STAMM, B. TSCHANZ (1972): Motivation, Handlungsbereitschaft, Trieb. Z. Tierpsychol. **30**: 321–326

BEER, G. DE (1954): *Archaeopteryx Lithographica.* British Museum, London

BERGMANN, G., & H.-H. BERGMANN (1980): Kommunikation beim Königspinguin I und II. Filme mit Beiheft und Arbeitsblättern. Klett, Stuttgart

BERGMANN, H.-H. (1966): Über das Gähnen bei Vögeln. Vogelwelt **87**: 134–138

BERGMANN, H.-H. (1973): Die Imitationsleistung einer Mischsänger-Dorngrasmücke *(Sylvia communis)*. Ein Beitrag zum Problem angeborener und erworbener Gesangsmerkmale. J. Orn. **114**: 317–338

BERGMANN, H.-H. (1974): Das Waldhuhn mit dem Goldhähnchengesang. Bemerkungen über das Haselhuhn. Die Gefiederte Welt H. **12**: 230–233

BERGMANN, H.-H. (1977): *Luscinia svecica* (Turdidae) – Reviergesang. Film von E. Arendt und H. Schweiger. Publ. Wiss. Film, Sekt. Biol., Ser. 10, Nr. 10/E 2257

BERGMANN, H.-H. (1977): Mönchsgrasmücke *(Sylvia atricapilla)* lernt Leiergesang. J. Orn. **118**: 288–293

BERGMANN, H.-H. (1979): Lerndisposition – ein verhaltensbiologischer Begriff, erarbeitet am Beispiel des Gesangslernens der Vögel. Math. Nat. Unterr. (MNU) **32**: 237–244

BERGMANN, H.-H. & H.-W. HELB (1981): Vogelstimmen Schwarz auf Weiß. III. Ein Sänger, der sich mit fremden Federn schmückt. Welt der Tiere **8**: 13–16

BERGMANN, H.-H. & H.-W. HELB (1982): Stimmen der Vögel Europas. BLV, München

BERGMANN, H.-H. & H.-W. HELB (1983): Vogelstimmen Schwarz auf Weiß. X. Die Vogeluhr. Tier- & Naturfotografie **14**: 16–18

BERGMANN, H.-H., S. KLAUS, F. MÜLLER & J. WIESNER (1982): Das Haselhuhn. Neue Brehm Bücherei. Ziemsen, Wittenberg Lutherstadt. 2. Aufl.

BERNDT, R. & W. MEISE (1959): Naturgeschichte der Vögel. Bd. 1. Franckh, Stuttgart

BERNDT, R. & W. WINKEL (1983): Öko-ornithologisches Glossarium. Duncker & Humblot, Berlin

BERTHOLD, A. A. (1849): Transplantation der Hoden. Arch. Anat. Physiol. Wiss. Med.: 42–46

BERTHOLD, P. (1969): Die Laparotomie bei Vögeln. Zool. Garten **37**: 271–279

BERTHOLD, P. (1978): Circannuale Rhythmik: Freilaufende selbsterregte Periodik mit lebenslanger Wirksamkeit bei Vögeln. Naturwiss. **65**: 546–547

BERTHOLD, P. (1979): Innere Jahreskalender – Grundlage der Orientierung bei Tieren. Biologie in unserer Zeit **9**: 1–8

BERTHOLD, P. (1980): Die endogene Steuerung der Jahresperiodik: eine kurze Übersicht. Acta XVII Congr. Int. Orn.: 473–478

BERTHOLD, P. (1986): The control of migration in European warblers. Acta XIX Congr. Int. Orn., Ottawa i. Dr.

BERTHOLD, P., E. BEZZEL & G. THIELCKE (Hrsg.) (1980): Praktische Vogelkunde. Ein Leitfaden für Feldornithologen. Kilda, Greven. 2. Aufl.

BERTHOLD, P. & U. QUERNER (1981): Genetic basis of migratory behaviour in European warblers. Science **212**: 77–79

BEZZEL, E. (1977): Ornithologie. Ulmer, Stuttgart

BEZZEL, E. (1985): Kompendium der Vögel Mitteleuropas: Nonpasseriformes – Nichtsingvögel. Aula, Wiesbaden

BIEBACH, H. (1977): Das Winterfett der Amsel (*Turdus merula*). J. Orn. **118**: 117–133

BINKLEY, S. (1979): A timekeeping enzyme in the pineal gland. Sci. Amer. **241**: 50–55

BLÖSCH, M. (1966): Die Aktivität der Salzdrüsen. Vogelwarte **23**: 225–231

BOAG, P. T. & P. R. GRANT (1984): The classical case of character release : Darwin's finches *(Geospiza)* on Isla Daphne Major, Galapagos. Biol. J. Linn. Soc. **22:** 243–287

BOWMAN, R. I. (1961): Morphological differentiation and adaptation in the Galapagos Finches. Univ. Calif. Publ. Zool. **58**: 1–326

BOWMAN, R. I. (1963): Evolutionary patterns in Darwin's Finches. Occas. Pap. Calif. Acad. Sci. **44**: 107–140

BOWMAN, R. I. (1979): Adaptive Morphology of Song Dialects in Darwin's Finches. J. Orn. **120**: 353–389

BOWMAN, R. I. (1983) : The Evolution of Song in Darwin's Finches. In: BOWMAN, R. I., M. BERSON & A. E. LEVITON (Hrsg.): Patterns of evolution in Galapagos organisms. Amer. Ass. Adv. Sci., Pac. Div., San Francisco

BOWMAN, R. I. & S. L. BILLEB (1965): Blood-eating in a Galapagos Finch. Living Bird **4**: 29–44

BREHM, A. E. (1867): Illustrirtes Thierleben. Die Vögel. Nachdruck 1985, Fackelverlag, Stuttgart

BREUCKER, H. (1967): Vergleichende histologische Studien an der Zirbel der Vögel. Verh. Anat. Ges., Anat. Anz. **120**: 177–183

BUCHHOLTZ, C. (1973): Das Lernen bei Tieren. Fischer, Stuttgart

BUCHHOLTZ, C. (1982): Grundlagen der Verhaltensphysiologie. Vieweg & Sohn, Braunschweig

BUCHSBAUM, R., J. WILSON & I. VALIELLA (1986): Digestibility of plant constituents by Canada Geese and Atlantic Brant. Ecology **67**: 386–393

BÜHLER, P. (1986): *Archaeopteryx* – eine Diskussion der aktuellen Urvogelforschung. J. Orn. **127**: 487–508

CAMPBELL, B. & E. LACK (1985): A dictionary of birds. Poyser, Calton

CATCHPOLE, C. K. (1980): Sexual selection and the evolution of complex songs among European warblers of the genus *Acrocephalus*. Behaviour **74**: 149–166

CONRADS, K. (1966): Der Egge-Dialekt des Buchfinken (*Fringilla coelebs)* – Ein Beitrag zur geographischen Gesangsvariation. Vogelwelt **87**: 176–184

CONRADS, K. (1982): Imitieren Buchfinken (*Fringilla coelebs)* auf Bornholm den Alarmruf des Sprossers (*Luscinia luscinia*)? J.Orn. **123**: 100–105

CORNELIUS, S. E. (1982): Wetland salinity and salt gland size in Redhead *Aythya americana*. Auk **99**: 774–778

COX, A. (1983): Ages of the Galapagos Islands. In: BOWMAN, R. I., M. BERSON & A. E. LEVITON (Hrsg.): Patterns of evolution in Galapagos Organisms. Amer. Ass. Adv. Sci., Pac.Dic., San Francisco

CRIVELLI, A. & P. BLANDIN (1977): L'organisation spatiale d'un peuplement de passereaux forestiers. Alauda **45**: 219–230

CURIO, E. (1964): Zur geographischen Variation des Feinderkennens einiger Darwinfinken (Geospizidae). Verh. Deut. Zool. Ges., Kiel: 466–492

CURIO, E. (1969): Funktionsweise und Stammesgeschichte des Flugfeinderkennens einiger Darwinfinken (Geospizinae). Z.Tierpsychol. **26**: 394–487

CURRY-LINDAHL, K. (1982): Das große Buch vom Vogelzug. Parey, Hamburg
CURIO, E., H.-J. AUGST, H.-W. BÖCKING, M. MILINSKI & O. OHGUCHI (1978): Wie Singvögel auf Feindrufe hassen lernen. J. Orn. **119**: 231–233
CURIO, E., R. BLAICH & N. RIEDER (1970): Two Innate Releasing Mechanisms Subserving the Same Motor Pattern System. Nature **225**: 750–751
CURIO, E. & P. KRAMER (1964): Vom Mangrovefinken (*Cactospiza heliobates*). Ergebnisse der Deutschen Galapagos-Expedition 1962/63 I. Z. Tierpsychol. **21**: 223–234
CZIHAK, G., H. LANGER & H. ZIEGLER (Hrsg.) (1976): Biologie. Springer, Berlin
DARWIN, Ch. (1875): Reise eines Naturforschers um die Welt. Stuttgart. Übers. von V. CARUS (1. Aufl. (engl.) 1839).
DARWIN, Ch. (1859): On the origin of species by means of natural selection, or the preservation of favoured species in the struggle of life. Murray, London. Neudruck 1964. The New American Library of World Literature, New York
DAWKINS, R. (1982): The Extended Phenotype. Freeman, Oxford
DETERT, H. & H.-H. BERGMANN (1984): Regenrufdialekte vom Buchfinken (*Fringilla coelebs L.)*: Untersuchungen an einer Population von Mischrufern. Ökol. Vögel **6**: 101–118
DIJKSTRA, L. & R. DIJKSTRA DE VLIEGER (1977): Voedseloecologie van de Rotgans. Diss. Groningen
DOWSETT-LEMAIRE, F. (1979): The Imitative Range of the Song of the Marsh Warbler (*Acrocephalus palustris*) with Special Reference to Imitations of African Birds. Ibis **121**: 453–468
DRENT, R. H. (1965): Breeding Biology of the Pigeon Guillemot, *Cepphus columba.* Ardea **53:** 99–160
DRENT, R. H. (1980): Goose Flocks and Food Exploitation: How to have your Cake and Eat it. Acta XVII Congr. Int. Orn., Berlin II: 800–806
DUIJM, M. (1958): On the position of a ribbon-like central area in the eyes of some birds. Arch. Néerl. Zool. **13,** 1. Suppl.: 128–145
DURELL, S. E. A. LE V. DIT & J. D. GOSS-CUSTARD (1984): Prey selection within a size-class of mussels, *Mytilus edulis,* by Oystercatchers, *Haematopus ostralegus.* Anim. Behav. **32:** 1197–1203
DÜTTMANN, H., J. GOEBEL, M. KOCH, H. LAIG, M. STOCK, B. HENKEN & D. HEUER (1985): Harte Schale – Weicher Kern: Silbermöwen und Miesmuscheln. Unveröffentlichtes Exkursionsprotokoll, Univ. Osnabrück
EIBL-EIBESFELDT, I. (1963): Werkzeuggebrauch beim Spechtfinken. Natur und Museum **93:** 21–25
EIBL-EIBESFELDT, I. (1967): Grundriß der vergleichenden Verhaltensforschung. Piper, München
EIBL-EIBESFELDT, I. (1977): Galapagos. Die Arche Noah im Pazifik. Piper, München. 6. Aufl.
EISENTRAUT, M. (1936): Beitrag zur Mechanik des Fledermausfluges. Z. wiss. Zool. **148:** 159–188
ENOKSSON, B. & S. G. NILSSON (1983): Territory size and population density in relation to food supply in the Nuthatch, *Sitta europaea.* J. Anim. Ecol. **52:** 927–935
EPPLE, A. (1961): Über Beziehungen zwischen Feinbau und Jahresperiodik des Inselorgans von Vögeln. Z. Zellforsch. **53:** 731–758

EPPLE, A. (Hrsg.) (1980): Avian Endocrinology. Academic Press, New York

ERIKSSON, D., &. L. WALLIN (1986): Male bird song attracts females – a field experiment. Behav. Ecol. Sociobiol. 19: 297–299

ERKERT, H. G. (1969): Die Bedeutung des Lichtsinnes für Aktivität und Raumorientierung der Schleiereule *(Tyto alba guttata* Brehm). Z. vergl. Physiol. **64:** 37–70

FARNER, D. S., J. R. KING & K. C. PARKES (Hrsg.) (1985): Avian Biology. Vol. VII. Academic Press, Orlando

FEDUCCIA, A. (1984): Es begann am Jura – Meer: Die faszinierende Stammesgeschichte der Vögel. Gerstenberg, Hildesheim

FEDUCCIA, A. & H. B. TORDOFF (1979): Feathers of *Archaeopteryx:* Asymmetric Vanes Indicate Aerodynamic Function. Science **203:** 1021–1022

FESTETICS, A. (1968): Zweiphasenaktivität bei der Schleiereule *(Tyto alba).* Z. Tierpsychol. **25:** 659–665

FICKEN, M. S. (1977): Avian Play. Auk **94:** 573–581

FISHER, J. & R. A. HINDE (1949): The opening of milk bottles by birds. Brit. Birds **42:** 347–357

FLEUSTER, W. (1973): Versuche zur Reaktion freilebender Vögel auf Klangattrappen verschiedener Buchfinkenalarme. J. Orn. **114:** 417–428

FRANCK, D. (1979): Verhaltensbiologie – Einführung in die Ethologie. Thieme, Stuttgart

FRISCH, O. VON (1957): Beobachtungen an einer blinden Schleiereule. Anz. orn. Ges. Bayern **4:** 572–574

GARCIA, E. F. J. (1983): An experimental test of competition for space between blackcaps *Sylvia atricapilla* and garden warblers *Sylvia borin* in the breeding season. J. Anim. Ecol. **52:** 795–805

GEORGE, U. (1977): In den Wüsten dieser Erde. Hoffman und Campe, Hamburg. 2. Aufl.

GESNER, C. (1669): Vollkommenes Vogelbuch. Serlin, Frankfurt. Neudruck Schlüter, Hannover, 1981

GEWECKE, M., &. M. WOIKE (1978): Brest feathers as an air-current sense organ for the control of flight behaviour in a songbird *(Carduelis spinus).* Z. Tierpsychol. **47:** 293–298

GLASER, E. M. (1968): Die physiologischen Grundlagen der Gewöhnung. Thieme, Stuttgart

GLUTZ VON BLOTZHEIM, U. N. & K. M. BAUER (1980): Handbuch der Vögel Mitteleuropas, Bd. 9. Akad. Verlagsges., Wiesbaden

GLUTZ VON BLOTZHEIM, U. N. & K. M. BAUER & E. BEZZEL (1975): Handbuch der Vögel Mitteleuropas, Bd. 6, Akad. Verlagsges., Wiesbaden

GOLDMAN, S. A. & F. NOTTEBOHM (1983): Neuronal production, migration, and differentiation in a vocal control nucleus of the female canary brain. Proc. Nat. Acad. Sci, USA **80:** 2390–2394

GOSS-CUSTARD, J. D. (1976): Variation in the dispersion of Redshank *Tringa totanus* on their winter feeding grounds. Ibis **118:** 257–263

GOSS-CUSTARD, J. D. & S. E. A. LE V. DIT DURELL (1983): Individual and age differences in the feeding ecology of Oystercatchers *Haematopus ostralegus* wintering on the Exe Estuary, Devon. Ibis **125:** 155–171

GOSS-CUSTARD, J. D. & W. J. SUTHERLAND (1984): Feeding Specializations in Oystercatchers *Haematopus ostralegus.* Behaviour **32:** 299–300

GRANT, P. R. (1983): The Role of Interspecific Competition in the Adaptive Radiation of Darwin's Finches. In: BOWMAN, R. I., M. BERSON & A. E. LEVITON (Hrsg.): Patterns of evolution in Galapagos organisms. Amer. Ass. Adv. Sci., Pac. Div., San Francisco

GREENSPON, J. M. & D. G. STEIN (1983): Functional Asymmetry of the Songbird Brain: Effects of Testosterone in Song Control in Adult Female Canaries *(Serinus canarius).* Neurosci. Letters **41:** 125–131

GREMMELS, H.-D. (1986): Das Verdauungssystem der Rauhfußhühner – Eine Übersicht zur Physiologie und Mikroanatomie dieses Organsystems. Z. Jagdwiss. **32:** 96–104

GRUBB, T. C. (1974): Olfactory navigation to the nesting burrow in Leach's Petrel *(Oceanodroma leucorrhoa).* Anim Behav. **22:** 192–202

GRZIMEK, B. (Hrsg.) (1969): Grzimeks Tierleben. Vögel 1. Kindler, München.

GURNEY, M. E. & M. KONISHI (1980): Hormon-induced sexual differentiation of brain and behaviour in Zebra Finches. Science **208:** 1380–1383

GÜTTINGER, H. R. (1980): Angeboren oder erlernt – Was die Vögel singen. Bild der Wissenschaft 2/1980: 50–60

GWINNER, E. (1966): Entrainment of a Circadian Rhythm in Birds by Species Specific Song Cycle (Aves, Fringillidae: *Carduelis spinus, Serinus serinus).* Experientia **22:** 1–3

GWINNER, E. (1978): Effects of Pinealectomy on Circadian Locomotor Activity Rhythms in European Starlings, *Sturnus vulgaris.* J. comp. Physiol. **126:** 123–129

GWINNER, E. & J. KNEUTGEN (1962): Über die biologische Bedeutung der „zweckdienlichen" Anwendung erlernter Laute bei Vögeln. Z. Tierpsychol. **19:** 692–696

GWINNER, E. & W. WILTSCHKO (1978): Endogenously controlled changes in migratory direction of the Garden Warbler, *Sylvia borin.* J. comp. Physiol. **125:** 267–273

HAESELER, V. (1985): Werkzeuggebrauch bei der europäischen Grabwespe *Ammophila hungarica* Mocsary 1883 – (Hymenoptera: Sphecidae). Zool. Anz., Jena **215:** 279–286

HAFFEN, K. (1975): Sex Differentiation of Avian Gonads in Vitro. Amer. Zool. **15:** 257–272

HANSEN, W., &. H. OELKE (1973ff): Bestimmungsbuch für Rupfungen und Mauserfedern. Beitr. Naturk. Niedersachsens **26**ff

HARRISON, C. (1975): Jungvögel, Eier und Nester aller Vögel Europas, Nordafrikas und des Mittleren Ostens. Parey, Hamburg

HARRIS, M. (1982): A Field Guide to the Birds of Galapagos. Collins, London. 2. Aufl.

HARTSHORNE, C. (1973): Born to Sing. An Interpretation and World Survey of Bird Song. Indiana Univ. Press, Bloomington

HECHT, M. K., J. H. OSTROM, G. VIOHL & P. WELLNHOFER (1985): The Beginnings of Birds. Proc. Int. *Archaeopteryx* Conference Eichstätt 1984. Freunde des Jura-Museums, Eichstätt

HEID, P., H. R. GÜTTINGER & E. PRÖVE (1985): The Influence of Castration and Testosterone Replacement on the Song Architecture of Canaries *(Serinus canaria).* Z. Tierpsychol. **69:** 224–236

HEINROTH, O. (1911): Beiträge zur Biologie, namentlich Ethologie und Psychologie der Anatiden. Verh. V. Int. Orn.Congr., Berlin: 589–702

HEINROTH, O. & M. (1928): Die Vögel Mitteleuropas. Bermühler, Berlin-Lichterfelde

HEINROTH, O. (1955): Aus dem Leben der Vögel. Springer, Berlin. 2. Aufl.

HEINZEL, H., R. FITTER & J. PARSLOW (1971): Pareys Vogelbuch. Parey, Hamburg

HELLMANN, R. (1983): Observational Learning in Blue Tits. Naturwiss. **70:** 260

HELB, H.-W. & H. CRUSE (1980): Territorialverhalten bei Vögeln. In: FALKE, H. & P. SITTE (Hrsg.): Experimente aus der Biologie: 163 – 173. Weinheim

HELB, H.-W., & H. CRUSE (1974): Das Experiment: Revierverhalten bei Vögeln. Biol. in u. Zeit **4:** 189–190

HELB, H.-W., F. DOWSETT-LEMAIRE, H.-H. BERGMANN & K. CONRADS (1985): Mixed Singing in European Songbirds – a Review. Z. Tierpsychol. **69:** 27–41

HEPPLESTON, P. B. (1970): Anatomical observations on the bill of the Oystercatcher *(Haematopus ostralegus occidentalis)* in relation to feeding behaviour. J. Zool., London **161:** 519–524

HESS, E. H. (1975): Prägung. Die frühkindliche Entwicklung von Verhaltensweisen bei Tier und Mensch. Kindler, München

HEYDER, R. (1933): Das Zurruhegehen der Amsel, *Turdus merula* L., in seinem Verhältnis zur Tageshelle. Mitt. Ver. sächs. Orn. **4:** 57–81

HEYMANN, J. (1983): Zur Steuerung des Strophenabbruchs im Gesang des Buchfinken *(Fringilla coelebs* L.). Diplomarbeit, Univ. Osnabrück

HINDE, R. A. & E. STEEL (1976): The Effect of Male Song on an Estrogen – Dependent Behaviour Pattern in the Female Canary *(Serinus canarius).* Hormones and Behaviour **7:** 293–304

HINDE, R. A. & R. P. WARREN (1959): The effect of nest building on later reproductive behaviour in domesticated canaries. Anim. Behav. **11:** 553–560

HOLLÄNDER, R. (1982): Die aerobe bakterielle Darmflora verschiedener überwinternder Gänsearten. Zbl. Bakt. Hyg. I. Abt. Orig. A **255:** 394–400

HOLST, E. VON & U. VON SAINT PAUL (1960): Vom Wirkungsgefüge der Triebe. Naturwiss. **47:** 409–422

HOLST, E. VON & U. VON SAINT PAUL (1962): Instinktverhalten durch Stammhirnreizung bei Hühnern. Filme D 845–849. Institut für den Wiss. Film, Göttingen

HOLZ, R. & K. D. SELLIN (1981): Zum Einfluß der Beweidung durch Gänse (Gattung *Anser* Brisson 1760) auf die Ertragsbildung von Getreidekulturen. Naturschutzarbeit in Mecklenburg **24:** 14–22

HOWARD, R. D. (1974): The influence of sexual selection and interspecific competition on Mockingbird song *(Mimus polyglottos).* Evolution **28:** 428–438

HÖGLUND, N.H. (1955): Kroppstemperatur, aktivitet och förngring hos tjädern *Tetrao urogallus* L. Viltrevy. **1:** 1–87

HULSCHER, J. B. (1976): Localisation of Cockles *(Cardium edule)* by Oystercatcher *(Haematopus ostralegus)* in darkness and daylight. Ardea **64:** 292–310

HULSCHER, J. B. (1982): The Oystercatcher *Haematopus ostralegus* as a predator of the bivalve *Macoma balthica* in the Dutch Wadden Sea. Ardea **70:** 89–152

HULSCHER, J. B. (1985): Growth and abrasion of the Oystercatcher bill in relation to dietary switches. Neth. J. Zool. **35:** 125–154

HUMMEL, D. (1973): Die Leistungsersparnis beim Verbandsflug. J. Orn. **114:** 259–282

HUXLEY, J. S. (1914): The Courtship Habits of the Great Crested Grebe *(Podiceps cristatus)*; with an Addition to the Theory of Sexual Selection. Proc. Zool. Soc., London **25:** 253–291

IMMELMANN, K. (1979): Einführung in die Verhaltensforschung. Parey, Berlin. 2. Aufl.

IMMELMANN, K. (1982): Wörterbuch der Verhaltensforschung. Parey, Berlin

IMMELMANN, K. & J. BÖHNER (1984): Beobachtungen am Thermometerhuhn *(Leipoa ocellata)* in Australien. J. Orn. **125:** 141–155

IMMELMANN, K. & S. J. SUOMI (1982): Die Ansprechbarkeit gegenüber Umweltreizen und ihre Steuerung während der Entwicklung. In: IMMELMANN, K., G. W. BARLOW, L. PETRINOVICH & M. MAIN (Hrsg.): Verhaltensentwicklung bei Mensch und Tier. Parey, Berlin

IMPEKOVEN, M. (1962): Die Jugendentwicklung des Teichrohrsängers *(Acrocephalus scirpaceus)*. Diss. Basel; auch Rev. Suisse Zool. **69:** 77–191.

JAEGER, E. C. (1949): Further Observations on the Hibernation of the Poor-Will. Condor **51:** 105–109

JO, N. (1983): Karyotypic Analysis of Darwin's Finches. In: BOWMAN, R. J., M. BERSON & A. E. LEVITON (Hrsg.): Patterns of evolution in Galapagos organisms: 201–217. Amer. Ass. Adv. Sci., Pac. Div., San Francisco

JOHNSGARD, P. A. (1965): Handbook of Waterfowl Behaviour. Cornell University Press, London

KÄMPFE, L., R. KITTEL & J. KLAPPERSTÜCK (1966): Leitfaden der Anatomie der Wirbeltiere. Fischer, Jena. 2. Aufl.

KEETON, W. T. (1980): Avian orientation and navigation: New developments in an old mystery. Acta XVII Congr. Int. Orn., Berlin I: 137–157

KEETON, W. T. (1982): Die Ontogenese der Fernorientierung bei Vögeln. In: IMMELMANN, K., G. W. BARLOW, M. MAIN & L. PETRINOVICH (Hrsg.): Verhaltensentwicklung bei Mensch und Tier. Parey, Berlin

KENWARD, R. E. (1978): Hawks and Doves: Factors affecting success and selection in Goshawk attacks on Woodpigeons. J. Anim. Ecol. **47:** 449–460

KING, A. S., & J. MCLELLAND (1978): Anatomie der Vögel. Ulmer, Stuttgart

KLAUS, S., A. V. ANDREEV, H.-H. BERGMANN, F. MÜLLER, J. PORKERT & J. WIESNER (1986): Die Auerhühner. Neue Brehm Bücherei. Ziemsen, Wittenberg Lutherstadt

KLUMP, G. M., E. KRETZMAR & E. CURIO (1986): The hearing of an avian predator and its avian prey. Behav.Ecol.Sociobiol. **18:** 317–323

KLUMP, G. M., & M. D. SHALTER (1984): Acoustic Behaviour of Birds and Mammals in the Predator Context. Z. Tierpsychol. **66:** 189–226

KNUDSEN, E. I. & P. F. KNUDSEN (1985): Vision Guides the Adjustment of Auditory Localization in Young Barn Owls. Science **130:** 545–548

KNUDSEN, E. I., P. F. KNUDSEN & S. D. ESTERLY (1982): Early auditory experience modifies sound localization in barn owls. Nature **295:** 238–240

KNUDSEN, E. I. & M. KONISHI (1979): Mechanisms of Sound Localization in the Barn Owl *(Tyto alba)*. J. comp. Physiol. **133:** 13–21

KÖNIG, C. (1982): Zur systematischen Stellung der Neuweltgeier (Cathartidae). J. Orn. **123:** 259–267

KONISHI, M. & B. Q. DOUGLAS (1974): Absolute Frequency Discrimination in the Barn Owl. J. comp.Physiol. **93:** 347–360

KOEHLER, O. (1955): „Zählende" Vögel und vergleichende Verhaltensforschung. Acta XI Congr. Int.Orn., Basel. Experientia Suppl. 3. Birkhäuser, Basel: 588–598

KÖSTER, F. & H. (1983): Twelve days among the „Vampire-Finches" of Wolf Island. Noticias de Galapagos **38:** 4–10

KOSKIMIES, J. (1948): On Temperature Regulation and Metabolism in the Swift, *Micropus a. apus* L., during Fasting. Experientia IV/7: 274–280

KOSKIMIES, J. (1961): Fakultative Kältelethargie beim Mauersegler *(Apus apus)* im Spätherbst. Vogelwarte **21:** 161–166

KRAMER, G. (1949): Über Richtungstendenzen bei der nächtlichen Zugunruhe gekäfigter Vögel. In: MAYR, E. & E. SCHÜZ (Hrsg.): Ornithologie als biologische Wissenschaft. Winter, Heidelberg

KREBS, J. R. (1977): The significance of song repertoires: the Beau-Geste hypothesis. Anim. Behav. **25:** 475–478

KREBS, J. R. & C. J. BARNARD (1980): Comments on the Function of Flocking in Birds. Acta XVII Congr. Int. Orn., Berlin: 795–799

KREBS, J. R. & N. B. DAVIES (1984): Einführung in die Verhaltensökologie. Thieme, Stuttgart

KROODSMA, D. E. (1976): The Effect of Large Song Repertoires on Neighbor „Recognition" in Male Song Sparrows. Condor **78:** 97–99

KROODSMA, D. E. (1982): Die Ontogenese des Vogelgesangs. In: IMMELMANN, K., G. W. BARLOW, L. PETRINOVICH & M. MAIN (Hrsg.): Verhaltensentwicklung bei Mensch und Tier: 626–639. Parey, Berlin

KUMMERLÖWE, H. (1930/31): Vergleichende Untersuchungen über das Gonadensystem weiblicher Vögel. Teil 1–4. Z.mikr.-anat. Forsch. **21:** 9–156, **22:** 259–413, **24:** 455–631, **25:** 311–319

LACK, D. (1945): The Galapagos Finches (Geospizinae). A Study in Variation. Occas. Pap. Calif. Acad. Sci., San Francisco **21:** 1–158

LACK, D. (1947): Darwin's Finches. Cambridge Univ. Press. Cambridge

LACK, D. (1971): Adaptive Radiations in Archipelagoes. Galapagos Finches and Hawaiian Sicklebills. In: LACK, D.: Ecological Isolation in Birds: 174–199. Blackwell, Oxford

LANGSLOW, D. R. (1978): Recent increases of Blackcaps at bird observatories. Brit. Birds **71**: 345–354

LEOPOLD, M. F., E. C. L. MARTEIJN & C. SWENNEN (1985): Long-distance transport of prey from the intertidal zone to high-tide roosts by the Oystercatcher. Ardea **73**: 76–82

LIEBERBURG, I., & F. NOTTEBOHM (1979): High affinity androgen binding proteins in syringeal tissues of song birds. Gen. Comp. Endocrinol. **37:** 286–293

LINDÉN, H. (1981): Estimation of juvenile mortality in the Capercaillie *(Tetrao urogallus)* and the Black Grouse (*Tetrao tetrix)*, from indirect evidence. Finn. Game Res. **39**: 35–51

LORENZ, K. (1935): Der Kumpan in der Umwelt des Vogels. J. Orn. **83:** 137–413

LORENZ, K. (1965): Darwin hat recht gesehen. Neske, Pfullingen

LOWE, P. R. (1936): The Finches of the Galapagos in relation to Darwin's conception of species. Ibis **78**: 310–321

LÜBCKE, W. & R. FURRER (1985): Die Wacholderdrossel. Neue Brehm Bücherei. Ziemsen, Wittenberg Lutherstadt

LUINE, V., F. NOTTEBOHM, C. HARDING & B. S. MCEWEN (1980): Androgene Affects Cholinergic Enzymes in Syringeal Motor Neurons and Muscles. Brain Res. **192**: 89–107

LUTHER, D. (1970): Die ausgestorbenen Vögel der Welt. Neue Brehm Bücherei. Ziemsen, Wittenberg Lutherstadt

MACARTHUR, R. H., & E. O. WILSON (1967): Biogeographie der Inseln. München

MACFARLAND, C. & W. G. REEDER (1974): Cleaning Symbiosis Involving Galapagos Tortoises and Two Species of Darwin's Finches. Z. Tierpsychol. **34:** 464–483

MARLER, P. (1956): Behaviour of the Chaffinch, *Fringilla coelebs.* Behaviour Suppl. **5:** 1–184

MARLER, P. & S. PETERS (1982): Developmental Overproduction and Selective Attrition: New Processes in the Epigenesis of Birdsong. Developmental Psychobiology **15:** 369–378

MARTI, C. (1986): Verbreitung und Bestand des Auerhuhns *Tetrao urogallus* in der Schweiz. Orn. Beob. **83**: 67–69

MAUERSBERGER, G. (1984): Zur Anwendung des Terminus „Population". Der Falke **31**: 373–377

MÄRZ, R. (1969): Gewöll- und Rupfungskunde. Akademie-Verl., Berlin

MAYR, E. & R. J. O'HARA (1986): The Biogeographic Evidence Supporting the Pleistocene Forest Refuge Hypothesis. Evolution **40**: 55–67

MENAKER, M. & N. ZIMMERMAN (1976): Role of the Pineal in the Circadian System of Birds. Amer. Zool. **16**: 45–55

MERKEL, F. W. (1956): Untersuchungen über tages- und jahresperiodische Aktivitätsänderungen bei gekäfigten Zugvögeln. Z. Tierpsychol. **13**: 278–301

MERKEL, F. W. & W. WILTSCHKO (1965): Magnetismus und Richtungsfinden zugunruhiger Rotkehlchen (*Erithacus rubecula*). Vogelwarte **23**: 71–77

MIDTGÅRD, U. (1980): Heat loss from the feet of Mallards *Anas platyrhynchos* and arterio-venous heat exchange in the Rete Tibiotarsale. Ibis **122**: 354–359

MIDTGÅRD, U. (1986): The peripheral circulatory system in birds. Diss. Kopenhagen

MOISEFF, A. & M. KONISHI (1981): Neuronal and Behavioural Sensitivity to Binaural Time Differences in the Owl. J. Neurosci. **1**: 40–48

MÜLLER, F. J. (1974): Territorialverhalten und Siedlungsstruktur einer mitteleuropäischen Population des Auerhuhns, *Tetrao urogallus major*, C. L. Brehm. Diss., Marburg

MÜLLER, F. J. (1980): Wildbiologische Informationen für den Jäger III. Enke, Stuttgart

MÜLLER, F. J. (1982): Wildbiologische Informationen für den Jäger V. Enke, Stuttgart

MÜLLER, F. J. (1984): Wildbiologische Informationen für den Jäger VII. Enke, Stuttgart

MÜLLER, F. J. (1986): Wildbiologische Informationen für den Jäger IX. Jagdbuchverlag, Balzers

MYERS, J. P., P. G. CONNORS & F. A. PITELKA (1979): Territory size in wintering sanderlings: The effects of prey abundance and intruder density. Auk **96:** 551–561

NACHTIGALL, W. (1984): Vogelflugforschung in Deutschland. J. Orn. **125**: 157–187

NACHTIGALL, W. (Hrsg.) (1985): Bird Flight – Vogelflug, Biona–Report 3. Fischer, Stuttgart

NICE, M. M. (1941): The Role of Territory in Bird Life. Amer. Midland Naturalist **26:** 441–487

NOPCSA, F. VON (1907): Ideas on the origin of flight. Proc. Zool. Soc., London: 223–236

NORBERG, U. M. (1985): Evolution of vertebrate flight: an aerodynamic model for the transition from gliding to active flight. Amer. Nat. **126**: 303–327

NORTON-GRIFFITHS, M. (1967): Some Ecological Aspects of the Feeding Behaviour of the Oystercatcher *Haematopus ostralegus* on the Edible Mussel *Mytilus edulis*. Ibis **109**: 412–424

NOTTEBOHM, F. (1972): Neural Lateralization of Vocal Control in a Passerine Bird. II. Subsong, Calls, and a Theory of Vocal Learning. J. Exp. Zool. **179:** 35–50

NOTTEBOHM, F. (1980): Testosterone triggers growth of brain vocal control nuclei in adult female canaries. Brain Res. **189:** 429–436

NOTTEBOHM, F. & A. P. ARNOLD (1976): Sexual Dimorphism in Vocal Control Areas of the Song Bird Brain. Science **194:** 211–213

NÜRNBERGER, F., D. SIEBOLD & H.-H. BERGMANN (in Vorb.): A Description of the Song Control System of Free-Living Chaffinches (*Fringilla coelebs*).

O'CONNOR, R. J., & R. A. BROWN (1977): Prey depletion and foraging strategy in the Oystercatcher *Haematopus ostralegus.* Oecologia **27:** 75–92

OHMART, R. D. & R. C. LASIEWSKI (1971): Roadrunners: Energy Conservation by Hypothermia and Absorption of Sunlight. Science **172:** 67–69

OKSCHE, A. (1968): Zur Frage extraretinaler Photorezeptoren im Pinealorgan der Vögel. Archives d'Anatomie, d'Histologie et d'Embryologie normales et expérimentales **51:** 497–507

OKSCHE, A. & H. KIRSCHSTEIN (1969): Elektronenmikroskopische Untersuchungen am Pinealorgan von *Passer domesticus.* Z. Zellforsch. **102:** 214–241

OKSCHE, A., Y. MORITA & M. VAUPEL VON HARNACK (1969): Zur Feinstruktur und Funktion des Pinealorgans der Taube *(Columba livia).* Z. Zellforsch. **102:** 1–30

OSTROM, J. H. (1974): *Archaeopteryx* and the origin of flight. Quart. Rev. Biol. **49:** 27–47

PAPI, F. (1976): The olfactory navigation system of the homing Pigeons. Verh. Deut. Zool. Ges.: 184–205

PAYNE, R. B. (1962): How the barn owl locates prey by hearing. Living Bird: 151–159

PAYNE, R. B. (1973): Mechanisms and Control of Molt. In: FARNER, D. S. & J. R. KING: Avian Biology, Vol. 2. Academic Press, Orlando

PAYNE, R. B. (1984): Sexual Selection, Lek and Arena Behaviour, and Sexual Size Dimorphism in Birds. Orn. Monogr. **33:** 1–52

PEIPONEN, V. A. (1965): On Hypothermia and Torpidity in the Nightjar *(Caprimulgus europaeus* L.). Ann. Acad. Sci. Fenn., Ser. A/IV: 3–15

PERDECK, A. C. (1958): Two types of orientation in migrating Starlings, *Sturnus vulgaris* L., and Chaffinches, *Fringilla coelebs* L., as revealed by displacement experiments. Ardea **46:** 1–37

PERNAU, A. F. VON (1702): Unterricht, was mit dem lieblichen Geschöpff denen Vögeln ... Nachdruck, Neue Presse, Coburg 1982

PESCH, A. & H.-R. GÜTTINGER (1985): Der Gesang des weiblichen Kanarienvogels. J. Orn. **126:** 108–110

PICKSTOCK, J. C. & J. R. KREBS (1980): Neighbour-stranger song discrimination in the Chaffinch. J. Orn. **121:** 105–108

PLINIUS SECUNDUS, C. (1783): Historiae naturalis Libri XXXVII. Societas Bipontina, Zweibrücken

POLANS, N. O. (1983): Enzyme Polymorphism in Galapagos Finches. In: BOWMAN, R. J., M. BERSON & A. E. LEVITON (Hrsg.): Patterns of evolution in Galapagos organisms, 219–236. Amer. Ass. Adv. Sci., Pac. Div., San Francisco

PORTMANN, A. (1984): Vom Wunder des Vogellebens. Piper, München

PRINS, H. H. T., R. C. YDENBERG & R. H. DRENT (1980): The interaction of Brent Geese *Branta bernicla* and Sea Plantain *Plantago maritima* during spring staging: Field observations and experiments. Acta Bot. Neerl. **29:** 585–596

PRINZINGER, R. (1976): Temperatur- und Stoffwechselregulation der Dohle *(Corvus monedula* L.), Rabenkrähe *(Corvus c. corone* L.) und Elster *(Pica pica* L.); Corvidae. Anz. orn. Ges. Bayern **15:** 1–47

PRINZINGER, R. (1983): Sonnenbaden bei Vögeln. Ökol. Vögel **5:** 41–62

PROKOSCH, P. (1981): Population, Jahresrhythmus und traditionelle Nahrungsplatzbindung der Dunkelbäuchigen Ringelgans *(Branta bernicla)* im Nordfriesischen Wattenmeer. Diplomarbeit, Kiel 1981; leicht verändert in: Ökol. Vögel **6**, 1984: 1–99

PROKOSCH, P. (Hrsg.) (1984): Ringelgans – Rundbrief 12, WWF Kiel

PRÖVE, E. (1984): Ethologie. 5. Hormonelle Grundlagen des Verhaltens. Fernstudium Naturwissenschaften 1984; Institut für Fernstudien an der Univ. Tübingen

PULLIAINEN, E., P. HELLE & P. TUNKKARI (1981): Adaptive radiation of the digestive system, heart and wing of *Turdus pilaris, Bombycilla garrulus, Sturnus vulgaris, Pyrrhula pyrrhula, Pinicola enucleator* and *Loxia pytyopsittacus.* Ornis Fennica **58:** 21–28

QUINE, D. B. & M. KONISHI (1974): Absolute Frequency Discrimination in the Barn Owl. J. comp. Physiol. **93:** 347–360

RAHMANN, H. (1976): Neurobiologie. Ulmer, Stuttgart

RAMENOFSKY, M. (1984): Agonistic behaviour and endogenous plasma hormones in male Japanese quails. Anim. Behav. **32:** 698–708

RATCLIFFE, L. M. & P. R. GRANT (1985): Species recognition in Darwin's Finches *(Geospiza,* Gould). III. Male responses to playback of different song types, dialects and heterospecific songs. Anim. Behav. **33:** 290–307

RATERMANN, M. (1986): Steroidhormone in der Jugendentwicklung der Brandente *(Tadorna tadorna).* Diplomarbeit, Univ. Osnabrück

RAUTENBERG, W. (1980): Temperature regulation in cold environment. Acta XVII Congr. Int. Orn., Berlin: 321–325

REINBOTH, R. (1980): Vergleichende Endokrinologie. Thieme, Stuttgart

REINERTSEN, R. E. (1982): Radio telemetry measurements of deep body temperature of small birds. Ornis Scand. **13:** 11–16

REMANE, A. (1956): Die Grundlage des natürlichen Systems, der vergleichenden Anatomie und der Phylogenetik. Theoretische Morphologie und Systematik I. Akad. Verlagsgesellschaft, Leipzig. 2. Aufl.

REMMERT, H. (1980a): Arctic Animal Ecology. Springer, Berlin

REMMERT, H. (1980b): Ökologie – Ein Lehrbuch. Springer, Berlin. 2. Aufl.

RENNER, M. (1984): Kükenthals Leitfaden für das Zoologische Praktikum. Fischer, Jena. 19. Aufl.

RIETSCHEL, S. (1985): Feathers and Wings of *Archaeopteryx,* and the Question of her Flight Ability. In: HECHT, M. K., J. H. OSTROM, G. VIOHL & P. WELLNHOFER (Hrsg.): The Beginning of Birds. Proc. Int. *Archaeopteryx* Conf., Eichstätt 1984: 251–260

RICHTER, A. (1972): Zum Umfang der Jugendmauser am Flügel der Amsel *Turdus merula.* Orn. Beob. **69:** 1–16

RÜPPELL, G. (1980): Vogelflug. Rowohlt, Reinbeck

RÜPPELL, G. (1981): Analyse des Beutefanges des Fischadlers *(Pandion haliaëtus).* J. Orn. **122:** 285–305

SAINT PAUL, U.VON & J. ASCHOFF (1974): Gehirntemperatur als Maß der Erregung bei Hühnern. Z. Tierpsychol. **35:** 132–146

SAUER, F. (1957): Die Sternenorientierung nächtlich ziehender Grasmücken. Z. Tierpsychol. **14:** 29–70

SAUER, F. & E. SAUER (1959): Nächtliche Zugorientierung europäischer Vögel in Südwestafrika. Vogelwarte **20:** 4–31

SCHERZINGER, W. (1986): Der Nationalpark Galapagos: Rückblick ins verlorene Paradies. Nationalpark **50:** 24–26

SCHIFFERLI, L. (1981): Federgewichte des Haussperlings *Passer domesticus* im Jahreswechsel. Orn. Beob. **78:** 113–118

SCHILDMACHER, H. (1982): Einführung in die Ornithologie. Fischer, Jena

SCHLENKER, R. (1981): Verlagerung der Zugwege von Teilen der südwestdeutschen und österreichischen Mönchsgrasmücken *(Sylvia atricapilla)* – Population. Ökol. Vögel **3:** 314–318

SCHMIDT-KOENIG, K. (1980): Das Rätsel des Vogelzugs. Hoffmann & Campe, Hamburg

SCHMIDT-KOENIG, K. (1985): Hypothesen und Argumente zum Navigationsvermögen der Vögel. J. Orn. **126:** 237–252

SCHÖNE, H. (1983): Orientierungskonzepte: Geschichtliches und Aktuelles. Naturwiss. **70:** 342–348

SCHUCHMANN, K. & H. JAKOB (1981): Energiehaushalt tropischer Trochiliden. Ökol. Vögel **3:** 281–306

SCHÜZ, E. (1971): Grundriß der Vogelzugskunde. Parey, Berlin

SCHWARZ, M. (1953): Das Leiern der Mönchsgrasmücke *Sylvia atricapilla.* Orn. Beob. **50:** 3–9

SEARCY, W. A. & P. MARLER (1981): A Test for Responsiveness to Song Structure and Programming in Female Sparrows. Science **213:** 926–928

SEMM, P. & C. DEMAINE (1983): Electrical Responces to Direct and Indirect Photic Stimulation of the Pineal Gland in the Pigeon. J. Neural Transmission **58:** 281–289

SEMM, P., D. NOHR, C. DEMAINE & W. WILTSCHKO (1984): Neural basis of the magnetic compass: interactions of visual, magnetic and vestibular inputs in the pigeon's brain. J. comp. Physiol. A **155:** 283–288

SEMM, P., T. SCHNEIDER, L. VOLLRATH & W. WILTSCHKO (1982): Magnetic Sensitive Pineal Cells in Pigeons. In: PAPI, F. & H. G. WALLRAFF: Avian Navigation. Springer, Berlin

SHOEMAKER, H. H. (1939): Effect of Testosterone Propionate on Behaviour of the Female Canary. Proc. Soc. Exper. Biol. Med. **39:** 299–302

SICK, H. (1937): Morphologisch-funktionelle Untersuchungen über die Feinstruktur der Vogelfeder. J. Orn. **85:** 206–372

SICK, H. (1939): Über die Dialektbildung beim „Regenruf" des Buchfinken. J. Orn. **87:** 568–592

SIMMS, E. (1983): A Natural History of British Birds. Dent, London

SLATER, P. J. B. (1983): The Buzby Phenomenon: Thrushes and Telephones. Anim. Behav. **31:** 308–309

SLATER, P. J. B., F. A. CLEMENTS & D. J. GOODFELLOW (1984): Local and regional variations in Chaffinch song and the question of dialects. Behaviour **88:** 76–97

STEIN, M. (1985): Reaktion freilebender Buchfinkenmännchen auf abgebrochene Gesangsstrophen. Diplomarbeit, Univ. Oldenburg

STEPHAN, B. (1974): Urvögel. Neue Brehm Bücherei, Ziemsen, Wittenberg Lutherstadt

STEPHAN, B. (1983): Zur circadianen Rhythmik der Amsel *(Turdus merula* L.). Zool. Abh. Mus. Tierkd., Dresden **38:** 215–227

STOCK, M., M. F. LEOPOLD & C. SWENNEN (i. Dr.): Rastverhalten, Revierbesetzung und Siedlungsdichte des Austernfischers – *Haematopus ostralegus* – auf der Hallig Langeneß (Schleswig-Holstein, BRD). Ökol. Vögel

STORK, H.-J. (1972): Zur Entwicklung pneumatischer Räume im Neurocranium der Vögel (Aves). Z. Morph. Tiere **73:** 81–94

STRESEMANN, E. (1927–34): Sauropsida: Aves. In: KÜKENTHAL, W. & T. KRUMBACH (Hrsg.): Handbuch der Zoologie Bd. 7/2. De Gruyter, Berlin

STRESEMANN, E. & V. (1966): Die Mauser der Vögel. J. Orn. **107:** 1–448

STRYER, L. (1983): Biochemie. Vieweg, Braunschweig. 2. Aufl.

STÜMPKE, H. (1964): Bau und Leben der Rhinogradentier. Fischer, Stuttgart.

SWENNEN, C. (1984): Differences in the quality of roosting flocks of Oystercatchers. In: P. R. EVANS, J. D. GOSS-CUSTARD & W. G. HALE (Hrsg.): Coastal Waders and Wildfowl in Winter: 177–189. Cambridge Univ. Press, Cambridge

SWENNEN, C. & H. L. CHING (1974): Observations on the Trematode *Parvatrema affinis,* causative agent of crawling tracks of *Macoma balthica.* Neth. J. Sea Res. **8:** 108–115

SWENNEN, C., L. L. M. DE BRUIJN, P. DUIVEN, M. F. LEOPOLD & E. C. L. MARTEIJN (1983): Differences in bill form of the Oystercatcher *Haematopus ostralegus;* a dynamic adaptation to specific foraging techniques. Neth. J. Sea Res. **17:** 57–83

SWENNEN, C. & P. DUIVEN (1983): Characteristics of Oystercatchers Killed by Cold-Stress in the Dutch Wadden Sea Area. Ardea **71:** 155–159

SWENNEN, C., M. F. LEOPOLD & M. STOCK (1985): Notes on growth and behaviour of the American razor clam *Ensis directus* in the Wadden Sea and the predation on it by birds. Helgol. Meeresunters. **39:** 255–261

SWINTON, W. E. (1965): Fossil Birds. British Museum, London

TAKAHASHI, J. S. & M. MENAKER (1980): On the organisation of avian circadian system: the role of the pineal and suprachiasmatic nuclei. Acta XVII Congr. Int. Orn., Berlin I: 425–434

TEMBROCK, G. (1983): Spezielle Verhaltensbiologie der Tiere II. Fischer, Jena

TEUNISSEN, W., B. SPAANS & R. H. DRENT (1985): Breeding Success in Brent in Relation to Individual Feeding Opportunities during Spring Staging in the Wadden Sea. Ardea **73:** 109–119

THIELCKE, G. (1962): Die geographische Variation eines erlernten Elementes im Gesang des Buchfinken *(Fringilla coelebs)* und des Waldbaumläufers *(Certhia familiaris).* Vogelwarte **21:** 199–202

THIELCKE, G. (1970): Vogelstimmen. Springer, Berlin

THIELCKE, G. & H.-H. BERGMANN (o. J.): Biologie der Vogelstimmen I–IV. Klett, Stuttgart

THORPE, W. H. (1955): Comments on „The Bird Fancyer's Delight": Together with notes on Imitation in the Sub-Song of the Chaffinch. Ibis **97:** 247–251

THORPE, W. H. (1958): The Learning of Song Patterns by Birds, with Especial Reference to the Song of the Chaffinch *Fringilla coelebs.* Ibis **100:** 535–570

UTTENDÖRFER, O. (1952): Neue Ergebnisse über die Ernährung der Greifvögel und Eulen. Ulmer, Stuttgart

VIEHMANN, W. (1979): The Magnetic Compass of Blackcaps *(Sylvia atricapilla).* Behaviour **68**: 24–30

VIEHMANN, W. (1982): Orientierungsverhalten von Mönchsgrasmücken *(Sylvia atricapilla)* im Frühjahr in Abhängikeit von der Wetterlage. Vogelwarte **31:** 452–457

VOITKEVICH, A. A. (1966): The Feathers and Plumage of Birds. Sidgwick & Jackson, London (Übers. a. d. Russ.)

VOSS, H. E. (1940): Experimentelle Hervorrufung des Gesanges bei Kanarienweibchen durch männliches Hormon. Endokrinologie **22**: 399–402

WARNCKE, G., & H.-J. STORK (1977): Biostatische und thermoregulatorische Funktion der Sandwich-Strukturen in der Schädeldecke der Vögel. Zool. Anz. (Jena) **199**: 251–257

WESSELLS, N. K. (1973): Vertebrate Structures and Functions. Freeman, San Francisco

WHITMAN, C. D. (1919): The Behaviour of Pigeons: Carnegie Inst., Washington

WICKLER, W. (1968 a): Mimikry – Nachahmung und Täuschung in der Natur. Kindler, München

WICKLER, W. (1968b): Über den Fußgebrauch des Purpurhuhns *(Porphyrio)*. J. Orn. **109:** 446–449

WICKLER, W. (1986): Dialekte im Tierreich. Ihre Usachen und Konsequenzen. Schriftenr. Westf. Wilhelms Univ., Münster. Neue Folge, H. 6

WINGFIELD, J. C. (1984): Androgens and mating systems: Testosterone – induced polygyny in normally monogamous birds. Auk **101**: 665–671

WINGFIELD, J. C. (1985): Short – Term Changes in Plasma Levels of Hormones during Establishment and Defense of a Breeding Territory in Male Song Sparrows, *Melospiza melodia*. Hormones and Behaviour **19**: 174–187

WINGFIELD, J. C. & D. S. FARNER (1978): The Endocrinology of a Natural Breeding Population of the White – Crowned Sparrow *(Zonotrichia leucophrys pugetensis)*. Physiol. Zool. **51**: 188–205

WILTSCHKO, R. & W. WILTSCHKO (1985): Pigeon homing: changes in navigational strategy during ontogeny. Anim. Behav. **33**: 583–590

WILTSCHKO, W. (1985): Compasses Used by Birds. Comp. Biochem. Physiol. **78A**: 709–717

WILTSCHKO, W., E. GWINNER & R. WILTSCHKO (1980): The Effect of Celestial Cues on the Ontogeny of Non – visual Orientation in the Garden Warbler *(Sylvia borin)*. Z. Tierpsychol. **53**: 1–8

WIRTZ, P. & M. WAWRA (1986): Vigilance and Group Size in *Homo sapiens*. Ethology **71**: 283–286

WOLTERS, H. E. (1975–1982): Die Vogelarten der Erde. Parey, Hamburg

WÜRDINGER, I. (1979): Olfaction and Feeding Behaviour in Juvenile Geese *(Anser a. anser* & *Anser domesticus)*. Z. Tierpsychol. **49**: 132–135

WÜRDINGER, I. (1982): Olfaction and home learning in juvenile geese *(Anser-* and *Branta*-species). Biol. Behav. **7**: 347–351

YDENBERG, R. C. & H. H. T. PRINS (1984): Why do birds roost communally? In: EVANS, P. R., J. D. GOSS-CUSTARD & W. G. HALE (Hrsg.): Coastal Waders and Waterfowl in Winter: 123–139. Cambridge Univ. Press, Cambridge

ZISWILER, V. (1976): Die Wirbeltiere. Thieme, Stuttgart

ZUCCHI, H. (1979): Gewöhnung an Signale der innerartlichen Kommunikation beim Buchfinken *Fringilla coelebs* L. (Aves, Passeriformes, Fringillidae) unter Freiland- und Laborbedingungen. Diss., Marburg

ZUCCHI, H. (in Vorb.): Freilandversuche zum Lernverhalten des Gartenbaumläufers *(Certhia brachydactyla)* beim Auffinden seiner Bruthöhle.

ZUCCHI, H. & H.-H. BERGMANN (1975): Long-Term Habituation to Species-Specific Alarm Calls in a Songbird *(Fringilla coelebs* L.). Experientia **31:** 817

ZWARTS, L. & R. H. DRENT (1981): Prey depletion and the regulation of predator density: Oystercatchers feeding on Mussels *(Mytilus edulis)*. In: JONES, N. V. & W. J. WOLFF (Hrsg.): Feeding and Survival Strategies of Estuarine Organisms: 193–216. Plenum Publ. Corporation

ZWARTS, L. & J. WANINK (1983): How Oystercatchers and Curlews successively deplete clams. In: EVANS, P. R., J. D. GOSS-CUSTARD & W. G. HALE (Hrsg.): Coastal Waders and Wildfowl in Winter: 69–83. Cambridge Univ. Press, Cambridge

Abbildungsnachweis

Die Abbildungen 84 und 85 von Robert Gillmor sowie Abb. 44 wurden mit freundlicher Genehmigung des Verlages entnommen aus: „A Natural History of British Birds“, von Eric Simms. J. M. Dent & Sons Ltd., London.

Die Abbildung 40 wurde entnommen aus: M. Renner: „Kükenthal's Leitfaden für das Zoologische Praktikum“, mit freundlicher Genehmigung des Autors und des G. Fischer Verlages, Stuttgart.

Sachverzeichnis